Reihe Politik und Bildung – Band 34

Franz Ansprenger

Wie unsere Zukunft entstand

Reihe Politik und Bildung – Band 34

Franz Ansprenger

Wie unsere Zukunft entstand

Ein kritischer Leitfaden zur internationalen Politik

WOCHEN
SCHAU
VERLAG

Bibliografische Information der Deutschen Bibliothek
Die Deutsche Bibliothek verzeichnet diese Publikation in der Deutschen Nationalbibliografie; detaillierte bibliografische Daten sind im Internet über http://dnb.ddb.de abrufbar.

Sonderausgabe

Diese Ausgabe ist nicht für den Verkauf bestimmt und wird für Zwecke der politischen Bildung im Freistaat Sachsen kostenlos abgegeben.

Sächsische Landeszentrale
für politische Bildung

3. vollständig überarbeitete u. ergänzte Auflage 2005

Umschlag: Ohl Design, Wiesbaden

Gedruckt auf chlorfrei gebleichtem Papier
Printed in Germany
ISBN 3-89974084-X

Inhaltsverzeichnis

Einleitung

Als wir im Fachbereich Politische Wissenschaft der Freien Universität Berlin[1] um das Jahr 1980 daran gingen, das Diplomstudium zu reformieren (jawohl, damals! Studienreformen bedurften nicht erst des Rotstifts der Kulturpolitiker ...), führten wir für die großen Bereiche unserer Disziplin Überblicksvorlesungen ein, die sich an Studenten im Grundstudium, im dritten oder vierten Fachsemester wandten. Diese Vorlesungen sollten Appetit darauf machen, im anschließenden Hauptstudium den individuellen Schwerpunkt zu wählen. Zu den großen Bereichen gehörte die Internationale Politik. Ich hatte mich damals längst in der Forschung auf die Politik Afrikas konzentriert. Aber da manche Kollegen das für ein exotisches Randgebiet der Weltpolitik hielten, ergänzte ich es in der Lehre durch Veranstaltungen zu den Vereinten Nationen. Anfangs behandelte ich in der Überblicksvorlesung Internationale Politik, die von einem Professorenteam gestaltet wurde (auch das gab es schon!), diese speziellen Themata. Später, kurz vor meiner Emeritierung im Herbst 1992, wagte ich mich ein- oder zweimal daran, die ganze Überblicksvorlesung allein zu halten.

Inzwischen war die Deutsche Einheit über uns gekommen. Für Lehrer aus Brandenburg und aus Berlin (Ost), die künftig das Fach Politik (in Berlin: Sozialkunde) unterrichten wollten, galt es, wissenschaftliche Weiterbildung zu organisieren. Ich übernahm bis 1997 in diesem Programm den Bereich Internationale Politik. Diese Kurse und die Betreuung der Kandidaten für die abschließende Prüfung stellten mich vor die Aufgabe, den Stoff immer wieder neu zu durchdenken und zu ordnen. Was von den Fakten war wirklich wichtig? Welche Querverbindungen zur Innenpolitik, zur Wirtschaft waren offenzulegen? Welche Beurteilungen aus der wissenschaftlichen Debatte waren so solide, daß sie in dem begrenzten Rahmen, der durch die Stundenpläne (des Kursprogramms und der Schule) sowie durch die Aufnahmefähigkeit der lernenden Lehrer und ihrer künftigen Schüler gegeben war, berücksichtigt werden mussten?

Aus diesen beiden Lehrerfahrungen entstand der Plan, das vorliegende Buch zu schreiben.

Wer es aufschlägt, bemerkt gleich, aus welcher Richtung ich zur Internationalen Politik gekommen bin. Ich bin gelernter Historiker. In Berlin (West) wurde seit 1948, als der Wiederaufbau der Deutschen Hochschule für Politik begann, Politische Wissenschaft als eine Integrationswissenschaft verstanden, mit der Geschichtswissenschaft als einem ihrer anerkannten „Standbeine“ – aber nicht dem einzigen. In den Disziplinen Jurisprudenz und Wirtschaftswissenschaften, die für die Internationale Politik von gleichem Gewicht sind, bin ich Autodidakt geblieben. Mein Handwerk als Historiker konnte ich trotzdem problemlos in die Lehre und Forschung der Politischen Wissenschaft einbringen. Das bedeutete vor allem den Versuch, bei der Untersuchung eines Ereignisses zu den primären Quellen vorzudringen, zu den möglichst dicht zum Ereignis selbst entstandenen Aufzeichnungen, um diese dann kritisch zu interpretieren. Die Sekundärliteratur, das heißt die spätere Reflexion über das Ereignis, spielt nur die zweite Geige.

Trotz der Datenflut in heutiger Zeit läßt sich dieses Prinzip historischer Arbeit ganz gut auf die aktuelle Politik anwenden. Der Historiker weiß, daß er nie alle Quellen zu einem bestimmten Ereignis finden wird; selbst aus der Zeit Karls des Großen (über die ich einst meine Dissertation schrieb, eben weil ich glaubte, aus diesen Jahren schwacher schriftlicher Überlieferung dem Ideal, alle Quellen auszuwerten, nahekommen zu können) mag noch etwas Neues auftauchen. Es ist aber unwahrscheinlich, daß sich dadurch das Gesamtbild ändert (ich gehöre zu den „altmodischen" Leuten, die annehmen, daß es Karl den Großen wirklich gegeben hat). Das gilt – mutatis mutandis – ebenso für den Juli 1914, sogar für den November 1989. Der Historiker erschrickt auch nicht, wenn er beim Bibliographieren merkt, wie umfangreich die Sekundärliteratur ist – mit anderen Worten: wieviele Kollegen schon ihre Version, ihre Interpretation des fraglichen Ereignisses zu Papier gebracht haben. Er stöhnt höchstens über die Fülle an Titeln, aber von vornherein ist ihm klar, daß er diese Literatur nie vollständig durcharbeiten kann, solange er selbst sich ein einigermaßen komplexes Thema stellt.

Beide handwerklichen Überlegungen gelten erst recht für ein Buch wie dieses, das die ganze Erde und mehrere Jahrhunderte ins Auge faßt. Die Literatur, auf die ich in den Anmerkungen und im Literaturverzeichnis hinweise, ist nicht das Ergebnis einer Vollständigkeit anpeilenden bibliographischen Anstrengung. Es ist die Literatur, auf die ich im Lauf der Jahre, welche ich mit akademischer Lehre und mit Forschung zu erheblich spezielleren Themata verbracht habe, mehr oder weniger zufällig (warum es nicht zugeben?) gestoßen bin ... und die mir dann wertvoll genug erschien, um festgehalten zu werden. Wo immer ein bestimmtes, nach meiner subjektiven Einschätzung wichtiges Ereignis in einen Brennpunkt meiner Darstellung gerät, suche ich nach Primärquellen, und wenn ich eine zitierenswerte gefunden habe, gebe ich sie dem Leser zur Kenntnis.

Entstanden ist, glaube ich, eine Überblicks-Darstellung, die ihren Ursprung in Vorlesungen nicht verleugnet. Es gab einmal eine Zeit, eine der vielen Studienreform-Wellen, die uns überrollt haben, in der Vorlesungen als überflüssig galten, Relikte aus der Zeit vor Erfindung des Buchdrucks. Wir – Studenten und Dozenten – haben dann wiederentdeckt, daß der Vortrag größerer Zusammenhänge in einem Stück doch seine

Reize hat. Einer davon ist die Versuchung, in den Strom möglichst abgesicherter, möglichst objektiv vorgetragener Tatsachenberichte spontan höchst subjektive Urteile einzuflechten, nicht immer hieb- und stichfeste Parallelen zu aktuellen Ereignissen oder zu Entwicklungen in anderer Herren Ländern (darunter dem eigenen) zu ziehen, auch einmal dem Spott über noch so ernste Dinge die Zügel schießen zu lassen. Das ist kein guter Stil in einer Zeitung. Der Journalist sollte vom ersten Tag seines Volontariats an lernen, daß Nachricht und Kommentar getrennt gehören. Solches gilt nicht für eine Vorlesung. Es gilt nicht für dieses Buch. Zu vielen Dingen wollte ich meine Meinung niederschreiben, so wie ich gewohnt war, sie im Seminar, im Lehrer-Weiterbildungskurs und eben auch in der Vorlesung auszusprechen. Schade, dass bei einem Buch kein Widerspruch möglich ist wie von Studenten – es sei denn, man widerspricht sich gelegentlich selbst.

Der Leser wird merken, daß ich die ganze Zeit dagegen angekämpft habe, die Internationale Politik auf die Außenpolitik der Staaten einzuengen, deren Regierungen sich immer noch für souverän halten. In der Zukunft unserer Einen Welt (Buchtitel des republikanischen Präsidentschaftskandidaten in den USA 1943[2]) werden die Regierungen der Staaten irgendwann einmal merken, daß sie längst nicht mehr souverän sind – auch wenn sie Nuklearwaffen besitzen; und je mehr Staaten es dann geben wird über die heutigen 188 Mitglieder der Vereinten Nationen hinaus, desto weniger souverän werden sie allesamt sein – alle, einschließlich der Regierung in Washington, DC.

Aber der Leser wird merken, daß ich den Kampf verloren habe. In allen Kapiteln des Buches hat sich der Staat als Hauptakteur der Internationalen Politik behauptet. Er hat unsere Gegenwart geprägt. Ich kann es nicht ändern. Ich will lieber schon hier eingestehen, daß ich nicht weiß, wer den Staat in dieser Rolle in unserer Zukunft ablösen wird. Hoffentlich kein Weltstaat; wohin sollte man dann auswandern, wenn die Innenpolitik schief läuft? Noch mehr graust mir vor der durchaus realen Möglichkeit einer Diktatur des „globalisierten“ (so das aktuelle Schlagwort) Weltmarktes. Die unsichtbare Hand, die da am Werk wäre (die längst am Werk ist), dürfte – dem unausgesprochenen Glauben des Moralphilosophen Adam Smith[3] zum Trotz – kaum die Hand Gottes sein, eher die seines Gegenspielers, dessen Existenz christliche Theologen heutzutage gern leugnen.

Das Buch gehört den Studenten der Politischen Wissenschaft und soll ihnen helfen, gelegentlich daran zu denken, daß die Welt nicht an den Grenzen der Bundesrepublik Deutschland aufhört. Der Begriff Studenten schließt für mich nicht nur Studentinnen ein (was schon die lateinische Urform besagt), sondern auch die Professoren, die ja lebenslang studieren; ganz besonders schließt er die Lehrer des Schulfachs ein, das in Berlin Sozialkunde heißt. Die junge Generation, die sie im Jahre 2000 und danach ausbilden, wird das Erbe des scheinbar souveränen Staates auszubaden haben, und vielleicht findet sie einen besseren Verwalter für die Eine Welt.

Berlin, im Herbst 1999
Franz Ansprenger

Vorwort zur 3. Auflage

Die fünf Jahre seit der Erstauflage haben nicht Alles (*...nach dem 11. September 2001...*), aber Vieles auf der Welt verändert. Zwei neue Kapitel halte ich für erforderlich: eins über Nichtregierungsorganisationen (NGOs), die gegenüber den Staaten etwas an Boden gewonnen haben – nicht in allen Fällen zum Glück für die Menschheit! Ein zweites über die Außenpolitik der USA. Zu einigen Fragen habe ich meine Meinung geändert – aber nicht zu vielen. Deshalb bleibt die Einleitung zur Erstauflage unverändert stehen.

Berlin, im Herbst 2004
Franz Ansprenger

1 Dieser Fachbereich entstand nach der sogenannten Studentenrevolte 1968 (in Wirklichkeit war sie eine Assistentenrevolte) aus dem Otto-Suhr-Institut (OSI), das vorher in drei Fakultäten verankert war: der philosophischen, der wirtschafts- und sozialwissenschaftlichen sowie (mit einem einzigen Lehrstuhl, den für kurze Zeit Roman Herzog innehatte) der juristischen. Seit Jahresbeginn 1999 ist die Politische Wissenschaft der FU, die jetzt wieder als OSI firmiert, mit den Soziologen, Ethnologen und Kommunikationswissenschaftlern in einem größeren Fachbereich „Politik und Sozialwissenschaften" vereinigt.

2 Wendell L. Willkie: One World. New York 1943.

3 Vgl. Adam Smith: An Inquiry into the Nature and Causes of the Wealth of Nations. London 1776. Die Microsoft Encarta '97 Encyclopedia erläutert unter dem Stichwort Smith, Adam: „(...) Smith proclaimed the principle of the ‚invisible hand': every individual in pursuing his or her own good is led, as if by an invisible hand, to achieve the best good for all. Therefore any interference with free competition by government is almost certain to be injurious."

1. Wurzeln der gegenwärtigen Weltpolitik im europäischen Mittelalter

Internationale Politik ist bis heute keine internationale Politik. Vielleicht wird sie es im 21. Jahrhundert sein. Was wir bisher unter diesem Namen kennen, spielt sich zum allergrößten Teil nicht „zwischen den Nationen", den Völkern ab, sondern fast ausschließlich zwischen den Staaten. Das ist nicht das gleiche. Denn erstens besitzen nicht alle Völker, die sich als Nation verstehen, einen Staat; manchen wird der Anspruch auf einen solchen erbittert und gewaltsam vorenthalten. Das Schicksal der Kurden, der Krieg im ehemaligen Jugoslawien schärften uns diese Tatsache im letzten Jahrzehnt des 20. Jahrhunderts ein – und der Auftakt zum 21. Jahrhundert zwingt uns, den Blick über Rußlands Westgrenze hinaus auf den Kaukasus und Zentralasien samt Afghanistan zu richten, ihn nach Süden über ganz Afrika schweifen zu lassen, wo es allenthalben nach Feuer riecht.

Zweitens: Solange vornehmlich Staaten, nicht Völker miteinander Politik treiben, fehlt dieser (das heißt der *Außen-*) Politik das Wesensmerkmal Demokratie, das fast jeder Staat der Welt heute für seine *Innen-*Politik in Anspruch nimmt. Ob Beziehungen zwischen Völkern denkbar sind, die den Ehrentitel „Volksherrschaft" verdienen, sei zunächst nur als Frage gespeichert. Unbestritten bleibt, daß vorerst jedem Wißbegierigen, der die Charta der Vereinten Nationen aufschlägt, schon ihr erster Satz wie purer Hohn vorkommen muß: *We, the Peoples of the United Nations... Nous, Peuples des Nations Unies... Wir, die Völker der Vereinten Nationen...*

Wenn wir anfangen, nach Wurzeln der aktuellen internationalen Politik zu graben (wir werden den falschen Begriff nicht aus der Welt schaffen!), stoßen wir also sofort auf das Phänomen des Staates. Wir wissen, er ist ein europäisches Gewächs. Sowohl Afrikaner wie Chinesen tun sich immer noch schwer damit zu begreifen, was die Europäer sich gedacht haben, als sie den Staat erfanden. Das wundert uns nicht, ja es schmeichelt unserem Selbstgefühl. Wir wissen ja von vornherein, ehe wir noch anfangen, ernsthaft nachzudenken, daß wir Europäer die heutige Welt gestaltet haben (spätestens seit dem Segeltörn eines gewissen Christoph Columbus 1492). Wir wissen, die Weltpolitik des 20. Jahrhunderts ist eine vergrößerte Kopie des europäischen Staatensystems aus dem 19. Jahrhundert. Ob uns oder unseren nicht-europäischen Mitmenschen das nun peinlich ist oder nicht: dieses Besserwissen, dieses Vorurteil stimmt.

Umso tröstlicher, daß der Staat, auf den wir gestoßen waren, nicht im Anfang von Gott geschaffen wurde, sondern zu einem deutlich erkennbaren Zeitpunkt von Menschen, Europäern. So können wir hoffen, ihn vielleicht in Zukunft durch menschliches Tun wieder loszuwerden, falls er, der Staat, sich für die Organisation menschlichen Zusammenlebens als untauglich erweisen sollte; wohlgemerkt: der Staat, nicht Begriffe wie Macht, Gewalt, Herrschaft, die nach meiner Überzeugung tatsächlich von Gott mit der Menschennatur geschaffen wurden.

Den Staat abschaffen, oder absterben lassen? um ihn wodurch zu ersetzen? Das sind Fragen, deren wir uns nicht zu schämen brauchen. Nicht nur Karl Marx (1818-1883) hat vor 150 Jahren darüber nachgedacht; die beiden vorletzten Generalsekretäre der Vereinten Nationen, der Peruaner Xavier Perez de Cuellar (*1920) und der Ägypter Boutros Boutros-Ghali (*1922), taten es ebenfalls (und laut).

Hilfreich ist es, beim Nachgraben zu den Wurzeln der Aktualität nicht mit dem Wiener Kongress 1815 aufzuhören, der das europäische Staatensystem des 19. Jahrhunderts geprägt hat, auch nicht mit dem Symboljahr 1492. Ich schlage vor, noch tiefer zu graben bis zu jener Schicht europäischer Politik, die unter der Erfindung des Staates liegt. Dort ist vielleicht etwas zu finden, das uns hilft, die Probleme einer Zukunft anzugehen, in welcher der Staat nicht mehr ganz so wichtig genommen wird wie in der Zwischenzeit.

Vor der Erfindung des Staates

Die Frage lautet: Gab es „internationale Beziehungen" während des europäischen Mittelalters? Denn die Erfindung des Staates läßt sich auf die italienische Renaissance festlegen, in faszinierender Vorläufer-Gestalt auf die Herrschaft des Stauferkaisers Friedrich II. (*1194, Regierungszeit 1212-1250) in Sizilien und Apulien. *Stupor Mundi* nannten ihn die Zeitgenossen; erschraken sie nicht nur über die Person, sondern auch über die Geburt des Wechselbalgs „Staat", die sich durch sein Werk ankündigte?

Was war vorher? Die politische Welt des europäischen Mittelalters kann im einleitenden Kapitel zu einer Darstellung der aktuellen Weltpolitik nur grob, also willkürlich skizziert werden. Dort, wo sich später der Staat breit machte, erkenne ich vor allem eine Lücke. Die Menschen vermißten schmerzlich, was das *Imperium Romanum* in Westeuropa bis in das 5. Jahrhundert hinein geleistet hatte, was Karl der Große (*747, Regierungszeit 768-814) um 800 für einen Augenblick wiederherzustellen schien: klare Verhältnisse, Befehl (*imperium* wörtlich) und Gehorsam. Unwillkürlich fallen mir Schlüsselbegriffe der aktuellen Politik ein, also schreibe ich sie hin: Sicherheit, Frieden. Das gab es zwischen der Nordsee und Rom seit dem Auseinanderbrechen des fränkischen Karl-Imperiums nicht mehr, stattdessen die Sarazenen und die Wikinger und alsbald die Ungarn, und dazwischen eine Vielzahl von Herren (ganz selten auch Damen), die um ihr Überleben und, wenn sie großmütig waren, auch um das Überleben der bei ihnen Zuflucht suchenden kleinen Leute kämpften.

Wir Westeuropäer vergessen gern und sollten doch nicht vergessen, daß gleichzeitig im Südosten die restliche Hälfte des *Imperium Romanum* weiter existierte, das Kaisertum der „Romäer" in Byzanz. Es stand ebenfalls unter Druck von Muslimen und Bulgaren, aber es bewahrte Substanz, wo im Westen die Lücke klaffte. Byzanz verkörperte, durchaus in der Tradition Roms, eine einheitliche Zentralgewalt. Der Kaiser blieb der nun nicht mehr heidnisch-göttliche, aber der vom christlichen Gott geweihte Herrscher, dem die Kirche ebenso zu Gebote stand wie die Beamtenschaft und das (notgedrungen zunehmend mächtigere) Militär. Das Fachwort heißt Cäsaropapismus.

Erst 1204 brachen äußere Feinde – ausgerechnet die westeuropäischen christlichen Kreuzritter! – Byzanz das Rückgrat und lähmten fortan seine Kraft, den politischen Anspruch auch real zu vertreten.

Substanz und reale Gestaltungskraft suchte der Westen Europas natürlich ebenfalls wiederzugewinnen. Jedoch, und hier suche ich die Hauptwurzel des späteren Staatensystems, schöpfte er nicht mehr aus einer einheitlichen, sondern aus zwei Quellen: *Imperium* und *Sacerdotium*, Reich (genauer: Kriegsmacht) und Kirche (genauer: Priesteramt). Die Doppelung wurde unumgänglich, als endgültig zugrunde ging, was Karl noch einmal versucht hatte zu etablieren: ein der Zentralgewalt verpflichtetes und von ihr kontrolliertes Beamtentum. Die ostfränkischen Könige des 10./11. Jahrhunderts, die wir als „deutsche" reklamieren, griffen zwar nach dem Symbol zentraler Befehlsgewalt, der Krone Cäsars, stützten sich dabei jedoch mangels eigener Beamter auf die Bischöfe und Äbte der Kirche.

Der Bischof von Rom, in Mittelitalien auf Tuchfühlung mit dem byzantinischen Cäsaropapismus residierend, ließ sich die Verfestigung eines zweiten Cäsaropapismus nördlich der Alpen nicht gefallen. Er trat in Gestalt Gregors VII. (Amtszeit 1073-1085) die Lawine los, die Eugen Rosenstock-Huessy[1] die „Papstrevolution" nennt. Ihr Kampfruf war – wieder ein Schlüsselbegriff aktueller Politik! – „Freiheit", *Libertas Ecclesiae*. Das hieß: Befreiung des Priesteramtes, von der Spitze in Rom bis zur Basis, aus der Dienstbarkeit des Imperators und darüber hinaus aus der Verfilzung in das politische System von Blutsverwandtschaften, die als einzig aktionsfähige Solidargemeinschaften den Menschen Westeuropas zu überleben halfen, die sich der besagten Wikinger und Ungarn und natürlich auch direkter Nachbarn zu erwehren hatten.

Das Mittel, die Kirche aus dieser Verfilzung in Blutsverwandtschaften, aus diesem „Tribalismus" zu befreien – wie man heutzutage entsprechende Verhaltensweisen in Afrika nennt –, war übrigens der Zölibat, also erzwungener Verzicht aller Priester nicht so sehr auf Umgang mit Frauen, sondern auf die Zeugung legitimer, erbberechtigter Kinder.

Kaiser und Papst

Kaiser und Papst verhielten sich zueinander nicht wie zwei neuzeitliche Staaten, die sich (wenigstens grundsätzlich) als gleichberechtigt anerkennen und normalerweise in Frieden koexistieren. Vielmehr kam es zum Streit; mit dem Kürzel „Investiturstreit" oder gar dem Schlagwort „Canossa" (wo Kaiser Heinrich IV. 1077 Gregor VII. durch demonstrative Buße zwang, einen Bann aufzuheben) ist der Streit nur unzureichend gekennzeichnet. Es ging um weit mehr als die Zustimmung zur Einsetzung (Investitur) von Bischöfen. Denn beide, Papst und Kaiser, verstanden sich als *universale* Gewalt, zuständig prinzipiell für die ganze Welt (faktisch: für die westliche Christenheit), zuständig auch für alle Lebensbereiche der Menschen zwischen Himmel und Hölle. Wir spüren heute noch einen Nachklang dieses Anspruchs, wenn wir den Papst über Familienplanung oder Gewerkschaftsrechte reden hören.

Der Streit der beiden Universal-Ämter endete, wie das bei Konflikten manchmal geschieht, weder mit Sieg des einen noch des anderen, sondern mit allgemeiner Erschöpfung. Sehr früh schon mußte der Kaiser darauf verzichten, außerhalb des „deutschen" Teilreiches reale Macht auszuüben. Nur an Italien (Symbol des „römischen" Universalismus!) klammerte er sich fest bis 1866. Die Könige insbesondere des westfränkischen Erbteils Karls,[2] noch eindeutiger die Fürsten der britischen Inseln, des christlichen Rest-Spanien[3] oder des allmählich christianisierten Skandinavien traten ebenbürtig neben den Kaiser. Für sie war er der König „Germaniens"; dort lebten zufällig Menschen, die sich im Alltag ihrer „Volks"-Sprachen bedienten anstatt eines angewandelten Latein – die „Deutschen". Nicht nur sie (im modernen Sinne des Wortes): noch auf dem Konzil von Konstanz (1414-1418) verstand man, ohne daß sich Widerspruch erhoben hätte, unter der *Nacio Germanie* folgende *...regna imperii Romani, Hungarie, Dalmacie et Croacie, Dacie, Norwegie, Suessiae, Bohemiae, Poloniae...*[4] In Wirklichkeit hatte der „deutsche" König auch über den größten Teil dieser Landmasse nie wirklich geboten. Das hindert unsere westeuropäischen Nachbarn und Freunde bis heute nicht, besonders argwöhnisch aufzuschrecken, wenn sich in gerade diesem Raum auch nur der Schimmer einer deutschen Vorherrschaft andeutet.

Der Universalismus des Papstes stieß in der Realität zunächst auf die territoriale Barriere des byzantinischen Einflußraumes, dessen „rechtgläubige" (*orthodoxe* im Wortsinn) Kirche ihm Unterwerfung unter seinen „Primat" verweigerte, und tatsächlich folgte sie damit getreuer der altchristlichen Überlieferung als die lateinische Christenheit des Westens. Dort setzte der Papst die „Freiheit" der Kirche vom Kaiser weitgehend durch. Alsbald, wie das mit Freiheiten manchmal passiert, erwies sich die *Libertas Ecclesiae* als Einfügung der Bischöfe in eine zentralisierte Ordnung von Befehl und Gehorsam, die ihrerseits die Herkunft vom originalen *Imperium Romanum* nicht verleugnen konnte und bis heute, folgt man dem Selbstverständnis des Vatikan, gar nicht leugnen will. Im 11. Jahrhundert strebte der Papst freilich nach noch weiter reichender Macht. Er forderte von Fürsten die persönliche Treueverpflichtung, den Lehnseid. Schon Gregors VII. Vorgänger, Papst Nikolaus II., erreichte 1059 dieses Ziel zuerst bei Robert „dem Verschlagenen" (Guiskard), dem normannischen Usurpator in Süditalien, der als päpstliche Gegenleistung (denn die Lehnsordnung beruhte nicht auf Befehl und Gehorsam, sondern auf beiderseitiger Treue) Legitimität unter dem Fürsten des

Westens erhielt. Der Papst war stark an gerade diesem Herren interessiert, denn der Normanne hielt ihm den „deutschen" wie den byzantinischen Kaiser und darüber hinaus die Sarazenen vom Leibe, die vorher Sizilien erobert hatten. Spätere Päpste forderten fürstliche Lehnstreue quer durch Europa. Aber schon Bonifaz VIII. (1294-1303), der 1302 glaubte, seinen Triumph über alle anderen Gewalten der lateinischen Christenheit in der Bulle *Unam Sanctam* proklamieren zu dürfen, überspannte den Bogen, so daß dieser brach. Ein knappes Jahr später demütigte der König von Frankreich den Papst ohne besondere Kraftanstrengung zu weltlicher Machtlosigkeit. Die Ausprägung des päpstlichen Universalismus zu realpolitischer Oberhoheit war damit für immer gescheitert.

Was blieb in den Ruinen der beiden „römischen" Universalgewalten übrig? Ein strapaziertes Geflecht von Herrschaft unterschiedlicher Reichweite und Intensität, in dem es Könige gab mit ihren Sippschaften und bestimmten Rechten zur Ausbeutung gewisser Ressourcen vor allem an menschlicher (Land-) Arbeit, geringere Fürsten auch wieder mit Sippschaften und Rechten, Bischöfe und Äbte zwar durchaus mit Verwandtschaftsbeziehungen zu den weltlichen Häusern, aber dank der Papstrevolution „frei" von Versorgungsansprüchen legitimer Nachkommen, bald auch freie Städte (frei von den Rechten der Könige, Fürsten oder Bischöfe) und ausnahmsweise (in den Schweizer Bergen zum Beispiel) sogar freie Bauernbünde.

Das Ganze funktionierte nach dem Lehnsprinzip, ließ sich jedoch nicht stabil ordnen, denn in der Praxis fehlte die theoretisch erforderliche Spitze der Lehnspyramide, in der die wechselseitigen Treuebeziehungen sich konzentrieren müßten, um dann transzendent von Gott die Gnade zu erfahren, die nur ein anderes Worte für Gottes Treue gegenüber den Menschen ist. Europas Könige waren zwar durchaus gewillt, jeder als Kaiser im eigenen Reich zu wirken, wenn sie es schon bis zu Luthers Reformation im 16. Jahrhundert nicht wagten, als ihr eigener Papst (*summus episcopus*) in der Landeskirche aufzutreten. Aber die Könige stießen auf den in Italien, Deutschland und Polen erfolgreichen, in England, Frankreich oder Spanien weniger vom Glück begünstigten Widerstand der anderen Herrschaften, die möglichst wenig, am liebsten nichts von ihren Rechten an den König abtreten wollten.

Staatsgewalt über ein Territorium

Was sich durchsetzte, war zweierlei: in ganz Europa das (in Byzanz nie verlorene) Prinzip der *Territorialgewalt* anstelle der personalen wechselseitigen Treuepflicht, *und das ist das Wesen des modernen Staates*, egal wie groß und egal, ob er als Monarchie oder Republik verfaßt ist. Westlich von Deutschland kam nach und nach die Sitte hinzu, daß alle Angehörigen eines solchen Territorialstaates sich als einheitliche *Nation* betrachteten.

Als Geburtsurkunden der Territorialherrschaft gelten für Deutschland die beiden Privilegien des Stauferkaisers Friedrich II. zugunsten der geistlichen und der weltlichen Fürsten.[5] Am Hundertjährigen Krieg 1337-1453 kann man studieren, wie sich ein Konflikt zweier Fürstenhäuser, die von denselben Vasallen Lehnstreue forderten, in eine Konfrontation, ja „Erbfeindschaft" zwischen Franzosen und Engländern verwandelt. Das hat, meine ich, George Bernard Shaw (1856-1950) in seiner *Heiligen Johanna* aus dem Jahre 1923 anschaulich dargestellt, obwohl er kein Fachhistoriker war.

Das Verhalten der neu hervortretenden Staaten des lateinisch-christlichen Westeuropa kann auf drei Ebenen analysiert werden, wenn wir fragen, in welcher Weise es hinführt zum aktuellen Zustand der internationalen Politik: (1.) der unteren Ebene gegenüber jenen *schwächeren Mächten*, die den Aufschwung zur Territorialherrschaft nicht schafften; (2.) einer mittleren Ebene, auf der *diese Staaten untereinander* verkehrten; (3.) schließlich der Ebene ihrer gemeinsamen *Außenbeziehungen* zu Mächten, die der lateinischen Christenheit nicht angehörten.

Den Schwächeren wurde die Eigenständigkeit so weit wie irgend möglich beschnitten. Das bedeutet nicht, daß sie sämtliche „alten Rechte" überall in gleichem Tempo verloren hätten; aber sie wurden durch die Bank aus dem Vasallen-Status der Lehnsordnung in die Stellung von Untertanen gegenüber einem Souverän gedrängt, der insbesondere das Gewaltmonopol für sich reklamierte. Die ständig zwischen allen möglichen waffentüchtigen Herren offen ausgetragenen oder schwelenden Fehden müssen für die Menschen (nicht nur für die Territorialfürsten!) umso unerträglicher geworden sein, je dichter sich Westeuropa bevölkerte, je stärker Handel und Wandel sich belebten. *Der Zustand muß ähnlich geschmerzt haben wie heutzutage die Furcht vor Terror-Anschlägen nicht nur in Israel oder seit dem 11. September 2001 in den USA, oder auch die alltägliche Gewaltkriminalität in den Zügen des Öffentlichen Personenverkehrs unserer Städte.*

Die Kirche leistete Vorarbeit für die Innenpolitik der Staaten. Bischöfe ordneten schon im 11. Jahrhundert an, daß zu bestimmten heiligen Zeiten, etwa an den Passionstagen Jesu von Mittwoch abend bis Montag früh, Fehden verboten seien, und wer diesen Gottesfrieden *(treuga Dei)* breche, dem wurden zusätzlich zum weltlichen Richterspruch ganze Kataloge geistlicher Strafen angedroht: Exkommunikation, Wallfahrt nach Jerusalem (das war noch vor dem päpstlichen Aufruf zum Kreuzzug!), im schlimmsten Fall ewige Verdammnis in der Hölle. Aber solche sozialen und psychologischen Zwangsmaßnahmen verschlissen sich mit der beginnenden Verweltlichung des christlichen Europa. Die Fürsten gingen, sobald sie die nötige Polizeimacht angesammelt hatten, wirksamer gegen „Privatleute" vor, die weiterhin ihr „Recht" mit der Faust suchten. Sie brachen die Burgen der „Raubritter" und hängten sie an den Galgen. Ebenso verfuhren die souveränen Hansestädte mit den „Seeräubern" vom Schlag eines Klaus Störtebecker.

Im Verkehr untereinander legten die Staaten Europas sich keineswegs eine Friedenspflicht auf. Nur im allgemeinen Grundsatz pflegten sie die Überlieferung ihrer Zusammengehörigkeit, wobei zu den universalen Kategorien des (von Deutschland verwalteten) *Imperium* und des (in Italien residierenden) *Sacerdotium* im 13. Jahrhundert als dritte Klammer das *Studium* trat, verkörpert ursprünglich in der Pariser „Universität" – der ältesten des christlichen Westeuropa. Alle drei „Nationen", die aus dem Reich Karls d.Gr. hervorgingen, besaßen so einen Anteil am universalen Erbe. Zu später Stunde vor dem Ausbruch aus dem Mittelalter versammelte sich die lateinische Christenheit nochmals in zwei ökumenischen (ein griechisches Wort für das lateinische „universal") Konzilien in Konstanz (1414-1418) und Basel (1431-1449). Das waren keine Veranstaltungen des Papstes wie spätere römisch-katholische Konzilien einschließlich des Zweiten Vaticanum (1962-1965). Vielmehr wollte im 15. Jahrhundert das Konzil über den Papst bestimmen. Dabei stimmte das Konstanzer Konzil nach „Nationen" ab, man übernahm dieses Verfahren aus der Satzung der Universitäten: jede Nation hat eine Stimme, neben der „deutschen" (s.o.) die französische, die englische, die italienische. Selbstverständlich ist der Kaiser Teil des Konzils, und er bemüht sich um Übereinstimmung mit den anderen Königen der Nationen. *Es ging fast zu wie heute im Sicherheitsrat der Vereinten Nationen.*

Fast. Die Fürsten Westeuropas wollen auf dem Konzil zusammenwirken, um ihre (noch!) gemeinsame Kirche zu reformieren. Ansonsten beanspruchen sie ohne Gewissensbisse das Recht, gegeneinander Krieg zu führen. Die Kirche einschließlich der Professoren für Theologie stimmen darin mit den Fürsten überein. Sie suchen nur auch hier, gewisse Grenzen zu ziehen, ist doch Maßhalten eine der vier von Aristoteles definierten, von der Scholastik getauften Kardinaltugenden, Maßlosigkeit also ethisch zu verwerfen. So bildet sich unter Berufung auf den Kirchenvater Augustinus (395-430 Bischof von Hippo im heutigen Algerien), der selbst in einer Zeit übermäßigen Kriegsgetümmels lebte, die Lehre vom Gerechten Krieg (*bellum iustum*) heraus, klassisch formuliert bereits bei Thomas von Aquin (1225-1274).[6] Seine erste Bedingung zu erfüllen, die „Vollmacht des Fürsten" zur Kriegserklärung, nahmen die Staaten für sich, und zwar für sich allein in Anspruch; um die beiden anderen, den „gerechten Grund" und die „rechte Absicht", sorgten die Fürsten sich weniger.

Kreuzzüge und Toleranz

Ebenso massive Auswirkungen auf den künftigen Gang der Weltgeschichte wie die Rechtfertigung des Krieges hatte die dritte Ebene: die „Außenpolitik" der lateinischen

Christenheit. Den heidnischen Völkern Osteuropas stand der Beitritt offen (offener als heute der Beitritt zur EU oder NATO...), und die Fürsten der Tschechen, der Ungarn, der Polen ließen sich ohne langes Zögern taufen. Nur wer hartnäckig an der alten Unabhängigkeit in Gestalt der alten Götter festhielt, wie die meisten Slawen zwischen Elbe und Oder, wie die Pruzzen im späteren Ostpreußen, dessen Land galt als freie Beute für unternehmungslustige christliche Herren und ihr Gefolge. Zwischen ca. 1000 und dem Überfall des Schwarzen Todes 1348 wuchs die Bevölkerung Kern-Europas (des alten Karl-Reichs) rapide.

Geschätzte Bevölkerungszahlen Europas im Mittelalter[7] in Mio.					
Gebiet	500 n.Chr.	650	1000	1340	1450
Balkan	5	3	5	6	4,5
Italien	4	2,5	5	10	7,5
Spanien/Portugal	4	3,5	7	9	7
Frankreich/Niederlande	5	3	6	19	12
Britische Inseln	0,5	0,5	2	5	3
Deutschland/Skandinavien	3,5	2	4	11,5	7,5
Rußland/Polen/Litauen	5	3	8	11	8
Ungarn	0,5	0,5	1,5	2	1,5
Europa insges.	*27,5*	*18*	*38,5*	*73,5*	*50*

Eine größere Herausforderung stellte der *Islam* dar. Er selbst verstand alle Länder, in denen er sich noch nicht durchgesetzt hatte, als „Haus des Krieges" (*dar al-harb*), und im ersten Ansturm hatte er der lateinischen Christenheit den Maghreb und Spanien entrissen, zeitweilig Sizilien, dem Byzantinischen Reich Syrien einschließlich des Heiligen Landes und Ägypten. Auf Initiative des Papstes Urban II. (Amtszeit 1088-1099) schlug Westeuropa in einer Weise zurück, die alle „Franken" heute noch in der arabischen Welt ähnlich brandmarkt wie der Ritt nach Osten die Deutschen in Osteuropa.

Der erste Kreuzzug war keine Aktion der Könige, keine der Amtskirche, schon gar keine des mit dem Papst verfeindeten Kaisers. Er war eine „Neue Soziale Bewegung" aus mittleren und unteren Schichten der Völker, die aus einfachen Kriegern (oft genug Kriegs*knechten*) eine neue Klasse hervor- und nach oben brachte: das Rittertum. Das Ziel des Kreuzzugs war nicht primär realpolitisch, obwohl der byzantinische Kaiser um Waffenhilfe aus dem Westen gegen eine neue islamische Offensive gebeten hatte; er wollte die Kreuzfahrer zur Stabilisierung seines Reiches in Kleinasien einsetzen. Die Kreuzfahrer selbst aber wollten das Grab Christi „befreien". Wozu? Vielleicht dürfen wir das gar nicht fragen oder die Antwort bei der regionalen Klimakunde suchen; *im Heiligen Land werden andauernd Stücke von Grund und Boden, ganze Städte (besonders gern Jerusalem) „befreit", ohne daß die Befreier sich um den Willen der Leute scheren, die momentan dort leben.* Trotzdem darf man über Motive der Kreuzfahrer von 1099 spekulieren. Vielleicht suchten sie angesichts der heimischen Zerwürfnisse nach einem archimedischen Punkt, außerhalb des europäischen Machtgeflechts, von dem aus die Christenheit sich wieder ordnen, zusammenfügen ließe. Dies geschah nicht. Die neue Ordnung kam, aber aus einer ganz anderen Richtung, in Gestalt des Staates. Was die Kreuzzüge für zwei Jahrhunderte schufen, war ein Experiment mit der Lehns- oder Feudalordnung, die unter fast klinisch reinen Laborbedingungen an die Levanteküste verpflanzt wurde. Kaum eines der politischen Systeme, die Europa später ausdachte, wurde so „wissenschaftlich" getestet. Anders betrachtet, waren die Kreuzfahrer-Herrschaften das erste westeuropäische Kolonialreich „in Übersee" (*Outremer*, wie es im zeitgenössischen Französisch hieß, das die Kreuzfahrer als *lingua franca* benutzten).

Die Europäer haben inzwischen dieses ihr erstes Kolonial-Unternehmen weitgehend vergessen. Die Muslime speziell in Palästina erinnern sich lebhaft. Sie wissen, daß die „Franken" 1099 in Jerusalem das mit Abstand blutigste Gemetzel anrichteten, das die Heilige Stadt seitdem in ihrer bewegten Geschichte von Eroberungen (zuletzt 1967) erlitten hat. Den Juden ist ins Gedächtnis gebrannt, wie die Kreuzfahrer (weniger die Ritter als die ihnen vorausziehenden Volksmassen) 1096 die jüdischen Gemeinden im Rheinland verwüsteten. Deutsche Juden flohen damals in den toleranteren Osten zu Polen, Russen und Tataren.

Die Geschichte sorgte dafür, daß die fränkischen Herren im Lateinischen Königreich Jerusalem sich ihrerseits zu einer Art Toleranz genötigt sahen. Im Gefolge der Ritter zogen zwar auch Fußsoldaten nach *Outremer*, die sich dort als freie *Borjois* ansiedelten, wenn auch aus naheliegenden Gründen im Schutz der Ritterburg. Aber sie gründeten keine autonomen Städte (abgesehen von italienischen Kaufleute-Genossenschaften an den Hafenplätzen), und nur wenige kehrten zu ihren bäuerlichen Ursprüngen zurück. Im Königreich Jerusalem mangelte es chronisch an Arbeitskräften. Die Franken waren wirtschaftlich auf die Muslime und Juden angewiesen, deren Eltern den Blutrausch der Eroberung überlebt hatten.

Man darf allerdings Lessings *Nathan* nicht als Tatsachenbericht lesen (abgesehen davon, daß er in dem von Saladin 1187 für den Islam zurückeroberten Jerusalem spielt). Das Lateinische Königreich behandelte seine islamischen und jüdischen Einwohner genauso als „Schutzbefohlene" minderen Rechts, wie seit den Tagen des Propheten Mohammed Christen und Juden im „Haus des Islam" behandelt werden. Diese Einordnung als *dhimmi* war und ist erheblich menschlicher als die Behandlung, die Juden und

Muslimen in Spanien nach 1492 widerfuhr, von Hitlers „Endlösung der Judenfrage" nicht zu reden.

Die christlichen Kolonialherren im Heiligen Land lernten auch, mußten es lernen, ihre unabhängigen islamischen Nachbar-Herrschaften anders zu behandeln, als sie es wenig später mit den heidnischen Pruzzen tun konnten; die Ritter des Deutschen Ordens wurden ja aus Jerusalem nach Ostpreußen verpflanzt, als *Outremer* endgültig verloren ging. Gelegentlich herrschte Frieden zwischen den Kreuzfahrern und den Muslimen, Damaskus war sogar einige Zeit mit Jerusalem verbündet. Koexistenz unter beiderseits anerkannten Regeln musste eingerichtet werden. Sie bewährte sich sogar im Krieg, mochte er beiden Parteien auch als „heilig" gelten. Islamische und christliche Ritter entwickelten einen Verhaltenskodex, der z.B. Entlassung aus Gefangenschaft gegen Lösegeld ermöglichte.

Entsprechende Ansätze zu „internationaler" Toleranz, Fundamente späteren zwischenstaatlichen Rechts, lassen sich ebenfalls an der anderen Front des christlich-islamischen Konflikts beobachten, im Spanien der *Reconquista.* Solange dort die beiden Religionsparteien Krieg führten, respektierten sie sich zwischen ihren Machtbereichen und innerhalb derselben. Erst als die katholischen Könige 1492 Granada zur Kapitulation gezwungen hatten, ließen sie der christlichen (oder europäischen?) Hybris freien Lauf. Im Vergleich bleibt festzuhalten, daß die christlichen Kirchen in Jerusalem nie geschleift oder in Moscheen umgewandelt wurden.

Dreihundert Jahre vor dem Fall Granadas hatte römisch-fränkische Überheblichkeit 1204 die Kreuzfahrer des Vierten Zuges veranlaßt, Byzanz zu stürmen und zu plündern. Sie wollten das „schismatische", das Spalter-Kaisertum, das dem Papst nicht huldigte, durch ein Lateinisches ersetzen. Diese Tat zerstörte endgültig die Lebenskraft des letzten noch direkt im *Imperium Romanum* verwurzelten politischen Systems Europas, öffnete die Tür für den Eroberungszug der Osmanen bis vor die Tore Wiens und – sicher noch wichtiger für die internationale Politik späterer Zeiten – koppelte Westeuropa von Rußland ab. Denn die russischen Fürsten hatten 988 das Christentum aus Byzanz übernommen, in eigener Sicht die „Rechtgläubigkeit" (*Orthodoxie*), in römischer Sicht das Schisma. Noch im 13. Jahrhundert fiel Rußland (Kiew 1240) unter die Botmäßigkeit der Tataren, die später zum Islam übertraten. Westeuropa, das 1241 scheinbar durch ein Wunder (in Wirklichkeit, weil der Großkhan in der fernen Mongolei starb) verschont blieb, ignorierte das Schicksal Rußlands. Es war offenbar, geistlich wie geographisch, weit weg. *Sonderbar ist, daß Jahrzehnte nach Tschernobyl so viele Westeuropäer das immer noch glauben.*

Dabei bot gerade das Weltreich der Tataren Chancen für einen Aufschwung des Welthandels, die nicht nur ein Marco Polo (ca.1254-1324) nutzte. Der Landfriede, den die Erben Dschingis Khans (ca. 1162-1227) der eurasischen Landmasse aufzwangen, öffnete alte Handelswege wie die berühmte Seidenstraße durch Turkestan aufs neue. Europa und China konnten wieder kommerzielle und damit auch kulturelle Kontakte aufnehmen wie seit den Zeiten des Römerreiches und der Han-Dynastie (202 v.Chr.-220 n.Chr.) nicht mehr.

Auswirkungen dieser Berührung unterschiedlicher Zivilisationen auf die westeuropäische Politik lassen sich jedoch kaum nachweisen. Sie waren sicher noch schwächer als die oben skizzierten Resultate der Konfrontation mit dem Islam im Zeichen der Kreuzzüge. Das christliche Abendland war sich selbst genug in seiner Überzeugung, den wahren Gottesglauben zu besitzen.

Anmerkungen

1 Vgl. Rosenstock-Huessy 1951

2 Im 13. Jh. beanspruchte der König von Frankreich, unter Berufung auf eine Bemerkung Papst Innozenz III. von 1202, keinen Höheren auf weltlichem Gebiet anzuerkennen. Diese Doktrin wurde verallgemeinert zu der Formel *Rex est imperator in regno suo*. Jedoch hielten manche Theoretiker an der Universalgewalt des Kaisers fest.

3 711 landeten Muslime vom heutigen Marokko aus in Spanien und eroberten in wenigen Jahren das dortige Reich der Westgoten. Nur an der Nordküste blieben die christlichen Kleinstaaten Asturien und Navarra unabhängig; in Katalonien eroberte Karl d.Gr. eine Spanische Mark des Frankenreiches.

4 Acta Concilii Constantiensis II.72, zitiert nach Rosenstock-Huessy 2. Aufl. 195, S. 136

5 Confoederatio cum principibus ecclesiasticis, 1220; Statutum in favorem principum, 1231/2.

6 Summa Theologica II.II.40 – Die deutsche Thomas Ausgabe Bd. 17 B, Heidelberg usw. 1966, S. 82-87 – Die drei Bedingungen lauten: *Primo quidem, auctoritas principis, cuius mandato bellum est gerendum. Non enim pertinet ad personam privatam bellum movere... Secundo, requiritur causa justa: ut scilicet illi qui impugnantur propter aliquam culpam impughnationem mereantur... Terti, requiritur ut sit intenti bellantium recta: qua scilicet intenditur vel ut bonum promoveatur, vel ut malum vitetur...* Vgl. Hoppe 1986, S. 19 ff.

7 The Fontana Economic History of Europe. The Middle Ages. London 1972, S. 36

2. Europas Weltherrschaft und das Europäische Gleichgewicht (1492-1789)

Die *Neuzeit*, wie Historiker sie seit langem nennen (und wir wollen das Wort beibehalten, denn weniger als für Europa selbst als für die Menschen Amerikas, Südasiens und Afrikas beginnt mit dem Jahr 1492 tatsächlich eine neue Zeit), ist bis zum Ausbruch der europäischen Bürgerkriege 1914 durch zwei Tendenzen geprägt. Wir beobachten auf der globalen Szene, über der jetzt der Vorhang aufgeht, *Konkurrenz bestimmter europäischer Staaten um Vorherrschaft*. Da Westeuropa sich über die Ozeane in alle Welt ausbreitet, ist das in erster Linie ein Ringen um Seeherrschaft, erst in zweiter um kolonialen Landbesitz. Hauptkontrahenten sind Spanien, Portugal, Holland und England, und wir dürfen das Resultat hier vorwegnehmen: England hat gewonnen. Im 18. Jahrhundert wird das Bonmot von dem Mann wahr, der irgendwo Wasser in die hohle Hand schöpft, trinkt und feststellt: „Schmeckt salzig, also ist es britisch!" Das Siegel auf diese Realität trägt die Prägung *Trafalgar 21. Oktober 1805*.

Gleichzeitig hat das seebeherrschende England auf dem europäischen Festland die Politik verfolgt – anders als sein Vorläufer Spanien, dessen habsburgische Dynastie zusammen mit den „deutschen" Verwandten die kontinentale Vorherrschaft anstrebte –, es dort nicht zur Hegemonie eines Staates kommen zu lassen, sondern ein *Gleichgewicht* zwischen den Großmächten zu hüten. Da die *Balance of Power* nach der Niederlage Habsburgs im Spanischen Erbfolgekrieg (1701-1714) – bei dieser Gelegenheit besetzten die Engländer 1704 Gibraltar – ernsthaft wieder durch Napoleon Bonaparte (1769-1821, Kaiser der Franzosen 1804-1815) bedroht wurde, begrenze ich das vorliegende Kapitel auf die Zeit zwischen 1492 und 1789. Die Überschrift bleibt auch für das 19. Jahrhundert gültig.

Die Klammer zwischen beiden Tendenzen, Welt-Seeherrschaft und Europäisches Gleichgewicht, bildet jenes wirtschafts- und sozialgeschichtliche Phänomen, das Karl Marx im 24. und 25. Kapitel des 1. Bandes seines *Kapital* als „sogenannte ursprüngliche Akkumulation" und als „moderne Kolonisationstheorie" untersucht hat. Der Amerikaner Immanuel Wallerstein spricht in unserer Zeit von diesem Phänomen, gemeinhin Kapitalismus genannt, als dem „modernen Weltsystem" oder der „europäischen Weltökonomie".[1] Dabei entsteht in Europa, aber keineswegs in ganz Europa und nicht in Gestalt eines einheitlichen politischen Systems (gar eines gemeinsamen Staates), auch nicht in der Form einer militärisch-politischen Hegemonie, das „Zentrum" (*core*) dieses Wirtschaftsraumes. Im Laufe der Neuzeit verlagert es sich innerhalb Westeuropas, später nach Nordamerika, demnächst vermutlich in die Randländer des Pazifischen Ozeans; andere Teile Europas und natürlich die überseeischen Kolonien werden an die „Peripherie" abgedrängt und dort in „Abhängigkeit" gehalten... man sagt heute auch „marginalisiert".

Während es vielleicht noch erlaubt ist (jedenfalls habe ich das im Vorkapitel versucht), die internationale Politik des Mittelalters anzusprechen, ohne auf Wirtschaftsgeschichte einzugehen, verbietet sich ein solches Vorgehen ab 1492. In der Gegenwart, gerade nach der Beerdigung des Ost-West-Konfliktes, müssen wir uns sogar gegen den Trend stemmen, internationale Politik völlig in Welthandelspolitik, in Berichten über G-7-Treffen, GATT und UNCTAD und WTO, OPEC und so weiter aufgehen zu lassen.

Wir sehen heute den Epochenwandel. Für Zeitgenossen des Jahres 1492 verlief der Übergang von der *Reconquista* des islamischen Granada zur *Conquista* im heidnischen „Indien", das man später als Neue Welt erkannte, ebenso kontinuierlich wie die Konkretisierung der Reiseberichte eines Marco Polo (diktiert 1298-1299, zunächst als Spinnerei verlacht), der im Schutze der *Pax Tatarica* China besucht hatte, sobald Portugal den östlichen Seeweg nach Asien um das Kap der Guten Hoffnung, Spanien den westlichen durch die Magellan-Straße gefunden hatten.

Der Römische Kaiser Karl V. aus dem Hause Habsburg (1500-1558, Regierungszeit 1519-1956) stand als traditioneller Rivale des Papstes (1527 plünderten seine Landsknechte Rom) und Lehnsherr der deutschen Fürsten, auch im Umgang mit einem gewissen aufmüpfigen Dr. Martin Luther (1483-1546), fest in der universalen Tradition des Mittelalters, während er als König Karl I. von Spanien (1515-1556) Gesetze über die Behandlung der Indianer erließ. Er rettete bekanntlich weder die Einheit der westlichen Christenheit noch das Leben der einheimischen Bevölkerung auf den karibischen Inseln.

Welche Rolle spielten Rüstung, Militär und Krieg beim Aufbruch in die Neuzeit? Sicher beherzigten Europas Fürsten den Rat Niccolò Machiavellis (1469-1527):

> *„Ein Herrscher soll also kein anderes Ziel, keinen anderen Gedanken haben und sich keiner anderen Kunst widmen als der Kriegskunst...“*[2]

Aber gerade das Haus Habsburg ergänzte dieses moderne Prinzip durch Rückgriffe auf die althergebrachte Methode, Politik mittels Sippenverflechtung zu treiben; *Bella gerant alii, tu felix Austria nube...* So, nicht durch Schlachtenglück, trat Karl V./I. gleichzeitig das Erbe der deutschen Habsburger-Hausmacht, der spanischen Doppelmonarchie Kastilien/Aragon und zusätzlich noch des burgundisch-niederländischen Herzogtums Karls des Kühnen (*1433, Regierungszeit 1467-1477) an. Das Silber und Gold, das Spanien dann in Amerika plünderte und mit Zwangsarbeitern schürfte, floß trotzdem in erster Linie (direkt oder auf dem Umweg über Besteuerung kastilischer Privatplünderer)[3] in den Militärhaushalt. Die Staaten setzten sich als „Monopolisten des Krieges“ durch, wie Herfried Münkler schreibt. Gewaltige stehende Heere und Kriegsflotten, wie Europa sie vorher nie kannte, sollten im 16. und 17. Jahrhundert die „verfluchte spanische Servitud“, wie die Lutherischen schimpften, dem Kontinent aufzwingen. Erfolgreich war Spanien nur zur See im Mittelmeer, das jetzt rasch zum Hinterhof des Weltgeschehens wurde: 1517 siegte eine katholische Flotte bei Lepanto über die Osmanen. Die dauerhafte Etablierung habsburgischer Hegemonie scheiterte an der Landmacht Frankreich und an den Seemächten England und Holland. 1588 unterlag Spaniens Armada vor den Küsten Englands und Schottlands dem Feind und dem „Admiral Sturm“. Insgesamt liefen die spanischen Rüstungskosten regelmäßig den Staatseinnahmen davon, so daß der Staatsbankrott schon 1596 König Philipp II. drohte und 1627 unter Philipp IV. erklärt werden mußte. *Solches offen zu tun, haben sich die Regierungen Europas inzwischen abgewöhnt.*

Kolonialreiche jenseits des Ozeans

Zu Beginn der Neuzeit demonstrierten Spanien und Portugal, daß sie wenigstens untereinander den primitiven Zustand überwunden hatten, den Thomas Hobbes 150

Jahre später theoretisch in die Formel *War, as if of every man, against every man...*[4] gießen sollte. Unmittelbar nach der ersten Reise des Columbus und der Umschiffung des afrikanischen Kaps erbaten die beiden Frühstarter europäischer Welteroberung von Papst Alexander VI. (*1431, Amtszeit 1492-1503, Vater Cesare Borgias, des Urbildes für Machiavellis *Principe*) einen Schiedsspruch[5] zur gewaltfreien Abgrenzung ihrer Einflußsphären, und die Staaten besiegelten dieses Super-Jalta (*ist der Anachronismus gestattet?* Die Demarkationslinie verlief von Pol zu Pol 370 Meilen westlich der letzten Azoreninsel) 1494 durch den Vertrag von Tordesillas. Das Beispiel machte Schule. Auch ohne Papst pflegten europäische Mächte bis in das 20. Jahrhundert Kolonialkonflikten durch vorsorgliche Markierung von Einflußsphären vorzubeugen.

Eine weitere Klammer, die Spaniens amerikanische *Conquista* mit Grundsatzfragen späterer internationaler Politik verbindet, ist die Debatte katholischer Moraltheologen über die Behandlung der Indianer. Sie gilt als Vorstufe des klassischen Völkerrechts, das diesen Namen bekanntlich zu Unrecht trägt, da es weder Strafen kennt noch die Völker als Rechtssubjekte; letztere waren früher ausschließlich, sind immer noch vorrangig die Staaten.

Die Theologen des 16. Jahrhunderts knüpften an mittelalterliche Studien über das von Aristoteles übernommene „Naturrecht" an; wir haben Thomas' Lehre vom *bellum iustum* im Vorkapitel kennengelernt, auch die notgedrungene Einführung von Toleranz zwischen Christen und Muslimen. Die Einwohner Amerikas, die jetzt von Spaniern überwältigt wurden, waren nun keine Muslime, sondern „Heiden" wie einst die Litauer. Horrorgeschichten über ihre Barbarei – sie wären z.B. Menschenfresser, *das zündet in Europa immer* – machten die Runde. Einiges stimmte sogar: daß manche nackt herumliefen; daß die Azteken Menschenopfer darbrachten. Daraus folgerte die Partei der Kolonial-Enthusiasten am Madrider Hof, zur Zeit König Karls I. insbesondere der Historiker Juan Ginés de Sepúlveda, solche Menschen dürften unterworfen und versklavt werden, seien sie doch eigentlich keine Menschen, sondern „... *Homunculi*, in denen kaum eine Spur von Menschsein vorhanden ist".[6] Aber diese Position, die seitdem bis in die Gegenwart konsequent zur Rechtfertigung von Sklavenhandel, Kolonialeroberung, Apartheid und Völkermord abgewandelt wird (man hole die Deutschen Wochenschauen vom Sommer 1941 aus dem Archiv!), setzte sich im Spanien des 16. Jahrhunderts nicht durch.

Bartolomé de las Casas (1474-1566), der 1550 in öffentlicher Disputation gegen Sepúlveda antrat, und 1539 bereits Francisco de Vitoria (1483-1546) in seinen Vorlesungen an der Universität Salamanca, *De Indis recenter inventis* und *De iure belli Hispanorum in barbaros*, sprachen den Indianern prinzipiell die gleiche Rechtsstellung zu wie den Spaniern: In ihrer Heimat sind sie *veri domini*, das heißt voll selbständig; weder

Kaiser noch Papst dürfen über sie verfügen. Hier gilt der Universalismus der römischen Antike und des Mittelalters auch theoretisch nicht mehr. In vielenLehrbüchern gilt der Franzose Jean Bodin mit seinen *Six Livres de la République*, die 1576 gedruckt wurden, als Begründer der *Souveränität* des europäischen Staates der Neuzeit. Im Kern vertritt bereits der spanische Dominikaner Vitoria diese Lehre – und postuliert ihre Gültigkeit auch für politische Gebilde in Übersee.

Allerdings rechtfertigen Vitoria und Las Casas letzten Endes doch die spanische Eroberung. Daß die Indianer ursprünglich als souverän gelten, verbietet ja nicht, sie zur Durchsetzung einer „gerechten Sache" mit Krieg zu überziehen. Vitoria nennt mehrere solche Gründe, die wir ebenfalls bis zur Gegenwart zwischen Panama und Peking zur Rechtfertigung zwischenstaatlicher Gewalt wiederfinden.

- Die Spanier dürfen zum Christentum bekehrte Indianer vor ihren heidnischen Landsleuten schützen (heute sagt man dazu „humanitäre Intervention");
- die Indianer können in freier Wahl mit Mehrheit beschließen, dem spanischen Staat beizutreten;
- vor allem aber, das ist Vitorias Hauptargument, gibt es einen *Titulus naturalis societatis et communicationis*: die Spanier haben ein Recht darauf, mit den Indianern Handel zu treiben, und wenn die sich weigern (*ihr Gold herauszurücken*), darf man sie zwingen.

Obwohl im 16. Jahrhundert noch kein Europäer den Begriff Freihandel kannte, für den im 19. Jahrhundert England die Grenzsperren Chinas zusammenschoß, oder die „Globalisierung der Märkte für Waren und Dienstleistungen", die gegenwärtig die USA einer widerspenstigen EU sowie Japan (als Einbahnstraße) aufdrängen möchten, schwingt dieses Argument Vitorias durch die ganze folgende europäisch-westliche Weltwirtschaftspolitik fort.

Las Casas hat in seinem Eifer, die Indianer zu schützen, noch unmittelbarer und schlimmer Unheil im Weltmaßstab bewirkt. Es war seine Idee, Afrikaner könnten die Zwangsarbeit in Spaniens amerikanischen Kolonien leisten.[7] Er hat den Menschenhandel nicht erfunden, schon im 15. Jahrhundert transportierten Portugiesen schwarze Sklaven aus Westafrika auf die von ihnen besetzten Atlantik-Inseln (Kapverden, Madeira) und nach Europa, so wie vorher und nachher nordafrikanische Muslime christliche Europäer versklavten; sie waren auch nicht alle so edel wie der Bassa Selim in Mozarts *Entführung aus dem Serail.* Aber zu einer Massendeportation über Jahrhunderte wuchs der Sklavenhandel sich erst im Atlantischen Dreieck aus, einem der konstitutiven Pfeiler der neuzeitlichen europäischen Weltökonomie: Sklaven von der Westküste Afrikas nach Amerika; mit Sklavenarbeit produzierte „Kolonialwaren" (vornehmlich Zucker, daneben Tabak, Baumwolle) aus Amerika nach Europa; Manufaktur-

Erzeugnisse (Schnaps, Waffen, die sprichwörtlichen Glasperlen) von Europa nach Afrika. Viele europäische Staaten einschließlich Brandenburg/Preußen,[8] ja selbst Kurland strebten danach, an diesem Handel mitzuverdienen. Im 18. Jahrhundert sicherte sich England dank seiner Seeherrschaft den Löwenanteil.

Vorbereitung der industriellen Revolution

Zu fragen ist nach den wirtschaftlichen Auswirkungen der Überwältigung und Ausplünderung Amerikas sowie des Atlantischen Sklavenhandels. Die gleiche Frage gilt dem Griff der Europäer nach dem eigentlichen Indien und Indonesien, der sich wenig später festigte. 1600 gewährte Königin Elisabeth I. von England (*1533, Regierungszeit 1558-1603) eine Charta, ursprünglich ein Handelsmonopol, später als Freibrief zur Ausübung quasi-staatlicher Herrschaft verstanden, für die Ostindische Kompanie, 1602 wurde die Niederländisch-Ostindische Kompanie gegründet. Erst 1757 allerdings, im Zuge des britisch-französischen Krieges (wir sehen ihn durch die preußisch-österreichische Brille als „Siebenjährigen Krieg" um Schlesien; wichtiger für die Zukunft war, was sich zugleich in Nordamerika, auf den sieben Weltmeeren und in Indien abspielte), festigte die Englische Kompanie durch einen Sieg über den Nabob von Bengalen ihre territoriale Herrschaft über einen Großraum des Subkontinents.[9] Auch hier fiel der Löwenanteil an die Briten.

Evident ist, daß Spanien und Portugal trotz (oder wegen?) ihres Frühstarts in die maritime Weltherrschaft nicht zum „Kern" der Wallerstein'schen Weltökonomie, sondern in eine „Semi-Peripherie" abgedrängt wurden – bis heute. Welchen genauen Platz im Geflecht der Ursachen und Wirkungen dabei die Edelmetalle einnehmen, welchen die großflächige, welchen die kleinbäuerliche Umwandlung von Ackerboden in Schafweide, welchen die Resistenz des grundbesitzenden Adels gegen die „souveräne" Macht- und Geldgier der Monarchen, welcher Rang schließlich dem unterschiedlichen Entwicklungstempo nichtagrarischer Warenproduktion durch Handwerker, Manufakturen, später die Industrie zukommt, müssen die Wirtschaftswissenschaftler klären. Wenn ich erfahre, daß in Spanien laut Volkszählungen von 1571 und 1586 nur ein Drittel der Männer in der Landwirtschaft arbeitete und volle 40% gar keiner Branche direkter Produktion angehörten,[10] *erinnert mich das beklemmend an aktuelle Statistiken aus den meisten Ländern Afrikas – und daran, daß man uns für die angeblich hoch entwickelten westlichen Gesellschaften das rapide Wachstum des Dienstleistungsbereichs als Errungenschaft post-industriellen Fortschritts anpreist.*

Frühester Kern des kapitalistischen Weltsystems wurde jedenfalls Nordwesteuropa um England und Holland, Spaniens seemacht-politische Rivalen unter der ideologischen Flagge des Protestantismus, alsbald untereinander in kriegerischer Konkurrenz verkeilt. Ältere Zentren wirtschaftlichen Aufschwungs in Europa stagnierten – Norditalien, Süddeutschland, Flandern –, und zwar nicht nur, weil die Osmanen den Balkan eroberten, sondern auch, *weil* dort im Spätmittelalter die städtischen Arbeiter ihre politisch-rechtliche Position (Zünfte) so fest ausgebaut hatten, daß sie dem inflationären Verfall des Reallohns, den die spanisch-amerikanische Edelmetallflut auslöste, Widerstand leisten konnten. *Standort-Sorgen fast wie heute...*

Die allgemein im Europa der frühen Neuzeit akzeptierte Außenhandels-Doktrin war der Merkantilismus, vom Engländer Thomas Mun 1646 klassisch als Buchtitel formuliert: *England's Treasure by Foreign Trade.* Auf dem Kontinent nahm die Lehre in der protektionistischen Wirtschaftsförderung durch Jean Baptiste Colbert, Finanzminister Ludwigs XIV. von Frankreich, Gestalt an. Merkantilismus behauptet, daß ein Staat gut fährt, wenn er mehr Güter exportiert als importiert und den Überschuß als Goldschatz hortet. Dann kann die Regierung investieren, wo sie es für sinnvoll erachtet, sei es in die Trockenlegung von Sümpfen, in das Anwerben von Einwanderern zwecks Aufbau neuer Manufakturen, in den Bau eines Schlosses in Versailles, in die Ausrüstung von Piratenflotten zwecks Plünderung spanischer Plünderer.

Im Endeffekt lief diese Politik nicht nur beim König von Spanien im 16. Jahrhundert, sondern auch beim König von Preußen im 18. Jahrhundert darauf hinaus, die Armee hochzurüsten. Mittels Soldaten ließ sich natürlich der wahre Glaube gegen den nicht ganz so wahren Glauben schützen; das taten die Deutschen und Schweden besonders eifrig von 1618 bis 1648; das Resultat war Völkermord in einer Dimension, wie es zuvor wohl die Pest, der Mensch aber in Europa bisher noch nie geleistet hatte, und wirtschaftliche Zerrüttung. Armeen waren auch notwendig, um das Abendland insgesamt gegen die Türken zu verteidigen, und dabei schlugen der Prinz Eugen von Savoyen und seine Mitstreiter immerhin soliden Landgewinn für die österreichischen Habsburger heraus. Nun mußten einfach die christlichen Fürsten Europas ihre Kriege gegeneinander führen, um das Europäische Gleichgewicht gegen die Habsburger zu wahren, oder gegen die französischen Bourbonen zu behaupten, kurz: es vorzugsweise in Italien und Deutschland immer neu auszutarieren.

Kein Papst und kein Theologieprofessor wurden jetzt mehr gefragt, ob die Kriege „gerecht" seien. Europas Könige, darunter der Philosoph von Sanssouci, der als Kronprinz einen *Antimachiavel* geschrieben hatte, praktizierten ein „Völkerrecht", wonach jeder Staat jederzeit legitimiert sei, zum Kriege zu schreiten, wenn seine Regierung eine vernünftige Chance sah, Beute an Land, Volk und/oder Geld zu machen. Mehr einnehmen als ausgeben... Die goldene Maxime des Merkantilismus war in die Politik übernommen. Die „Souveränitätsanarchie" war komplett, die, wie Otto Kimminich schreibt,

„...der freien Entfaltung der politischen und militärischen Macht keine Grenzen setzte und im 18. Jahrhundert das Zeitalter der Kabinettskriege, im 19. dasjenige des Imperialismus hervorbrachte und trug“.[11]

Wir dürfen hinzufügen:

...und im 20. Jahrhundert zu Weltkriegen, Massenvertreibungen und Massenmorden mittels Gaskammern, Zwangsarbeitslagern und Atombomben führte.

Anmerkungen

1 Wallerstein 1974-1988

2 Niccolo Machiavelli: Il Principe. 14. Kapitel (1532)

3 Laut Anderson 1979, S. 88 ff. flossen nur 30-40% der in Spanisch-Amerika geförderten Edelmetalle direkt in den königlichen Schatz; sie machten 20-25% der Staatseinnahmen aus.

4 Münkler 2002, S. 110

5 Thomas Hobbes: Leviathan. Teil 1, Kap. 13 (1651)

6 Ockenfels 1992, S. 56 betrachtet in Anlehnung an Höffner 1972 die Bulle *Inter cetera* nicht als Schiedsspruch, sondern als Verleihung eines Lehens an Spanien bzw. Portugal im Sinne des päpstlichen Universal-Anspruchs.

7 Zitiert nach Ockenfels 1992, S. 59, der *Homunculi* mit „Zwerge“ übersetzt; ich würde nicht zögern, „Untermenschen“ zu übersetzen.

8 Las Casas glaubte, wie er selbst im Alter schrieb, die Negersklaven würden „zurecht gefangen“. Später revidierte er diese Haltung und betonte, Schwarzafrikaner hätten gleiche Rechte wie die Indianer. Vgl. Eggensperger 1992, S. 110 f.

9 Vgl. Ulrich van der Heyden: Rote Adler an Afrikas Küste. Berlin 1993.

10 Vgl. P.J. Marshall: Bengal – the British Bridgehead. Eastern India 1740-1828. Cambridge 1988, (New Cambridge History of India II.2).

11 Anderson 1979, S. 91

12 Kimminich 1975, S. 60. Er weist darauf hin, daß der „Vater des Völkerrechts“ Hugo Grotius 1625 noch zwischen gerechter und ungerechter Sache im Krieg unterscheiden wollte, daß dies jedoch schon zu seiner Zeit illusionär war. Wie aktuell diese Debatte 2004 ist, dafür vgl. Anthony Burke: Just war or ethical peace? Moral discourses of strategic violence after 9/11. *International Affairs* (London) 80-2004-2, S. 329-353

3. Die Erfindung der Nation in Frankreich und Deutschland (1789-1815)

Es ist spannend, der Frage nachzugehen, warum England sich seit den Tagen seiner „jungfräulichen“ Königin Elisabeth I. gegen diverse Rivalen als seebeherrschende Vormacht im Kern des Weltsystems durchsetzen konnte. Mindestens ebenso spannend ist, darüber nachzudenken, warum dies Frankreich nicht gelang. Unter Ludwig XIV. (*1638, Regierungszeit 1643-1715) strahlte die Sonne von Versailles aus weit über Europa, wie man noch heute an den Schlössern erkennen kann, mit denen geringere Fürsten den französischen Prunk nachahmten. Wäre nicht zu erwarten gewesen, daß die Sonne diese masseärmeren Körper auch politisch als Satelliten dauerhaft an sich binden würde? Angestrebt haben die Bourbonen eine solche Hegemonie gewiß. Aber Ludwig XIV. konnte sie im Spanischen Erbfolgekrieg nicht durchsetzen, weil er die Hegemonie logischerweise im Alleingang erkämpfen mußte, deshalb auf die kurz zuvor geknüpfte Allianz mit den Seemächten England und Holland verzichtete.[1] Der Kaiser, gestärkt dank der Siege seiner Armeen über die Türken seit 1683, behauptete sich gegen Frankreich zu Lande. England sicherte sich im Frieden von Utrecht 1713 nicht nur Gibraltar, sondern kassierte auch Neufundland und andere Landstriche am Rande des vorerst noch französischen Kanada. Im Siebenjährigen Krieg 1756-1763 folgte dann Frankreichs völliger Hinauswurf aus Nordamerika; England nahm sich Kanada und Louisiana und das benachbarte Florida (von Spanien) gleich dazu. Es verdrängte die Franzosen aus Indien und zeitweilig sogar aus dem westafrikanischen Senegambien. Schlesien war in diesen sieben Jahren, wie erwähnt, ein Nebenkriegsschauplatz.

Oder doch nicht? Preußen führte 1756-1763 bekanntlich Krieg nicht nur gegen Österreich und Frankreich (wofür England es bezahlte), sondern auch gegen Rußland, dessen Fenster nach Westen Peter der Große (*1672, Regierungszeit 1689-1725) aufgestoßen hatte. 1703 gründete er St. Petersburg; 1709 schloß er mit der Schlacht bei Poltawa in der Ukraine die Episode schwedischer Großmachtpolitik für immer ab. Nur gegen die Osmanen, die auf der Krim das Erbe der Tataren übernommen hatten, kann Rußland vorläufig nur symbolisch auftrumpfen: Seit 1721 nennt Peter in der Nachfolge von Byzanz sich *Caesar*, „Zar". 1760 besetzen russische Truppen Berlin, wenn auch nur für wenige Tage vom 9. bis 12. Oktober. Jedenfalls steht jetzt der riesige Staat am Ostrand Europas unübersehbar auf dem Schachbrett der großen Politik. Die westliche Flügelmacht späterer Zeiten, die Vereinigten Staaten von „Amerika" (*gönnen wir ihnen den hochstapelnden Titel! Zum Groll reizt er nicht nur sämtliche Lateinamerikaner, sondern auch die Kanadier*), betreten das Schachbrett erst 1776 mit ihrer Revolution gegen England.

Frankreichs Außenpolitik mußte sich unter den Bourbonen mit der *Balance of power* in Europa abfinden, die England fernsteuerte. Im Inneren aber, unabhängig von dem durch England erzwungenen Schrumpfen des Kolonialreiches (Voltaire witzelte über den Verlust Kanadas, dort ginge es nur um „einige Schneehügel") sammelte Frankreich Kraft: weniger im freien Spiel ökonomischer Produktionsfaktoren, wie sie jenseits des Kanals die industrielle Revolution vorbereiteten, als mittels flächenstaatlicher Organisation – ein Entwicklungsweg, den schon im 15. Jahrhundert König Ludwig XI. (*1423, Regierungszeit 1461-1483) eingeschlagen hatte; er kujonierte die widerstrebenden Feudalgewalten ebenso grausam wie hundert Jahre später im fernen Moskau Iwan IV., „der Schreckliche" (*1530, Regierungszeit 1533-1584). Fernand Braudel schildert uns das Frankreich des 18. Jahrhunderts geradezu als „ein Opfer seiner Riesendimensionen",[2] verglichen mit den Nachbarn.

„Daß die Verbindung zwischen den Provinzen nicht klappt, ist in erster Linie der Weiträumigkeit des Landes zuzuschreiben. Selbst der Weizenmarkt funktioniert, aufs Ganze gesehen, schlecht. Außerstande, die weiten Entfernungen zu bewältigen, verzehrt das riesige Erzeugerland Frankreich seine Eigenproduktion jeweils

vor Ort, womit es paradoxerweise noch im 18. Jahrhundert zu Versorgungsengpässen und Hungersnöten kommt (...) ähnlich wie am Ende des 20. Jahrhunderts in Afrika. Noch 1756 brauchte man für eine Reise von Paris nach Toulouse 16 Tage, nach Straßburg 11. 1780 allerdings sind die Straßen so gut ausgebaut, daß man das südliche Ziel in 8, das östliche in 5 Tagen erreicht."

Mit seiner Großen Revolution des Jahres 1789 sprengt Frankreich nicht nur die Fesseln der monarchischen Legitimität, sondern dank seiner aufgestauten Kraft auch die der zwischenstaatlichen Balance. Provoziert durch den Interventionskrieg der alten Mächte zugunsten König Ludwigs XVI. (1754-1793, Regierungszeit 1774-17792) schickt die Republik ihre Volksheere *(ein Quantensprung auch im Militärwesen, diese allgemeine Wehrpflicht!)* an und über den Rhein, in die Niederlande, nach Italien.

Was das revolutionäre Frankreich nicht zerstört, ist der souveräne Staat. Sein Konzept wird im Paris von 1789 entscheidend vertieft durch eine Neufassung des Begriffs der Nation.[3] Wie erwähnt, ist er an sich viel älter, stammt aus der mittelalterlichen Universität. In dem Sinne jedoch, wie die Nation im 19. und 20. Jahrhundert in der Politik (im Unterschied zur Kultur) Europas verstanden wurde, und wie sie von Europa über den Erdball ausstrahlte, ist sie ein Geisteskind der Französischen Revolution.

Das macht die deutsche Sprache schon in der Wortverschmelzung deutlich, die wir immer noch als gängige Münze verwenden – auch da, wo sie gerade nach deutschem Verständnis der Nation nicht paßt; wir sprechen vom „Nationalstaat". Für den Franzosen bedeutet das seit 1789, bis heute und vermutlich noch für einige Zeit in Zukunft: ein Staat, der durch den gemeinsamen Willen seiner Einwohner getragen ist, Bürger eben dieses Staates zu sein. Sie konzentrieren ihre politische Loyalität so stark auf diesen Staat, daß für eine Schichtung mehrerer Loyalitäten praktisch kein (oder kaum mehr) Raum bleibt. Deshalb fällt es den Franzosen so schwer, das Wesen eines Bundesstaates zu begreifen, für dessen Bürger die politischen Loyalitäten zum Ganzen und zu einem seiner Teile (sagen wir: zu Sachsen und zu „Deutschland einig Vaterland", wie 1989 erwiesen) harmonisch koexistieren können. Selbst die Franko-Kanadier haben da ihre Schwierigkeiten.

Der revolutionäre französische Nationsbegriff ist so gut wie identisch mit dem Begriff der Volkssouveränität in den Grenzen des „einen unteilbaren" Staates. Zur Nation werden die Staatsangehörigen subjektiv, durch einen permanenten Willensakt, den *Plébiscite de tous les jours*, wie Ernest Renan es hundert Jahre nach 1789 klassisch definieren sollte.[4] Erst dadurch, nur dadurch legitimiert sich eine Gruppe von Menschen als (ich zitiere nochmals Renan) „...real existierendes Volk",[5] das Souveränität beanspruchen darf – heute sprechen wir eher von Selbstbestimmung.

Kampf gegen Despoten – oder gegen Nachbarn?

Die feindselige Konfrontation mit anderen Gruppen, vorzugsweise mit den Nachbarn, oder ein Hegemonieanspruch sind mit diesem Nationsbegriff nicht notwendig gegeben. In der historischen Realität wurde allerdings die Beschwörung der Nation im revolutionären Frankreich notwendig, als die Invasion Österreichs und Preußens drohte und im Inneren die überlieferte Staatsspitze – das Königtum – drauf und dran war, Frankreich an den äußeren Feind zu verraten. Das Kampflied aus Straßburg, gedichtet am 26./27. August 1792, das zur Nationalhymne wurde, reflektiert in seinem blutrünstigen Text diese Stimmung. Aber es lohnt sich, die *Marseillaise*[6] genau zu lesen und danach zu befragen, wie sie den Feind definiert:

„Contre nous de la tyrannie
L'étendard sanglant est levé...
Que veut cette horde d'esclaves
De traîtres, de rois conjurés?...
Quoi! ces cohortes étrangères
Feroient la loi dans nos foyers!
Quoi! ces phalanges mercenaires
Terrasseroient nos fiers guerriers!...
De vils despotes deviendront
Les maîtres de nos destinées!"

Von dem einen abstrakten Wort *étrangères* – „ausländisch" – abgesehen, gelten alle diese Beschimpfungen dem politischen Widersacher, den Mächten des Alten Regimes. Feindbegriffe wie Preuße, Österreicher, gar Deutscher kommen in der Marseillaise nicht vor.

Die Französische Revolution weckte denn auch jenseits der Grenzen zunächst kaum antagonistischen, das hieße antifranzösischen Nationalismus. Vielmehr weckte sie Interesse, bei Intellektuellen abgestufte Sympathie, bis hin zu dem gar nicht so weltfremden Immanuel Kant (1724-1804) im fernen Königsberg; Thomas Paines (1737-1809) *The Rights of Man* erreichte 1792 in England die phantastische Auflage von einer Million, bevor dieser Verstoß gegen die politische Korrektheit der Inselmonarchie seinen Verfasser ins Exil nach Frankreich trieb, wo Paine in den Konvent gewählt wurde und prompt 1793 in Robespierres (1758-1794) Gefängnissen landete.

Bereitschaft, die Revolution nachzuahmen, durchbrach die Schranken kleiner Zirkel nur in wenigen Ländern, wo zwei Übel auf dem Rücken der einfachen Menschen besonders drückend lasteten: schlechte altmodische Herrschaft, und Fremdherrschaft.

So rebellierten in Irland katholische Bauern und protestantische „Jakobiner" des Nordens gemeinsam 1797, und in Polen beflügelte das Pariser Vorbild noch einmal den vom Kleinadel geführten Widerstand gegen die Aufteilung dieses alteuropäischen Staates unter die Nachbarn Rußland, Preußen und Österreich.

In Holland, den österreichischen Niederlanden (dem künftigen Belgien), Ungarn oder Böhmen, in Nord-Italien und Deutschland fehlte den örtlichen „Jakobinern" die Massenbasis, mochten sie auch einige Augenblicke lang von Revolution träumen – vergleichbar West-Berliner Studenten von 1968, denen die Barrikaden im Quartier Latin einige Wochen lang imaginäre Flügel wachsen ließen.

In der Reichsfestung Mainz, die am 21. Oktober 1792 von den Franzosen erobert wurde, griff zwei Tage später eine *Gesellschaft der Freunde der Freiheit und Gleichheit* die Proklamation des Generals Custine auf, die den Satz enthielt:

> *„Eine Nation, die als erste allen Völkern der Welt das Beispiel gegeben hat, ihre Rechte zu ergreifen, bietet euch Brüderlichkeit und Freiheit."*

Der immerhin auf knapp 500 Mitglieder anschwellende Mainzer „Jakobinerklub" (u.a. gehörten ihm 16 Gelehrte an, 38 Studenten, 27 Kaufleute, 5 katholische Geistliche, 3 Juden[7]), in dem der weit gereiste Bibliothekar Georg Forster (1754-1794) den Ton angab, organisierte vom 17. bis 31. März 1793 einen Rheinisch-Deutschen Nationalkonvent; er rief den Landstrich von Landau bis Bingen zu einem „freien, unabhängigen, unzertrennlichen Staat" aus und bedrohte alle vormals souveränen Reichsstände in dieser Gegend als „unrechtmäßige Gewalthaber" mit der Todesstrafe. Am 21. März beantragte der Konvent die Einverleibung in die Französische Republik –

> *„in Erwägung, ...daß die ... Unabhängigkeit des neuen ...deutschen Freistaates nur unter dem Schutz der Frankenrepublik und mit Hülfe ihrer siegreichen Waffen errungen werden konnte, und daß alle Bande der Freundschaft, der Dankbarkeit und des wahren gegenseitigen Vorteils beide Nationen zu einer brüderlichen und unzertrennlichen Vereinigung auffordern..."*

Forster hatte schon im voraus am 15. November 1792 vor dem Mainzer Klub diesen Schritt erläutert (und der erste Satz des folgenden Zitats beweist, daß es gegenläufige nationale Stimmungen gab):

> *„Es ist wahr, man hat dem Deutschen von Jugend auf eine Abneigung gegen seinen französischen Nachbarn eingeflößt; es ist wahr, ihre Sitten, ihre Sprache, ihre Temperamente sind verschieden; es ist wahr, als die grausamen Ungeheuer noch in Frankreich herrschten, da rauchte unser Deutschland auf ihr Geheiß, da ließ ein Marquis*

de Louvois ... die Pfalz in Brand stecken ... Laßt euch aber nicht irreführen, Mitbürger, durch die Begebenheiten der Vorzeit; erst vier Jahre alt ist die Freiheit der Franken, und seht, schon sind sie ein neues, umgeschaffenes Volk; sie, die Überwinder unserer Tyrannen, fallen als Brüder in unsere Arme ...

Mitbürger! Brüder! die Kraft, die uns *so verwandeln konnte, kann auch Franken und Mainzer verschmelzen zu einem Volk! Unsere Sprachen sind verschieden; – müssen es darum auch unsere Begriffe seyn? Sind Liberté und Egalité nicht mehr dieselben Kleinode der Menschheit, wenn wir sie Freiheit und Gleichheit nennen?"*

Am 23. Juli 1793 eroberten die Preußen Mainz. Dem deutschen Jakobinertum wurde das Lebenslicht ausgeblasen; Georg Forster starb am 10.Januar 1794 im Pariser Exil.

Im Frieden von Basel erkannte Preußen am 5. April 1795 das linke Rheinufer als Grenze des republikanischen Frankreich an (Mainz wurde also doch französisch), und Österreich mußte 1797 seine Niederlande aufgeben. Die Ideen der Mainzer Jakobiner blieben trotzdem begraben, vielleicht wirkte das Paktieren Frankreichs mit den Mächten des Alten Regimes sogar mit am Umkippen der französisch-deutschen Beziehung. Aus dem großherzigen, die Menschheit beglückenden Bannerträger von Freiheit und Gleichheit wurde in den Augen der Nachbarn unversehens der sie herumkommandierende Eroberer. Mit der Krönung des korsischen Revolutionsgenerals Buonaparte zum „Befehlshaber" (*imperator*) schlechthin im Jahre 1804 war der Umschwung vollendet. Nun entwickelte sich in Deutschland rapide ein neuer Patriotismus, ein neues Nationalgefühl *gegen* Frankreich anstatt in Verbrüderung mit Frankreich. Die Kompaßnadel der Geschichte orientierte sich auf die Epoche der Weltkriege, der europäischen Bürgerkriege hin.

Das deutsche Verständnis der Nation

Deutsches Nationalgefühl fußt auf einem Begriff der Nation, der dem subjektiv-voluntaristischen Verständnis widerspricht. „Die *objektiven* Definitionen stellen auf bestimmte, für die Nation signifikante Merkmale ihrer Mitglieder ab, die unabhängig vom Willen der einzelnen die Nation konstituieren. Gemeinsame Herkunft, Geschichte, Sprache und Kultur sind die Merkmale, die in erster Linie immer wieder genannt werden."[8] Für Deutschland ist es offenbar selbst zu Beginn des 21. Jahrhunderts, wenn wir an die „Aussiedler"-Gesetzgebung denken, in erster Linie die Herkunft, in zweiter die (notfalls neu zu lernende) Sprache – was sonst, angesichts der historischen Zersplitterungen?

Es ist üblich, Johann Gottfried Herder (1744-1803) für den „objektiven Nationsbegriff" in Anspruch zu nehmen; von den Deutschen habe dieser Begriff dann auf die osteuropäischen Völkerschaften ausgestrahlt und in dem dortigen Raum, in dem sie ineinander verschachtelt lebten, spätestens seit 1918 besonders schlimme Verheerungen angerichtet. Dabei muß man, mußte schon ein Friedrich Meinecke[9] sehr genau nachforschen, um in den Briefen Herders *zur Beförderung der Humanität* (1793-1797) oder gar in seinem Hauptwerk politische Schlußfolgerungen aus dem kulturellen Aufklärungsstreben des Theologen oder Philosophen zu entdecken. Die Geschichte der Haupt- und Staatsaktionen, mit anderen Worten: die internationale Politik hat bei Herder zunächst einmal Abscheu geweckt:[10]

> *„Wer hat Deutschland, wer hat dem kultivierten Europa seine Regierungen gegeben? Der Krieg. Horden von Barbaren überfielen den Weltteil ... Die Eroberer waren im Besitz, und was seit der Zeit in diesem Besitz verändert worden, hat abermals Revolution, Krieg, Einverständnis der Mächtigen, immer also das Recht des Stärkeren entschieden ... So ist unsere alte Tellus bezwungen, und die Geschichte auf ihr ein trauriges Gemälde von Menschenjagden und Eroberungen worden; fast jede kleine Landesgrenze, jede neue Epoche ist mit Blut der Geopferten und mit Tränen der Unterdrückten ins Buch der Zeiten verzeichnet. Die berühmtesten Namen der Welt sind Würger des Menschengeschlechts, gekrönte oder nach Kronen ringende Henker gewesen ... Woher kommts, daß die Geschichte der Weltreiche mit so wenig vernünftigen Endresultaten geschrieben worden?“*

Erst vor diesem düsteren Hintergrund gewinnt Herders Gedanke Kontur, wie in Zukunft Besserung eingeleitet, der Humanität etwas aufgeholfen werden könnte:

> *„Die Natur erzieht Familien; der natürlichste Staat ist also auch Ein Volk mit Einem Nationalcharakter. Jahrtausendelang erhält sich dieser in ihm und kann, wenn seinem mitgebornen Fürsten daran liegt, am natürlichsten ausgebildet werden; denn ein Volk ist sowohl eine Pflanze der Natur als eine Familie, nur jenes mit mehreren Zweigen. Nichts scheint also dem Zweck der Regierungen so offenbar entgegen als die unnatürliche Vergrößerung der Staaten, die wilde Vermischung der Menschengattungen und Nationen unter Einem Zepter.“*

So durfte sich wohl auf Herder berufen, wer, einer vergleichsweise kleinen Sprachgruppe zugehörig, im 19. Jahrhundert darunter litt, im Zaren- oder Habsburgerreich wie in einem „Völkergefängnis“ zu leben. Durfte es auch der Deutsche, der unter dem Druck napoleonischer Brutal-Modernisierung, dieser „Fremdherrschaft“, die Hand ausstreckte nach einem Nationalstaat

> *„...so weit die deutsche Zunge klingt und Gott im Himmel Lieder singt,“*

wie Ernst Moritz Arndt (1769-1860) 1813 dichtete? Wir sollten auch Strophe 8 des eben zitierten Lieder nicht vergessen; sie lautet:

„Das ist des Deutschen Vaterland,
wo Zorn vertilgt den welschen Tand,
wo jeder Franzmann heißet Feind,
wo jeder Deutsche heißet Freund...“

Und wir tun gut daran, diese Bekundung der „Erbfeindschaft“ vergleichend neben den oben zitierten Text der französischen Hymne zu stellen. Napoleons I. Imperialismus (der Begriff entstand allerdings später als Kritik an der Politik seines Neffen Napoleon III. [1808-1873, Regierungszeit 1848-1870]) hat diesen schrillen Ton in die französisch-deutsche Beziehung gebracht.

Entscheidend für die Brisanz des objektiven Nationsbegriffs ist in meinen Augen weniger die Berufung auf die gemeinsame Kirchensprache als die bei Herder angelegte Analogie zur Pflanzenwelt. Die Nation (selbstredend die eigene!) beansprucht, etwas Natürliches zu sein und ist somit dem menschlichen Willen enthoben. Das führt fast zwangsläufig zu einer Reduktion der Politik auf Biologie – ohne daß ich Herder für Darwins *Survival of the fittest* und den im Nationalsozialismus gipfelnden Sozialdarwinismus verantwortlich machen wollte! Verdrängt wurde in Deutschland von Anfang an, daß die gemeinsame hochdeutsche Schriftsprache keineswegs „natürlich“ aus Boden oder Blut hervorgewachsen war, sondern selbst ein Produkt subjektiven Willens ist – nicht erst Luthers, der die Kirche reformieren wollte, sondern schon der Prager Kanzlisten Kaiser Karls IV. (*1316, Regierungszeit 1346-1378), die dem Reich eine einigermaßen ordentliche Verwaltung wünschten.

Aus diesem Reich lösten sich noch vor ihrer völkerrechtlichen Abtrennung durch den Westfälischen Frieden (1648) die Schweiz und die nördlichen Niederlande, zwei Länder mit Einwohnern eindeutig ober- bzw. niederdeutscher Zunge, ohne daß diese Völker jemals später den Wunsch geäußert hätten, einem deutschen Nationalstaat anzugehören. Vor der Ära Adolf Hitlers (*1889, Reichskanzler 1933-1945) hat meines Wissens auch nur ein kleines Häuflein Frankfurter Paulskirchen-Abgeordneter 1848, darunter der oben zitierte Ernst Moritz Arndt,[11] ihre Eingemeindung verlangt.

Ob Herder das Deutschland „Von der Maas bis an die Memel, von der Etsch bis an den Belt...“ als eine natürliche Familie oder als einen unnatürlich vergrößerten Staat angesehen hätte, darüber müßte der Historiker spekulieren, und das steht ihm nicht zu. *Daß jedoch die Nachbarn der Deutschen vor einem solchen Deutschland schlicht sich fürchten, und zwar nicht nur die Regierungen, sondern gerade die Völker, dafür liefert die Geschichte des 19. und 20. Jahrhunderts Indizien in Fülle.*

Wer trat den furchterweckenden deutschen Nationalismus los? Die Befreiungsbewegung des Jahres 1813 war – zumindest in Norddeutschland – eine genuine und spontane Sammlung, Mobilisierung (beide Begriffe benutze ich im Blick auf die Antikolonial-Bewegungen Afrikas oder Asiens in der Mitte des 20. Jahrhunderts) unterschiedlicher Gesellschaftsschichten von den Bauern über das Kleinbürgertum bis in den Adel. Die Revolution und administrative Reformen gegensätzlicher Stoßrichtung brachen die Menschen aus alten Sozialgefügen heraus. Dazu gehören sowohl die Reformen in Preußen, die diesen Staat gegen Napoleon rüsten sollten, als auch die von Napoleon selbst oder seinen Vasallen verordneten Maßnahmen – allen voran der *Code Civil*, das 1804 proklamierte Bürgerliche Gesetzbuch. Als das deutsche Rheinland 1815 „befreit" war, legten seine Einwohner Wert darauf, diese Errungenschaft zu behalten.

Im weiteren Umkreis napoleonischer Macht lagen die Rheinbundstaaten.[12] Als es 1809 zum Krieg zwischen Frankreich und Österreich kam, rückte Erzherzog Karl mit einem „Aufruf an die deutsche Nation" in Bayern ein, den der romantische Dichter Friedrich Schlegel für ihn verfaßt hatte. Ein Echo blieb aus. Der bayerische Minister Graf von Montgelas (1759-1838, Amtszeit 1799-1817) schrieb vielmehr seinem König:

> *„Er hätte in Norddeutschland eine Anzahl Parteigänger gefunden, während er in Bayern keinen einzigen antraf. Statt an der schwächsten Stelle des Rheinbundes hatte er den Angriff an der stärksten begonnen ...“*[13]

Wohl aber kam es in dem von Bayern annektierten Tirol 1809 zu dem bekannten Aufstand, dessen Symbolfigur Andreas Hofer (1767-1810) wurde. Die Reaktion des deutschen Volkes auf Napoleon, genauer gesagt auf den Zusammenprall mit dem in der Französischen Revolution konzipierten Nationsbegriff, war also anfangs keineswegs einheitlich. Erst im weiteren Verlauf des 19. Jahrhunderts gewann eine bestimmte, die Nachbarvölker beunruhigende Option mehr oder mehr die Oberhand.

Freiheit ohne Selbständigkeit?

Der bedeutendste politische Kopf der preußischen Reformen in den Jahren 1806 bis 1813 war Heinrich Friedrich Karl Reichsfreiherr vom und zum Stein (1757-1831) – im alten Römischen Reich (so seine Grabinschrift von 1831) „der Letzte seines über sieben Jahrhunderte an der Lahn blühenden Rittergeschlechts". Wenn die Inschrift ihn „des gebeugten Vaterlandes ungebeugten Sohn" nennt, sagt sie in der nächsten Zeile, welches Vaterland sie meint: „...in Kampf und Sieg Deutschlands Mitbefreier."[14] Es lohnt sich, Steins Nationsbegriff nachzuspüren.

Er betont (überwiegend auf Deutschland bezogen) ein drittes Element neben dem subjektiven Willensentscheid und der quasi-biologischen Naturwüchsigkeit. Für Stein macht vor allem Geschichte die Nation aus. Ihre Tradition wird dynamisiert und dadurch in gewissem Sinne gebrochen durch konkrete gesellschaftliche Erfordernisse der Gegenwart, die zu Reformen mahnen. Stein beruft sich aber nicht auf abstrakte Grundsätze, die in der politischen Praxis Expansion (zwecks Einbeziehung „unerlöster“ Volksteile) oder/und Repression („fremder“ Minderheiten) bedeuten. In seinem Brief an den Reichsgrafen von Münster, verfaßt in St. Petersburg am 1. Dezember 1812, schreibt er:

> *„Es ist mir leid, daß E.E. in mir den Preußen vermuten und in sich den Hannoveraner entdecken, ich habe nur ein Vaterland, das heißt Deutschland, und da ich nach alter Verfassung nur ihm und keinem besonderen Teil desselben angehörte, so bin ich auch nur ihm und nicht einem Teil desselben von ganzer Seele ergeben. Mir sind die Dynastien in diesem Augenblick der großen Entwicklung vollkommen gleichgültig, mein Wunsch ist, daß Deutschland groß und stark werde, um seine Selbständigkeit und Unabhängigkeit und Nationalität wieder zu erlangen und zu behaupten in seiner Lage zwischen Frankreich und Rußland...“* [15]

Hier sind Worte gewählt, die nicht nur für Deutschland, sondern auch für andere Nationen gelten müssen; Stein ergänzt sie an anderer Stelle durch die Begriffe Macht und Würde. Er spricht in diesem Zusammenhang von „großen Nationen“.[16] Das legt die Frage nahe, warum Stein Deutschland zwischen Frankreich und Rußland ansiedelt, nicht zwischen Frankreich und Polen. Der polnischen Nation fehlt es 1812 offensichtlich an Macht. Dennoch ist Polen für Stein fraglos eine Nation. In seiner Nassauer Denkschrift vom Juni 1807 hat Stein versucht, die Quadratur des Kreises zu finden, wie nämlich die polnische Nation ihre Würde innerhalb eines fremden, des preußischen Staates bewahren könnte.

> *„Die [polnische, F.A.] Nation werde erzogen, nach ihrer Individualität veredelt, nicht unterdrückt und in ihr verhaßte Formen von zweideutiger Güte eingezwängt. Soll die Nation veredelt werden, so muß man dem unterdrückten Teile derselben Freiheit, Selbständigkeit und Eigentum geben und ihm den Schutz der Gesetze angedeihen lassen ... Die polnische Nation ist stolz auf ihre Nationalität, sie trauert, sie, ihre Sprache, ihren Namen erlöschen zu sehen und feindet den Staat an, der ihr dieses Leid zufügt. Sie würde zufrieden gestellt werden, sie würde diesem Staat anhängen, wenn man ihr eine Verfassung gäbe, bei der ihr Nationalstolz beruhigt und ihr der Besitz ihrer Individualität gesichert wird. Diese nicht zu zerstören, sondern auszubilden, wird jeder für einen Gewinn halten, der nicht mechanische Ordnung, sondern freie Entwicklung und Veredlung der eigentümli-*

chen Natur jedes Volksstammes für den Zweck der bürgerlichen Gesellschaft hält. Der Fürst Anton Radziwill hat in einem sehr geistvollen Memoire den wohltätigen Einfluß dargestellt, welchen es auf die Gemüter haben würde, wenn man den Namen Polen an die Stelle von Süd- und Neu-Ostpreußen setzte und wenn der König den Titel eines Königs von Polen annähme."[17]

Freiheit, ja Selbständigkeit einer Nation ohne Unabhängigkeit? Die Geschichte nicht nur Polens, sondern auch die gesamte Geschichte des europäischen „Veredelungs"-Kolonialismus in Asien und Afrika sollte zeigen, daß dieser Kompromiß nichts taugt. Indien fand sich nicht mit der britischen Herrschaft ab, obwohl Königin Victoria (*1819, Regierungszeit 1837-1901) den Titel einer Kaiserin von Indien angenommen hatte. Die Quadratur des Kreises bleibt unmöglich. Ausnahmen, etwa der „Ungarische Ausgleich" von 1868 innerhalb der Habsburger Monarchie (vgl. Kapitel 14), bestätigen die Regel. *Wer zieht die Grenze zwischen großen Nationen, die einen eigenen Staat bilden dürfen, und kleinen, die auf das Geschick des fremden Veredelungs-Gärtners vertrauen sollen?*

Europa und mit ihm die Welt hat bis heute noch keine überzeugende Lösung für das Bündel von Problemen gefunden, das die Französische Revolution mit ihrem subjektiven, die deutsche Reaktion auf sie mit ihrem objektiven Nationsbegriff zusammengeschnürt haben. Zwischen dem rationalistischen Konzept der täglich zu vollziehenden Volksabstimmung, dem romantischen Traum von der Naturwüchsigkeit der Nation, und den Traditionen der Geschichte irrt die Politik hin und her. *Die inter„nationale" Politik des 21. Jahrhunderts wird mit Vorrang das Phänomen Nation in den Griff bekommen müssen, um das blutige Gespenst des Nationalismus zu bannen.*

Anmerkungen

1 Diese Allianz war in zwei Verträgen über die Teilung des spanischen Erbes von 1698 und 1699/1700 niedergelegt. Die Mechanik des Europäischen Gleichgewichts isolierte regelmäßig den chancenreichsten Kandidaten für Hegemonie und brachte Bündnisse zweitrangiger Staaten gegen ihn zustande.

2 Braudel 1986, S. 347 ff., 358

3 Vgl. aus der allgemeinen wissenschaftlichen Literatur insbesondere Hobsbawm 1990; Schulze 1994.

4 Ernest Renan: Qu'est-ce qu'une Nation? Rede in der Pariser Sorbonne am 11.03.1882. In: ders., Œuvres Complètes Bd. 1. Paris 1947, S. 887-906 (Zitat S. 904)

5 A.a.O., S. 887 f.

6 Hier zitiert nach Gerd Semmer (Hr.): Ça ira. Berlin/DDR 1958, S. 112-117. In der vorletzten Strophe werden die französischen Soldaten sogar aufgerufen, die einfachen Soldaten des Gegners zu schonen: *Epargnez ces tristes victimes / A regret s'armant contre nous...*

7 Geschichte in Quellen. Amerikanische und Französische Revolution, bearb.v.Wolfgang Lautemann. München 1981, S. 471 f. – Ebd. alle Zitate zur Mainzer Republik 1792-1793. Vgl. Walter Markov u. Albert Soboul: 1789. Die Große Revolution der Franzosen. Köln 2. Aufl. 1980, S. 259 ff.; Walter

Grab: Die Mainzer Republik von 1792/93 – Keimzelle der parlamentarischen Demokratie in Deutschland. Das Parlament (Bonn) 22.10.1993, S. 17

8 Roland Hahn: Die Idee der Nation und die Lösung der deutschen Frage. Aus Politik und Zeitgeschichte (Bonn) 13.07.1990, S. 4

9 Friedrich Meinecke: Weltbürgertum und Nationalstaat. München/Berlin 3. Aufl. 1915, S. 29 ff.

10 Alle folgenden Zitate aus Johann Gottfried Herder: Ideen zur Philosophie der Geschichte der Menschheit. 1784-1791. 9. Buch Kap. 4: Die Regierungen sind festgestellte Ordnungen unter den Menschen, meistens aus ererbter Tradition. – Vgl. Julia Kristeva: Fremde sind wir uns selbst. Frankfurt a.M. 1990

11 Vgl. Wollstein 1977, S. 248 f.

12 Im Juli 1806 schloß Napoleon die deutschen Klein- und Mittelstaaten seines Machtbereichs zu einer *Confédération du Rhin* zusammen, der sich später alle deutschen Staaten außer Österreich und Preußen anschlossen. Der Rheinbund existierte bis zum Oktober 1813. – 1953 veröffentlichte der Herausgeber des SPIEGEL, Rudolf Augstein (1923-2002), seine Adenauers Außenpolitik kritisierenden Kommentare unter dem Pseudonym Jens Daniel mit dem Titel „Deutschland – ein Rheinbund?"

13 Zitiert nach Jean Tulard: Napoléon ou le Mythe du Sauveur. Paris 1987, S. 355, übersetzt aus dem Französischen. Mit „er" meint Montgelas den Graf von Stadion, Österreichs Außenminister; die Überlegung trifft natürlich auch auf den Erzherzog zu. Im Königreich Westfalen, wo Napoleons Bruder Jérôme regierte, kam es 1809 zu Volksaufständen, an deren Spitze sich einzelne Offiziere setzten, am bekanntesten der Preuße Ferdinand von Schill; sie scheiterten. Vgl. Heinz Heitzer: Insurrectionen zwischen Weser und Elbe. Berlin/DDR 1959. Man muß die Bemühungen des Verfassers, die Rebellionen als Klassenkämpfe zu interpretieren, nicht übernehmen.

14 Erich Botzenhart u. Gunther Ipsen (Hg.): Freiherr vom Stein. Ausgewählte politische Briefe und Denkschriften. Stuttgart 1955, S. 496

15 A.a.O., S. 329

16 Stein: Aufsätze und Bemerkungen über mancherlei Gegenstände, 1810-1811: „...Die Auflösung Deutschlands in viele kleine, ohnmächtige Staaten hat dem Charakter der Nation das Gefühl von Würde und Selbständigkeit genommen, das bei großen Nationen Macht und Unabhängigkeit erzeugt..." A.a.O., S. 278

17 A.a.O., S. 123 f. – Süd- und Neu-Ostpreußen sind die amtlichen Bezeichnungen für das Gebiet (einschließlich Warschau), das Preußen bei der dritten Teilung Polens 1795 annektierte. Unmittelbar nachdem Stein im Juni 1807 die Denkschrift verfaßt hatte, bildete Napoleon aus diesem Gebiet das Großherzogtum Warschau unter dem König von Sachsen.

4. Konzert der Großmächte (1815-1914)

Napoleon Bonaparte, Erster Konsul und Kaiser der Franzosen, hatte die zwischenstaatliche Politik Europas auf eine Zweier-Konfrontation reduzieren wollen: Frankreich gegen England, elementarer Dualismus Landmacht gegen Seemacht. Dieses Konzept ist durchaus dem Weltbild des Ost-West-Konflikts vergleichbar, den wir von 1945 bis 1990 miterlebten (also über eine viel längere Zeitspanne, als Napoleon herrschte). Drei wesentliche Unterschiede fallen ins Auge.

- Die Konfrontation zwischen Frankreich und England fand ehrlicherweise im völkerrechtlichen Zustand des *Krieges* statt, nachdem der 1802 geschlossene Friede von Amiens bereits 1805 gebrochen worden war. Man verzichtete damals auf die Grauzone eines Kalten Krieges.
- Zweitens erscheint die *ideologische* Dimension des Konflikts milder, ja vernünftiger. Ein „Reich des Bösen" mochten allenfalls die französischen Revolutionäre im *Ancien régime*, umgekehrt Konservative im jakobinischen Terror sehen, also während einer noch kürzeren Zeitspanne. Napoleon erschien den Siegern von 1815 selbst im nachhinein nur ein peinlicher Usurpator; peinlich war vor allem die Anbiederung der legitimen Fürsten, solange er mächtig war, inklusive Heirat mit der Habsburgerin 1810. Napoleon seinerseits verband die Vollstreckung des Erbes der Revolution mit dem Bemühen, sich dem alten Europa der Monarchen anzupassen. Eine Mauer in den Köpfen, wie sie im 20. Jahrhundert zwischen

Kommunisten und Antikommunisten aufgerichtet war, wurde damals nicht gebaut. Revolutionsangst samt Demagogen- bzw. Demokratenverfolgungen blieben nach 1815 taktische Waffen einer rationalen Politik.

- Der Vergleich müßte drittens dem Einsatz von *Wirtschaftsbeziehungen* als zwischenstaatliches Waffenarsenal dienen. Der Westen triumphierte 1990, weil es ihm gelungen war, den Osten „totzurüsten". Ob der Realsozialismus ohne den Rüstungswettlauf, den seine Führer natürlich mit vom Zaun gebrochen hatten, die Grundbedürfnisse der Menschen besser befriedigt hätte, wissen wir nicht. Daß jedoch die Miß- und Mangelwirtschaft ebenso zum Sturz der kommunistischen Machtapparate beitrug wie der Entzug politischer Freiheiten, ist evident.

Dagegen scheiterte Napoleon mit seinem Versuch, England durch die Kontinentalsperre[1] in die Knie zu zwingen. Das Pfund Sterling geriet zwar unter Druck, die Konvertierbarkeit der Banknoten gegen Edelmetall mußte für die ganze Dauer des Konflikts suspendiert werden. Aber zu einem Verfall der britischen Währung kam es nicht. „Die wahre Sicherheitsgarantie für das Papiergeld stellt weder Gold noch Silber, sondern die ungeheuere Produktionskapazität der Britischen Inseln dar. Mit den von seiner Industrie erzeugten Gütern und dem Ertrag seines Handels zahlt England seinen europäischen Verbündeten die schwindelerregenden Zuschüsse, die die Niederwerfung Frankreichs ermöglichen, unterhält eine für damalige Begriffe phantastische Flotte und trägt durch seine in Portugal und Spanien stehenden Streitkräfte zum Sturz Napoleons bei. Kein anderes Land hätte damals eine ähnliche Leistung vollbringen können...", schreibt Fernand Braudel.[2]

Während des Kalten Krieges sollten die USA eine vergleichbare Leistung bei der Stabilisierung ihrer Verbündeten vollbringen. *Es erscheint aber 2004 trotz der aktuellen Schwächen Europas fraglich, ob Nordamerika auch in unserer Gegenwart und Zukunft auf Dauer einen ähnlich kraftvollen Motor für die Weltgesellschaft darstellen kann, wie England es für das Europa des 19. Jahrhunderts blieb. Die ökonomisch-soziale Revolution, die es jetzt zu gestalten gilt, wird vermutlich keine industrielle sein dürfen; sie wird eine wissenschaftliche (und nicht nur naturwissenschaftliche!) sein müssen, wenn die explosiv wachsende Menschheit des 21. Jahrhunderts ein erträgliches Auskommen finden soll. Welche Region ist qualifiziert, dabei die Führung zu übernehmen?*

Wir ergänzen den Vergleich aus der umgekehrten Perspektive, der des Verlierers: Napoleons Wirtschaftskrieg hat auf dem europäischen Kontinent keine dem vormaligen Ostblock ähnliche Ruinenlandschaft zurückgelassen, obwohl sein System ähnlich wie der „Rat für gegenseitige Wirtschaftshilfe" (RgW) dazu diente, dem Zentrum Frankreich auf Kosten der annektierten oder „verbündeten" Peripherie die industriellen Schlüsselstellungen zu sichern. Die Zuckerrübe ist nur ein Symbol für die Impulse, die ganz Kontinentaleuropa durch die Kontinentalsperre erhielt. Wesentlich gravierender war etwa die forcierte Kohle- und Eisen-Industrialisierung Belgiens, das allerdings bis 1814 innerhalb der französischen Grenzen lag.[3]

Der Wiener Kongreß reorganisierte Europa unter der altgewohnten Idee eines Gleichgewichts der Mächte. Die Zweier-Konfrontation war beendet, der Versuch gescheitert, einen auf militärische Landmacht gestützten Superstaat gegen die globale Führungsmacht zur See zu kehren. Von der älteren Konstellation der *Balance of power* unterschied das Werk des Wiener Kongresses sich dadurch, daß England jetzt nicht mehr auf Distanz blieb, um durch Fernsteuerung wechselnder Allianzen den Aufstieg eines Kontinentalstaates zur Hegemonie zu bremsen. Diese Bremse hatte ja nach 1789 versagt. Jetzt gliederte sich England als eine unter fünf Großmächten in das europäische System ein, das dadurch die Harmonie eines *Konzertes* erreichen sollte.[4] Alle fünf Mächte betrachteten einander prinzipiell als gleichen Ranges – auch Frankreich; seine Verstoßung aus dem Kreis der Großmächte, etwa durch Amputation seines Territoriums, geschweige denn Teilung, stand 1814 nicht zur Debatte und auch 1815 nicht, trotz Napoleons „Adlerflug“ von Elba nach Waterloo. Die anderen drei Großmächte waren Rußland, Österreich und Preußen. Nicht der Besitz von Superwaffen besiegelte die Vorrangstellung dieser fünf Staaten (*wie nach 1945 die gegenseitig als legal anerkannte Verfügung über Atombomben das Privileg ständiger Mitgliedschaft im UN-Sicherheitsrat*), sondern das Prinzip der *Legitimität.*

Metternichs Glaubensbekenntnis

Das Prinzip der Legitimität ist geradezu verkörpert in Klemens Wenzel Fürst von Metternich (1773-1859), österreichischer Außenminister seit 1809, Haus-, Hof- und Staatskanzler von 1821 bis zum 13. März 1848. Wie der Freiherr vom Stein stammt Metternich aus einem reichsunmittelbaren (in seinem Fall rheinischen) Adelsgeschlecht. Anders als Stein, übte er über Jahrzehnte politische Macht aus und formte das reale Europa nach dem Bild, das er in sich trug.

Metternich, der Diplomat, hat Ende 1820 an die Adresse des Zaren Alexander I. (*1777, Regierungszeit 1801-1825) eine *Profession de Foi* geschrieben, ein Glaubensbekenntnis also, es vor der Absendung seinem Kaiser Franz (*1768, Regierungszeit 1792-1835, bis 1806 letzter Römischer Kaiser) zur Kenntnis gegeben und dabei selbst als eine „...wenig diplomatische Pièce...“ charakterisiert.[5] Wir entnehmen dieser Denkschrift zunächst die Schilderung des Irrwegs, den Europa in Metternichs Augen nahm – vom Rationalismus über den Liberalismus und Nationalismus zur Anarchie und Atomisierung der Gesellschaft (klingt das nicht auch 2004 aktuell, keineswegs verstaubt?):

„Die Leidenschaften sind entfesselt und rotten sich zusammen für den Umsturz alles dessen, was die Gesellschaft als Grundlage ihrer Existenz respektiert hat: Religion, öffentliche Moral, Gesetze, Sitten, Rechte und Pflichten, alles wird attackiert, verwirrt, umgedreht oder angezweifelt. Die große Masse des Volkes ist ruhige Zuschauerin von so vielen Attacken, Unruhen und eines derart absoluten Mangels an Verteidigung. Ein Teil irrt im Unbestimmten umher, während die Wünsche der immensen Mehrheit sich darauf richten, eine Ruhe beizubehalten, die es schon nicht mehr gibt... Religion, Moral, Gesetzgebung, Wirtschaft, Politik, Verwaltung, alles scheint zum Gemeingut geworden zu sein, zugänglich für alle. Man scheint die Weisheit mit dem Löffel gegessen zu haben; Erfahrung hat keinen Wert für den Dünkelhaften; der Glaube bedeutet ihm nichts, er ersetzt ihn durch eine angebliche individuelle Überzeugung... Die Gesetze haben keinerlei Wert für ihn, weil er nicht an ihrer Abfassung mitgewirkt hat... Die Macht liegt bei ihm selbst; warum soll er sich einer Sache unterordnen, die nur für den Menschen ohne Erleuchtung und Wissen von Nutzen sein konnte; was seiner Meinung nach ausreichen konnte für das Zeitalter des Verfalls, paßt doch wohl nicht für jenes der Vernunft, der Kraft, auf einer Stufe allgemeiner Vervollkommnung, die deutsche Neuerer mit der in sich selbst absurden Idee der Befreiung der Völker bezeichnen! ...
Wenn wir so den Charakter des dünkelhaften Menschen zeichnen, glauben wir den Charakter der Gesellschaft gezeichnet zu haben, die heute aus derartigen Elementen besteht, wenn überhaupt das Wort Gesellschaft anwendbar ist auf einen Zustand, der prinzipiell nur darauf abzielt, alle Komponenten der Gesellschaft zu individualisieren und aus jedem Menschen das Haupt seines eigenen Dogmas zu machen, den Schiedsherrn über die Gesetze, nach denen er es gut finden mag, sich zu regieren oder zu gestatten, daß man ihn regiert, ihn und seine Nachbarn, den höchsten Richter schließlich seines Glaubens, seiner Handlungen und der Grundsätze, nach denen er sie richten will.
Bedarf diese Wahrheit eines Beweises? Wir glauben, ihn zu liefern, indem wir anmerken, daß eines der natürlichsten Gefühle des Menschen, das der Nationalität, aus dem liberalen Katechismus gestrichen wurde, und da, wo das Wort noch benutzt wird, dient es den Koryphäen der Partei (parti) *nur als Vorwand, um die Regierungen in Ketten zu legen, oder als Sauerteig, um Unruhen zu begünstigen. Das wirkliche Ziel der Idealisten der Partei* (parti) *ist die religiöse und politische Schmelze und in letzter Analyse nichts anderes, als für jedes Individuum eine Existenz zu schaffen, in der es völlig unabhängig von jeder Autorität und jedem anderen Willen als seinem eigenen ist, eine absurde Idee, im Widerspruch zum Wesen des Menschen, unvereinbar mit den Bedürfnissen der menschlichen Gesellschaft.“*

Gegen dieses Schreckensbild, das er noch viel weitschweifiger ausmalt, stellt Metternich in lakonischer Kürze seine eigenen Prinzipien. Sie sind es, die wir unter dem Stichwort Legitimität am Werk sehen:

> *„Respekt vor allem, was existiert; Freiheit für jede Regierung, über das Wohlergehen ihres eigenen Volkes zu wachen; Bündnis zwischen allen Regierungen gegen die Parteien* (factions) *in allen Staaten; Verachtung für die sinnlosen Worte, die zur Parole der Parteileute* (factieux) *geworden sind; Respekt vor der progressiven Entwicklung der Institutionen auf gesetzlichen Wegen; Weigerung jedes Monarchen, den Parteileuten* (hommes de parti) *Hilfe oder Unterstützung zu leisten, mit welcher Maske sie sich auch bedecken: zum Glück sind das die Gedanken der großen Monarchen; die Welt kann gerettet werden, wenn sie dieselben in Handlungen umsetzen; sie ist verloren, wenn sie das nicht tun."*

Wer da im Geiste Metternichs „Partei" bzw. „Faktion" ist (ein Schimpfwort für politische Parteibildung, das auch in den republikanischen USA seinerzeit üblich war[6]), bedarf keines Nachweises. Aber wir bemerken, daß Metternichs Politikideal keineswegs starr konservativ, absolut fortschrittsfeindlich war. Er sucht allerdings den Schutz des Sozialen, das schon die Antike als Wesen des Menschen begriffen hatte, im Respekt vor dem Bestehenden. Das Bündnis zwischen den Monarchen, das die *Profession de Foi* anspricht, sollte in der *Heiligen Allianz* bereits verwirklicht sein, die der Zar, der Kaiser von Österreich und der König von Preußen am 14. September 1815 in Paris zu Protokoll gegeben hatten – als ein unverbindliches Kommuniqué ihres Gipfeltreffens, würden wir heute sagen.

Metternich ist noch keineswegs so völlig „aus der Mode", wie der Romantiker Graf von Platen (1796-1835) in revolutionärem Überschwang 1830 dichtete. Henry A. Kissinger sagt dazu im Vorwort des Buches, das 1957 seinen Ruhm als Wissenschaftler begründete:

> *„Stabilität ist im allgemeinen nicht das Resultat eines Strebens nach Frieden, sondern einer generell akzeptierten Legitimität. ‚Legitimität' in diesem Sinne darf nicht mit Gerechtigkeit verwechselt werden. Sie bedeutet nicht mehr als ein internationales Einverständnis über die Natur praktikabler Arrangements und über die zulässigen Ziele und Methoden der Außenpolitik. Sie erfordert die Akzeptanz eines Rahmens internationaler Ordnung durch alle Großmächte wenigstens von genügendem Ausmaß, damit kein Staat so unzufrieden ist wie Deutschland nach dem Versailler Vertrag und seine Unzufriedenheit in einer revolutionären Außenpolitik ausdrückt. Eine legitime Ordnung macht Konflikte nicht unmöglich, sie begrenzt jedoch ihre Dimension. Es kann zu Kriegen kommen, aber sie werden* im Namen

der bestehenden Struktur ausgefochten, und der anschließende Friede wird als besserer Ausdruck des ‚legitimen' allgemeinen Konsenses gerechtfertigt. Diplomatie im klassischen Sinn, die Anpassung von Gegensätzen durch Verhandlung, ist nur in einer ‚legitimen' internationalen Ordnung möglich. Immer wenn eine Macht existiert, der die internationale Ordnung oder die Art, sie zu legitimieren, als Unterdrückung erscheint, werden die Beziehungen zwischen dieser Macht und den anderen revolutionär sein... Sicher, die Motivierung der revolutionären Macht kann durchaus defensiv sein; sie mag durchaus ehrlich sein, wenn sie behauptet, sie fühle sich bedroht. Das Merkmal einer revolutionären Macht ist nicht, daß sie sich bedroht fühlt – solches Gefühl ist naturgegeben bei internationalen Beziehungen, die auf souveränen Staaten beruhen – sondern daß nichts sie in Sicherheit wiegen kann. *Nur absolute Sicherheit – die Neutralisierung des Gegners – wird als ausreichende Garantie betrachtet, und so bedeutet das Streben einer Macht nach absoluter Sicherheit die absolute Unsicherheit für alle anderen*"[7]

Die Heilige Allianz hat sich nie zu einem praktikablen Vertrag verfestigt. Ihr Grundkonzept jedoch hat als *Konzert der Mächte* Europa zwischen 1815 und 1914 (mindestens bis 1871) stabilisiert. Gewiß wurde der Krieg als Mittel der Politik nicht ausgeschaltet, wie von Kissinger beobachtet, aber innerhalb Europas waren konsensfähige Friedensschlüsse möglich. Sofort muß ich allerdings hinzufügen: Die legitime Ordnung seines Konzerts verlieh Europa in der überseeischen und transsibirischen Expansion, trotz seiner Aufsplitterung in rivalisierende Mächte, eine Durchschlagskraft, die alle übrigen Völker der Erde das Fürchten lehrte und für die Inder und Afrikaner (von Algier bis Zululand), ansatzweise sogar für China, eine wahrhaft revolutionäre Umgestaltung ihres Platzes in der Welt bedeutete, vom Genozid an den Indianern Nordamerikas gar nicht zu reden.

Das Mächtekonzert des 19. Jahrhunderts beruhte, wie erwähnt, auf einer Neufassung des alten Konzepts der *Balance of power*. Jede der fünf Großmächte sollte in relativer Sicherheit gegenüber den anderen existieren. Diesem Ziel dienten die territorialen und konstitutionellen Regelungen der Wiener Kongreßakte vom 8. Juni 1815. Sie galten vor allem Deutschland. England konnte das Königreich der Vereinigten Niederlande, das jetzt auch Belgien umfaßte, als sein Bollwerk gegen Frankreich betrachten. Preußen wurde durch die Annexion des Rheinlandes und halb Sachsens zu einer Macht ausgebaut, die Frankreich am Rhein die Stirn bot, ohne den traditionellen Einfluß Österreichs auf die kleineren deutschen Staaten völlig zu verdrängen. Österreich zog sich aus der Konfrontation mit Frankreich zurück, konzentrierte sich auf die Hegemonie in Italien und seine Position im Donauraum; dort und in Polen stand es (in Polen gemeinsam mit Preußen) Rußland gegenüber. Das „Königreich Polen“ unter der Zarenkrone, mit Recht „Kongreß-Polen“ genannt, schob Rußland weit nach Westen vor, sollte gleichwohl autonom verwaltet werden; ebenso wie die christlichen Balkan-Fürstentümer innerhalb des Osmanischen Reiches bildete es eine Pufferzone zwischen den drei Ostmächten.

Revolutionsangst und Rivalität der Mächte

Die ganze Konstruktion wurde während des 19. Jahrhunderts fortwährend in zweifacher Hinsicht auf die Probe gestellt:

1. durch innenpolitisches Aufbegehren, das die fünf Großen ebenso heimsuchte wie die kleineren Staaten;
2. durch außenpolitische Rivalitäten zwischen den Großmächten.

Metternich befürchtete vor allem ein Wiederaufflackern des Demokratie-Impulses der Französischen Revolution. Für solche Fälle nahm die Heilige Allianz ein Interventionsrecht in Anspruch. Die Probe aufs Exempel kommt schon 1820 mit Putschen in Spanien und Neapel, 1821 in Piemont. Frankreich interveniert in Spanien, Österreich in Italien, und für ein Jahrzehnt wird die Legitimität wiederhergestellt. Fortschrittliche Europäer beschimpfen sie als finstere Reaktion. In Troppau 1820, in Laibach 1821, in Verona 1822 treten Konferenzen der Großmächte zusammen und besiegeln die Interventionspolitik.

Intervention kann nicht greifen, das liegt in der Logik des Systems, wenn innenpolitischer Umschwung eine der fünf Großmächte selbst erfaßt, ob dies nun unter Wahrung der Staatsordnung geschieht wie in Großbritannien bei den Parlamentsreformen seit 1832, die schrittweise eine Oligarchie zur Demokratie umformen (weder die *Trade Unions* noch die seit 1838 aktiven Chartisten bringen eine Revolution zustande), oder in Paris 1830 wieder Barrikaden gebaut, die Trikolore geschwungen und der legitime König verjagt wird. Nur wo die Julirevolution außerhalb Frankreichs Funken schlägt, greifen die Mächte ein.

In Belgien, wo Liberale (meist Wallonen) und Klerikale (meist Vlamen) gemeinsam die Holländer hinauswerfen, geschieht das diplomatisch im Konzert; eine Konferenz tritt in London zusammen, erkennt Belgiens Unabhängigkeit an, einigt sich auf „ewige Neutralität“ des neuen Staates und lässt somit die Balance zwischen England und Frankreich unangetastet. In Italien dagegen schlägt Österreich wieder militärisch zu, der Freiheitsheld Giuseppe Mazzini (1805-1872) wird ins Exil gejagt. In Polen richtet sich 1830 die Revolution nur gegen Rußland; russische Truppen werfen sie binnen eines Jahres nieder. Für die in Deutschland und Frankreich daraufhin grassierende

Polenschwärmerei können sich weder die Polen in Preußen noch die in Österreich noch die Emigranten etwas kaufen.

Dasselbe Rußland, das in Polen seine zaristische Legitimität auf die Spitze treibt (die 1815 verbürgte Autonomie Kongreß-Polens wird beseitigt), hat schon vorher in Griechenland zugunsten einer Revolution interveniert – allerdings eines nationalen, nicht unbedingt demokratischen Aufstands. Das Prinzip der Heiligen Allianz stülpt sich um. 1828/29 rettet in letzter Stunde der Einmarsch russischer Armeen in die europäische Türkei, bis vor die Tore Konstantinopels, sowie nach Armenien die griechische Sache. Auch England begünstigt sie, Frankreich schließt sich an. Nur Metternich hält am Prinzip der Legitimität fest; es trifft sich gut, daß Unruhe und Machtverschiebung südlich der Donau den speziellen Interessen Österreichs schaden. 1827 versenkt eine alliierte britisch-französisch-russische Flotte bei Navarino die türkisch-ägyptische Flotte.[8] 1829 muß der Sultan im Frieden von Adrianopel die Souveränität eines kleinen Griechenland und als Zugabe die Autonomie Rumäniens und Serbiens anerkennen sowie das Stück Armenien, das als Rest des historischen Siedlungsgebiets heute noch so heißt, an Rußland abtreten.

Die Nation, zweiter Herausforderer der Legitimität neben der Demokratie, hat in griechischer Gestalt also wieder die Bühne Europas betreten. Die nationalistische Kettenreaktion, die auf dem Balkan einsetzt, verändert die internationale Politik nachhaltig. Sie zerstört Schritt für Schritt das Osmanische Reich in Europa, schwächt schließlich Österreich und Ungarn bis zum Tod der Habsburger Monarchie. Im Ersten Weltkrieg werden die türkische Herrschaft über arabische Länder und die Mauern des zaristischen „Völkergefängnisses" gesprengt, letztere dank Stalin für viele Völker vorerst nicht auf Dauer. *In Osteuropa und dem Vorderen Orient spaltet also der Nationalismus alte Staaten* und beruft sich bei der Proklamation der neuen auf den „deutschen" objektiven Nationsbegriff.

In Belgien konstituiert sich eine neue Nation nach dem „französischen" subjektiven Konzept. 150 Jahre später schrumpft der plebiszitäre Wille auf die Beibehaltung eines Königs, der 1993 seinen Namen in drei verschiedenen Sprachen unter die neue föderale Verfassung setzt. Schon im 19. Jahrhundert hat das „deutsche" Nationskonzept seine Dynamik auch in Mitteleuropa bewiesen, allerdings mit umgekehrtem Drall wie im Osten. Nationale Einigungsbewegungen setzen sich in Italien und Deutschland durch. Damit bewirken sie mehr als nur eine Verschiebung des Mächte-Gleichgewichts. Vor allem die Gründung des Deutschen Reiches 1871, obwohl Otto von Bismarck (1815-1898, preußischer Ministerpräsident 1862-1890, seit 1871 deutscher Reichskanzler) sie maßvoll auf die „kleindeutsche Lösung" beschränkt, hebelt das System des Wiener Kongresses aus. Aus der schwächsten der fünf Großmächte, Preußen, wird quasi über

Nacht die potentiell stärkste. Diese Weichenstellung läßt mittelfristig das Konzert der Mächte in die Periode der weltweiten Europäischen Bürgerkriege umschlagen.

Ob die Geschichte anders verlaufen wäre, wenn die Einigung Italiens und Deutschlands in Synthese mit Demokratie vollzogen worden wäre, statt durch den monarchisch-militärischen Etatismus Cavours[9] und Bismarcks? Das ist keine bloße Spekulation; das italienische und das deutsche Volk sind 1848 tatsächlich zur Demokratie aufgebrochen. Aber ich fürchte, auch ein Deutsches Reich im Sinne der Paulskirche, womöglich gar ein Großdeutsches, hätte im Europäischen Konzert für Dissonanz gesorgt. Auf einer in der Kölner Universitätsbibliothek aufbewahrten Karikatur von 1848 verkündet der preußische Politiker und General Joseph Maria von Radowitz (1797-1853), ein katholisch-konservatives Mitglied der Frankfurter Nationalversammlung, einem staunenden österreichischen Zuhörer:

> *„Die defensiv-Demarkationslinie des neuen deutschen Reiches muß auf breitester Basis gezogen werden: das erfordert schon die deutsche Strategie, es erfordert's des großen Vaterlandes Sicherheit nach Innen und nach Außen hin, es erfordert's Deutschlands humanistischer Weltberuf! Ohne die Polinie würde das deutsche adriatische Meer samt seiner urgermanischen Hafenstadt Venedig geopfert werden müssen etc. Der europäische Krieg müßte auf Baierns friedlichen Fluren ausgefochten werden. Ohne den Besitz der canarischen Inseln wäre unser starkes einiges Deutschland gegen die verrätherischen Angriffe der Hottentotten keinen Augenblick sicher; besitzt aber Deutschland die Mississippilinie nicht, so haben wir morgen die Rothäute schon an den Mündungen der Elbe und der Weser. Welche Gefahr droht nicht unserm großen Vaterlande von Seiten der Janitscharen, solange nicht die Eurotas-Linie von deutschen Bundestruppen besetzt ist?“* [10]

Dagegen – und in der Karikatur sind Ambitionen der Paulskirche wohl gewaltig aufgebauscht, aber gespiegelt – ist Bismarcks Annexion von Elsaß-Lothringen ein Muster an Bescheidenheit. Gleichwohl hat diese relativ geringfügige Grenzverschiebung, in Deutschland gerechtfertigt im Namen der „deutschen“, in Frankreich erbittert angefochten im Namen der „französischen“ Nationsidee, zwischen diesen beiden Großmächten die Partitur des Europäischen Konzerts zerrissen; eine Allianz zwischen Frankreich und dem Deutschen Reich war jetzt ausgeschlossen, stattdessen wurde der Mythos von der „Erbfeindschaft“ genährt. Von der grundsätzlichen Möglichkeit jedoch, daß jede der fünf Großmächte mit jeder anderen koalieren könne, um die Balance des Ganzen zu halten, lebte das einst in Wien begründete System.

Dieser Grundsatz schloß Interessengegensätze zwischen Großmächten keineswegs aus, ja das Konzert bedurfte ihrer zur permanenten Justierung. Kriege mit begrenzten

Zielen, selbstverständlich unter Einhaltung der Regeln des klassischen Völkerrechts (des *ius in bello*), waren systemkonform. Das muß für Europäer des frühen 21. Jahrhunderts immer wieder betont werden – *gerade wenn sie darüber erschrecken, daß solche Zeiten womöglich trotz UN-Charta zu ihren Lebzeiten wiederkehren.*

Die von Bismarck angezettelten Einigungskriege gegen Dänemark 1864, Österreich 1866, Frankreich 1870 fielen also, für sich genommen, nicht aus dem Rahmen des Konzerts heraus, obwohl zwei davon sich gegen Großmächte richteten. Desgleichen führten Frankreich und Großbritannien 1854-1856 den Krimkrieg gegen Rußland; sein Abschluß, der Friede von Paris am 30. März 1856, dämpfte den Expansionsdruck des Zarenreiches in Richtung Konstantinopel. Immerhin belastete auch der Krimkrieg das Gleichgewicht: Österreich griff zwar nicht ein, schloß aber demonstrativ ein diplomatisches Bündnis mit den Westmächten, und fortan wandelte sich die Balkan-Konfrontation zwischen Wien und St. Petersburg von einer pragmatisch-zeitweiligen zu einer grundsätzlichen. Rußland mischte sich im Zeichen des Panslawismus in die österreichische und ungarische[11] Innenpolitik ein. Österreich dehnte sich 1878 nach Bosnien-Herzegowina aus. Das althergebrachte Zusammenstehen der konservativen Ostmächte Europas (Rußland, Österreich, Preußen) gegen die liberalen, zum Ende des 19. Jahrhunderts bereits demokratischen Westmächte Frankreich und Großbritannien funktionierte nicht mehr. In Bosniens Hauptstadt zündete dann bekanntlich am 28. Juni 1914 ein Gymnasiast die Lunte zum Ersten Weltkrieg.

Konfrontationen zwischen den Großmächten, besonders zwischen den beiden Flügelmächten Rußland und Großbritannien, spielten sich in der zweiten Hälfte des 19. Jahrhunderts verstärkt auch außerhalb Europas ab, an den Grenzen der imperialistischen Weltreiche. 1878 drangen britische Truppen aus Indien zum zweiten Mal in Afghanistan ein, dessen Herrscher Anlehnung beim russischen Nachbarn fand – 1864 hatte Rußland Taschkent, 1868 Samarkand erobert. Als um 1900 alle Großmächte, jetzt schon einschließlich USA und Japan, die Aufteilung des scheinbar todkranken China betrieben, galt der Gegensatz zwischen dem „russischen Bären" und dem „britischen Walfisch" als Konstante des grausamen Spiels, ebenso wie das Starren Frankreichs auf die „blaue Linie der Vogesen".

Koloniale Rivalitäten zwischen Frankreich und Großbritannien, ein Vermächtnis des 18. Jahrhunderts, konzentrierten sich auf das Niltal, seit 1859-1869 der Franzose Ferdinand de Lesseps den Bau des Suezkanals geleitet hatte. 1882 legten die Briten ihre bewaffnete Hand auf Ägypten, 1898 demütigten sie Frankreich erneut in Faschoda.

Bei allen kolonialen Spannungen stand den Europäern genug Kompensationsmasse zur Verfügung (natürlich auf Kosten der Einheimischen!), um ein Durchbrennen der Sicherungen des Mächtekonzerts zu verhüten; verdränge ich dich aus Ägypten, lasse ich dir freie Hand in Tunesien... Zanken wir uns um Afghanistan, einigen wir uns über Einflußzonen in Persien (britisch-russisches Abkommen 1907)... Diese Art Konfliktlösung blieb sogar zwischen Berlin und Paris möglich: Verdränge ich (Frankreich) dich (Deutschland) aus Marokko, überlasse ich dir (1911) „Neu-Kamerun" als Landbrücke zum Kongo... Nur Japan trieb den Wettlauf mit Rußland um die Mandschurei 1904 bis zum siegreichen Krieg, der jedoch ebenfalls in Ziel und Zeit begrenzt blieb.

Europa nicht länger allein auf der Welt

Um 1900 waren die Europäer als Großmächte nicht mehr unter sich, aus dem europäischen Konzert wurde Weltpolitik. Japan und die USA schafften den Sprung in die Moderne, in das stählerne Zeitalter der Panzerschiffe und Kanonen. Beide Staaten verzichteten auf ihre bis dahin geübte freiwillige Selbstisolierung.

Im Falle Japans war die Abkoppelung total zwischen 1598 (Abzug aus Korea nach schweren Kämpfen gegen China) und 1639 (Verbot des aus Europa importierten Christentums) bis 1854; dann erzwang der amerikanische Commodore Perry[12] die Öffnung der Tür für den Handel. Die USA ihrerseits hatten zunächst den Rat ihres ersten Präsidenten George Washington (1732-1799, Amtszeit 1789-1797) in seiner Abschiedsbotschaft von 1796 beherzigt, sich von den Händeln der Europäer zu isolieren. Auf dem eigenen Doppelkontinent hatte diese Doktrin die USA nie gehindert, expansive Außenpolitik zu treiben, nicht nur auf Kosten der nordamerikanischen Indianervölker. Abgesehen von dem kaum ernsthaften zweiten Krieg gegen England 1812, brauchten die USA dabei bis 1898 gegen keine europäische Macht Krieg zu führen; als sie sich 1848 gewaltsam Texas, Kalifornien und alles, was dazwischen liegt, einverleibten, hieß der Kriegsgegner nicht (wie 1898) Spanien, sondern Mexiko.

Aus der Abschiedsbotschaft Washingtons 1796[13]

„Für unser Verhalten gegenüber fremden Nationen gilt der Hauptgrundsatz, daß wir bei Entwicklung der Handelsbeziehungen möglichst wenig politischen Kontakt mit ihnen haben... Europa hat eine Reihe grundsätzlicher Interessen, die uns kaum oder doch nur entfernt angehen. Daher ist es oft in Streitigkeiten verwickelt, deren Ursachen unseren Interessen völlig fremd sind. Es wäre also unklug für uns, uns durch künstliche Bindungen in das Wechselspiel der europäischen Politik oder in die landläufigen Kombinationen und Kollisionen seiner Freund- und Feindschaften zu verstricken."

Das erste tiefe Wellental der europäischen Kolonialgeschichte, die Befreiung Lateinamerikas von spanischer und portugiesischer Herrschaft ab 1810, hatte sich im

Windschatten der napoleonischen Kriege und in strikter Anwendung des „französischen" Nationsprinzips vollzogen. Aus den Verwaltungsgrenzen der Kolonisation entstanden (genau wie in Afrika um 1960!) kraft Willensentscheid zwar nicht der Völker, wohl aber der aktiven Befreiungskämpfer (aus der mehr oder weniger weißhäutigen Oberschicht) die Grenzen zwischen souveränen Staaten. Panamerikanische Bestrebungen Simón Bolivars (1783-1830) trug 1826 ein Kongreß in Panama zu Grabe. Stattdessen verkündete der Präsident der USA, James Monroe (1758-1831, Amtszeit 1817-1825), 1823 seine Doktrin, die Lateinamerika den Schutz der Brudernation des Nordens gegen das böse Europa anbot, das es faktisch gar nicht mehr bedrohte. In der Folge materialisierte sich in der helfenden Hand der USA der sprichwörtliche *Big Stick*, der von Präsident Theodore Roosevelt (1858-1919, Amtszeit 1901-1909) nicht nur verbal geschwungene ‚Dicke Knüppel'. Diplomatisch ausgedrückt, war Mittel- und Südamerika dadurch zur „Einflußsphäre" der USA geworden, mit dem gleichen Recht des Stärkeren wie die Mandschurei zur Einflußsphäre zuerst Rußlands, dann Japans oder die projektierte Bahnlinie von Berlin nach Bagdad (dies allerdings nicht unwidersprochen) zur Einflußsphäre des Deutschen Reiches.

Fazit: Der Kreis der Großmächte ließ sich erweitern, und zwar um Staaten außerhalb der geographischen Grenzen, sogar außerhalb der kulturellen Traditionen Europas, ohne das System des Wiener Kongresses zu zerstören. Rapide technische Veränderungen, militärische und zivile, verkraftete das System ebenfalls. Der Zusammenbruch kam von innen, und die Vereinigung Deutschlands zu einem Staat, an den die Versuchung der Hegemonie in Europa herantreten mußte, spielte dabei eine bedeutende Rolle.

Anmerkungen

1 Napoleon verhängte 1806 nach seinem Sieg über Preußen für seinen gesamten Machtbereich ein Verbot, mit England Handel zu treiben, das London 1807 mit einer Blockade aller französischen Häfen auch für Schiffe unter neutraler Flagge beantwortete.

2 Braudel 1986, S. 404

3 Tulard 1987 (s. FN 11 zu Kap. 3), S. 220 f.: „En 1795 la Belgique produisait 800.000 tonnes de charbon; elle en produit 1.300.000 tonnes en 1811. Les commandes des industries de guerre stimulent la métallurgie du Hainaut..."

4 Vgl. aus der Literatur zur Staatengeschichte Europas im 19. Jahrhundert insbesondere Dehio 1948; Kissinger 1957; Kennedy 1987; Geiss 1990

5 Aus Metternichs nachgelassenen Papieren (N.P.) Bd. 3. Wien 1881, S. 399 ff. Übersetzung aus dem Französischen F.A.

6 Ernst Fraenkel: Das Amerikanische Regierungssystem. Köln/Opladen 1960, S. 34 f.: „Die Väter der amerikanischen Verfassung haben bewußt und entschieden gegen das Parteiwesen Front gemacht, wie es sich im England des 18. Jahrhunderts ausgebildet hatte. Sie haben ‚Faktionen' als Verfallserscheinungen des monarchisch-parlamentarischen Regierungssystems angesehen und sich von der Hoffnung leiten lassen, daß unter einer republikanischen Verfassung ähnliche Gebilde nicht zur Entstehung gelangen würden... Madison hat vor dem verpestenden Einfluß gewarnt, den Parteigegnerschaften

auszulösen imstande sind. (Federalist No. 37 letzter Absatz)..." – S. Alexander Hamilton & James Madison & John Jay : Die Federalist-Artikel. Hg. v. Angela u. Willi P. Adams. Paderborn usw. 1994.

7 Kissinger 1957, S. 1 ff.

8 Ägypten, unter dem osmanischen Statthalter Mehmet Ali (*1769 +1849) nach französischem Vorbild modernisiert und faktisch von der Zentralregierung in Konstantinopel unabhängig, stellte seine Flotte zum Krieg gegen den griechischen Aufstand zur Verfügung.

9 Camillo Graf von Cavour (1810-1861) wurde 1852 Premierminister des Königreichs Piemont/ Sardinien. Er leitete 1859 durch Krieg gegen Österreich die nationale Einigung Italiens ein.

10 Wollstein 1977, S. 374 – Die Ironie der Geschichte ließ deutsche Soldaten tatsächlich im Ersten Weltkrieg in Syrien (wo der Eurotas fließt) und bis dicht vor Venedig kämpfen, während der Feldzug gegen die Nama („Hottentotten“) schon 1904 stattfand.

11 1868 hatten die Ungarn ihre „nationale“ Eigenständigkeit (im Sinne der historischen Tradition des Königtums der Stefanskrone) in der Habsburger Monarchie durchgesetzt, gerieten dadurch aber selbst unter den Druck des Nationalismus (im „deutschen“ Sinne) ihrer nicht-magyarischen Staatsgenossen, d.h. der Slowaken, Kroaten und Rumänen.

12 Matthew C. Perry (1794-1858) kommandierte vier amerikanische Kriegsschiffe, die am 09.07.1853 in die Bucht von Tokio einliefen, um dem japanischen Kaiser den fertigen Text eines Handels- und Freundschaftsvertrages mit den USA vorzulegen. Als er im Februar 1854 mit einem stärkeren Geschwader zurückkehrte, wurde der Vertrag am 31.03.1854 unterzeichnet.

13 Zitiert nach: Geschichte in Quellen. Amerikanische und französische Revolution. München 1981, S. 115 f.

„Will Baby mit einem hübschen Ball spielen?“ (9. August 1945)

5. Das Recht zum Kriege und andere Elemente des Völkerrechts

Ein Erbe jener bisher beschriebenen Vergangenheit, in der die Fürsten Europas untereinander das ausmachten, was sie Außenpolitik nannten, dabei mehr oder weniger geschickt das *Gleichgewicht* untereinander ausbalancierend, mehr oder weniger wohltönend im *Konzert* musizierend, ist das Völkerrecht – wie wir uns angewöhnt haben, es zu nennen. Es hat die Greuel der beiden Weltkriege, den uneingeschränkten U-Boot-Krieg, das Giftgas von der Sommeschlacht, die Flächenbombardements von Coventry und Dresden, die Atombombenabwürfe auf Hiroshima und Nagasaki, ja sogar die Gaskammern von Auschwitz überlebt – nicht unbeschädigt freilich. Es entwickelt sich seit der Gründung der Vereinten Nationen weiter. Ein halbes Jahrhundert lang sah es dabei so aus, als entstünde wirklich etwas Neues, nämlich eine Rechtsordnung, in der tatsächlich die Menschen – Völker, sogar Einzelne – Gewicht haben und nicht nur Staaten. *2004 schwindet solche Hoffnung, dazu lauten die Stichworte Terrorismus, Kosovo,*

Irak und Guantanamo. Die Veränderungen im Zeichen der Vereinten Nationen reichen dennoch aus, um das, was vor 1945 existierte, als „klassisches" Völkerrecht von ihnen abzugrenzen.

Dieses klassische „Völkerrecht" trägt allerdings seinen Namen zu Unrecht. Es war keine Rechtsordnung. Denn es gab keinen Richter, der verbindlich hätte entscheiden oder gar einen Rechtsverletzer hätte verurteilen können. Es war auch niemand da, um ein solches Urteil zu vollstrecken. Das Völkerrecht war ein Verhaltenskodex der Fürsten für den Umgang miteinander, schon zum Teil niedergeschrieben in Verträgen, kommentiert in gelehrten Büchern, wie man ja auch Regeln für den Umgang einfacher Menschen untereinander im Buch eines gewissen Knigge nachschlagen konnte. Zum größeren Teil allerdings waren die Regeln des Völkerrechts ebenso ungeschrieben wie das ehrwürdige *Common Law* Englands (für das jedoch durchaus Gerichte zuständig waren und Sanktionen wirksam). Man sprach vom *Völker-Gewohnheitsrecht.* Natürlich hatten die Völker mit dem Ganzen wenig zu tun, Einzelmenschen schon gar nicht. Die Bezeichnung ist eine schlechte Übersetzung aus dem Lateinischen. Die Römer kannten ein *ius gentium*; das regelte jedoch die Beziehungen von Menschen aus den Rom (noch) nicht unterworfenen Völkern *(=gentes)* zu römischen Bürgern und zur öffentlichen Gewalt innerhalb der Grenzen des Imperiums, entspricht also eher den heutigen Ausländergesetzen.[1] Napoleon verhängte 1806 nach seinem Sieg über Preußen für seinen gesamten Machtbereich ein Verbot, mit England Handel zu treiben, das London 1807 mit einer Blockade aller französischen Häfen auch für Schiffe unter neutraler Flagge beantwortete.

Das klassische Völkerrecht will dagegen die Beziehungen zwischen den Staaten regeln – im Krieg und im Frieden. Wenn ich oben plakativ von den Fürsten gesprochen habe, so sind den persönlichen Monarchen dabei natürlich Republiken wie die Schweiz oder die Hansestädte gleichgestellt. Die europäischen Staaten der Neuzeit verstehen sich, wie schon im ersten Kapitel angesprochen, als souverän. Eben deshalb erkennen sie ja keinen Richter mehr über sich an, keinen Kaiser und keinen Papst, der sie nach einer verbindlichen Ordnung verurteilen und bestrafen könnte. Das klassische Völkerrecht konnte somit erst Gestalt annehmen, als die Souveränität der Staaten theoretisch proklamiert war. Dafür gilt als Datum das Jahr 1576, in dem der Franzose Jean Bodin (ca.1530-1595) seine *Sechs Bücher über die Republik* veröffentlichte. Als der erste Vertreter des klassischen Völkerrechts gilt der Niederländer Hugo Grotius (1583-1645); scin Hauptwerk von 1625 trägt den Titel *De iure belli ac pacis libri tres* – und er führt uns damit sofort an den Kern des Problems heran.

Vorab ist darauf hinzuweisen, daß die Regeln des zwischenstaatlichen Umgangs selbstredend nur zwischen „zivilisierten" Staaten gelten sollten. Wer das nicht war, läßt sich aus der Praxis ziemlich deutlich ablesen: die Indianer aller drei Amerikas zum Beispiel, deren Großstaaten ja bereits zerschmettert waren, bevor Grotius anfing zu schreiben, oder die schwarzen Afrikaner, bei denen die Europäer vorsichtshalber gar nicht erst von Völkern, Staaten oder gar Nationen zu reden anfingen, sondern nur von „Stämmen". In Südafrika gegen die Zulu Krieg zu führen, wie England es 1879 tat, war kein Krieg im Sinne des Kriegs-Völkerrechts – der Krieg zwischen Briten und Buren im gleichen Südafrika wenig später schon. Wer also gehörte dazu? Nicht mehr nur die Länder der Christenheit, jetzt sicher auch das Osmanische Reich an der Südostflanke Europas, andere fest umrissene islamische Staaten wie Marokko oder Persien, das große China (nur weil es so groß ist?), Japan (nur weil es schnell so stark wurde?), ebenfalls die seit 1776 aus gewalttätiger „Rebellion" gegen ihre legitimen Herren hervorgegangenen Republiken in Amerika (die wiederum waren christlich). Wenn wir aber etwa auf Siam (Thailand) schauen, auf Äthiopien (obgleich erheblich länger christlich als Nordeuropa), oder gar auf die Fürstentümer Indiens, die sich Britannien unterwerfen mußten, dann verschwimmt die Grenze der Zugehörigkeit zur Gemeinschaft des klassischen Völkerrechts.

Das Recht zum Kriege

Kriegs-Völkerrecht also – das bedeutet Krieg als legitimer Teil des Regelwerks zwischenstaatlicher Beziehungen. Sein Kern ist das *ius ad bellum*: Wer soll das Recht haben, „zum Kriege zu schreiten", wie man früher so blumig sagte? Die Antwort ergibt sich aus der Idee der Souveränität, aber hier brauchten die Juristen der Neuzeit nicht schöpferisch zu wirken, sie konnten auf dem Fundament der katholischen Sittenlehre des Mittelalters weiterbauen. Thomas von Aquin (ca.1225-1274) hatte, wie bereits im ersten Kapitel erwähnt, in seiner *Summa Theologica* zusammengefaßt, was sich seit Jahrhunderten als Konsens der Kirchenlehrer herauskristallisiert hatte, um einen Krieg für gerecht, zum *bellum iustum* erklären zu können:

> *„Zu einem gerechten Krieg sind drei Dinge erforderlich: Erstens die Vollmacht des Fürsten, auf dessen Befehl hin der Krieg zu führen ist. Denn es ist nicht Sache der Privatperson, einen Krieg zu veranlassen; weil sie ihr Recht vor dem Gericht des Vorgesetzten verfechten kann... Da aber die Sorge für die öffentliche Ordnung den Fürsten anvertraut ist, ist es auch ihre Sache, die öffentliche Ordnung der ihnen unterstehenden Stadt oder des Königreiches oder einer Provinz zu schützen. Und wie sie diese erlaubterweise mit dem Schwert gegen die inneren Unruhestifter verteidigen, indem sie die Übeltäter bestrafen..., so ist es auch ihre Aufgabe, mit dem*

> *Schwert des Krieges die öffentliche Ordnung gegen äußere Feinde zu schützen... Zweitens ist ein gerechter Grund verlangt. Es müssen nämlich diejenigen, die mit Krieg überzogen werden, dies einer Schuld wegen verdienen...*
> *Drittens wird verlangt, daß die Kriegführenden die rechte Absicht haben, nämlich entweder das Gute zu mehren oder das Böse zu meiden... Es kann aber vorkommen, daß der Krieg wegen einer verkehrten Absicht unerlaubt wird, obwohl die Vollmacht dessen, der ihn erklärt, rechtmäßig ist und ein gerechter Grund vorliegt...“*

Besonders bemerkenswert aus heutiger Sicht ist, was hier nicht steht: daß etwa nur ein Verteidigungskrieg gerecht wäre und jeder Angriffskrieg unerlaubt. Darauf kam es denn auch mindestens bis 1928 (Briand-Kellogg-Pakt, s.u.) nie an, der Deutsche Kaiser Wilhelm II. (1859-1941, Regierungszeit 1890-1918) erklärte Rußland und Frankreich 1914 ebenso mit gutem Gewissen den Krieg, wie sein Ahnherr Friedrich der Große (*1712, Regierungszeit 1740-1786) 1740 mit (freilich fadenscheinigen) Rechtstiteln in der Hand in Schlesien einmarschiert war.

Positiv maßgeblich für das Recht, Krieg zu führen, blieb die „Vollmacht des Fürsten“ *(auctoritas principis)* genau so, wie Thomas sie umschrieben hatte. Man muß es immer neu wiederholen: nur Staaten dürfen Kriege im Sinne des klassischen Völkerrechts führen, keine Privatpersonen wie etwa Gudrun Ensslin (vergebens beanspruchte sie von der Bundesrepublik Deutschland den Status einer „Kriegsgefangenen“), auch keine Befreiungsbewegungen – mögen sie politisch noch so überzeugend unterdrückte „Völker“ repräsentieren wie der *African National Congress* (ANC) die Schwarzen Südafrikas oder die *Palestine Liberation Organisation* (PLO) die Araber jenes Landes, das ein gewisses anderes Volk das Land Israel nennt.

Das klassische Völkerrecht hat sich natürlich auch mit *Bürgerkriegen* innerhalb von Staaten befaßt, an denen die Geschichte aller Kontinente wahrlich reich ist. Hier führte aber das Prinzip der Souveränität zu anderen Konsequenzen. Ein Staat hatte, wenn in einem anderen Staat ein Bürgerkrieg ausbrach, dort nur einen Partner zur Kenntnis zu nehmen – die etablierte Regierung; nur sie durfte er, wenn er denn wollte und wenn sie darum ersuchte, unterstützen; nur sie, die etablierte Regierung des Bürgerkriegs-Staates, konnte die gegnerische Bürgerkriegs-Partei, wenn sie es denn für opportun hielt, als „Kriegführende“ anerkennen, erst danach durften andere Staaten diesem Schritt folgen und ihrerseits Beziehungen zu den Aufständischen anknüpfen. In der Theorie... Daß in der Praxis weder der König von Frankreich sich daran hielt, als in Nordamerika 1776 der Aufstand gegen seinen britischen Amtsbruder ausbrach (Frankreich vielmehr alsbald die Revolutionäre um George Washington unterstützte), noch etwa Hitler und

Mussolini,[2] als General Franco[3] 1936 gegen die Spanische Republik zu Felde zog, steht auf einem anderen Blatt. Diese Interventionen verstießen gegen das klassische Völkerrecht. Folgen hatte das ja nicht.

Da der Krieg zwischen Staaten legitim war und die Staaten von dieser Weise, mit etwas „anderen Mitteln" Politik zu treiben,[4] auch eifrig Gebrauch machten, andererseits aufklärerische Ideen von gesellschaftlichem Fortschritt in Europa vordrangen, ergab sich das Bedürfnis, das *ius ad bellum* durch ein *ius in bello* zu ergänzen – durch Regeln, die zivilisierte Staaten gerade dann einhalten sollten, wenn sie Krieg gegeneinander führten. Wieder spielte dabei das Gewohnheitsrecht eine Hauptrolle. Daß man zum Beispiel Parlamentäre eines Kriegsgegners auch dann nicht massakriert, wenn die Verhandlungen scheitern, gehörte zum guten Ton schon zwischen Christen und Moslems während der Kreuzzüge.

Das Recht im Kriege

Fundamental für das „Völkerrecht im Kriege" wurde schon im 18. Jahrhundert die Unterscheidung zwischen *Kombattanten und Nichtkombattanten*, das heißt zwischen Soldaten, die zu töten Zweck des Unternehmens Krieg war (und bleibt...) auf der einen und Zivilisten auf der anderen, die grundsätzlich zu schonen sind.

> *„Fridericus Rex, den der Lorbeerkranz ziert,*
> *Ach hättest du nur öfter zu plündern permittiert..."*

heißt es im Lied. Die Praxis sah wiederum etwas anders aus. Zivilist im Kriegsgebiet zu sein, war auch vor Erfindung der Zeppeline, Bombenflugzeuge und schließlich Scud-Raketen kein angenehmer Lebensumstand.

Ebensowenig war es für Soldaten angenehm, wenn die Musketenkugel (um nochmals aus demselben Lied zu zitieren) „...nur ein kleines Loch..." in ihren Körper gerissen hatte, an dem sie nicht starben. Erst hundert Jahre nach den Kriegen des Großen Friedrich brachte das Völkerrecht einen einigermaßen wirksamen Schutz zustande. Am 22. August 1864 errichtete die durch 16 Staaten (darunter aus Deutschland: Baden, Hessen, Sachsen, Preußen und Württemberg) geschlossene *Konvention zur Verbesserung des Loses der verwundeten Soldaten der Armeen im Felde,* angestoßen von dem Schweizer Henri Dunant (1828-1910), das Internationale Rote Kreuz. Dunant war durch die Schlacht von Solferino aufgerüttelt worden; dort hatte Napoleon III. am 24. Juni 1859 die Österreicher besiegt, wobei auf beiden Seiten 33.600 Mann zu Tode kamen. Wie viele verwundet wurden, sagt mein Lexikon nicht. Das Rote Kreuz entstand von Anfang an in einer Struktur, die über das klassische Völkerrecht mit seiner

Fixierung auf die Staaten hinauweist. Die einzelstaatlichen Rotkreuz-Gesellschaften wurden und werden verbunden durch das *Internationale Komitee vom Roten Kreuz* (IKRK), das Dunant schon 1863 gründete. Es besteht aus höchstens 25 Schweizer Bürgern – also aus privaten Einzelpersonen. Das IKRK regt seitdem neue zwischenstaatliche Abkommen zum Ausbau dessen an, was allmählich als „Humanitäres Völkerrecht" eigene Umrisse und ein Eigengewicht in der internationalen Politik erhielt. Ursprünglich nur zur Milderung von Folgen des Landkrieges konzipiert, wurde der Schutz des Roten Kreuzes 1899 auf Opfer des Seekrieges ausgedehnt.

Neben den beiden Komplexen des Kriegsrechts – *ius ad bellum* und *ius in bello* – steht das klassische Friedens-Völkerrecht. Es regelt die Vermittlung bei Streitfällen zwischen Staaten, solange diese nicht zum Krieg führen. Es formalisiert die Diplomatie. Es befaßt sich mit der Neutralität, zu der zum Beispiel die Schweiz sich seit 1815 „immerwährend" bekennt, und ihrer weniger angesehenen Stiefschwester, der einem Staat von anderen Staaten auferlegten Neutralisierung; auf diese Weise fanden sich zum Beispiel 1830 die europäischen Mächte mit der Sezession Belgiens vom Königreich der Niederlande ab, obwohl die Interessen Englands, Frankreichs und Preußens sich in dieser Gegend überschnitten. Ob Österreich 1955 freiwillig die Neutralität wählte oder doch eher von den abziehenden vier Besatzungsmächten neutralisiert wurde, mögen künftige Historiker debattieren. Das klassische Friedens-Völkerrecht enthält auch Ansätze zum internationalen Seerecht, insbesondere die Anerkennung einer Drei-Seemeilen-Zone (1 sm = 1,85 km) vor der Küste jedes Staates als dessen Hoheitsgebiet – nie vertraglich fixiert, deshalb Paradebeispiel für Völker-Gewohnheitsrecht. So weit ungefähr konnten zu Beginn der Neuzeit Kanonen schießen. Wie man sieht, hängen Friedens- und Kriegsrecht miteinander zusammen! Verträge regelten die Durchfahrt von Handels- und Kriegsschiffen durch Meerengen innerhalb eines Staates (zum Beispiel Dardanellen und Bosporus,[5] später Suezkanal[6]) und zwischen Staaten, wie z.B. die Straße von Gibraltar oder den Öresund zwischen Dänemark und Schweden.

Das klassische Völkerrecht hat sich, wie am Beispiel des Roten Kreuzes geschildert, auch vor 1945 kontinuierlich weiterentwickelt, wobei der Trend allmählich von der „Humanisierung" des Krieges zur Verhütung von Kriegen wechselte. Beide Elemente zusammen bestimmten die *Haager Friedenskonferenzen* 1899 und 1907. Zu dieser Zeit standen die europäischen Mächte, in Bündnissen gegeneinander aufmarschiert und einer industriellen Rüstungsspirale unterworfen, im Banne des drohenden „Weltkriegs", der sie dann 1914 prompt einholte. Zar Nikolaus II. (1868-1918), seit 1894 auf dem Thron, ergriff die Initiative und zielte zunächst auf Abrüstung. Alle europäischen Staaten, die USA, China, Japan, Mexiko, Siam folgten seiner Einladung in die niederländische Hauptstadt. 1899 kam jedoch nur eine unverbindliche Empfehlung heraus, Streitigkeiten durch Schiedsspruch statt Krieg zu regeln. Erst 1907, als – wieder auf russische Initiative – fast alle Staaten der Welt nochmals vom 15. Juni bis 18. Oktober in Den Haag konferierten, unterzeichneten 41 Staaten (darunter acht Großmächte) ein bereits 1899 konzipiertes *Übereinkommen über die Gesetze und Gebräuche des Landkriegs,* dessen Annex als „Haager Landkriegsordnung" bis heute gültige Pflöcke zur Zivilisierung der Kriegführung eingeschlagen hat. Freilich hat sie weder den Ausbruch von Kriegen verhindert (was nicht Absicht ihrer Unterzeichner war) noch die Verletzung ihrer eigenen Bestimmungen in fast allen Kriegen des 20. Jahrhunderts.

Wer den Zweiten Weltkrieg miterlebt hat, wird mit bitterem Geschmack im Munde etwa die folgenden Passagen der Haager Landkriegsordnung[7] nachlesen:

> *„Art. 4 - Die Kriegsgefangenen ... sollen mit Menschlichkeit behandelt werden [im französischen Original:* ...doivent être traités avec humanité]. *Alles, was ihnen persönlich gehört, verbleibt ihr Eigentum mit Ausnahme von Waffen, Pferden und Schriftstücken militärischen Inhalts.*
> *Art. 25 - Es ist untersagt, unverteidigte Städte, Dörfer, Wohnstätten oder Gebäude, mit welchen Mitteln es auch sei, anzugreifen oder zu beschießen.*
> *Art. 28 - Es ist untersagt, Städte oder Ansiedlungen, selbst wenn sie im Sturme genommen sind, der Plünderung preiszugeben.*
> *Art. 50 [im Abschnitt über Militärische Gewalt auf besetztem feindlichen Gebiete] - Keine Strafe in Geld oder anderer Art darf über eine ganze Bevölkerung wegen der Handlungen einzelner verhängt werden, für welche die Bevölkerung nicht als mitverantwortlich angesehen werden kann."*

Auf der anderen Seite sind die meisten Bestimmungen über die Behandlung von Kriegsgefangenen selbst im Krieg zwischen dem Deutschen Reich Hitlers und der Sowjetunion Stalins wenigstens dem Buchstaben nach beiderseits respektiert worden.

Die versuchte Ächtung des Krieges

Nach dem Ende des Ersten Weltkriegs nahm der *Völkerbund* einen neuen Anlauf zur Etablierung zwischenstaatlicher Schiedsgerichtsbarkeit. 1920 wurde der Ständige Internationale Gerichtshof eingerichtet. Bis 1939 unterzeichneten 59 Staaten seine Satzung, 50 ratifizierten sie. 1945 trat der *Internationale Gerichtshof* (IGH) im Rahmen der Vereinten Nationen die Nachfolge an.

Das Problem des IGH ist nach wie vor seine Erblast aus dem klassischen Völkerrecht. Klagen dürfen vor ihm nur Staaten gegen andere Staaten, sofern letztere die Gerichtsbarkeit des IGH anerkennen. Das kann jeder Staat jederzeit widerrufen. So akzeptierten die USA es einfach nicht, daß der IGH sie am 27. Juni 1986 wegen „militärischer und paramilitärischer Aktivitäten“ gegen das Nicaragua der Sandinisten verurteilte.[8] Streiten sich Organe der Vereinten Nationen mit einem Staat (wie zum Beispiel die UNO-Generalversammlung mit Südafrika über die Verwaltung Namibias, 1946 bis 1988), dürfen sie beim IGH nur Rechtsgutachten anfordern, die dann allerdings der Sicherheitsrat sich zu eigen machen kann.

Der Ächtung des Krieges kamen die Regierungen – besser: einige Regierungen, die bereit waren, das Trauma des Ersten Weltkriegs unter Anstrebung von Frieden statt Revanche zu bewältigen – einen bescheidenen Schritt näher mit dem Abschluß des *Briand-Kellogg-Paktes* am 27. August 1928. Gewiß sollte schon 1919 die Gründung des Völkerbundes selbst den Frieden fördern, und die deutsche Übersetzung seiner Satzung[9] betitelt den Art. 11 mit dem lapidaren Wort „Kriegsverbot“. Der Wortlaut[10] selbst ist jedoch anspruchsloser:

> *„Art. 11 - Ausdrücklich wird hiermit festgestellt, daß jeder Krieg und jede Bedrohung mit Krieg... eine Angelegenheit des ganzen Bundes ist, und daß dieser die zum wirksamen Schutz des Völkerfriedens geeigneten Maßnahmen zu ergreifen hat. Tritt ein solcher Fall ein, so beruft der Generalsekretär unverzüglich auf Antrag irgendeines Bundesmitgliedes den Rat. ...*
> *Art. 12 - Alle Bundesmitglieder kommen überein, eine etwa zwischen ihnen entstehende Streitfrage, die zu einem Bruche führen könnte, entweder der Schiedsgerichtsbarkeit* oder dem gerichtlichen Verfahren *oder der Prüfung durch den Rat zu unterbreiten. Sie kommen ferner überein, in keinem Falle vor Ablauf von drei Monaten nach dem Spruch der Schiedsrichter* oder der gerichtlichen Entscheidung *oder dem Berichte des Rates zum Kriege zu schreiten.“*

Also doch! Das altehrwürdige *ius ad bellum* der souveränen Staaten kehrt in der Völkerbundssatzung durch die Hintertür zurück.

Viel eindeutiger ist dagegen der Briand-Kellogg-Pakt, den wir aus deutscher Sicht getrost „Briand-Stresemann-Pakt“ nennen dürfen, denn Außenminister Gustav Stresemann (1878-1929) hat durch seine Locarno-Politik des freundschaftlichen Ausgleichs mit Deutschlands westlichen Nachbarn ebenso Anteil an der Verbesserung des europäischen Klimas wie sein französischer Kollege:[11]

> *„Art. 1 - Die Hohen vertragschließenden Parteien erklären feierlich im Namen ihrer Völker, daß sie den Krieg als Mittel für die Lösung internationaler Streitfälle verurteilen und auf ihn als Werkzeug nationaler Politik in ihren gegenseitigen Beziehungen verzichten.*

Art. 2 - Die Hohen vertragschließenden Parteien vereinbaren, daß die Regelung und Entscheidung aller Streitigkeiten und Konflikte, die zwischen ihnen entstehen könnten ... niemals anders als durch friedliche Mittel angestrebt werden soll.“

Diesen Vertrag schlossen das Deutsche Reich, die Französische Republik, Großbritannien, Italien (damals schon unter Mussolini), Polen, die Tschechoslowakei, Belgien, Japan und die USA. Bis Ende des Jahres 1932 folgten weitere 50 Staaten, darunter Saudi-Arabien und der soeben aus britischer Mandatshoheit entlassene Irak. Am Vorabend des Zweiten Weltkriegs galten auf der ganzen Erde nur 63 Staaten als souverän. Also: ein schöner Erfolg friedliebender Diplomatie. Wie bekannt, leider kein Sieg für den Frieden! Immer noch ein anschauliches Beispiel für Sinn und Unsinn des klassischen Völkerrechts.

Minderheitenschutz und individuelle Menschenrechte

Weitere Bemühungen, das Völkerrecht unter dem Eindruck des Ersten Weltkriegs fortzuentwickeln, galten dem Schutz der „völkischen“ (wie man damals sagte; heute meist: ethnischen) Minderheiten, von denen einige erst durch die Friedensverträge zum Problem geworden waren. Die vorher von Kritikern als „Völkergefängnisse“ gebrandmarkten alten Reiche der russischen Zaren und der Habsburger (Österreich-Ungarn) waren zwar gegen Kriegsende beide zusammengebrochen, und ihre Völker – im Falle Rußlands vornehmlich die am europäischen Westrand ansässigen – fühlten sich durch den amerikanischen Präsidenten Woodrow Wilson (1856-1924, Amtszeit 1913-1921)[12] und durch W.I. Lenins (1870-1924) revolutionäre Proklamation[13] aufgerufen, eigene Staaten zu gründen. Danach fanden sich Deutsche und Ungarn, aber auch Weißrussen, Ukrainer und Litauer (in Polen), Kroaten und Slowenen (in Jugoslawien) als Minderheiten in „fremdbestimmten“ Staaten wieder.

Nach dem Krieg zwischen Griechenland und der neuen, von Kemal Atatürk (1881-1938) geführten Türkei vertrieben die siegreichen Türken 1922 alle Griechen aus Kleinasien und Ost-Thrakien (nur nicht aus der Stadt Istanbul), insgesamt etwa 1,4 Millionen. Die Westmächte segneten den „Bevölkerungsaustausch“ gegen etwa 350.000 Türken aus Griechenland ab. Diese gewaltsame „ethnische Säuberung“ blieb bis zum Ausbruch des Zweiten Weltkriegs in Europa ein Sonderfall, wenn wir davon absehen, daß Hitler schon ab 1933 die deutschen Juden zur Emigration drängte. Im allgemeinen versuchten die Staaten, Abkommen zu schließen, die den Minderheiten einen gewissen Schutz ihrer Sprache und anderer kultureller Belange garantieren sollten, wenn auch keineswegs ein politisches Selbstbestimmungs- bzw. Sezessionsrecht.

Auch mit dem beiderseits schon seit 1919 erstrebten Anschluß des aus dem Habsburgerreich übriggebliebenen Deutsch-Österreich an die Weimarer Republik konnten sich die anderen Mächte begreiflicherweise nicht anfreunden, hätte er doch die in Versailles besiegelte Schwächung Deutschlands ins Gegenteil verkehrt. Die aktuelle Literatur zum Völkerrecht urteilt pauschal, das „unter den Auspizien des Völkerbundes [aufgebaute] Minderheitenschutzsystem" habe sich „nicht bewährt".[14] In der Tat benutzte Adolf Hitler die deutschen Minderheiten in der Tschechoslowakei und in Polen 1938/39 als Hebel, den Zweiten Weltkrieg vom Zaun zu brechen. Leider bejubelten viele dieser Deutschen jene Politik, solange Hitler siegte, genauso wie vorher viele „Reichsdeutsche" und Österreicher.

Nach dem Ende des Zweiten Weltkriegs trat bei den Vereinten Nationen das Problem des Minderheitenschutzes (also von Gruppenrechten) in den Hintergrund – Zyniker mögen sagen: ...weil es jedenfalls in Mitteleuropa durch Vertreibungen mit Brachialgewalt erledigt wurde. Stattdessen kümmerte man sich um den Einzelnen. Auf diesem Feld haben die Vereinten Nationen Erhebliches geleistet. *Menschenrechte* wurden festgeschrieben, und es wurde ernsthaft versucht, sie international verbindlich zu machen.[15] Damit haben die VN diese fundamentale binnenstaatliche Errungenschaft des europäisch-nordamerikanischen 18. und 19. Jahrhunderts schon zu einer Zeit auf eine globale Ebene gehoben, als über eine einheitliche „Weltgesellschaft" oder gar eine „Weltinnenpolitik" erst in Ansätzen theoretisiert wird. Bei Menschenrechten geht es im wesentlichen um Rechte von Einzelmenschen, wenn wir die kollektiven Rechte der sogenannten Dritten Generation für den Moment außer Betracht lassen.[16] Somit ist auf diesem Wege das menschliche Individuum zum ersten Mal Subjekt internationalen Rechts geworden – und im gleichen Zuge natürlich auch die Internationalen (wiewohl faktisch fast durchgängig zwischenstaatlichen) Organisationen, die in gewissem Grade über die Menschenrechte wachen.

Die Generalversammlung der Vereinten Nationen machte den Anfang schon am 10. Dezember 1948 mit der *Allgemeinen Erklärung der Menschenrechte* (Res. 217-iii).[17] Sie ist allerdings für keinen Staat wirklich verbindlich – auch für jene Regierungen nicht, die ihr zugestimmt haben –, weil die Generalversammlung nun einmal nur Empfehlungen verabschieden darf. Aber spätere Dokumente internationaler Politik nehmen so oft Bezug auf diese Allgemeine Erklärung, daß es Juristen leichtfällt zu argumentieren, nunmehr sei sie als Rechtsquelle in das Völker-Gewohnheitsrecht eingegangen.[18] Das gilt im übrigen auch für die von der Generalversammlung am 14. Dezember 1960 verabschiedete *Erklärung über die Gewährung der Unabhängigkeit an koloniale Länder und Völker* (Res. 1514-xv), die heute als Ausgangspunkt für eine völkerrechtlich wirksame Verpflichtung zur *Entkolonisierung* gilt.

Ein höheres Maß an Verbindlichkeit bringen auf jeden Fall – nach 1945 wie seit jeher – formelle Verträge. Aus den frühen Jahren der Vereinten Nationen sind hier im Bereich der Menschenrechte vor allem zwei zu nennen:

- Die Konvention über Verhütung und Bestrafung des *Völkermordes* (Genozid), am 9. Dezember 1948 von der Generalversammlung beschlossen (Res. 260-iii)[19] – offensichtlich unter dem Trauma des Judenmordes der deutschen Nationalsozialisten, aber auch der sonstigen deutschen Politik in Polen und anderen Ländern Osteuropas während des Zweiten Weltkrieges; die Konvention trat nach Ratifikation durch 20 Staaten am 21. Januar 1951 in Kraft.
- Das Abkommen über die Rechtsstellung der *Flüchtlinge*, beschlossen von einer Sonderkonferenz der Vereinten Nationen am 28. Juli 1951, in Kraft seit dem 22. April 1954 (nach sechs Ratifikationen); ursprünglich sollte es nur für die in Europa noch verbliebenen Flüchtlinge *(displaced persons)* aus dem Zweiten Weltkrieg gelten, wurde aber später auf jede Person ausgedehnt, die „...aus der begründeten Furcht vor Verfolgung wegen ihrer Rasse, Religion, Nationalität, Zugehörigkeit zu einer bestimmten sozialen Gruppe oder wegen ihrer politischen Überzeugung sich außerhalb des Landes befindet, dessen Staatsangehörigkeit sie besitzt, und den Schutz dieses Landes nicht in Anspruch nehmen kann oder wegen dieser Befürchtungen nicht in Anspruch nehmen will".[20]
- Nägel mit Köpfen machten die Vereinten Nationen erst am 19. Dezember 1966, als sie die beiden *Internationalen Pakte über (A) bürgerliche und politische Rechte sowie (B) wirtschaftliche, soziale und kulturelle Rechte* zur Unterzeichnung auflegten. Hier sind die erste und die zweite Generation der Menschenrechte für jene Staaten, die diese Pakte ratifiziert haben, verbindlich kodifiziert. Erst knappe zehn Jahre später – am 23. März bzw. 3. Januar 1976 – waren genug Ratifikationen erfolgt, um die Pakte in Kraft treten zu lassen. Bis zum 18. August 2004 sind 152 Staaten dem Bürgerrechte-, 149 dem Sozialpakt in irgendeiner Form beigetreten; manche begnügten sich mit einer Unterzeichnung – z.B. die Volksrepublik China beim erstgenannten.[21] Von den einigermaßen wichtigen Staaten dieser Erde fehlten ganz: Cuba, Indonesien, Malaysia, Myanmar (Burma), Pakistan, Saudi-Arabien, die Vereinigten Arabischen Emirate und Singapur. Auch die DDR hatte die Pakte ratifiziert; nun steht da im Bürgerrechte-Pakt Art. 12 als Nr. 2: „Jedermann steht es frei, jedes Land einschließlich seines eigenen zu verlassen." Die eklatante Verletzung dieser Bestimmung durch das Grenzregime der DDR hat in den Strafprozessen gegen ihre ehemaligen Würdenträger vor deutschen Gerichten nach 1990 eine Rolle gespielt.

Das humanitäre Völkerrecht hätte, die VN-Charta beim Wort genommen, eigentlich nicht weiterentwickelt werden müssen, gehört es doch nach der klassischen Einteilung zum Kriegsrecht, und Krieg sollte ja künftig nicht mehr stattfinden dürfen. Dennoch erwies es sich in der zweiten Hälfte des 20. Jahrunderts als segensreich für sehr viele Menschen, daß das alte Rotkreuz-Abkommen von 1864 (und ein weiteres über Kriegsgefangene von 1929) am 12. August 1949 durch vier neue Abkommen abgelöst wurden, die seitdem als *Genfer Konventionen* ein Fundament des internationalen *ius in bello* bilden.[22] Zum Jahresende 2000 waren 190 Staaten – also praktisch alle – beigetreten, einige mit Vorbehalten. Ihrerseits sind die Genfer Konventionen am 12. Dezember 1977 nach jahrelangen Verhandlungen durch zwei Zusatzprotokolle ergänzt worden; diese waren Ende 2000 von 157 bzw. 150 Staaten akzeptiert. Art. 90 des Ersten Protokolls sieht die Bildung einer Kommission vor, die Beschuldigungen über Verletzung des humanitären Völkerrechts nachgehen soll; dem unterwarfen sich bis 2000 nur 58 Staaten, und darunter war zwar Deutschland, aber z.B. weder die USA noch Frankreich.

Die Erste und die Zweite Konvention behandeln die Rechte verwundeter Soldaten, die Dritte den Status von Kriegsgefangenen. Diese wurde schmerzhaft aktuell, als im Frühjahr 2004 Meldungen und Fotos über *Mißhandlung irakischer Gefangener* in amerikanischem und britischem Gewahrsam durch die Weltpresse gingen. Das IKRK wahrt grundsätzlich seine Neutralität durch strikte Vertraulichkeit, wenn seine Delegierten, die Kriegsgefangenenlager inspizieren, Übergriffe feststellen und damit Anlaß zur Beschwerde geben. Im Fall des Irak-Krieges gelangte ein Bericht des IKRK vom Februar 2004 über den Zeitraum März bis November 2003 an die Öffentlichkeit, in dessen *Executive Summary* es heißt:[23]

> *„Gemäß den vom IKRK gesammelten Anschuldigungen war Mißhandlung während Verhören nicht systematisch, außer mit Bezug auf Personen, die im Zusammenhang mit mutmaßlichen Sicherheitsvergehen verhaftet worden waren oder von denen angenommen wurde, sie hätten geheimdienstlichen Wert* [‚intelligence' value]. *In diesen Fällen bestand ein hohes Risiko für Personen unter Freiheitsentzug und Aufsicht des militärischen Geheimdienstes, unterschiedlichen Formen harter Behandlung unterworfen zu werden, die von Beleidigungen, Drohungen und Demütigungen bis zu sowohl körperlichem als auch psychologischem Zwang reichten, der in einigen Fällen gleichbedeutend mit Folter war, um Kooperation mit ihren Befragern zu erzwingen."*

Der Sprecher des IKRK, Roland Huguenin-Benjamin, gab sogar dem Berliner *Tagesspiegel* ein Interview, das am 12. Mai 2004 im Blatt erschien (Auszüge):

„Wann hat das Rote Kreuz zum ersten Mal von den Mißhandlungen erfahren?
Sofort nach ihrem Einmarsch im März 2003 errichteten Amerikaner und Briten Gefangenenlager. Dann ging es mit den Mißhandlungen los. Wir erfuhren bei unseren ersten Besuchen von Verstößen gegen die Genfer Konventionen...
Haben Sie protestiert?
Ja. Sofort nach unseren ersten Inspektionen haben wir mündlich die Lagerkommandanten aufgefordert, die Gefangenen gemäß den Genfer Konventionen zu behandeln. ... Seit Mai 2003 haben wir regelmäßig schriftliche Berichte über die Zustände an die amerikanischen und britischen Behörden geschrieben...
Wie haben Amerikaner und Briten auf Ihre Berichte reagiert?
Bestimmte Mißstände wurden korrigiert."

Neuerungen, die in Konflikten der folgenden Jahrzehnte besonderes Gewicht gewannen, brachte vor allem die Vierte Konvention zum *Schutze von Zivilpersonen in Kriegszeiten*. Es liegt auf der Hand, daß in den modernen Kriegen die „Nicht-Kombattanten" des klassischen Völkerrechts oft schlimmeren Leiden ausgesetzt sind als die Soldaten. Die Vierte Konvention enthält auch Schutzbestimmungen für die Einwohner von Gebieten, die ein Staat im Verlauf eines Krieges militärisch besetzt hat, zum Beispiel:

„Art. 49 - Einzel- oder Massenzwangsverschickungen sowie Verschleppungen von geschützten Personen aus besetztem Gebiet nach dem Gebiet der Besatzungsmacht oder dem irgendeines anderen besetzten oder unbesetzten Staates sind ohne Rücksicht auf deren Beweggrund untersagt. ... Die Besatzungsmacht darf nicht Teile ihrer eigenen Zivilbevölkerung in das von ihr besetzte Gebiet verschleppen oder verschicken."

Gedacht haben die Verfasser des Textes wohl auch hier an die deutsche Kriegspolitik in Osteuropa nach 1939. Kritiker Israels pochen jedoch seit 1967 ständig darauf, daß Israel diese Regeln durch Deportation von Palästinensern aus dem Westjordanland oder Gazastreifen und durch den Bau jüdischer Siedlungen auf besetztem Gebiet verletze. Pro-israelische Völkerrechtler andererseits und die Regierung in Jerusalem argumentieren, die Konvention betreffe von den 1967 besetzten Gebiete nur die Golanhöhen, heißt es doch in Art. 2:

„Das Abkommen findet auch in allen Fällen vollständiger oder teilweiser Besetzung des Gebietes einer Hohen Vertragspartei Anwendung..."

...und Gaza sei nie ein Teil Ägyptens gewesen, die Annexion des Westjordanlandes durch Jordanien 1949 sei nie völkerrechtlich wirksam geworden, da nur zwei Staaten

(Großbritannien und Pakistan) sie anerkannt hätten. Die beiden von Israel besetzten Teile des ehemaligen Mandatsgebiets Palästina seinen somit *terra nullius* – Land, das zu keinem Staat gehöre, wie sonst auf Erden nur die Antarktis.

Einen weiteren Zankapfel warf Art. 1.4 des Ersten Zusatzprotokolls von 1977 in die Arena der Weltpolitik. Er besagt:[24]

> *„Zu den im vorstehenden Absatz genannten Fällen gehören auch bewaffnete Konflikte, in denen Völker gegen Kolonialherrschaft, Fremdbesetzung und gegen rassistische Regimes kämpfen, in Ausübung ihres Selbstbestimmungsrechts, wie es in der Charta der Vereinten Nationen sowie in der* Erklärung über völkerrechtliche Grundsätze für freundschaftliche Beziehungen und Zusammenarbeit zwischen Staaten im Einklang mit der Satzung der Vereinten Nationen *[Res. 2625-xxv der Generalversammlung vom 24.10.1970] verbürgt ist."*

Das bedeutete die Gleichstellung von „Völkern" – gemeint waren Befreiungsbewegungen, die „bewaffneten Kampf" ausgerufen hatten, wie die palästinensische PLO, der südafrikanische ANC, die SWAPO Namibias – mit Staaten, und das rüttelte an Grundfesten des Völkerrechts, meinten konservative Juristen und natürlich die Regierungen Israels und des weißen Südafrika. Der Kommentar des IKRK zu dem zitierten Passus beruft sich auf die Resolution 2105 (xx) der VN-Generalversammlung vom 20. Dezember 1965, welche die Legitimität des bewaffneten Kampfes von Befreiungsbewegungen anerkannte, sowie auf Resolution 2621 (xxv) vom 12. Oktober 1970, die Kriegsgefangenen-Status für gefangene „Freiheitskämpfer" forderte. Freilich – Beschlüsse der Generalversammlung sind nur Empfehlungen...

Internationales Strafrecht?

Staaten, die gegen das zentrale Gebot des Neuen Völkerrechts – die Ächtung des Krieges – verstoßen, können und sollen seit 1945 gemäß der VN-Charta vom Sicherheitsrat bestraft werden. Erst in jüngster Zeit haben jedoch die Vereinten Nationen Anstrengungen unternommen, auch Einzelpersonen zur Rechenschaft zu ziehen, die Völkerrecht gebrochen haben. Diese Ansätze internationaler Strafgerichtsbarkeit lehnen sich an die Kriegsverbrecher-Prozesse an, die nach dem Ende des Zweiten Weltkriegs von den Siegermächten gegen Deutsche und Japaner angestrengt wurden und teils mit der Vollstreckung von Todesurteilen endeten. Ihre Rechtsgrundlage war aber kein Vertrag unter den Auspizien des Völkerbundes oder der Vereinten Nationen, der allgemeine Gültigkeit auch nur angestrebt hätte, sondern ein Abkommen, das die USA, die Sowjetunion, Großbritannien und Frankreich untereinander am 8. August 1945 in London schlossen. Die Nürnberger Prozesse mit den Anklagebereichen *Verbrechen gegen den Frieden, Kriegsverbrechen und Verbrechen gegen die Menschlichkeit* waren also wirklich „Siegerjustiz“, mögen die Strafen noch so schlimme Übeltäter getroffen haben und deshalb nach Maßstäben der Ethik gerechtfertigt erscheinen. Ethische Normen und Rechtsnormen sind zweierlei.

Anders ist das seit 1993 bei den Verfahren, die vor dem *Internationalen Strafgerichtshof für Ex-Jugoslawien* in Den Haag laufen. Denn dieses Gericht hat der Sicherheitsrat mit seinen Resolutionen 808 vom 22. Februar und 827 vom 25. Mai 1993 ins Leben gerufen.[25] Der Sicherheitsrat schlägt denn auch eine Personenliste vor, aus der die Generalversammlung die elf Richter wählt, und der Sicherheitsrat ernennt auf Vorschlag des Generalsekretärs der Vereinten Nationen den Ankläger. Nach dem gleichen Verfahren wurde am 8. November 1994 durch Resolution 955 des Sicherheitsrates der Internationale Strafgerichtshof für Rwanda in Arusha (Tanzania) mit sechs Richtern eingesetzt.[26] Er hat am 4. September 1998 einen früheren rwandischen Premierminister wegen Völkermordes zu lebenslanger Haft verurteilt.

Ex-Jugoslawien und Rwanda haben zweifellos im letzten Jahrzehnt des 20. Jahrhunderts besonders fürchterliche Kriegsgreuel erfahren, und es bleibt zu hoffen, daß wenigstens einige Täter vor den beiden speziellen internationalen Gerichtshöfen nach ordentlichem Verfahren verurteilt und angemessen bestraft werden können. Ob es der Fortentwicklung des Völkerrechts diente, dieses erste Experiment eines globalen Strafrechts auf zwei konkrete Kriegstheater einzugrenzen, auf denen die klassische Unterscheidung zwischen Krieg und Bürgerkrieg in der Realität extrem verwischt ist, kann nur die künftige Geschichte lehren.

Am 17. Juli 1998 hat in Rom eine Konferenz der Vereinten Nationen nach zähen Verhandlungen mit 120 Stimmen gegen 7 – bei 21 Enthaltungen – das Statut eines *Ständigen Internationalen Strafgerichtshofes* (IStGH) beschlossen. Er soll Völkermord, Verbrechen gegen die Menschlichkeit, Kriegverbrechen (auch in Bürgerkriegen) und Aggression ahnden. Am 1. Juli 2002 ist das Statut des IStGH in Kraft getreten, da endlich die erforderlichen 60 Ratifikationen vorlagen. Unter den Verweigerern ragen in einsamer Größe die USA hervor, nachdem Präsident *Clinton* am 31.12.2000 – knapp vor Ablauf seiner Amtszeit – wenigstens den Vertrag unterzeichnet hatte; sein Nachfolger George W. *Bush* zog diese Geste zurück. Deutschland hatte am 11. Dezember 2000 ratifiziert und dafür am 27. Oktober das Grundgesetz ändern müssen, um die eventuelle Auslieferung eines Deutschen an den IStGH möglich zu machen. Am 11. März 2003 konnten die 18 Richter vereidigt werden, darunter ein Deutscher (Hans-Peter Kaul), am 16. Juni 2003 nahm Luis Moreno Ocampo aus Argentinien seine Arbeit als Chefankläger auf.

Inzwischen setzten die USA allen erreichbaren Staaten energisch zu, durch zweiseitige Abmachung amerikanische Staatsbürger vor Auslieferung an den IStGH zu schützen, um so dessen Autorität zu unterlaufen. *Wie wird dieses völkerrechtliche Fingerhakeln ausgehen? Es ist zu verstehen, daß die vorläufig einzige auf der Weltkugel verbliebene Supermacht sich ihre globale Militärpolitik nicht durch eine Handvoll Damen und Herren in Richterroben blockieren lassen will.*

Ein mutiger Schritt, gar ein „historischer Durchbruch"?[27] Inzwischen (bis Mai 2004) haben sich 94 Staaten an das Statut des IStGH gebunden.[28] Aber nicht nur die USA legen sich quer, von den offiziellen Atomwaffen-Besitzern sind auch China, Indien und Pakistan fern geblieben, Rußland hat am 13.09.2000 unterschrieben, aber bisher nicht ratifiziert, ebenso wenig Iran und Israel, die beide gleichzeitig mit Bill Clinton am 31.12.2000 unterschrieben hatten. Allen diesen Regierungen geht die Sache zu weit.

Das allein macht den IStGH nicht zum Papiertiger, es kann auch als Hinweis ausgelegt werden, daß die anderen Staaten, die ihn errichten wollen, es ernst meinen. So soll zum Beispiel ein Beitritt unter Vorbehalten (wie bei den Genfer Konventionen von 1949) ausgeschlossen sein. Auf der anderen Seite haben auch die 120 Staaten, die in Rom mit Ja stimmten, das Statut mit einer Fülle von Kompromissen belastet, welche die Zuständigkeit des Gerichts und die Zulässigkeit von Verfahren komplizieren, in vieler Hinsicht einschränken.

Bis auf weiteres müssen wir es der (relativ stark konstruierten) Anklagebehörde des IStGH – und im weiteren Verfahren natürlich den Richtern – überlassen zu beweisen, ob internationale Strafgerichtsbarkeit im 21. Jahrhundert Biß bekommt.

Ein kleines Land im Alten Europa – Belgien – hatte sich schon 1993 ganz allein auf den steinigen Weg globaler Strafgerichtsbarkeit begeben. Personen aus irgendeinem Staat, denen Verletzung von Menschenrechten, Kriegsverbrechen oder Völkermord (wo auch immer) vorgeworfen werden, konnten seitdem vor ein belgisches Gericht zitiert, wenn auch kaum von belgischen Gendarmen dingfest gemacht werden. Tatsächlich ermittelten Belgiens Richter zum Beispiel gegen Israels Ministerpräsidenten Ariel *Sharon*, gegen den US-amerikanischen Präsidenten George *Bush I.*, gegen Fidel *Castro*, Yasser *Arafat*, Augusto *Pinochet* und einige afrikanische Potentaten. Das Ganze war bizarr, trotzdem rief Israel seinen Botschafter aus Brüssel zurück, und die USA drohten mit der Verlegung des NATO-Hauptquartiers. Am 2. April 2003 machte das belgische Parlament mit 63 gegen 48 Stimmen einen Rückzieher und entschärfte sein zehn Jahre altes Gesetz.

Anmerkungen

1 Vgl. Kimminich 1975, S. 49. Laut Seidl-Hohenveldern 1985, S. 339 umfaßte das *ius gentium* allerdings auch Verträge zwischen Rom und z.B. Karthago sowie das durch die „natürliche Vernunft" gestiftete allen Völkern gemeinsame Recht.

2 Benito Mussolini (1883-1945), der *Duce* (=Führer) der faschistischen Partei, war 1922 als Premierminister Diktator Italiens.

3 Francisco Franco Bahamonde (1892-1975) putschte im Juli 1936 gegen die Volksfront-Regierung der Spanischen Republik und regierte nach seinem Sieg im Bürgerkrieg (April 1939) bis 1974 Spanien als Diktator.

4 Vgl. Carl von Clausewitz: Vom Kriege (postum erschienen 1832-34), 1. Buch Abs. 24: „So sehen wir also, daß der Krieg nicht bloß ein politischer Akt, sonders ein wahres politisches Instrument ist, eine Fortsetzung des politischen Verkehrs, ein Durchführen desselben mit anderen Mitteln..."

5 Hier bestimmte eine Konvention der Großmächte vom 13.07.1841, daß fremde Kriegsschiffe zu keiner Zeit die türkischen Meerengen durchfahren dürften.

6 Hier bestimmte die Konvention von Konstantinopel am 29.10.1888 grundsätzlich freie Durchfahrt für Handels- und Kriegsschiffe aller Staaten in Friedens- und in Kriegszeiten.

7 Zitiert nach der amtlichen Übersetzung im deutschen Reichsgesetzblatt 1910, S. 107. Nachdruck u.a. bei Friedrich Berber (Hg.): Völkerrecht. Dokumentensammlung. Bd. 2 (Konfliktsrecht) München/ Berlin 1967, S. 1892-1907, sowie Genfer Rotkreuz-Abkommen 1965, S. 295-309. Das Vertragswerk wurde original in französischer Sprache abgefaßt.

8 Vgl. Unser 1992, S. 109

9 Die Völkerbundssatzung vom 28.06.1919 war Teil des Versailler Friedensvertrags; hier zitiert nach dem Reichsgesetzblatt 1919/II S. 717 ff., einschließlich späterer Änderungen in Kursivschrift.

10 Hier zitiert nach der Dokumentensammlung von Herbert Michaelis & Ernst Schraepler (Hg.): Ursachen und Folgen, Bd. 7. Berlin 1962, S. 7 ff.

11 Aristide Briand (1862-1932), war zwischen 1906 und 1932 insgesamt 19 Jahre lang Regierungsmitglied in Frankreich als Außenminister (zuletzt 1925–32) bzw. Ministerpräsident (1909-11, 1913, 1921/22, 1925/26, 1929); Gustav Stresemann war von August 1923 bis zu seinem Tode am 3.10.1929 Außenminister. Frank B. Kellogg (1856-1937) war 1925-29 Außenminister der USA. Briand und Stresemann erhielten gemeinsam 1926 den Friedensnobelpreis, Kellogg 1929.

12 Die 14 Punkte, die Wilson am 08.01.1918 als „Programm des Weltfriedens" verkündete, versprachen ausdrücklich den Völkern Österreich-Ungarns und des Osmanischen Reiches „die freieste [bzw. unbeeinträchtigte] Gelegenheit zu autonomer Entwicklung" (Punkte 10, 12), Italien eine Korrektur seiner Grenze „nach den klar erkennbaren Linien der Nationalität" (Punkt 9), den Polen einen unabhängigen Staat mit freiem Zugang zum Meer (Punkt 13). Wortlaut nach Michaelis & Schraepler a.a.O. (Fußnote 8) Bd. 2, S. 374 ff.

13 Das Dekret über den Frieden, das Lenin am 8.11.1917 (Gregor.Kal.) vor dem Gesamtrussischen Kongreß der Arbeiter- und Soldatenräte verkündete, fordert einen allgemeinen Frieden „ohne Annexionen" und führt dazu aus: „Wenn irgendeine Nation mit Gewalt in den Grenzen eines gegebenen Staates festgehalten wird, wenn dieser Nation ... das Recht vorenthalten wird, ... in freier Abstimmung über die Formen ihrer staatlichen Existenz ohne den mindesten Zwang selbst zu entscheiden, so ist eine solche Angliederung eine Annexion...". Hier zitiert nach der Textsammlung W.I. Lenin: Über die nationale und die koloniale nationale Frage. Berlin/DDR 1960, S. 555

14 Kimminich 1975, S. 211; vgl. Christoph Gütermann: Das Minderheitenschutzverfahren des Völkerbundes. Berlin 1979 (Schriften zum Völkerrecht 63).

15 Die wichtigsten Texte finden sich bei Tomuschat (Hg.) 2002, oder in Menschenrechte 1995.

16 Unter der ersten Generation der Menschenrechte versteht man die klassischen individuellen Freiheitsrechte einzelner Bürger *gegen* den eigenen Staat; als zweite Generation gelten die sozialen Rechte, d.h. Ansprüche der Bürger *an* ihren Staat wie z.B. das „Recht auf Arbeit"; die dritte Generation sind

kollektive Rechte von Völkern, z.B. das Selbstbestimmungsrecht, Minderheiten-Rechte oder das seit den 1970er Jahren von Regierungen der Dritten Welt beanspruchte „Recht auf Entwicklung".

17 Sie wurde mit 48 Ja-Stimmen ohne Nein-Stimmen bei 8 Enthaltungen des sozialistischen Lagers angenommen. Die Sowjetunion und ihre Verbündeten enthielten sich der Stimme, weil es ihnen nicht gelungen war, das Selbstbestimmungsrecht der Völker in die Erklärung einzufügen. Vgl. Michel Virally: L'Organisation Mondiale. Paris 1972, S. 304

18 Das Informationsamt der UNO spricht vorsichtig von „einem möglichen Anzeichen, daß die Allgemeine Erklärung, wenigstens in einigen ihrer Artikel, ein machtvoller Faktor bei der Erreichung rascheren Fortschritts des internationalen Menschenrechte-Gewohnheitsrechts ist"; United Nations and Human Rights 1995, S. 27

19 Text in Menschenrechte 1995, S. 44-48. Art. 2 definiert Völkermord als „eine der folgenden Handlungen, die in der Absicht begangen wird, eine nationale, ethnische, rassische oder religiöse Gruppe als solche ganz oder teilweise zu zerstören: (a) Tötung von Mitgliedern der Gruppe; (b) Verursachung von schwerem körperlichen oder seelischem Schaden...; (c) vorsätzliche Auferlegung von Lebensbedingungen für die Gruppe, die geeignet sind, ihre körperliche Zerstörung ganz oder teilweise herbeizuführen; (d) Verhängung von Maßnahmen, die auf die Geburtenverhinderung innerhalb der Gruppe gerichtet sind; (e) gewaltsame Überführung von Kindern der Gruppe in eine andere Gruppe."

20 Art. 1 des Abkommens (Definition des Begriffs „Flüchtling"). Text bei Christian Tomuschat (Hg.): Menschenrechte. Bonn 1992, S. 356-374 (DGVN-Texte 42)

21 Status of Ratifications of the principal International Human Rights Treaties – *www.unhchr.ch*

22 Über die Genfer Konventionen und den Stand der Ratifizierungen informiert das IKRK unter *www.cicr.org*

23 *www.usawatch.org/iraq/prison/icrc-prisoner-report-feb-2004.pdf*

24 Hier zitiert nach einer (jetzt vergriffenen) CD-Rom des IKRK: Droit International Humanitaire/ International Humanitarian Law; dort auch der unten erwähnte Kommentar des IKRK zu den Zusatzprotokollen.

25 Wortlaut in *Vereinte Nationen* (Bonn) 41-1993-2, S. 71und 41-1993-4, S. 156

26 Wortlaut in *Vereinte Nationen* (Bonn) 43-1995-1, S. 39 f. Seit 15.09.1999 amtiert als Chefanklägerin für den Strafgerichtshof in Den Haag die Schweizerin Carla del Ponte; in Arusha wurde sie im August 2003 durch den früheren Justizminister von Gambia, Hassan Bubaca Jallow, abgelöst. Vgl. Astrid Becker: Der Tatbestand des Verbrechens gegen die Menschlichkeit. Überlegungen zur Problematik eines völkerrechtlichen Strafrechts. Berlin 1996; Gerd Hankel & Gerhard Stuby (Hg.): Strafgerichte gegen Menschheitsverbrechen. Zum Völkerstrafrecht 50 Jahre nach den Nürnberger Prozessen. Hamburg 1995; Von Nürnberg nach Den Haag. Menschenrechtsverbrechen vor Gericht. Hamburg 1996 (Hg.: Nürnberger Menschenrechtszentrum/Jugendzentrum für politische Bildung / Ev. Akademie Tutzing); Goldstone 2000.

27 So Kai Ambos: Der neue Internationale Strafgerichtshof. *Entwicklung und Zusammenarbeit* (Bonn) 39-1998-9, S. 224-225. Vgl. Hans-Peter Kaul: Durchbruch in Rom. *Vereinte Nationen* (Bonn) 46-1998-4, S. 125-130; ders.: Der Aufbau des Internationalen Strafgerichtshofs. Schwierigkeiten und Fortschritte. *Vereinte Nationen* 49-2001-6, S. 215-222; Ahlbrecht 1999; Andreas Zimmermann & Holger Scheel: Zwischen Konfrontation und Kooperation. Die Vereinigten Staaten und der Internationale Strafgerichtshof. *Vereinte Nationen* 50-2002-4, S. 137-144; Hans-Peter Kaul: Baustelle für mehr Gerechtigkeit. *Vereinte Nationen* 52-2004-4, S. 141-149 – Insgesamt lagen bis Mitte 2004 139 Unterschriften zum Statut vor.

28 *www.icc-cpi.int/statesparties.html* – Es sind 24 Staaten in Afrika, 11 in Asien, 15 in Osteuropa, 18 in Lateinamerika und 26 in Westeuropa und dem Rest der Welt.

6. Die Bürgerkriege Europas 1914-1945

Mit dem Ausbruch des ersten der zwei Kriege, den die Zeitgenossen als Weltkrieg empfanden, obwohl 1914-18 außereuropäische Mächte nur marginal eingriffen, treten wir aus der *Geschichte* der internationalen Politik in die *Gegenwart* hinüber. Der Schriftsteller Ernst Jünger starb am 17. Februar 1998 im Alter von 102 Jahren. 1920 schrieb er, Kriegsfreiwilliger von 1914, *In Stahlgewittern – Aus dem Tagebuch eines Stoßtruppführers*, und von diesem Buch wurde 1930 bereits in 12. Auflage das 40. bis 45. Tausend gedruckt. Jünger hat den Krieg als ästhetisches Erlebnis dargestellt, ihn schön geschminkt. Wollte er ihn verherrlichen? Ich zitiere aus seinem Vorwort zur Erstauflage:

> *„Der Krieg setzt sich wie alle menschlichen Handlungen aus Gut und Böse zusammen. Nur treten hier, wo sich die Kraft von Völkern aufs Höchste steigert, die Gegensätze noch greller hervor als sonst. Neben gipfelnden Werten gähnen dunkelste Abgründe. Da, wo ein Mensch die beinah göttliche Stufe der Vollkommenheit erreicht, die selbstlose Hingabe an ein Ideal bis zum Opfertode, findet sich ein anderer, der dem kaum Erkalteten gierig die Taschen durchwühlt. Von großen Worten Berauschte brechen im Moment der Gefahr elend zusammen."*

Von da ist kein weiter Weg zu der Kennzeichnung „Katastrophenzeitalter", die der englische Historiker Eric Hobsbawm zum Ende des von ihm beschriebenen „kurzen Jahrhunderts" 1914-1991 für dessen erste Hälfte (bis 1945) gewählt hat.[1] Jünger war 1920 mit dem altgriechischen Philosophen Heraklit einer Meinung, der Krieg sei der Vater aller Dinge (so steht es kurz nach dem obigen Zitat im Vorwort). Für das 20. Jahrhundert erscheint mir diese These plausibel. Man kann sie durchaus mit dem Postulat politischer Ethik verbinden, in Zukunft den Krieg zu ächten. Die Furcht vor einem Dritten Weltkrieg hat Europa 1950-75 ein „Goldenes Zeitalter" (Hobsbawm) beschert und immerhin jenen viel zu vielen Völkern, die im Umkreis Europas unter heißen Kriegen zu leiden hatten, den nuklearen Schrecken erspart, mit dem die USA den Zweiten Weltkrieg abschlossen. Auch die Bewältigung des „Erdrutsches", den Hobsbawm für die letzten Jahrzehnte des 20. Jahrhunderts anstatt der im Augenblick des westlichen Triumphes 1991 erträumten Neuen Weltordnung konstatiert, wird der Menschheit nur gelingen, wenn die Narben aus den zwei europäischen Bürgerkriegen weiter schmerzen.

In diesem Kapitel will ich nicht versuchen, die politischen oder gar die militärischen Abläufe während der beiden Weltkriege zu skizzieren. Ich will nur Antworten auf die Fragen zu geben versuchen, was diese Kriege ausgelöst und wie die internationale Politik versucht hat, ihre Folgen zu bewältigen.

Ursachen für „Kriegsausbruch"

Es sollte jetzt für jedermann klar sein, daß Kriege nicht *ausbrechen* wie ein Vulkan (obwohl auch ich das Wort nicht immer vermeiden kann), daß sie die Menschen nicht als Naturkatastrophe heimsuchen, sondern Menschenwerk sind. Damit ist allerdings noch nicht die Frage beantwortet, ob beim „Ausbruch" eines bestimmten Krieges objektive oder subjektive Faktoren überwiegen. Mit letzteren meine ich den positiven Willen der politischen Führung einer der Konfliktparteien (oder von mehreren...), einen Krieg ungefähr in der Gestalt vom Zaun zu brechen, die er dann tatsächlich annimmt. Für den Zweiten Weltkrieg steht fest, daß Adolf Hitler (1889-1945, deutscher Reichskanzler seit 1933) ihn wollte und ziemlich planmäßig (nach Zeit und Raum) ausgelöst hat, daß er eine Neuauflage des Ersten Weltkriegs wollte, weil dieser nach seiner Vorstellung nur durch Verrat und Schwächen (vor allem bei den Bundesgenossen) für das Deutsche Reich verloren gegangen war; er glaubte, die innerdeutschen Schwächen beseitigt zu haben – Demokratie, „Macht des Judentums" – und deshalb siegen zu können. Hitler behielt insoweit recht, als der Zweite Weltkrieg im großen und ganzen der Gestalt des Ersten folgte, zum „totalen" Materialkrieg wurde, dann allerdings für Deutschland als Zweifrontenkrieg wiederum und noch katastrophaler verloren ging, sobald die USA ihre militärisch-industrielle Macht in die Waagschale warfen. Die Schwächen Österreich-Ungarns und des Osmanischen Reiches wiederholten sich in Italien; der U-Boot-Krieg verlief fast genau parallel zum Ersten Weltkrieg.

Die subjektive Verantwortung der Gegner des Dritten Reiches für die Auslösung der verschiedenen Etappen des Zweiten Weltkriegs steht in schroffem Gegensatz zum Kriegswillen Adolf Hitlers. Die Metapher *München 1938* bezeichnet eine negative Kriegsschuld der Regierungen in London und Paris: Sie versuchten so lange, einen rudimentären Frieden – reduziert auf bloßen „Nicht-Krieg“ – durch Besänftigung Deutschlands *(appeasement)* zu erhalten, bis es waffentechnisch zu spät war, Hitler anders als durch die vom ihm erstrebte Neuauflage des Weltkriegs zu stoppen. Josef Stalin (1879-1953, unbestrittener Herr der Sowjetunion seit Dezember 1927) dachte offenbar etwas anders. Soweit die Beweggründe seines Handelns und seiner Unterlassungen erkennbar sind, wollte er einem Zermürbungskrieg der „imperialistischen“ Staaten untereinander (insofern erwartete auch er wohl Wiederholungen der Lage von 1914-18) solange zusehen, bis beide Parteien so deutlich geschwächt wären, daß er sich weitere Schritte überlegen könnte. Präsident Franklin D. Roosevelt (1882-1945, im Amt seit 1933) wiederum wollte die Beteiligung der USA am Krieg gegen Hitler früher und klarer als seinerzeit Präsident Wilson; aber seine Schwierigkeiten, den amerikanischen Isolationismus zu überwinden, waren vergleichbar. Freilich gab es 1917 kein Gegenstück zum japanischen Überfall auf Pearl Harbour.

Was wollten subjektiv die Regierungen der europäischen Mächte am Vorabend des Ersten Weltkriegs? Seit die Westmächte 1919 in Versailles versuchten, dem Deutschen Kaiserreich die alleinige „Kriegsschuld“ aufzubürden...

Artikel 231 des Versailler Friedensvertrages vom 28. Juni 1919

„Die alliierten und assoziierten Regierungen erklären, und Deutschland erkennt an, daß Deutschland und seine Verbündeten als Urheber für alle Verluste und Schäden verantwortlich sind, die die alliierten und assoziierten Regierungen und ihre Staatsangehörigen infolge des ihnen durch den Angriff Deutschlands und seiner Verbündeten aufgezwungenen Krieges erlitten haben.“ [2]

... und seit sofort danach deutsche Politiker und Gelehrte sich vehement dagegen wehrten (dieser Kontroverse verdanken wir die rasche Veröffentlichung umfangreicher Aktenbestände zur auswärtigen Politik Deutschlands, Frankreichs, Englands vor 1914), beschäftigt diese Frage die Historiker. Der Hamburger Professor Fritz Fischer hat dann 1961 Öl in die scheinbar schon verglimmende Glut gegossen, indem er der deutschen Reichsleitung tatsächlich einen *Griff nach der Weltmacht* nachzuweisen versuchte. Diese Hypothese überzeugt nach meinem Eindruck allerdings nur bezüglich der deutschen Kriegsziele während des Krieges, nicht in seinem Vorfeld.[3] Dagegen stand das Wort des britischen Staatsmanns David Lloyd George (1863-1945, Premierminister 1916-22), Europa sei 1914 in den Krieg „hineingeschlittert", keiner habe ihn eigentlich gewollt. Das stimmt meines Erachtens nur in dem Sinne, daß keiner ihn so wollte, wie er dann Gestalt annahm. Darin liegt der große subjektive Unterschied zu Hitlers Absichten. Einen nach den Maßstäben des 19. Jahrhunderts „normalen" Krieg nahmen dagegen alle Regierungen Europas 1914 – mehr oder weniger begeistert – in Kauf und hatten dabei als Inhaber des klassischen *ius ad bellum* ein ruhiges Gewissen. Daß der Krieg schätzungsweise 60 Millionen Menschen Leben oder Gesundheit kosten würden (die Hälfte dieser Opfer erlitt Rußland), daß er weltweit einen Schuldenberg hinterlassen würde, der in den vier Jahren seiner Dauer etwa sechseinhalb mal so hoch aufgetürmt war wie die Schulden der beteiligten Staaten während des ganzen 19. Jahrhunderts,[4] konnte 1914 niemand voraussehen.

Wirtschaftliche Strukturdaten der Großmächte im Vorfeld des Ersten Weltkriegs[5]

	Großbritannien	Frankreich	Deutsches Reich	Rußland	USA
			Bevölkerung in Millionen		
1890	37,5	38,1	49,2	ca.115	62,9
1910	44,9	39,2	64,6	163,5	91,0
			Nationaleinkommen pro Kopf in Landeswährung zu laufenden Preisen		
1890	37,48 £	689 Fr.	438 M	?	232 $
1913	52,47 £	956 Fr.	739 M	101,3R	262 $[a)]
			Stahlproduktion in 1000 Tonnen		
1890	3 636	683	2 135	378	?
1914	7 971	2 802	13 810	4 466	26 095[a)]
			Auslandsinvestitionen		
1890	1.935 Mio.£	ca.17.000 Mio.Fr	11.044 Mio.M	?	?
1913	3.989 Mio.£	50.400 Mio.Fr	20.000 Mio.M	?	?

a) = 1910

Die Frage der objektiven Voraussetzungen für den Kriegsausbruch ist komplizierter. Die Aufblähung Preußens, der kleinsten unter den fünf Großmächten Europas, zum Deutschen Reich 1871 verschob zweifellos die Gewichte, die Lautstärken im Konzert, jedoch vermochte das Orchester zunächst nach der gewohnten Partitur weiterzuspielen. Erst der rasante industrielle Aufschwung des Kaiserreiches nach Überwindung der *Großen Depression* 1873-1896,[6] den Zyklen kapitalistischer Produktion zweifellos in viel höherem Maße zu verdanken als etwa der Persönlichkeit Wilhelms II., ließ tatsächlich das Szenario einer deutschen Hegemonie in Europa entstehen. Für die Nachbarn war das ein Schreckgespenst – weitaus realer als das *Gespenst des Kommunismus*, das Marx und Engels 1848 heraufbeschworen hatten.

Die Großmächte unter den Nachbarn – Frankreich, Rußland, England – reagierten mit einer Militärallianz gegen Deutschland, das heißt genau so, wie europäische Mächte in all den Jahrhunderten vorher auf drohende Hegemonie einer von ihnen reagiert hatten. Die Berliner Politik verschärfte den Konflikt notgedrungen, als von dem Bismarckschen Bündnissystem, das die alte europäische Balance trotz des preußisch/deutschen Machtgewinns gewährleisten sollte, de facto nur die „Nibelungentreue" zu Österreich-Ungarn übrig blieb.

Kriegsziele im Ersten Weltkrieg

Kaum war der Krieg 1914 „ausgebrochen", brachte der liberale Reichstagsabgeordnete Friedrich *Naumann* (1860-1919) das Hegemonial-Szenario auf den Punkt. Er projektierte *Mitteleuropa*:

> *„Absichtlich schreibe ich mitten im Krieg, denn nur im Krieg sind die Gemüter bereit, große umgestaltende Gedanken in sich aufzunehmen [man beachte den Gleichklang zu den Gedanken eines Ernst Jünger! F.A.]... Unsere Augen sind also zunächst [im weiteren Sinne richteten sich Naumanns Augen auf den eher zufälligen Kriegsverbündeten Osmanisches Reich, F.A.] auf das mitteleuropäische Land gerichtet, das von Nord- und Ostsee bis zu den Alpen, dem adriatischen Meere und dem Südrande der Donauebene reicht. Nehmt die Karte zur Hand und seht, was zwischen Weichsel und Vogesen liegt, was zwischen Galizien und Bodensee lagert! Diese Fläche sollt ihr als eine Einheit denken, als ein vielgegliedertes Bruderland, als einen Verteidigungsbund, als ein Wirtschaftsgebiet!"*[7]

2004 haben wir uns an eine Europäische Union gewöhnt und tasten uns an die 1954 zunächst begrabene Idee einer Europäischen Verteidigungsgemeinschaft wieder heran. Dennoch liegt auch heute noch in Paris und London Mißtrauen gegen deutsches Übergewicht in der Luft. 1915 mußte das Mitteleuropa-Projekt den Verdacht eines deutschen Hegemonial-Anspruchs eklatant bestätigen, ließ es doch von Bismarcks kluger Selbstbeschränkung auf eine „kleindeutsche Lösung" nichts übrig. Naumanns Buch konnte jeder kaufen, da brauchte er das von Fritz Fischer dem Archivstaub entrissene

Kriegsziel-Programm des Reichskanzlers Theobald von Bethmann Hollweg (1856-1921, Kanzler 1909-1917) aus dem September 1914 gar nicht zu kennen:[8]

> *„Sicherung des Deutschen Reiches nach West und Ost auf erdenkliche Zeit. Zu diesem Zweck muß Frankreich so geschwächt werden, daß es als Großmacht nicht neu erstehen kann, Rußland von der deutschen Grenze nach Möglichkeit abgedrängt und seine Herrschaft über die nichtrussischen Vasallenvölker gebrochen werden."*

Eckart Kehr (1902-1933), ein Vorläufer Fritz Fischers auf dem Feld selbstkritischer Geschichtsforschung *(von anderer Seite in Deutschland immer gern „Nestbeschmutzung" genannt)*, hat schon 1930 in seiner Dissertation über *Schlachtflottenbau und Parteipolitik 1894 bis 1901*[9] belegt, wie eng industrielle Interessen, Innen- und Außenpolitik im wilhelminischen Deutschland verzahnt waren – wie während des ganzen 20. Jahrhunderts in allen hoch entwickelten Nationalstaaten und vermutlich auch weiterhin in der näheren Zukunft.

Das im Versailler Vertrag dokumentierte Kriegsziel der West-Allierten, nunmehr das Deutsche Reich „so sehr zu schwächen, daß es sich als Großmacht nicht mehr erheben kann" – um Bethmann Hollweg zu paraphrasieren – wurde verfehlt. Adolf Hitler bewies das kurze 14 Jahre später. Vielleicht hängt dieser Mißerfolg damit zusammen, daß Deutschland 1917 sein Kriegsziel im Osten erreicht hatte, daß nämlich die russische Herrschaft über die westlichen Randgebiete des Zarenreiches verlorengegangen war. Lenin und Leo D. Trotzki (1879-1940) mußten das nach dem bolschewistischen Staatsstreich, den sie als Oktoberrevolution in die Geschichtsbücher setzten, im Frieden von Brest-Litowsk besiegeln.

Nach 1919 reichte einerseits der von Frankreich aus dem neuen Polen und anderen ostmitteleuropäischen Staaten rasch gezimmerte *Cordon Sanitaire*[10] den Westmächten wohl nicht aus, um sich zuverlässig vor dem „Gespenst des Kommunismus" abgeschirmt zu fühlen. Folglich wollte man Deutschland (zumindest in London) nicht durch allzu schroffe Behandlung diesem Kommunismus in die Arme treiben. Andererseits verstand es die Weimarer Republik, durch den Coup von *Rapallo*[11] und durch die daran anknüpfende Umgehung der militärischen Abrüstungs-Auflagen mit sowjetischer Hilfe (wenn man so will, ein Vorläufer der versteckten Rüstung des Irak nach dessen Niederlage im Golfkrieg 1991) eine Alternative zur deutschen Unterwerfung gemäß Versailles anzupeilen.

Nach 1945 war es noch einmal die Existenz der Sowjetunion, die eine dauerhafte Ausschaltung Deutschlands als Großmacht verhinderte. Zwar zerbrach der Kalte Krieg zwischen West und Ost zunächst das Bismarckreich in zwei ungleich große, aber gründlich verfeindete Staaten. Aber derselbe Kalte Krieg veranlaßte die USA, eine Wiederbewaffnung des von ihr kontrollierten Teil-Deutschland zu betreiben, und mit der Bundeswehr erhielt die Bundesrepublik auch im Grundsatz ihre Souveränität zurück. Der Zusammenbruch kommunistischer Herrschaft in ganz Osteuropa führte dann zur Wiedervereinigung eines an seiner Ostgrenze nochmals erheblich verkleinerten Bismarckschen Kleindeutschland,[12] *das aber immer noch groß genug ist, um Beklemmungen im übrigen Europa zu erzeugen – gleich zu Beginn, wenn es durch forsche Diplomatie auf Entwicklungen in Kroatien oder anderen Zonen des einstigen Habsburgerreiches einwirkt* (sei es in noch so friedlicher Absicht), *die Friedrich Naumann einst seinem Mitteleuropa zurechnete.*

Mit anderen Worten: Die Bundesrepublik Deutschland muß viel außenpolitische Vernunft und Taktgefühl aufwenden, um Europa zu überzeugen, daß die Wende von 1990 nicht so etwas wie die Konstellation nach 1871 erneut heraufbeschwor.

Der Trotz, mit dem Bundeskanzler Schröder 2002/03 gegen den Irakkrieg der USA aufbegehrte, sollte ebenfalls in diesem Zusammenhang bewertet werden, mag auch jetzt der französisch-deutsche Schulterschluß beweisen, daß die Geschichte sich nie genau wiederholt.

Sozialistische Internationale und Komintern

Auf einige Einzelheiten der Auswirkungen des Ersten und des Zweiten Weltkriegs sollten wir noch eingehen.

Der Staatsstreich Lenins und Trotzkis in Petrograd (wie St. Petersburg vorübergehend hieß) im Oktober/November 1917 war schließlich nicht nur für Deutschland, nicht nur für Europa ein epochemachendes Ereignis. Er spaltete die weltweite sozialistische Bewegung – die Zweite Internationale – und pfropfte ihren linksextremen Flügel als eine neue Kommunistische Internationale (Komintern) dem schwach entwickelten, aber riesigen Rußland auf. Diese Symbiose einer revolutionären Ideologie mit der Außenpolitik einer Großmacht hatte Europa schon einmal erlitten – im Gefolge des Jahres 1789. Im Endeffekt hat sie die internationale Politik des 20. Jahrhunderts noch stärker geprägt als Hitlers Größenwahn. Wohlgemerkt, es kommt mir nicht darauf an, den Streit der deutschen Historiker wiederaufzuwärmen, ob Lenin/Stalins Terror „ursprünglicher" war als der Hitlersche.[13] Ich stelle nur fest, daß die Geschichte der USA und ganz bestimmt Chinas, auch Indiens oder Südafrikas, daß die Struktur der Vereinten Nationen erheblich durch die Existenz der Sowjetunion beeinflußt wurden – und zwar nicht nur der UdSSR als eines halbmodernisierten Rußland, sondern auch durch ihren Anspruch auf Führung einer kommunistischen Weltbewegung –, während der deutsche Nationalsozialismus (abgesehen von der kurzen Phase seiner Herrschaft über Europa) höchstens auf die Innenpolitik von Staaten wie Spanien oder Argentinien ein wenig abfärbte.

Sowohl die Zweite als auch die Dritte Internationale – die Komintern – verdienen in einer strukturellen Analyse internationaler Politik besondere Aufmerksamkeit noch aus einem anderen Grunde. Sie mischten sich als internationale *Nichtregierungsorganisationen* (NGOs nach der üblich gewordenen englischen Abkürzung) in das Geschäft der Staaten ein. Seit der Erstauflage dieses Buches 2000 sind die nicht-staatlichen Akteure von *Attac* bis *Osama bin Ladens al-Qa'ida* weltpolitisch so wichtig geworden, daß ihnen ein eigenes Kapitel zusteht. Die beiden Internationalen der Arbeiterbewegung blieben letztlich erfolglos, vor allem verfehlten sie ihr ursprüngliches und vorrangiges Ziel: die proletarische Revolution in den Industriegesellschaften läßt bis heute auf sich warten. Aber sie haben beide beträchtliche Energie in ihre internationale Politik investiert, und ein sekundäres, vor 1914 jedoch mit zähem Eifer verfochtenes Ziel war die Verhinderung des drohenden Weltkriegs durch kollektives Handeln des Proletariats über die Grenzen der Staaten hinweg.

Die Sozialisten scheiterten spektakulär in der Kriegsbegeisterung des Sommers 1914 – nicht nur im Deutschen Reichstag. Mit Wehmut lesen wir das *Manifest der Internationale zur gegenwärtigen Lage*, das der Franzose Jean Jaurès (1859-1914) am 25. November 1912 dem Internationalen Kongreß in Basel vortrug und das angesichts der gerade im Gange befindlichen Balkankriege „...mit Genugtuung die vollständige Einmütigkeit der sozialistischen Parteien und der Gewerkschaften aller Länder im Kriege gegen den Krieg..." feststellte;[14] Jaurès ergänzte den Beschlußtext durch eine persönliche Bemerkung:

> *„Wenn wirklich das ungeheuere Verbrechen des Weltkrieges vollbracht würde, die Proletarier werden im Denken und Fühlen geeint sein, und die Regierenden müssen wissen, daß sie den Arbeitern zumuten würden, dann nicht nur ihr Leben, nein auch ihr Gewissen preiszugeben... Genossen, dieser Kongreß ... begnügt sich nicht damit, die Grundsätze, die der gesamten Internationale gemeinsam sind, festzulegen, sondern er betont vor allem die Notwendigkeit und die Einheitlichkeit unserer Aktion. Das müssen wir in den Parlamenten und in den Massen fortsetzen... So leisten wir wirksame Arbeit, um das Entsetzen des Krieges unmöglich zu machen... Die Internationale vertritt alle sittlichen Kräfte in der Welt!"*

Es war eine tragische Illusion. Jean Jaurès wurde am 31. Juli 1914 von einem französischen Patrioten auf offener Straße in Paris ermordet.

Die Komintern versuchte in ihren Anfangsjahren durchaus, sich als eigenständiger Faktor revolutionärer Weltpolitik neben der Regierung des einzigen von Kommunisten regierten Staates – Sowjetrußland, seit Dezember 1922 Sowjetunion – zu profilieren. Zu Zeiten Lenins diskutierten ihre Kongresse offen Meinungsverschiedenheiten über die anzuwendende Strategie etwa in Deutschland oder China. Beide Offensiven endeten noch in den 1920er Jahren mit einem Fiasko, und nicht nur diese. Spätestens nach dem 6. Weltkongress der Komintern 1928 dehnte dann Stalin seine Diktatur auf die Komintern aus und machte sie zu einem bloßen Instrument sowjetischer Außenpolitik, das er dann auch 1943 leichten Herzens der Opportunität der Anti-Hitler-Koalition opfern konnte. An diesem Muster änderte sich nichts, als Stalin es im September1947 wieder für opportun hielt, ein *Informationsbüro der kommunistischen und Arbeiterparteien* (Kominform) zu gründen, und ebenfalls nichts, als sein Nachfolger das Kominform im April 1956 wieder auflöste. Auch alle formal eigenständigen internationalen Organisationen der kommunistischen Weltbewegung späterer Jahre, etwa der Weltgewerkschaftsbund (WGB), der Weltfriedensrat oder die *Afro-Asian Peoples' Solidarity Organization* (AAPSO), waren Werkzeuge der Moskauer Außenpolitik und deshalb keine echten NGOs, keine wirklich neuen Akteure, sondern (im Kauderwelsch der Experten) QUANGOS – „*Quasi-Nongovernmental Organizations*".

Versailles und Locarno

Das Staatensystem von Versailles, dessen (übrigens auch noch heute in Genf architektonisch durchaus ansprechende) Fassade der *Völkerbund* darstellte, hat immerhin vor dem Rückfall in das Kriegsdesaster binnen weniger Jahre einiges geleistet. Der Völkerbund litt natürlich unter dem Geburtsfehler, daß seinem idealistischen Erfinder Woodrow Wilson der eigene amerikanische Kongreß verwehrte, am Tisch des Rates Platz zu nehmen: die USA verweigerten den Beitritt. Aber der Völkerbund schaffte es, zwei ursprünglich ausgesperrte Pariah-Großmächte später zu integrieren – das Deutsche Reich am 8. September 1926, die Sowjetunion am 18. September 1934. Im Gegenzug traten allerdings Japan am 27. März 1933,[15] das Deutsche Reich am 19. Oktober 1933, Italien am 11. Dezember1937 aus dem Völkerbund aus, und die Sowjetunion wurde nach ihrem Überfall auf Finnland Ende 1939 ausgeschlossen. Fast ein Wunder, daß der Völkerbund sich dazu noch aufraffte, obgleich er doch bereits klinisch tot war; begraben wurde er erst nach der Gründung der Vereinten Nationen 1946. Zur verbindlichen Organisation bewaffneten Widerstandes gegen Aggressoren war der Völkerbund nie befugt. Wirtschaftssanktionen hat er wenigstens gegen Italien beschlossen, als es 1934 Äthiopien überrannte, er konnte sie freilich nicht durchsetzen.

Die Locarno-Politik[16] Briands und Stresemanns enthielt die Option, Frankreich und Deutschland auf Dauer als Kern eines „Paneuropa" zusammenzuführen, wie es etwa gleichzeitig ein Sprößling des untergegangenen Österreich-Ungarn, Richard Nicolas Graf Coudenhove-Kalergi (1894-1972), visionär beschrieb. Man kann aber auch nüchterner Locarno als einen französischen Freibrief für eine nationale deutsche Außenpolitik in Richtung Osten interpretieren. Stresemann, das einstige Mitglied des Alldeutschen Verbandes, dachte nicht daran, seine Anerkennung der deutschen Westgrenze ostpolitisch abzurunden, sondern erstrebte aktiv eine Revision vor allem der Gebietsverluste, die Deutschland gegenüber Polen erlitten hatte.

Im Nahen Osten, auf dessen diverse Krisenherde die „internationale Gemeinschaft" (schön wär's, wenn es sie gäbe!) heute starrt wie das Kaninchen auf die Schlange, wurde das Versailler System schon 1920-22 durch den griechisch-türkischen Krieg auf die Probe gestellt – und bestand sie nicht. Die Großmächte beugten sich den Resultaten, die Kemal Atatürk (1881-1938, Präsident der Türkischen Republik seit 1923) auf dem Schlachtfeld erzwang. Wenig später legte eine zwiespältige britische Mandatspolitik in Palästina, die weder den arabischen Nationalismus noch den jüdischen Zionismus ernstnahm (beiden hatte London während des Ersten Weltkriegs diesen Teil des Osmanischen Reiches in verschwommenen Klauseln versprochen), den Grundstein für den Israelisch-Arabischen Konflikt.

Die 1918 von Wilson in seinen *14 Punkten*[17] der Welt versprochene Abrüstung blieb unter dem Versailler System einseitig – sie wurde nur von Deutschland verlangt. Auch nach 1945 haben wir uns daran gewöhnen müssen, von den Regierungen mit einer zweitbesten Lösung dieses Problems abgespeist zu werden, genannt Rüstungskontrolle. Dafür lieferten die Mächte schon am 6. Februar 1922 eine Blaupause in Gestalt des Washingtoner Flotten-Abkommens. Es zielte auf eine Verständigung mit Japan. Man einigte sich auf Kriegsschiffe von höchstens 35.000 t Wasserverdrängung; Deutschland durfte unter dem Versailler Vertrag nur „Westentaschen-Panzerschiffe" von 10.000 t bauen. Die anderen Seemächte billigten Japan eine Schlachtschiff-Tonnage von insgesamt 315.000 t zu, während die USA und Großbritannien je 525.000 t für sich beanspruchten.[18] Damit hatte die einstige maritime Weltmacht England dem Emporkömmling in der Neuen Welt, ohne den sie vermutlich den Ersten Weltkrieg verloren hätte, Parität zugebilligt. Trafalgar ist seitdem Geschichte.

Zusammenfassend läßt sich die These aufstellen, daß den Baumeistern des Versailler Systems im wesentlichen eine Rekonstruktion des Europäischen Konzerts vorschwebte, keine fundamentale Neugestaltung der internationalen Beziehungen. Gewiß erscheint der Völkerbund aus heutiger Sicht als Vorläufer der Vereinten Nationen. Aber zu seiner Zeit bedeutete er einen Versuch, die (nicht mehr unbedingt Heilige) Allianz der Großmächte gegen Störer der inneren und der zwischenstaatlichen Ordnung wiederherzustellen. Den Platz der demokratischen Revolutionäre von 1815 nahmen 1919 die Bolschewiki ein. Das Mißtrauen gegen Deutschland saß allerdings nach dem Weltkrieg tiefer als seinerzeit das Mißtrauen gegen Frankreich, obwohl beide Länder sich nach ihrer Niederlage dem innenpolitischen Zeitgeist anpaßten. Sollen wir spekulieren, ob die Aufnahme der Weimarer Republik in den Völkerbund sieben Jahre nach Kriegsende zu spät erfolgte? Sie hat die Verbitterung in allen politischen Lagern der deutschen Öffentlichkeit über „Versailles" nicht spürbar gemindert, während die Aufhebung des westalliierten Besatzungsstatuts in der Bundesrepublik 1954 (neun Jahre nach Kriegsende) allgemein mit Stolz verzeichnet wurde und Kanzler Adenauers Prestige – mit ihm die Demokratie – in der westdeutschen Bevölkerung tiefer verwurzeln half.

Die Weltwirtschaftskrise

Unübersehbar hängt das Scheitern des Versailler Systems mit der Weltwirtschaftskrise zusammen, die am 25. Oktober 1929 von der New Yorker Börse ausging und wiederum den Zeitgenossen eher als Naturkatastrophe vorkam denn als das, was sie in Wirklichkeit war: eine von den Kapitalbesitzern verursachte groß-zyklische Krise der kapitalistischen Produktions- und Verteilungsstrukturen. Auch in der Weltwirtschaft sehnte man sich nach 1918 danach, Vorkriegsverhältnisse zu rekonstruieren, symbolisiert im Goldstandard, der seit 1816[19] für stabile Wechselkurse gesorgt und den globalen Freihandel gegen Manipulationen von Regierungen abgeschirmt hatte.[20] Nun aber lagerte 1920 die Hälfte allen Goldes der Welt (wohl ohne Rußland) in den USA. Bei der Rekonstruktion kam deshalb – nach Überwindung der vor allem in Deutschland katastrophalen Nachkriegs-Inflation (1923) – nur ein Kompromiß heraus, Gold-Devisen-Standard genannt, bei dem der amerikanische Dollar und das ehrwürdige britische Pfund als Stabilitätsanker mit dem Edelmetall konkurrierten.

Die USA hatten ihren Anteil an der Welt-Industrieerzeugung von 35,8 % im Jahre 1913 auf 42,2 % im Jahresdurchschnitt 1926-29 gesteigert, ihre Produktivität hatte die alten europäischen Industrienationen weit überholt.[21] *Die Amerikaner hätten also schon damals das Kommando übernehmen können, vielleicht sollen, aber sie taten es nicht.* Die Weigerung des Kongresses, dem Völkerbund beizutreten, hat ihr ökonomisches Gegenstück in der Unfähigkeit der damaligen amerikanischen Gesellschaft, den Wirrwarr einheimischer Kapitalinteressen zu ordnen und dann dieses wirtschaftliche Nationalinteresse mit einer zielsicheren Außenpolitik zu koordinieren. Die Binnenwirtschaft der USA schaffte es nicht, die Überproduktion von Waren und die Akkumulation von Kapital durch eine einigermaßen entsprechende Konsumkraft der breiten Schichten aufzufangen. Henry Ford (1863-1947), der damals zum Namenspatron amerikanischen Wirtschaftens wurde, hatte zwar gesagt, er wolle seine Arbeiter so gut bezahlen, daß sie seine Autos kaufen könnten; 1929 stellte sich jedoch heraus, daß sie das nur auf Pump bewerkstelligt hatten.[22] International hatten die USA den vom Weltkrieg gebeutelten Ländern einschließlich Deutschland soviel Dollars geliehen, daß 1929, als die amerikanische Zentralbank die Zinsbremse anzog und damit den Kapitalexport drosselte, die Krise sich über den Erdball ausbreitete wie 1918 die Grippe, später AIDS. Als die europäischen Staaten Quarantäne-Maßnahmen ergreifen wollten, Autarkie auf ihre Fahnen schrieben, ihre Währungen gegen den Dollar und zwangsläufig auch gegeneinander abschotteten, im Wettlauf abwerteten, war es erstens zu spät, und zweitens erwies sich die Medizin an einigen entscheidenden Orten (in Gestalt etwa der Brüningschen Deflationspolitik in Deutschland, welche die Arbeitslosigkeit nur verschlimmerte) als Gift – wirtschaftlich und politisch.

Der Nationalsozialismus blühte in der isolierten Volkswirtschaft Deutschlands auf, der Stalinismus in der isolierten Wirtschaft der Sowjetunion. Zum Glück für die Menschheit drang wenigstens in anderen Ländern die Stimme von John Maynard Keynes (1883-1946) mit einer neuen Wirtschaftskonzeption durch. Sie stellte in den USA nach dem Amtsantritt des Präsidenten Roosevelt im Jahre 1933 die Weiche auf einen *New Deal*. Ist es absurd, darüber nachzudenken, ob Keynes dazu beitrug, die Demokratie in Amerika sowie in Frankreich und England vor dem Überhandnehmen faschistischer oder verwandter Bewegungen, die es überall gab, zu schützen? Die noch 1945 von den Statistikern des Völkerbundes veröffentlichten Ziffern weisen im übrigen aus, daß die Ankurbelung der Industrieproduktion in den 1930er Jahren den USA fast genau so gut gelang wie dem nationalsozialistischen Deutschland.[23]

Index der Produktion der weiterverarbeitenden Industrie, 1913-1938 (1913 = 100)

	USA	*Deutschland*	*Großbritann.*	*Frankreich*	*Sowjetunion*	*Japan*
1913	100	100	100	100	100	100
1920	122,2	59	92,6	70,4	12,8	176
1928	162,8	118,3	95,1	134,4	143,5	300,2
1932	93,7	70,2	82,5	105,4	326,1	309,1
1935	140,3	116,7	107,9	109,1	533,7	457,8
1938	143	149,3	117,6	114,6	857,3	552

Kriegsziele im Zweiten Weltkrieg

Im Verlauf des Zweiten Weltkriegs schälten sich die Kriegsziele der Antagonisten unterschiedlich rasch, am Ende aber auch auf der Seite der Sieger eindeutig heraus. Unser

Karikatur von David Low v. 20. September 1939
Quelle: Low's Kleine Weltgeschichte. Mit einer Einleitung von Kurt W. Marek. Hamburg 1949, S. 53

erster Blick gilt den außenpolitischen Orientierungen des von Hitler beherrschten Deutschen Reiches und seines einzigen eigenständigen Bundesgenossen im Zweiten Weltkrieg – Japans. Beider Ziele waren von Anfang an klar, abgesehen vom Intermezzo des Hitler-Stalin-Pakts 1939-41; während dieser Zeit schien sich die Eroberungslust des Dritten Reiches in Osteuropa auf Polen zu beschränken. Deutlichkeit der deutschen und japanischen Kriegsziele für den heute zurückblickenden Historiker bedeutet allerdings nicht, daß die politisch Verantwortlichen in London, Washington oder Moskau alle zur gleichen Zeit aus den Wunschträumen des *appeasement* erwacht wären – klar umrissen sahen die Gegenpartei über den ganzen Zeitraum des Zweiten Weltkriegs wohl nur Winston Churchill (1874-1965, britischer Premierminister 1940-45 u. 1951-55) und Franklin D. Roosevelt.

Zunächst ist daran zu erinnern, daß es nie zu einer organisierten faschistischen Internationale kam, allenfalls zu Sympathiebekundungen etwa zwischen deutschen Nationalsozialisten und weißen Rassisten in Südafrika. Ansonsten verbündeten sich *Staaten*, deren Regierungen sich als die „Habenichtse" von Versailles ansahen, wie Deutschland, Ungarn, Italien; letzteres war bei der Verteilung der kolonialen Beute fast leer ausgegangen. Erst nach 1939 spannte Hitler geeignete Kader örtlicher Faschisten als Vasallenregierungen oder als individuelle „Hilfswillige" in die deutsche Kriegsanstrengung ein. Das alles schuf kein Gegenstück zur Komintern. Die faschistisch/nationalsozialistische Grundidee erwies sich als fest auf die totale Macht im eigenen

Staat fixiert. Sie konnte die Gesamt-Menschheit nur als eine Stufenleiter der Nationen auffassen – von solchen der Herrenmenschen bis zu solchen von Untermenschen. Die ursprünglich nicht an eine klassische Nation gebundene Wahnvorstellung von einer überlegenen „Nordischen Rasse" blieb nicht nur substanzlos, sondern abstrakt – in deutlichem Unterschied zu der durchaus konkreten, empirisch faßbaren Grundidee des Marxismus vom weltweiten Klassenkampf zwischen Bourgeoisie und Proletariat.

Mussolinis Italien, Hitlers Deutschland und Stalins Sowjetunion testeten die Belastbarkeit des Versailler Systems vorsichtig im Spanischen Bürgerkrieg 1936. Beide Interventionen erfolgten noch verschleiert. Dabei intervenierten die faschistischen Mächte als Verbündete Francos in Verletzung des Völkerrechts, das Moskau mit seinen Hilfen für die republikanische Bürgerkriegs-Partei formal einhielt. Hitler und Mussolini hatten Erfolg, Stalin unterlag und zog die Konsequenz, mit dem „Prachtkerl" Hitler (so soll er ihn genannt haben) ein wenigstens zeitweiliges Auskommen zu suchen. Dieser spielte zunächst politische Karten seiner Feinde aus, als er das Selbstbestimmungsrecht für das deutsche Volk beanspruchte, um Österreich anzuschließen und die Tschechoslowakei zu zerschlagen. Von der rassistischen Illusion in *Mein Kampf* (Bd. 2 Kap. 13), die „nordischen" Deutschen und Briten könnten sich die Weltherrschaft teilen, blieben nur die „germanischen" SS-Verbände aus Norwegen und Holland übrig, während Hitler zwei andere Wunschgebilde seines Buches durchaus in die Praxis übersetzte: die Eroberung Osteuropas samt Knechtung seiner Bewohner im Dienste einer anachronistischen Agrarkolonisation deutschen „Lebensraums" – und die Ausrottung der Juden, soweit sein Zugriff reichte. *Diese neue Ordnung in Europa war sein Kriegsziel – dies Alles oder Nichts.*

Hitlers Kriegsziel hat schon etwas mit dem Kaisertum Napoleon Bonapartes und mit dem Septemberprogramm Bethmann Hollwegs von 1914 zu tun. Es ist aus dem Boden europäischer Hegemonial-Bestrebungen gewachsen. Aber was da aus historischem Boden wuchs, war eine Pflanze neuer Qualität, eine fürchterliche Mutation überlieferter staatlicher Außenpolitik. Die Anti-Hitler-Koalition hat diese Lebensform bis in den Bunker unter der Berliner Reichskanzlei verfolgt und getötet. Sie hat die bedingungslose Kapitulation der deutschen Wehrmacht von Soldaten unterschreiben lassen, die zwar Komplizen Hitlers geworden waren, aber aus einer älteren, fester gefügten Welt stammten. Ist die Ausbreitung der fürchterlichen Mutation wirklich auf Dauer unterbunden?

Japans Kriegspolitik 1937-45 nimmt sich neben der deutschen beruhigend traditionell aus. Man sprach (schon seit 1919) von einer „Großostasiatischen Wohlstandssphäre" und meinte damit ein stattliches Kolonialreich auf Kosten der Niederlande (Indonesien), Frankreichs (Indochina), Englands (Malaysia, Burma), der USA (Philippinen) und natürlich Chinas, dessen seit 1937 eroberte Provinzen durch eine Vasallen-Regierung verwaltet wurden. Bald nach 1945 sollte sich zeigen, daß Kolonialreiche generell nicht mehr zeitgerecht waren. Bei der Suche nach Vasallen in den 1941/42 rasch eroberten Gebieten Südostasiens trat Japan selbst die Lawine der antikolonialen Befreiungsbewegungen los. In China vermochte es weder die Nationalisten der *Kuomintang* noch die Kommunisten unter Mao Zedong militärisch zu besiegen. Die Überanstrengung der Inselnation hätte auch ohne den Abwurf der amerikanischen Atombomben auf Hiroshima und Nagasaki im August 1945 – nach amerikanischen Schätzungen mindestens 100.000 Todesopfer, nach japanischen 240.000[24] – zur Niederlage und zur Notwendigkeit einer Neubesinnung auf andere Methoden internationaler Aktion geführt. Ich erinnere mich an eine amerikanische Fotomontagen-Karikatur aus den 1960er Jahren, auf der den Köpfen japanischer Offiziere, die sich zwischen den Geschützrohren eines amerikanischen Schlachtschiffs zur Unterzeichnung der Kapitulationsurkunde anschicken, eine Gedankenblase entsteigt, in der steht *Es bleiben noch Transistor-Radios.* So ist es dann gekommen.

Um die Kriegsziele der Anti-Hitler-Koalition zu dokumentieren, ist es üblich, zuerst auf die *Atlantik-Charta*[25] vom 14. August 1941 zu verweisen, mit der Roosevelt und Churchill „...gewisse allgemeine Grundsätze der nationalen Politik ihrer beiden Länder bekannt zu machen..." wünschten, obwohl formell zu diesem Zeitpunkt die USA noch nicht Krieg führten. Es handelte sich um eine Art Neuauflage der 14 Punkte Präsident Wilsons von 1918, also ein Dokument einer idealistischen Denkschule. Churchill stand gewiß fester auf dem Boden politischer Realität, als es unter amerikanischen Außenpolitikern Tradition war, und hatte längst darüber nachgedacht, wie man nach dem Sieg mit Deutschland umspringen solle. Davon schlug sich aber nicht viel im Text der Atlantik-Charta nieder – allenfalls in Punkt 8 die Einschränkung der Abrüstungs-Ankündigung auf Aggressoren-Staaten – *„...nations which threaten, or may threaten, aggression outside of their frontiers..."* (ohne daß diese eindeutig mit den Kriegsgegnern identifiziert wurden) und das Versprechen einer „...endgültigen Vernichtung der Nazi-tyrannei *[final destruction of the Nazi tyranny]...*" in Punkt 6, ohne daß man hierin einen logischen Widerspruch zu Punkt 3 sah, in dem vom „Recht aller Völker, sich die Regierungsform zu wählen, unter der sie leben wollen...", die Rede ist.[26] Waren Churchill und Roosevelt 1941 so sicher, die besiegten Deutschen würden freiwillig dem Nationalsozialismus abschwören?

Für das eindeutig idealistische Haupt-Kriegsziel des amerikanischen Präsidenten (ein Wunschtraum immer noch zur Jahrhundertwende, paradoxerweise gerade infolge der tatsächlichen UNO-Politik der USA!), die Einrichtung eines globalen effektiven Kriegsverhütungs-Regimes, und seine durchaus reale Komponente, alle die seit 1929 verrammelten „Türen“ der Weltwirtschaft im Interesse des amerikanischen Kapitals aufzustoßen,[27] finden wir maßgebliche Ansatzpunkte schon in der sogenannten Quarantäne-Rede Roosevelts vom 5. Oktober 1937:[28]

> *„Die friedliebenden Nationen müssen sich gemeinsam bemühen, Front zu machen gegen diese Vertragsbrüche [die Intervention Italiens und des Deutschen Reiches in den Spanischen Bürgerkrieg , F.A.] und diese Verachtung für menschliche Gefühle, die einen Zustand der internationalen Anarchie und Unsicherheit schaffen, dem man nicht einfach durch Isolierung oder Neutralität entrinnen kann.*
> *Alle, die ihre Freiheit lieben und ebenso ihren Nachbarn das Recht zubilligen, frei zu sein und in Frieden zu leben, müssen gemeinsam für den Sieg des Rechts und der Moral wirken... In der modernen Welt existiert, sowohl technisch wie moralisch, eine zwangsläufige Solidarität und gegenseitige Abhängigkeit, die es keinem Volk gestatten, sich von den wirtschaftlichen und politischen Umwälzungen in der übrigen Welt völlig zu isolieren...*
> *Die Völker und Länder der Welt in ihrer überwiegenden Mehrzahl wollen in Frieden leben. Sie wollen die Handelsschranken beseitigt sehen. Sie wollen in der Industrie, in der Landwirtschaft, im Geschäftsleben ihre Kräfte auf die Herstellung solcher Produkte konzentrieren, die den Wohlstand steigern.“*

Wiederum bleibt die Frage unbeantwortet, was mit den Staaten geschehen soll, die *nicht* zu der beschworenen „überwiegenden Mehrzahl“ gehören; zwei Jahre vor Kriegsbeginn ist diese Diskretion verständlich.

Die Antwort wurde in aller wünschenswerten Präzision während des Zweiten Weltkriegs nachgereicht, sobald die militärische Lage sich in Stalingrad und Nordafrika zugunsten der Anti-Hitler-Koalition gewendet hatte. Am 24. Januar 1943 erklärte Roosevelt vor der Presse in Casablanca, wo er sich mit Churchill getroffen hatte:[29]

> *„Der Präsident und der Premierminister sind in Ansehung der gesamten Kriegslage mehr denn je dazu entschlossen, daß nur eine totale Beseitigung der deutschen und japanischen Kriegsmacht der Welt den Frieden bringen kann. Dies führt zu der einfachen Formulierung der Kriegsziele, welche eine bedingungslose Kapitulation Deutschlands, Japans und Italiens zum Inhalt hat. Die bedingungslose Kapitulation dieser Mächte kann allem Ermessen nach den Weltfrieden für Generationen sichern. Bedingungslose Kapitulation bedeutet nicht die Vernichtung der deutschen, der japanischen oder der italienischen Bevölkerung, sie bedeutet vielmehr die Zerstörung einer Weltanschauung in Deutschland, Italien und Japan, die auf der Eroberung und Unterjochung anderer Völker beruht.“*

Die Parole *unconditional surrender* war für Amerikaner nichts Neues. Mit ihrer Durchsetzung hatten die Nordstaaten im April 1865 den Bürgerkrieg gegen die Südstaaten siegreich beendet. Neu war nur die Übertragung dieser radikalen innenpolitischen Konfliktlösung auf die internationale Politik. Aber Roosevelt schwebte ja für die unmittelbare Zukunft etwas vor, das wir heute als „Weltinnenpolitik" diskutieren – und überwiegend zur Utopie erklären. Stalin und Churchill, die gewiß nicht daran dachten, die Souveränität der Sowjetunion beziehungsweise des Britischen Empire aufzugeben (sie machten das auf der Jalta-Konferenz im Februar 1945 dem sterbenskranken Roosevelt unverblümt deutlich), hatten gegen die Unterwerfung Deutschlands und Japans nichts einzuwenden. Es fällt auf, daß Roosevelt in Casablanca zwar den Deutschen, Japanern und Italienern zusicherte, sie würden nicht „vernichtet" werden (wie Hitler es gleichzeitig mit den Juden seines Machtbereichs tat), aber offen ließ, ob ihre Staaten bestehen bleiben sollten. Nach 1865 waren die einzelnen Südstaaten erhalten geblieben, die von ihnen 1861 gebildete Konföderation verschwand dagegen von der Bildfläche. Stalin seinerseits spielte in der Deutschlandpolitik gegenüber seinen Alliierten jahrelang auf einer sehr viel breiteren Klaviatur. Zeitweilig gab er dem amerikanisch-britischen Verdacht Nahrung, er erwäge einen Sonderfrieden mit Hitler als eine Art Neuauflage des Pakts von 1939, dann wieder (noch in Jalta im Februar 1945) sprach er von der Aufteilung Deutschlands, als sei sie beschlossene Sache.[30] Als dann seine Armeen im Mai 1945 Berlin erobert hatten, klebten plötzlich an den Ruinenmauern Plakate mit dem Spruch (ich zitiere aus dem Gedächtnis): *Die Hitler kommen und gehen, das deutsche Volk und der deutsche Staat bleiben bestehen. Stalin.*

Die Deutschen erfuhren erst nach der Kapitulation ihrer Wehrmacht und der Verhaftung ihrer Reichsregierung aus dem Kommuniqué der Potsdamer Konferenz (17. Juli bis 2. August 1945), daß Deutschland als einheitliches Gebilde unter alliierter Militärregierung fortdauern solle, daß folglich (die Goebbels-Propaganda hatte davon Wind bekommen und sie ausgeschlachtet) auch die Aufteilungspläne in Anlehnung an die Verhältnisse vor 1871, die Churchill erwogen hatte, nicht mehr aktuell waren. Diese Entwicklung fällt schon unter das Kapitel des Kalten Krieges.

Anmerkungen

1 Hobsbawm 1994/1995
2 Zitiert nach Michaelis & Schraepler (Hg.) 1958 ff. Bd. 3, S. 405
3 Vgl. Fritz Fischer: Krieg der Illusionen. Die deutsche Politik von 1911 bis 1914. Düsseldorf 1969
4 Zahlen nach Kennedy 1987, S. 278 f. Die menschlichen Verluste schließen die Opfer des Hungers und der Seuchen ein, die durch den Ersten Weltkrieg verursacht wurden.
5 Quelle: Wolfgang J. Mommsen: Imperialismus. Seine geistigen, politischen und wirtschaftlichen Grundlagen. Ein Quellen- und Arbeitsbuch. Hamburg 1977, S. 31-35

6 Vgl. Hans Rosenberg: Große Depression und Bismarckzeit. Berlin 1967
7 Naumann 1915, S. 1-3
8 Vgl. Fischer 1967, S. 93 f. Konkret plante die deutsche Reichsleitung die Annexion von Grenzstreifen in Frankreich und Polen, sah das künftige verkleinerte Belgien ausdrücklich als Vasallenstaat, erwog die Schaffung eines zusammenhängenden Kolonialreiches in Mittelafrika (also Annexion vor allem von Belgisch- und Französisch-Kongo sowie Angola) und übernahm nahtlos das Naumannsche Mitteleuropa-Projekt.
9 Vgl. jetzt Michael Epkenhans: Die wilhelminische Flottenrüstung 1908-1914. München 1991
10 Gleichzeitig sollte dieser *Cordon* natürlich auch Deutschland in Schach halten. Frankreich verhalf Polen 1921 zum Sieg über die Sowjetarmee und schloß im gleichen Jahr das Bündnis, das durch Verträge mit der Tschechoslowakei 1924, Rumänien 1926 und Jugoslawien 1927 ausgebaut wurde.
11 Am 16.04.1922 schlossen in Rapallo das Deutsche Reich und Sowjetrußland am Rande einer allgemeinen Wirtschaftskonferenz in Genua einen Sondervertrag, in dem sie gegenseitig auf Reparationen für Kriegsschäden verzichteten, die diplomatischen Beziehungen wieder aufnahmen und sich Meistbegünstigung im Handel zusicherten.
12 Im 19. Jahrhundert, insbesondere im Frankfurter Paulskirchen-Parlament 1848/49, verstand man unter Großdeutschland einen gemeinsamen Staat mit Österreich (mindestens mit dessen deutschsprachigen Regionen), unter Kleindeutschland einen Staat, wie Bismarck ihn 1871 schuf.
13 Der Historikerstreit entzündete sich an einem Aufsatz des namhaften Historikers der faschistischen Bewegungen, Ernst Nolte (*1923) in der *Frankfurter Allgemeinen Zeitung* vom 06.06.1986. Für die Gegenposition vgl. Hans-Ulrich Wehler: Entsorgung der deutschen Vergangenheit? München 1988.
14 Wortlaut der Rede von Jaurès: Außerordentlicher Internationaler Sozialisten-Kongreß zu Basel am 24. und 25. November 1912. Berlin 1912, S. 23-27
15 Japan hatte 1931 die chinesische Mandschurei erobert, wofür es in einem Kommissionsbericht des Völkerbundes getadelt wurde; es begann 1937 in großem Stil die militärische Invasion des Kernlandes China.
16 Im Schweizer Locarno unterzeichneten im Oktober 1925 das Deutsche Reich, Frankreich, Großbritannien, Italien, Belgien, Polen und die Tschechoslowakei Verträge, die den Frieden in Europa sichern sollten.
17 Text in deutscher Übersetzung u.a. in: Michaelis & Schraepler (Hg.) 1958 ff. Bd. 2, S. 374-376 – Punkt 4 lautet: „Austausch ausreichender Garantien dafür, dass die nationalen Rüstungen auf das niedrigste, mit der inneren Sicherheit zu vereinbarende Maß herabgesetzt werden".
18 Am Washingtoner Flottenabkommen beteiligten sich auch Frankreich und Italien, denen je 175.000 t Schlachtschiff-Gesamttonnage zugebilligt wurde. Binnen zehn Jahren sollte weltweit kein neues Großkampfschiff gebaut werden. Das Abkommen wurde 1930 auf der Londoner Flottenkonferenz (u.a. für Kreuzer, Zerstörer und U-Boote) fortgeschrieben und am 18.06.1935 durch das deutsch-britische Flottenabkommen ergänzt; dieses räumte dem Deutschen Reich ein Drittel der Stärke aller Flotten des Commonwealth ein und war ein Markstein der Politik des *appeasement* gegenüber Adolf Hitler.
19 Als erster Staat führte England 1816 die Goldwährung ein, um dem Verschwinden von Goldmünzen aus dem Verkehr (private Hortung im Zuge der Revolutionszeit und der napoleonischen Kriege) entgegenzuwirken. 1871/73 ging auch das Deutsche Reich zur Goldwährung über, gefolgt von den skandinavischen Staaten, den Niederlanden 1875, Frankreich 1876, Österreich-Ungarn 1892, Japan 1897, Rußland 1899 und schließlich den USA 1900; wegen ihrer starken Silberförderung waren die USA bis dahin für eine Doppeldeckung der Währungen durch Gold und Silber eingetreten.
20 Vgl. Gilbert Ziebura: Weltwirtschaft und Weltpolitik 1922/24-1931. Frankfurt a.M. 1984, S. 36: „...Alle Welt vertrat [nach 1918, F.A.] mit geradezu dogmatischer Verbissenheit, ja Blindwütigkeit die Meinung, die heiß ersehnte ‚Normalität' sei nur über die Wiederherstellung des Goldstandards möglich..."

21 Vgl. Ziebura a.a.O., S. 46 ff. Die jährliche Bruttowertschöpfung der verarbeitenden Industrie im Jahres-durchschnitt 1926-29 lag in den USA bei 350 $, in Frankreich bei 160 $, im Deutschen Reich bei 180 $, in Großbritannien bei 190 $.

22 Vgl. Ziebura a.a.O., S. 55 ; „...Die private Verschuldung [in den USA] erhöhte sich zwischen 1920 und 1929 von 22 auf 29 Mrd. $. Allein die Käufer von Autos schuldeten ihren Kreditgebern 1,4 Mrd. $...“

23 Die folgende Statistik ist auszugsweise übernommen von Kennedy 1987, S. 299, der als Quelle den World Economic Survey des Völkerbundes (Genf 1945) angibt. Alle Großmächte außer Frankreich rüsteten auf – Deutschland seit 1935, die USA seit 1936, Großbritannien seit 1937 –, jedoch weichen die Schätzungen des finanziellen Aufwands für die Rüstung stark voneinander ab; vgl. Kennedy a.a.O., S. 296

24 Quelle: Microsoft Encarta ’97 Encyclopedia, Stichwort World War II.

25 Wortlaut in deutscher Übersetzung bei Michaelis & Schraepler (Hg.) 1958 ff. Bd. 17, S. 586 f.; englisches Original in Faksimile, mit handschriftlichen Korrekturen Churchills, bei Winston S. Churchill: Der Zweite Weltkrieg. Bd. 3/II. Bern 1950, nach S. 80

26 Beide Formeln finden sich bereits in dem (insgesamt kürzeren) Entwurf, den Churchill vor dem Treffen dem amerikanischen Präsidenten übermittelte. Wortlaut bei Churchill a.a.O., S. 71 f. Die Entwaffnung der Aggressoren-Staaten wurde von Roosevelt eingefügt.

27 Das Postulat der *Open Door* war Kern der amerikanischen China-Politik Ende des 19. Jahrhunderts, als die imperialistischen Mächte Europas China in Interessensphären aufzuteilen drohten, und wurde 1899/1900 in ein Abkommen der USA mit Großbritannien, Frankreich, dem Deutschen Reich, Rußland, Italien und Japan umgesetzt.

28 Auszugsweise deutsche Übersetzung bei Michaelis & Schraepler (Hg.) 1958 ff. Bd.11, S. 420-423

29 Deutsche Übersetzung bei Michaelis & Schraepler (Hg.) 1958 ff. Bd. 18, S. 199

30 Vgl. Loth 1980, S. 66

7. Der Kalte Krieg (1945-1990)

Es fällt auch fünfzehn Jahre nach dem Fall der Berliner Mauer manchen Menschen schwer, mit der Tatsache zu leben, daß der Kalte Krieg vorbei ist. Das gilt für Deutsche, die sich nach wie vor als *Ossis* und *Wessis* zur Kenntnis nehmen. Vermutlich gibt es auch in Moskau noch Politiker, deren Mißmut über den Beitritt von Staaten, die sie als *Nahes Ausland* betrachten, zur NATO[1] tiefer reicht als ihre legitime Sorge um das Schicksal russischer Minderheiten in Lettland oder Estland. Die *USA* haben sich in ihre neue Rolle der einzigen übriggebliebenen *Supermacht* dieser Erde schneller hineingefunden. Das ist ja auch eine angenehmere Aufgabe, zumal die Wahrscheinlichkeit dem amerikanischen Kollektivbewußtsein noch fern liegt, daß am Ende des 20. Jahrhunderts nicht nur der Real Existierende Sozialismus implodiert ist, sondern gegenwärtig auch der „Real Existierende Kapitalismus“ (*Weltmarkt* genannt und unter dem Stichwort *Globalisierung* keineswegs nur von radikalen Minderheiten zur Diskussion gestellt) in stürmische See gerät. *Tatsächlich droht er in den Untiefen des Nord-Süd-Konflikts – immer mehr immer ärmere Arme, immer weniger immer reichere Reiche – zu stranden* (siehe Kapitel 12).

Im Unterschied zu der Ära der Europäischen Bürgerkriege 1914-1945, deren zeitliche Zäsuren von 1918 und 1939 klar sind, muß überlegt werden, wie das folgende Halb-Jahrhundert in chronologische Perioden eingeteilt werden soll; denn daraus ergeben sich auch inhaltliche Leitlinien. Nun ist das zweifellos für die ganze Menschheit wichtigste Resultat des Kalten Krieges ein negatives, daß er nämlich kalt geblieben, daß es letztlich nicht zum Nuklearkrieg zwischen den USA und der Sowjetunion gekommen ist. Richten wir deshalb unser Augenmerk auf die amerikanisch-sowjetischen Beziehungen in einer weltweiten Ellipse über die nördliche Halbkugel, so bietet sich folgende Periodisierung an:

1. *Zerfall der Anti-Hitler-Koalition* 1945-1947/48, markiert durch die weiter unten erläuterten Stichworte Truman-Doktrin, Marshall-Plan und die Machtübernahme der Kommunisten in Prag am 25. Februar 1948.
2. Konfrontation UdSSR-USA am *europäischen* Brennpunkt der Ellipse – bis zur Beilegung der Berliner Blockade im Frühjahr 1949.
3. Krieg am *asiatischen* Brennpunkt Korea, 25. Juni 1950 bis 27. Juli 1953, maßgeblich geführt von den USA und der Volksrepublik China.
4. Atempause der 1950er Jahre; die USA verzichten auf Ausnutzung der Ungarn/Polen-Krise im Ostblock 1956, vereiteln gemeinsam mit UdSSR die britisch-französische Intervention am Suezkanal.
5. *Cuba-Krise 1962*: Verlagerung der Konfrontation von der Peripherie des Ostblocks in die Nachbarschaft der USA.
6. *Entspannung* unter dem nuklearen Patt: 1. Juli 1968 Vertrag über Nichtverbreitung von Kernwaffen (*Non-Proliferation Treaty* – NPT); Mai 1972 SALT I[2]; 21. August 1975 Schlußakte der *Konferenz für Sicherheit und Zusammenarbeit in Europa* (KSZE) in Helsinki.
7. *Wettrüsten der 1980er Jahre*: USA planen *Strategic Defense Initiative* (SDI) im erdnahen Weltraum, die UdSSR kontert mit Aufstellung von SS-20-Mittelstrecken-Raketen gegen Westeuropa, wo wiederum die USA Pershing-Raketen stationieren. Ronald *Reagan* (1911-2004, Amtszeit 1981-1989) und Michael *Gorbatschow* (*1931, Generalsekretär der KPdSU 1985-1991) beenden diese Konfrontation mit Unterzeichnung des INF-Vertrags[3] am 8. Dezember 1987.
8. *Implosion des Ostblocks und Auflösung der UdSSR* 1989-91, eingeleitet mit der Wahl des Nicht-Kommunisten Tadeusz Mazowiecki (*1927) zum Regierungschef Polens im August 1989 (er amtierte bis Anfang 1991).

Aus der Sicht der Völker, die überwiegend südlich des Äquators leben – angesichts der Zweiteilung des Nordens im Kalten Krieg gewöhnte man sich an, von einer „Dritten Welt“ zu reden –, nimmt der Verlauf der Geschichte freilich eine andere Gestalt an. Er wird beherrscht durch die *Auflösung der europäischen Kolonialreiche*, die schon während des Zweiten Weltkriegs mit der Vertreibung der Europäer aus Südostasien durch Japan begann und an deren Ende zwei symbolische Daten kurz vor der Jahrtausendwende stehen:

- die Abschaffung der weißen Minderheits-Herrschaft in der Republik Südafrika durch allgemeine, freie und faire Wahlen vom 26-29. April 1994;
- die Rückgabe der britischen Kronkolonie Hongkong an die Volksrepublik China, ohne Befragung und vermutlich gegen den Willen einer Mehrheit der einheimischen Bevölkerung, am 30. Juni 1997.

Die Entkolonisierung vollzog sich in einem Geflecht von Befreiungskriegen, gewaltfreier Mobilisierung der kolonisierten Völker, bilateralen diplomatischen Verhandlungen und internationalen Entscheidungsprozessen auf dem Forum der Vereinten Nationen. Die meisten neuen Staaten in Asien und Afrika samt den noch kämpfenden Befreiungsbewegungen, gefolgt von einer Reihe der seit dem 19. Jahrhundert unabhängigen lateinamerikanischen Staaten, verbanden sich mit dem europäischen Jugoslawien, das 1948 aus dem sowjetischen Machtbereich ausgeschert war, seit 1961 zur Gruppe der *Blockfreien*, exakt mit dem Ziel, ihre Distanz vom Kalten Krieg zwischen West- und Ostblock herauszustreichen, mochte auch die wirtschaftliche Abhängigkeit der meisten Ex-Kolonien vom Westen faktisch andauern. Denn die parallel laufende Bestrebung ihrer Regierungen, als Gruppe 77 (als solche im Bunde mit der Volksrepublik China) auf einer Serie von UNCTAD-Konferenzen[4] der Vereinten Nationen die Industrie-Giganten des Nord-Westens kraft zahlenmäßiger Mehrheit zu einer „Neuen Weltwirtschaftsordnung" zu nötigen, scheiterte schon um das Jahr 1980 an den Realitäten wirtschaftlicher Macht.

Zerfall der Anti-Hitler-Koalition

Deshalb sei es erlaubt, in diesem Kapitel noch einmal den geschichtlichen Pulsschlag jener Minderheit der Erdbevölkerung zu Grunde zu legen, die im wesentlichen nördlich des Äquators in Industriegesellschaften lebt und die – mit Ausnahme der Japaner – sich ihrer angeblich weißen Hautfarbe rühmt. Zunächst ist den Ursachen für den Zerfall der Anti-Hitler-Koalition nachzuforschen.

Die Vereinigten Staaten von Amerika und das Russische Reich sind die einzigen Großmächte (im Rahmen des um Japan und die USA erweiterten Europäischen Mächtekonzerts des 19. Jahrhunderts), die nie gegeneinander Krieg geführt haben.

Die Ursache des dauerhaften amerikanisch-russischen Friedenszustands ist natürlich darin zu suchen, daß vor 1945 die Interessen beider Mächte nie ernsthaft kolli-

Kriege der Großmächte gegeneinander (es sind nur die Jahreszahlen des jeweils letzten Krieges angegeben)							
	USA	Groß-britann.	Frank-reich	Deutsches Reich	Österreich-Ungarn	Russisches Reich	Japan
USA		1812	1756-63	1941-45	1917-18		1941-45
Groß-britann.	1812		1805-15	1939-45	1914-18	1853-56	1941-45
Frankr.	1756-63	1805-15		1944-45	1914-18	1853-56	1945
Dtsch. Reich	1941-45	1939-45	1944-45		1866	1941-45	1914-18
Österr.-Ungarn	1917-18	1914-18	1914-18	1866		1914-18	1914-18
Russ. Reich	1853-56	1853-56		1941-45	1914-18		1945
Japan	1941-45	1941-45	1945	1914-18	1914-18	1945	

dierten; der Zar verkaufte Alaska, das seit 1741 von Russen erkundet worden war, 1867 an die USA zu einem Zeitpunkt, als es weder strategisch noch wirtschaftlich wertvoll schien. Um 1900 gehörte zwar zu den Mächten, die in China statt der von den USA geforderten *Offenen Tür* lieber exklusive Einflußsphären abgegrenzt hätten, auch das Russische Reich, das sich mit Japan um die Mandschurei stritt; diese Rivalitäten wurden jedoch damals zwischen den imperialistischen Mächten gewaltfrei geregelt, auch ohne die Existenz eines Weltsicherheitsrates – abgesehen vom russisch-japanischen Krieg 1904-05, in dem Rußland den kürzeren zog, und natürlich von den diversen Kriegshandlungen der Briten (Opiumkrieg 1840-42, dann wieder 1857-60 zusammen mit Frankreich), der Japaner (1894-95) und der vom deutschen „Weltmarschall" Graf Waldersee formal befehligten kollektiven Intervention gegen China (1900).

1945 lagen alle europäischen Mächte, lag auch Japan am Boden. Amerikanische und sowjetische Soldaten begegneten sich bei Torgau an der Elbe und am 38. Breitengrad in Korea,[5] und das waren nur Symbole dafür, daß diese beiden Mächte nun unmittelbar miteinander zurechtkommen mußten. Der gemeinsame Sieg in Europa und Stalins Griff nach japanischer Beute im letzten Moment des pazifischen Krieges konnten nicht kaschieren, daß die Diplomaten und Politiker der beiden Mächte versäumt hatten, den Frieden so gut zu planen wie die Kriegsanstrengung.

Stalins vorsichtige Expansionspolitik

In Jalta hatte Stalin eigentlich nur Churchill gegenüber gesessen, der keine intakte Großmacht mehr repräsentierte; Roosevelt war sterbenskrank. Man tat wohl klug daran, es in dieser Situation bei Formelkompromissen zu belassen. In Potsdam – 17. Juli bis 2. August 1945 – trat Harry S. Truman (1884-1972) für die USA an, soeben durch Roosevelts Tod am 12. April 1945 vom Vizepräsidenten zum Präsidenten erhoben. Er war allerdings neu in der Weltpolitik, und neu war auch Clement Attlee (1883-1967), der nach dem Sieg seiner *Labour*-Partei bei den britischen Parlamentswahlen mitten während der Konferenz Churchill ablöste. Stalin war besonnen genug, jetzt nur reife Ernte einzufahren: die sowjetische politische Vorherrschaft überall dort, wo sowjetische Truppen standen, und die Westverschiebung Polens bis zur Oder und zur westlichen Neiße als anscheinend dauerhafte Garantie gegen die Gefahr einer antirussischen polnisch-deutschen Allianz.

Das Paradox von 1945: Die Sowjetunion stand zwar 1945 als eine potentielle Supermacht da, jedoch ebenso wenig wie Großbritannien als eine intakte Großmacht. Ihren Sieg über das Deutsche Reich hatten beide kraft des Durchhaltewillens der eigenen Soldaten errungen, aber der hätte nicht ausgereicht ohne die Materiallieferungen Amerikas. Die Hälfte des europäischen Rußland samt der Ukraine, Weißrußland und dem Baltikum war durch Vormarsch und Rückzug der deutschen Armeen unvergleichlich viel schlimmer verwüstet als England durch die Angriffe der deutschen Luftwaffe 1940 und der „Vergeltungswaffen" V 1 (Marschflugkörper) und V 2 (ballistische Raketen) in der Spätphase des Krieges. Die Sowjetunion beklagte im Zweiten Weltkrieg ungefähr 27 Millionen Tote, Zivilisten und Soldaten (einschließlich der in deutscher Gefangenschaft Umgekommenen), die USA beziffern ihre Kriegstoten – ausschließlich Soldaten – mit 292.131 im Kampf Gefallenen und 115.187 unter anderen Umständen Verstorbenen.[6] Am 16. Juli 1945 testeten die USA ihre erste Atombombe, am 6. und 9. August demonstrierten sie diese neue Waffe über Hiroshima und Nagasaki. Niemand konnte bezweifeln – ganz besonders nicht Stalin –, daß die Vereinigten Staaten von Amerika als einzige echte Siegermacht dastanden.

Entsprechend vorsichtig und entsprechend mißtrauisch agierte und reagierte die sowjetische Politik. Sie nahm als selbstverständlich die Westgrenze in Anspruch, die Hitler ihr 1939 zugestanden hatte: Litauen, Lettland, Estland, Bessarabien (=Moldawien) wurden als Sowjetrepubliken der Union einverleibt, dem kommunistischen Einpartei-Regime unterworfen. Die weiter westlich von der Sowjetarmee besetzten Länder erhielten eine etwas abweichende innere Ordnung: Unter dem Stichwort *Volksdemokratie* blieben mehrere politische Parteien bestehen, die Herrschaft der jeweiligen kommunistischen Partei wurde trotzdem garantiert durch Sicherung von Schlüssel-Ministerien, durch die Deformierung von Wahlen zur erzwungenen Akklamation einer Einheitsliste – und durch Terror der Staatspolizei. Dieses Regime griff 1948 auch auf die Tschechoslowakei über, obwohl dort kein sowjetisches Militär mehr stand, nicht jedoch auf die Sowjetische Besatzungszone Österreichs; dort hielt eine mehrheitlich nicht-kommunistische einheimische Regierung, die der gemeinsamen Kontrolle aller vier Besatzungsmächte unterstand (einschließlich Frankreich), die Kommunistische Partei von den Schaltstellen der Macht fern. Jugoslawien tanzte von Anfang an aus der Reihe. Dort verzichtete Josip Broz Tito (1892-1980), dessen Partisanen aus eigener Kraft, ohne nennenswerte sowjetische Hilfe, das Land erobert hatten, auf „volksdemokratische" Kosmetik und etablierte eine klare Einpartei-Herrschaft seines *Bundes der Kommunisten.*

Strategisches Ziel der ganzen Operation war für die Sowjetunion die Erneuerung des *Cordon Sanitaire* von 1918, aber mit umgestülpter Funktion: statt Europa vom Bolschewismus abzuschirmen, sollte er jetzt das Glacis der Sowjetunion gegenüber dem Westen bilden. Dies hat der Ostblock in seiner militärischen Gestalt als *Warschauer Pakt*[7] und in seiner ökonomischen als *Rat für gegenseitige Wirtschaftshilfe* (RgW)[8] bis 1989 geleistet. Die Frage ist nur: *War es eine im wesentlichen defensive Leistung, oder war die ganze Konstruktion als Sprungbrett für weitergehende Expansion der Sowjetunion bzw. der kommunistischen Weltbewegung gedacht?*

Amerikas Antwort: Eindämmung

Die Truman-Administration in Washington rang sich im Laufe zweier Jahre zu der Einschätzung durch, letzteres sei der Fall. Das war nicht allein eine Folge des Wechsels im *Oval Office* und an der Spitze des *State Department,*[9] blieb doch der Apparat personell weitgehend mit der Roosevelt-Administration identisch. Auslöser war vor allem das Vorgehen der Sowjetunion in Polen, wo Kommunisten an die Macht geschoben wurden, die offensichtlich keine Basis im Volk hatten und zudem nach der blutigen „Säuberung" der polnischen Exilpartei eindeutig als Kreaturen Stalins kenntlich waren. Klassischen Ausdruck fand die Kehrtwende in dem „Langen Telegramm",[10] das der amerikanische Botschaftsrat George F. Kennan (*1904) am 22. Februar 1946 aus Moskau nach Washington schickte und dessen These er 1947 anonym in einem Zeitschriften-Aufsatz veröffentlichte :[11]

> *„Es ist klar, was das Hauptelement jeder Politik der USA gegenüber der Sowjetunion sein muß – langfristige, geduldige aber feste und wachsame Eindämmung*

(containment) *russischer Ausdehnungstendenzen... Es ist eine notwendige Bedingung für erfolgreichen Umgang mit Rußland, daß die betreffende ausländische Regierung jederzeit kühl und zurückhaltend bleibt, und daß ihre Forderungen an russische Politik in einer Weise vorgebracht werden, die den Weg offen läßt für ein Einlenken, das dem russischen Prestige nicht zu stark schadet.“*

Danach handelte Präsident Truman in der Folgezeit. Er respektierte die Demarkationslinien, welche die Sowjetarmee 1945 in Europa erreicht hatte – einschließlich des maßgeblichen sowjetischen Einflusses in Prag, wich aber ansonsten keinen Fußbreit hinter sie zurück, was 1948 vor allem in Berlin deutlich wurde. Der erste Test bezog sich schon vorher auf den Balkan. Während des ganzen Zweiten Weltkriegs hatte Stalin seine wechselnden Bündnispartner wissen lassen (Hitler beim Besuch Molotows im November 1940), daß er nach sowjetischer Präsenz am Bosporus und an den Dardanellen strebte – voll auf der Linie einstiger zaristischer Außenpolitik! Leider nur blieb die Türkei neutral und erklärte sogar im Februar 1945 noch dem Deutschen Reich den Krieg. Die Türkei kommt folglich auch auf dem berüchtigten Zettel nicht vor, den Churchill am 9. Oktober 1944 bei einem Besuch in Moskau über den Konferenztisch hinweg Stalin zuschob; darüber berichtet der britische Premier in seinen Memoiren:[12]

„Da mir der Moment günstig schien, um die Dinge entschlossen anzupacken, sagte ich: ‚Lassen Sie uns unsere Angelegenheiten im Balkan regeln. Ihre Armeen sind in Rumänien und Bulgarien. Wir haben dort Interessen, Missionen und Agenten. Lassen Sie uns dort nicht in kleinlicher Weise gegeneinander arbeiten. Um nur von Großbritannien und Rußland zu sprechen, was würden Sie dazu sagen, wenn Sie in Rumänien zu neunzig Prozent das Übergewicht hätten und wir zu neunzig Prozent in Griechenland, während wir uns in Jugoslawien auf halb und halb einigen?‘ Während das übersetzt wurde, schrieb ich auf ein halbes Blatt Papier:
Rumänien: Rußland 90%, die anderen 10%; Griechenland: Großbritannien 90 % (im Einvernehmen mit den USA), Rusßland 10 %; Jugoslawien 50-50%; Ungarn 50-50%; Bulgarien: Rußland 75%, die anderen 25%.
Ich schob den Zettel Stalin zu... Eine kleine Pause trat ein. Dann ergriff er seinen Blaustift, machte einen großen Haken und schob uns das Blatt wieder zu.“

Was auch immer ein „großer Haken“ Stalins nach Völker-Gewohnheitsrecht bedeuten mag – noch vor Kriegsende versuchte die Sowjetunion im Schulterschluß mit Tito,[13] die ihr zugestandenen griechischen 10 Prozent aufzubessern: am 1. Dezember 1944 traten die Kommunisten (sie nannten sich *Griechische Befreiungsfront* -EAM) nach einem Vierteljahr Koalition mit anderen Parteien aus der Regierung aus, ihre Streitmacht, die den Partisanenkampf gegen die deutsche Besatzung getragen hatte, begann nun den Bürgerkrieg und bekämpfte auch die neuen britischen Besatzungstruppen. Auf die Dauer erwies sich Großbritannien als zu schwach, um die Stellung in Griechenland zu halten. Die USA sprangen in die Bresche. Am 12. März 1947 richtete Präsident Truman eine Botschaft an den Kongreß,[14] in der er Griechenland „unseren Beistand" versprach, und zwar „in erster Linie [*also nicht ausschließlich...*, F.A.] in Form von wirtschaftlicher und finanzieller Hilfe...", wobei er die Türkei gleich mit einschloß – ob in Anbetracht der sowjetischen Wünsche bezüglich der Meerengen, die Stalin in Potsdam nochmals angesprochen hatte, oder in weiser Einkalkulierung der auf 1821 zurückreichenden griechisch-türkischen Rivalität, blieb offen. Für den kurzen Zeitraum bis zur Jahresmitte 1948 forderte der Präsident $ 400 Millionen für Griechenland und die Türkei an. Zum Markstein im Kalten Krieg wurde diese Botschaft, weil Truman sie mit einer allgemein formulierten *Doktrin* verband:

> *„Eines der vornehmsten Ziele der Außenpolitik der Vereinigten Staaten ist die Schaffung von Verhältnissen, unter denen wir und andere Nationen in der Lage sind, ein Leben frei von Zwang zu führen. Dies war der Grundgedanke im Krieg mit Deutschland und Japan... Wir werden jedoch unsere Ziele erst verwirklichen, wenn wir willens sind, freien Völkern bei der Erhaltung ihrer freien Institutionen und ihrer nationalen Integrität gegen Bewegungen zu helfen, die ihnen ein totalitäres Regime aufzwingen wollen. Dies ist nur die Anerkennung der Tatsache, daß totale Regierungsformen, die freien Völkern durch direkte oder indirekte Aggression auferlegt werden, die Grundlagen des internationalen Friedens und damit die Sicherheit der Vereinigten Staaten untergraben."*

Damit war die westliche Ideologie des Kalten Krieges skizziert: Antagonismus einer Freien Welt gegen Totalitarismus. Unter dem letztgenannten Begriff waren im Prinzip der Kommunismus sowjetischer Prägung und der deutsche Nationalsozialismus (am Rande auch der Faschismus italienischer Prägung und der japanische Militarismus) angesiedelt, dank des Sieges im Zweiten Weltkrieg blieb aber real nur der Kommunismus übrig; die „Freiheit" der eigenen Welt wurde noch verschwommener definiert, im zitierten Text nur im Zirkelschluß auf „freie Institutionen" – und im Rückgriff auf eine „nationale Integrität", die damals noch als weltweiter Konsens galt – man denke nur an die Konstruktion der Charta der Vereinten Nationen als Vertrag zwischen souveränen Staaten. Truman war sich bewußt und sprach in seiner Botschaft offen aus, daß die von ihm gestützte griechische Regierung „nicht vollkommen" sei; sie herrschte autoritär über die Gebiete – das waren vor allem die Städte –, die nicht von den Kommunisten beherrscht wurden. Auch später haben in Portugal, in Lateinamerika, in Asien und nicht zuletzt gerade in der Türkei und in Griechenland konservativ-autoritäre Regime einen (manchmal mürrisch) anerkannten Platz in den Bündnissen der sogenannten Freien Welt gefunden.

Die sowjetische Doktrin der zwei feindlichen Lager

Die Sowjetunion konterte ideologisch Trumans Doktrin mit einer Neuauflage der Imperialismus-Theorie, wie Lenin sie noch vor dem Erfolg seines Staatsstreichs in Rußland konzipiert hatte. Für das sowjetische Selbstbewußtsein war dabei von Vorteil, daß der Sieg der eigenen Sache von vornherein feststand, und zwar in absehbarer Zukunft, galt doch der Imperialismus als letztes Stadium des Kapitalismus. Besonders Andrej A. Schdanow (1896-948)[15] präzisierte das Argument. Ende September 1947 hielt er das Hauptreferat *Über die Internationale Lage* auf einer in Polen veranstalteten Konferenz der kommunistischen Parteien Ost- und Westeuropas (einschließlich Jugoslawien, aber ohne Beteiligung der deutschen SED). Die folgenden Sätze bilden den Kern von Schdanows Referat:[16]

> *„Von allen kapitalistischen Mächten ist eine einzige kapitalistische Macht – die USA – aus dem Krieg nicht geschwächt, sondern sowohl in wirtschaftlicher als auch in militärischer Hinsicht bedeutend gestärkt hervorgegangen... Während vor dem zweiten Weltkrieg die einflußreichsten reaktionären Kreise des amerikanischen Imperialismus sich für die Politik des Isolationismus einsetzten..., gingen die Herren der Wallstreet unter den neuen Nachkriegsbedingungen zu einer neuen Politik über. Sie stellten ein Programm zur Ausnutzung der gesamten militärischen und wirtschaftlichen Macht Amerikas auf, um die während des Krieges erkämpften Positionen im Auslande nicht nur zu halten und zu festigen, sondern sie auch noch maximal zu erweitern... Dieser neue, unverhüllt expansionistische Kurs der USA steckte sich das Ziel, die Weltherrschaft des amerikanischen Imperialismus zu errichten...*
>
> *Je größer die Periode ist, die uns vom Kriegsende trennt, desto krasser treten zwei Hauptrichtungen in der internationalen Nachkriegspolitik hervor, die der Teilung der in der Weltarena aktiven politischen Kräfte in zwei Hauptrichtungen entspricht: das imperialistische und antidemokratische Lager einerseits und das antiimperialistische und demokratische Lager andererseits. Die führende Hauptkraft des imperialistischen Lagers stellen die USA dar...*
>
> *Die antiimperialistischen und antifaschistischen Kräfte stellen das andere Lager dar. Die Grundlage dieses Lagers bilden die UdSSR und die Länder der neuen Demokratie... Zum antiimperialistischen Lager gehören Indonesien und Vietnam,*

mit ihm sympathisieren Indien, Ägypten und Syrien. Das antiimperialistische Lager stützt sich auf die Arbeiterbewegung und auf die demokratische Bewegung in allen Ländern, auf die Kämpfer der nationalen Befreiungsbewegung in den Kolonial- und in den abhängigen Ländern sowie auf die Hilfe aller fortschrittlichen demokratischen Kräfte, die in jedem Lande vorhanden sind."

Was Schdanow unter Demokratie verstand („neue Demokratie" bzw. Volksdemokratie innerhalb des Ostblocks, „fortschrittliche demokratische Kräfte" außerhalb), machte er gegen Ende seines Referats deutlich:

„Da ein großer Teil der Führung der sozialistischen Parteien (vor allem die englischen Labouristen und die französischen Sozialisten) als Agentur der imperialistischen Kreise der USA auftritt, fällt den Kommunisten die besondere historische Rolle zu, sich an die Spitze des Widerstandes gegen den amerikanischen Plan zur Versklavung Europas zu stellen... Bei der Einbeziehung aller antifaschistischen freiheitliebenden Elemente in den Kampf gegen die neuen amerikanischen Expansionspläne zur Versklavung Europas müssen die Kommunisten die führende Kraft sein."

Mit dem Versklavungsplan war der *Marshall-Plan* gemeint (siehe unten). Stalin selbst bekräftigte die Linie Schdanows auf seinem letzten, dem 19. Parteitag der KPdSU (5. bis 14. Oktober 1952) mit den Schlußworten seiner Diskussionsrede:[17]

„Früher galt die Bourgeoisie als das Haupt der Nation; sie trat für die Rechte und die Unabhängigkeit der Nation ein und stellte sie ‚über alles'. Jetzt ist vom ‚nationalen Prinzip' auch nicht eine Spur geblieben. Jetzt verkauft die Bourgeoisie die Rechte und die Unabhängigkeit der Nation für Dollars. Das Banner der nationalen Unabhängigkeit und der nationalen Souveränität ist über Bord geworfen; ohne Zweifel werden Sie, die Vertreter der kommunistischen und demokratischen Parteien, dieses Banner erheben und vorantragen müssen, wenn Sie Patrioten ihres Landes sein, wenn Sie die führende Kraft der Nation werden wollen. Es gibt sonst niemand, der es erheben könnte."

Die sowjetische Ideologie des Kalten Krieges deckte sich also mit der amerikanischen an einem Punkt – dem Appell an die nationalstaatliche Souveränität; beide Vorreiter der feindlichen Lager suchten sie gegen das jeweils andere zu mobilisieren. Da die USA während der ganzen Dauer des Kalten Krieges mit nationalen Eigenbröteleien im Westen toleranter umgingen als die Sowjetführungen im Osten, fuhren sie schließlich 1989-91 die Ernte ein; *man halte nur die Entwicklung der sowjetisch-polnischen oder der sowjetisch-tschechischen Beziehungen neben die der amerikanisch-französischen!*

Die zitierten Texte verraten aber auch, daß die amerikanischen Befürchtungen, Moskau trachte von neuem nach einer kommunistischen Weltrevolution, theoretisch durchaus begründet waren. Stalin war nicht gewillt, auf die Tradition der Komintern völlig zu verzichten. Er rechnete damit, daß die strikt auf seine Führung eingeschworenen kommunistischen Parteien in kapitalistischen Industrienationen an die Macht gelangen könnten – wenn schon nicht in den USA selbst oder in Großbritannien, so doch in Frankreich und Italien, wo sie ähnlich wie in Griechenland zu einem erheblichen Teil den bewaffneten Widerstand gegen die deutsche Besatzung getragen hatten und den Nachkriegsregierungen angehörten... und in dem zu einem Drittel bereits „volksdemokratischen" Deutschland.

Die Teilung Deutschlands

Gerade die frühe Geschichte der Teilung Deutschlands gibt jedoch Anlass zu der Vermutung, daß Stalin bis zu seinem Tode am 5. März 1953 in Europa mit mehreren Bällen jonglierte wie einst Bismarck nach 1871 –, nämlich alternativ zur Ausweitung des sowjetischen Machtbereichs auch die Weiterführung der Anti-Hitler-Koalition, also ein Arrangement mit den USA, im Auge behielt. Sein offenkundiges Interesse dabei lag in sowjetischem Zugriff auf deutsche Reparationen auch aus den Industriegebieten der Westzonen. Der *Allierte Kontrollrat* der vier Besatzungsmächte, der laut Potsdamer Abschluss-Kommuniqué „die höchste Regierungsgewalt in Deutschland ... in den Deutschland als Ganzes betreffenden Fragen"[18] auszuüben hatte, funktionierte einigermaßen bis Mitte 1948, als die USA (gefolgt von Großbritannien und Frankreich) einseitig die auf Stabilisierung der kapitalistischen Produktionsweise orientierte *Währungsreform* in den Westzonen vollzogen, um diese zur Teilnahme am Marshall-Plan zu befähigen. Das wichtigste Indiz dafür, daß Moskau auch danach trotz Berliner Blockade[19] und Errichtung der beiden deutschen Staaten Bundesrepublik Deutschland am 23. Mai und Deutsche Demokratische Republik (DDR) am 7. Oktober 1949 den Ball der Kooperations-Alternative nicht fallen ließ, ist die Stalin-Note vom 10. März 1952 an die Westmächte, die ein bis zur Oder-Neiße-Linie wiedervereinigtes Deutschland, besatzungsfrei und bewaffnet, jedoch zwischen den Blöcken neutralisiert vorschlug – also ziemlich genau das, was für Österreich drei Jahre später verwirklicht wurde. Erst die Wiederaufrüstung der Bundesrepublik Deutschland im Rahmen der westlichen Militärallianz[20] veranlaßte dann Stalins Erben N.S. Chruschtschow (1894-1971), der 1957-64 die Richtlinien der sowjetischen Politik bestimmte, zu einer Einbahn-Strategie, die Deutsche Demokratische Republik – koste es (fast), was es wolle – zu stabilisieren. Als die Westmächte sich 1958 nicht aus Berlin verdrängen ließen (was Chruschtschow zunächst versuchte), fand diese Politik ihre feste Gestalt im Beton der am 13. August 1961 errichteten Berliner Mauer.

Die USA blockierten den Führungsanspruch kommunistischer Parteien in Westeuropa einschließlich Westdeutschland durch eben den Marshall-Plan,[21] den Schdanow als Versklavung attackierte. Er entzog der unmittelbar nach Kriegsende weit über die Arbeiterklasse hinaus verbreiteten „antikapitalistischen Sehnsucht" der Europäer den Boden. Als 1947 die Kommunisten in Paris[22] und Rom[23] aus den Regierungskoalitionen geworfen wurden, probten sie zwar den Aufstand in Gestalt politischer Streiks, aber ohne Erfolg. In der Bundesrepublik Deutschland schmolz der Stimmenanteil der KPD bei Bundestagswahlen von 5,7 Prozent 1949 auf 2,2 Prozent 1953 zusammen – im November 1932 hatte die KPD im Deutschen Reich 16,9 Prozent erreicht. Damit war westlich der Trennungslinie zwischen den beiden Blöcken, für die Winston Churchill den Begriff „Eiserner Vorhang" prägte, die Konsolidierung als amerikanischer Einflußbereich gesichert. Auf der Gegenseite verlor die Sowjetunion 1948 durch Titos Aufbegehren gegen die Bevormundung aus Moskau den hegemonialen Zugriff auf Jugoslawien[24] (und 1961 auf das geographisch isolierte Albanien); beide Balkanstaaten blieben jedoch kommunistische Diktaturen. Die USA tolerierten sowohl Titos Außenpolitik der Blockfreiheit als auch Albaniens Anlehnung an die Volksrepublik China. Ein *Roll-back*, also Zurückdrängung der Sowjetunion unter aktivem amerikanischen Einsatz, wie es insbesondere John F. Dulles (1888-1959) für die oppositionellen Republikaner im Präsidentschaftswahlkampf 1952 forderte, um sich von der angeblich defensiven *Containment*-Strategie des Demokraten Truman abzuheben, fand nicht statt – ebensowenig wie später 1956 im Augenblick der antisowjetischen Revolution in Ungarn, als der Republikaner Dwight D. Eisenhower (1890-1969) Präsident (1953-61) und John F. Dulles sein Außenminister war.

Der ursprünglichen Ambivalenz der sowjetischen Deutschland- und Europapolitik entsprach zu Lebzeiten Stalins eine gewisse Zurückhaltung in der Wiederaufnahme der einstigen Strategie der Komintern, die imperialistischen Mächte in ihren kolonialen Hinterhöfen anzugreifen. Bereits 1920 hatten Lenin und der indische Kommunist M. N. Roy über die korrekte Linie dieser Politik gestritten,[25] und obwohl Schdanow sie 1947 – wie oben zitiert – offen ansprach, überwog doch bei Stalin das Mißtrauen gegen antikoloniale Befreiungsbewegungen etwa in Britisch-Indien oder in arabischen Ländern, die er nicht kontrollierte, weil ihre Führer keine Kommunisten waren. Selbst die größten Erfolge eigenständiger kommunistischer Parteien an dieser Front verbuchte Stalin fast widerwillig: im chinesischen Bürgerkrieg, der mit unterschiedlicher Intensität seit 1927 schwelte, siegten 1949 die Kommunisten unter Mao Zedong (1893-1976). In Vietnam hatten sie schon zuvor – während des Zweiten Weltkriegs, als Französisch-

Indochina von Japan besetzt war – unter Ho Chi Minh (1890-1969) die Führung der Befreiungsbewegung an sich gezogen und im August 1945 die Staatsgewalt übernommen. Amerikanisches *containment* schlug in China erst auf der Insel Taiwan an, in Vietnam versagte es völlig, und die USA mußten 1975 zum ersten Mal in ihrer Geschichte einen Krieg verloren geben.[26] Unter dem Aspekt einer kommunistischen Weltrevolution bedeuteten China und Vietnam grandiose Fortschritte. Unter dem Aspekt einer politisch-wirtschaftlichen Machterweiterung der Sowjetunion stellten sie sich später als Danaer-Geschenke heraus. China ließ sich nicht in Moskauer Disziplin einbinden, 1961 kam es zum offenen Bruch; Jahre eines durch gegenseitige ideologische Verketzerungen untermalten Konflikts zwischen den beiden kommunistischen Großmächten folgten.[27] Das unterentwickelte, dazu über Jahrzehnte durch den Befreiungskrieg verwüstete Vietnam war für das sozialistische Lager ökonomisch eher eine Last als eine Stütze, ähnlich wie später Cuba, Nicaragua, Angola, Mozambique, Äthiopien... Ihnen allen außer Cuba verweigerte die Sowjetunion die Vollmitgliedschaft im RgW.

Wer hat den Kalten Krieg angezettelt?

Kehren wir noch einmal zu den Anfängen des Kalten Krieges zurück und greifen wir die Frage auf, wer ihn angezettelt hat. Diese Debatte unter – vor allem amerikanischen – Historikern begann, als Ende der 1960er Jahre einige „Revisionisten"[28] sich zu Wort meldeten, die das bis dahin im Westen unangefochtene „traditionelle" Bild in Frage stellten. Nach ihrer Auffassung hatte nicht sowjetischer Expansionsdrang – vor allem in Europa – die USA zum *containment* gezwungen, sondern der Herrschaftsanspruch der USA über eine kapitalistisch reorganisierte Weltwirtschaft die Sowjetunion zur Selbsterhaltung durch Abgrenzung. In der Tat bedeuteten die Resultate der Konferenz von Bretton Woods (Juli 1944), daß die nationale Währung der USA zur alleinigen internationalen Leitwährung der Nachkriegszeit erhoben und alle anderen Währungen durch feste Wechselkurse an den US-Dollar gebunden wurden.[29] Von einer Verpflichtung auf Einstimmigkeit der Großmächte wie im Weltsicherheitsrat oder im Alliierten Kontrollrat für Deutschland war hier keine Rede. Den Vereinten Nationen trat die Sowjetunion bei. Dem System von Bretton Woods, das im Internationalen Währungsfonds (IWF) und in der *Internationalen Bank für Wiederaufbau und Entwicklung* (Weltbank) organisiert wurde, konnte die Sowjetunion nicht beitreten, wenn sie eine sozialistische Wirtschaft beibehalten wollte, ebensowenig wie dem Marshall-Plan.

Schdanows Doktrin, die Umwandlung der Staaten Osteuropas in Satelliten der Sowjetunion und die Errichtung der DDR unter Abschaffung freier Wahlen, die Bürgerkriege in China oder Griechenland werden durch diese Feststellungen nicht aus der Welt geschafft.

Ähnlich wie beim „Ausbruch" des Ersten Weltkriegs 1914, verteilt sich die Verantwortung für den Kalten Krieg auf beide Seiten.

In der Folgezeit kam es für die beiden Haupt-Kontrahenten darauf an, den Kalten Krieg zu beenden und dabei möglichst – natürlich – als Sieger hervorzugehen, oder wenigstens als Gewinner relativer Vorteile. Chruschtschow modifizierte die Stalinsche Doppelstrategie an beiden Fronten. Bei der indirekten Konfrontation in den Ländern, die man jetzt in Europa als Dritte Welt zwischen der Ersten Welt des Westens und der Zweiten des Ostens zu bezeichnen begann, wies der Sieg Fidel Castros auf Cuba 1959 die Richtung: Eine ursprünglich vorwiegend national motivierte Revolution gegen amerikanische wirtschaftlich-soziale Bevormundung wurde durch kompromißlose Feindschaft der USA in das sozialistische Lager abgedrängt. In der Cuba-Krise des Jahres 1962, vielleicht dem *High Noon* des Kalten Krieges, als amerikanische und sowjetische Streitkräfte sich Aug' in Aug' gegenüberstanden (und zwar nicht an einer auf den Zentimeter genau markierten, beiderseits anerkannten Landgrenze wie in der Berliner Friedrichstraße ein Jahr zuvor beim Mauerbau, sondern auf Hoher See), mußte die Sowjetunion zwar ihre Atomraketen wieder abziehen, handelte jedoch dafür die Tolerierung eines sozialistischen Regimes auf der westlichen Halbkugel, unmittelbar vor den Küsten der USA aus.[30] Chruschtschow hatte schon vorher, bald nach Stalins Tod 1953, freundschaftliche Beziehungen zu Indien und anderen blockfreien Ex-Kolonien angeknüpft, das alte Mißtrauen gegen deren „bourgeoise" Führungseliten also hintangestellt. Er dehnte diese Strategie auf das sich rasch entkolonisierende Afrika aus, in Wettbewerb mit der Volksrepublik China; schon 1960 brachte die erste Kongo-Krise jedoch einen herben Rückschlag. Die Sowjetunion erwies sich militärtechnisch als unfähig, ihren Klienten am Kongo – Patrice Lumumba[31] – wirksam zu stützen, und in der Generalversammlung der Vereinten Nationen gingen folglich die Regierungen der Dritten Welt Ende desselben Jahres bei der Festschreibung einer internationalen Pflicht zur Entkolonisierung auf Distanz zu den sowjetischen Vorstellungen.[32]

Bei der direkten Konfrontation mit den USA und den inzwischen wieder stabilisierten Industriemächten Westeuropas war Chruschtschow auf die naheliegende Idee gekommen, den theoretisch (für Marxisten-Leninisten) unwiderruflich feststehenden Vorrang der sozialistischen Produktionsweise nun in die Praxis umzusetzen: Er kündigte an, den Kapitalismus wirtschaftlich zu überholen und schließlich zu begraben. Das unter seiner Ägide am 31. Oktober 1961 vom 22. Kongreß der KPdSU beschlossene Parteiprogramm verkündete stolz:[33]

> *„Während das Kapitalistische Weltsystem durch das Gesetz der ungleichmäßigen wirtschaftlichen und politischen Entwicklung beherrscht wird, das zu Konflikten*

> *zwischen Ländern führt, wird das Sozialistische Weltsystem durch umgekehrte Gesetze beherrscht, die beständiges und ausgeglichenes Wachstum der Wirtschaft aller Länder sichern, welche zu diesem System gehören. Wachstum der Produktion in einem Land, das zur kapitalistischen Welt gehört, vertieft die Widersprüche zwischen Ländern und verstärkt Rivalitäten im Wettbewerb. Auf der anderen Seite fördert die Entwicklung jedes sozialistischen Landes den allgemeinen Fortschritt und die Konsolidierung des Sozialistischen Weltsystems als Ganzes. Die Wirtschaft des Weltkapitalismus entwickelt sich langsam, sie geht durch Krisen und Erschütterungen. Typisch für die Wirtschaft des Weltsozialismus sind dagegen hohe und stabile Wachstumsraten sowie der gemeinsame ununterbrochene wirtschaftliche Fortschritt aller sozialistischen Länder.“*

Auf Teilbereichen der Volkswirtschaft war der Überholvorgang Wirklichkeit. Stalin hatte noch dafür gesorgt, daß die Sowjetunion 1949 das amerikanische Atomwaffen-Monopol brach; Chruschtschow schickte als mindestens ebenso spektakuläre Leistung der sowjetischen Technik am 4. Oktober1957 den *Sputnik*[34] ins Weltall, womit das nukleare Patt mindestens angekündigt war: die Fähigkeit der beiden Supermächte (wie man jetzt sagen durfte), sich gegenseitig zu vernichten. *Mutual Assured Destruction* lautete dafür die (vor allem in ihrer Abkürzung MAD überzeugende) amerikanische Formel.

Abschlußbilanz

Aber war das ein Sieg oder auch nur ein Gewinn? Der Alltag, der Lebensstandard der Menschen in der Sowjetunion hinkte dem amerikanischen oder westeuropäischen ständig hinterher – wenn er im Rückblick heute den Russen auch beneidenswert erscheinen mag. Politisch ließ sich unter dem nuklearen Patt nichts verschieben – nicht einmal die Berliner Sektorengrenze. Die Sowjetunion mußte auf die Leninsche Formel von der „friedlichen Koexistenz“ ausweichen und begann nach dem Sturz Chruschtschows in der langen Phase innerer Unbeweglichkeit, für die der Name Breschnew[35] steht, sich an eine Konkretisierung derselben unter Überschriften wie „Entspannung“ oder später „Sicherheit und Zusammenarbeit in Europa“ heranzutasten. Bei den Verhandlungen über die Schlußakte der KSZE 1975 setzte die Sowjetunion durch, daß die Westmächte alle nach 1945 gezogenen Staatsgrenzen anerkannten, und bezahlte dafür mit (wie man in Moskau fälschlich glaubte) rein verbalen Konzessionen an die Allgemeingültigkeit von Menschenrechten.

Die USA ihrerseits hatten eine Serie von diplomatischen Schlappen bei dem Versuch erlitten, das im großen und ganzen zufriedenstellende Modell eines *containment* durch

Formierung der NATO aus Europa in andere Erdteile zu übertragen. Die für einen Südost-Asien-Pakt (SEATO[36]) und einen Pakt im Mittleren Osten (CENTO[37]) angeworbenen Bundesgenossen nahmen zwar gern amerikanische Militär- und Wirtschaftshilfe in Empfang, erwiesen sich aber als unsichere Kantonisten. Wichtige Regionalmächte wie Ägypten und Indien zeigten den USA völlig die kalte Schulter. Alle zusammen schafften sie es nicht (und die Wirtschaftshilfen waren dafür auch unzureichend), die westeuropäischen Leistungen des wirtschaftlichen Wiederaufbaus nach 1945 und damit der sozialen Stabilisierung zu wiederholen. Die militärische Niederlage der USA in Vietnam gab dieser Strategie den Rest, als verläßliche Alliierte der USA blieben im Orient nur Israel, in Asien nur Japan übrig.

Durch alle diese Wechselfälle des Kalten Krieges hindurch blieb allerdings die Kraft der amerikanischen Industriewirtschaft eindeutig der sowjetischen überlegen. In diesem sicheren Bewußtsein konnte Präsident Reagan 1981 seine Politik starten, das nukleare Patt aufzubrechen, nämlich Nordamerika durch die Stationierung von Anti-Raketen-Waffen im Weltraum für jedermann wieder (fast) so unangreifbar zu machen, wie dieser Kontinent es im Ersten und im Zweiten Weltkrieg gewesen war. Ob die Strategische Verteidigungs-Initiative (SDI) ihr Ziel technisch erreicht hätte, kann offen bleiben. Denn politisch entscheidend wurde, daß die USA bei diesem neuen Wettlauf die Sowjetunion effektiv totrüsteten.

Es half alles nichts: 1973 brach Präsident Anwar al-Sadat (1918-1981)[38] von Ägypten aus der Rüstungs-Partnerschaft mit der Sowjetunion aus und ordnete sich stattdessen in die amerikanische Nahost-Strategie ein. Die gewaltige Kriegsflotte, welche die Sowjetunion bis Mitte der 1980er Jahre zu einer Stärke von ca. 380 Unterseebooten, 6 Flugzeugträgern und 39 Kreuzern ausbaute,[39] erwies sich als eine ähnlich fruchtlose Investition wie vor 1914 die Hochseeflotte des Deutschen Kaiserreichs. Zwar waren seit etwa 1975 die Sowjets technisch in der Lage, Heeresverbände selbst in entfernteste Winkel der Erde zu entsenden und dort zu versorgen; in Afrika (Äthiopien und Angola) setzten sie keine eigenen Truppen ein, sondern ließen Cubaner für die Sache des Sozialismus kämpfen – und die waren örtlich sogar gegen die Armee des weißen Südafrika erfolgreich. Aber die strategische Lage umzustülpen und den Westen in Afrika in die Defensive zu drängen, gelang nirgends und nie. Im Dezember 1979 ließ Moskau sich auf das Abenteuer ein, den offiziell blockfreien Nachbarstaat Afghanistan mit etwa 120.000 Mann militärisch zu besetzen, um dort nach dem Sturz eines zwar bereits kommunistischen, aber eigenwilligen Regimes seinen Getreuen die Staatsgewalt zu sichern. Die Kampagne endete mit einer ebenso beschämenden Niederlage der Sowjetarmee gegen islamistische Guerilleros, wie ein Jahrzehnt zuvor die USA in Vietnam von kommunistischen Buschkämpfern besiegt worden waren. Parteichef Gorbatschow, der

Anfang 1989 den Abzug aus Afghanistan befahl (im April 1992 eroberten die „Glaubenskämpfer“ Kabul), hatte um diese Zeit bereits dem Rückzug der cubanischen Truppen aus Angola zugestimmt und der Exilführung des seit 1955 mit der kommunistischen Weltbewegung verbündeten *African National Congress* (ANC) Südafrikas diskret geraten, statt auf den Sieg im bewaffneten Kampf zu setzen, diplomatische Verhandlungen mit der weißen Regierung in Pretoria zu suchen.[40]

In Europa ging nach dem Sommer 1989, als (wie oben angemerkt) Polen im dritten Anlauf nach 1956 und 1980 dem „Sozialistischen Lager“ verloren ging, alles sehr schnell, und alles verlief zum Glück für alle Europäer überraschend gewaltfrei. Der Mut der Leipziger (und anderer Ostdeutscher) zerbrach die Berliner Mauer. Samtene, blumige, sangesfreudige Revolutionen (oder wie man sie fröhlich sonst taufte) folgten zwischen Tallin, Prag und Budapest. Nur in Rumänien floß Blut. Tschechen und Slowaken trennten sich friedlich. Nur in Jugoslawien zerfiel der Staat in einer Kette schlimmer Bürgerkriege. Nur in Tschetschenien sah sich die neue Russische Föderation zu einem Unterdrückungs-Feldzug gegen ein Volk provoziert, das Selbstbestimmung nur in der Abtrennung verwirklichen will.

Ein drittes Mal lieferte der Menschheitstraum des 20. Jahrhunderts, die Weltraumfahrt, das einprägsame Symbol für die Verschiebung des Kräftegleichgewichts zwischen den USA und der vormaligen Sowjetunion: Als im November 1998 eine russische Rakete das erste, das russische Modul für die internationale Orbitalstation in die Umlaufbahn transportierte, hatten die Rechnung dafür die USA bezahlt.

Anmerkungen

1 Die *North Atlantic Treaty Organization* wurde am 04.04.1949 als defensives Militärbündnis zwischen den USA, Kanada und westeuropäischen Staaten (darunter Griechenland und Türkei) mit gemeinsamem Oberkommando auch in Friedenszeiten errichtet. Die Bundesrepublik Deutschland trat 1955 bei. 1966 zog sich Frankreich aus der militärischen Kommandostruktur zurück, blieb aber Bündnispartner. Im April 1999 traten Polen, Ungarn und Tschechien der NATO bei, im April 2004 folgten Bulgarien, Estland, Lettland, Litauen, Rumänien, die Slowakei und Slowenien. Seitdem umfaßt die NATO 26 Staaten. Vgl. Kapitel 15.

2 SALT = *Strategic Arms Limitation Treaty*: Begrenzung der amerikanischen und sowjetischen nuklear bestückten Interkontinental-Raketen.

3 INF = *Intermediate Range Nuclear Forces*. Der Vertrag beseitigte die sowjetischen SS 20 ebenso wie die im Gefolge des NATO-„Doppelbeschlusses“ von 1979 als Reaktion in Westeuropa aufgestellten amerikanischen Mittelstrecken-Raketen und Marschflugkörper.

4 UNCTAD = *United Nations Conference on Trade and Development*. UNCTAD I tagte 1964 in Genf (mit 77 Staaten aus der Dritten Welt, die eine gemeinsame Fraktion bildeten), die vorläufig letzte UNCTAD X im Februar 2002 in Bangkok. Der Gruppe 77 gehören jetzt weit über 100 Mitglieder an.

5 Im Dezember 1943 hatten auf einer Gipfelkonferenz in Kairo Roosevelt, Churchill und der Staatschef Chinas, Chiang Kai-Shek (1887-1975), angekündigt, das seit 1910 von Japan regierte Korea solle „zu gegebener Zeit frei und unabhängig" werden. Anfang August 1945 besetzten nach der japanischen Kapitulation amerikanische Truppen den Süden, sowjetische den Norden Koreas gemäß einer Übereinkunft, die im Dezember 1945 von der Moskauer Konferenz der Außenminister der USA, der Sowjetunion und Großbritanniens formalisiert wurde. Dabei wurde beschlossen, Korea für fünf Jahre einer Treuhandschaft der vier Mächte (d.h. auch Chinas) zu unterstellen, die Ausführung jedoch einer sowjetisch-amerikanischen Kommission zu überlassen. Im Norden Koreas war zu dieser Zeit bereits ein kommunistisches Regime unter Kim Il Sung (1912-1994) errichtet; im Süden rief am 15.08.1948 Syngman Rhee (1874-1965) die *Republik Korea* aus, der Norden zog am 09.09.1948 mit der Proklamation der *Demokratischen Volksrepublik Korea* nach. Die Generalversammlung der Vereinten Nationen erkannte am 12.12.1948 die südkoreanische Regierung als einzige rechtmäßige in Korea an und forderte die USA sowie die Sowjetunion auf, ihre Besatzungstruppen abzuziehen; beide Mächte räumten daraufhin Korea. Vgl. Ernst Fraenkel: Korea – ein Wendepunkt im Völkerrecht? Berlin 1951.

6 Microsoft Encarta '97, Stichwort World War II

7 Der Warschauer Pakt wurde am 14.05.1955 abgeschlossen und existierte bis Juli 1991; Albanien verließ ihn 1968.

8 Der RgW wurde im Januar 1949 gebildet und existierte bis 1991; Albanien verließ ihn 1961. Zu den osteuropäischen Mitgliedstaaten traten hinzu: die Mongolei 1962, Cuba 1972 und Vietnam 1978.

9 Roosevelts langjähriger Außenminister Cordell Hull (1871-1955), der dieses Amt von 1933 bis November 1944 innehatte, glaubte nach 1941 an dauerhafte amerikanisch-sowjetische Harmonie, die Bündnisse und Einflußsphären künftig überflüssig machen würde; er wurde noch zu Lebzeiten Roosevelts durch Edward R. Stettinius jr. (1900-1949) abgelöst. Präsident Truman berief im Juni 1945 James F. Byrnes (1879-1972) zum Außenminister, ersetzte ihn 1947 durch seinen Sonderbotschafter in China, General George C. Marshall (1880-1959), diesen schließlich 1949 durch den vorherigen Vize-Außenminister Dean Acheson (1893-1971).

10 Text auszugsweise in deutscher Übersetzung bei Czempiel & Schweitzer (Hr.) 1987, S. 50-52

11 X (=George F. Kennan): The Sources of Soviet Conduct. *Foreign Affairs* (New York) 25-1947-4

12 Winston S. Churchill: Der Zweite Weltkrieg, Bd.6/1, Bern/Stuttgart 1953/4, S. 269

13 Erst das Zerwürfnis zwischen Stalin und Tito ließ 1948 die Hilfen für die kommunistische Bürgerkriegspartei in Griechenland versiegen, so daß die Regierung militärisch siegen konnte.

14 Gekürzter Text in deutscher Übersetzung bei Czempiel & Schweitzer (Hg.) 1987, S. 52-54

15 Schdanow, kommunistischer Parteichef in Leningrad, war seit 1934 Sekretär des ZK der KPdSU, seit 1939 Mitglied des Politbüros. Er starb am 31.08.1948.

16 Aus der *Prawda* (Moskau) vom 22.10.1947 ins Deutsche übersetzt in: Für Frieden und Volksdemokratie. Bericht über die Tätigkeit einiger kommunistischer Parteien... Berlin o.J., S. 10-30 – Auf dieser Konferenz wurde die Gründung eines gemeinsamen Informationsbüros beschlossen, das unter dem Kürzel *Kominform* die Tradition der Kommunistischen Internationale (Komintern, 1919-43) fortsetzte. Schdanow leitete das Kominform bis zu seinem Tod.

17 Zitiert nach *Neue Welt* (Berlin) 7-1952-22, S. 2867 – Auf dem 19. Parteitag der KPdSU sprachen Vertreter von 12 „Bruderparteien" aus Osteuropa (einschließlich DDR), China, Italien, Großbritannien, Frankreich und der Bundesrepublik Deutschland.

18 Zitiert nach Ernst Deuerlein (Hg.): Potsdam 1945. Quellen zur Konferenz der „Großen Drei". München 1963, S. 354. Vgl. Wolfgang Benz: Potsdam 1945. Besatzungsherrschaft und Neuaufbau im Vier-Zonen-Deutschland. München 1986.

19 Die Sowjetunion konterte die am 20.06.1948 in den Westzonen dekretierte Währungsreform am 24.06. mit der Sperre der Land- und Wasserverbindungen zwischen Westdeutschland und den Westsektoren Berlins. Die USA und Großbritannien durchbrachen die Blockade durch eine Luftbrücke. Am 12.05.1949 hob die Sowjetunion die Verkehrssperren wieder auf.

20 Am 30.03.1954 ratifizierte der Deutsche Bundestag den Vertrag über die Errichtung einer *Europäischen Verteidigungsgemeinschaft* EVG im Rahmen der sechs Mitgliedstaaten der bereits bestehenden *Montanunion*. Nach dem Scheitern der EVG in der Pariser Nationalversammlung wurde die Bundesrepublik Deutschland am 05.05.1955 in die NATO aufgenommen. Am 28.01.1956 folgte die Aufnahme der DDR in den Warschauer Pakt.

21 Außenminister Marshall kündigte das amerikanische Auslandshilfe-Programm für Europa (*European Recovery Program* -ERP-) in einer Rede in der Harvard-Universität am 05.06.1947 an. Grundbedingung der USA war enge Zusammenarbeit der Empfängerstaaten unter marktwirtschaftlichen Regeln in der *Organization for European Economic Cooperation* (OEEC); dies nahm die Sowjetregierung zum Anlaß, die angebotene Teilnahme auszuschlagen und sie auch den osteuropäischen Staaten (insbesondere Polen und der Tschechoslowakei) zu untersagen. Von $ 13 Mrd., die der Kongreß für den Marshall-Plan bewilligte, wurden 70% für Lieferungen amerikanischer Produkte nach Europa verwendet [Quelle: Microsoft Encarta '97, Stichwort European Recovery Program]. 1952 wurde der Marshall-Plan beendet. Insgesamt erhielten von $ 24,13 Mrd., die in den Jahren 1945-56 als amerikanische Wirtschaftshilfe (inklusive $ 329 Mio. Militärhilfe vor 1950, später wurde diese getrennt ausgewiesen) nach Westeuropa (ohne Griechenland und Türkei) flossen, Großbritannien 28,3%, Frankreich 22,9%, Westdeutschland 15,3%, Italien 11,6%, die Niederlande 4,3% und Österreich 4,2%; vgl. Winfried W. Kretzschmar: Auslandshilfe als Mittel der Außenwirtschafts- und Außenpolitik. München 1964, S. 238.

22 Der sozialistische Ministerpräsident Paul Ramadier entließ am 09.05.1947 den Kommunistenführer Maurice Thorez und vier weitere kommunistische Minister aus seiner Ende Januar gebildeten Regierung. Die KPF hatte bei den Parlamentswahlen (10.11.1946) 28,3% der Stimmen erhalten.

23 Die Kommunistische Partei Italiens ging in die Opposition, sobald die Regierung unter Führung der Christlichen Demokraten am 18.06.1947 den Marshall-Plan billigte. Am 02.06.1946 hatte die KPI bei der Wahl der Verfassunggebenden Versammlung 18,9% der Stimmen erhalten; im April 1948 erreichte sie zusammen mit dem prokommunistischen Flügel der Sozialisten 31%.

24 Am 27.06.1948 schloß das Kominform den jugoslawischen Bund der Kommunisten aus.

25 Vgl. Franz Ansprenger: Auflösung der Kolonialreiche. München 4. Aufl. 1981, S. 144 f. – Lenin war zu einem Bündnis mit Antikolonial-Bewegungen bereit, auch wenn sie nicht von Kommunisten geführt wurden, Roy nicht.

26 Nach der Niederlage Frankreichs im ersten Vietnam-Krieg (1946-54) entsandten die USA im Februar 1955 erste Militärberater nach Süd-Vietnam, denen ab Dezember 1961 reguläre Truppen folgten, nachdem 1959/60 ein Krieg zwischen kommunistischen Guerilla-Kämpfern und dem mit ihnen verbündeten Nord-Vietnam gegen die südvietnamesische Regierung ausgebrochen war. Im Juni 1966 begann die US-Luftwaffe Nord-Vietnam zu bombardieren, 1968 erreichte der amerikanische Militäreinsatz mit 525.000 Soldaten seinen Höhepunkt, im April 1970 zogen die USA Kambodscha mit in den Krieg. Im März 1973 verließen die US-Kampftruppen Vietnam, am 30.04.1975 eroberten die Nord-Vietnamesen die südvietnamesische Hauptstadt Saigon und beendeten damit den Krieg. Die USA hatten Verluste in Vietnam in Höhe von 57.685 Toten und 153.303 Verwundeten sowie (inoffizielle Schätzung) 2.500 Vermißten; mehr als zwei Millionen Vietnamesen wurden getötet, drei Millionen verwundet, etwa 1,2 Millionen flüchteten bis 1982 außer Landes. Quelle: Microsoft Encarta '97, Stichwort Vietnam War. Vgl. Marc Frey: Geschichte des Vietnamkriegs. München 1998.

27 Vgl. Harry Hamm: Die außenpolitische Praxis [der VR China, F.A.] gegenüber der Sowjetunion, den USA und Japan. In: Außenpolitik (Die) Chinas 1975, S. 235-256; Marie-Luise Näth: Strategie und Taktik der chinesischen Außenpolitik. Hannover 1978; Dieter Heinzig: Der sino-sowjetische Konflikt. In: VR China im Wandel. Bonn 1985, S. 117-129

28 Für eine Zusammenfassung der revisionistischen Thesen vgl. Horowitz 1967, für kritische Abwägung der Debatte Loth 1980, S. 13 ff.; Walker 1993; Hobsbawm 1995, S. 293 ff.; Gaddis 1997

29 Als Vertreter Großbritanniens plädierte John Maynard Keynes in Bretton Woods für eine Weltwäh-

rung, die nicht mit dem US-Dollar identisch sein würde. Von diesem Konzept blieben nur die Sonderziehungsrechte des IWF übrig, im allgemeinen setzte sich der amerikanische Finanzminister Henry Morgenthau jr. durch.

30 Amerikanische Spionageflugzeuge stellten zwischen August und Oktober 1962 fest, daß die Sowjetunion dabei war, landgestützte Raketen auf Cuba zu stationieren, deren Nuklearsprengköpfe große Teile der USA erreichen konnten. Daraufhin verhängte Präsident John F. Kennedy am 22.10.1962 eine Seeblockade über Cuba. Sowjetische Schiffe entzogen sich der direkten Konfrontation, am 28.10. sicherte Chruschtschow den Abzug der Raketen zu.

31 Patrice Lumumba (1925-1961), Premierminister der am 30.06.1960 überstürzt in die Unabhängigkeit entlassenen belgischen Kongo-Kolonie, suchte im August 1960 um sowjetische Hilfe nach, als die Vereinten Nationen seine Erwartung nicht erfüllten, ihn gegen innenpolitische Rivalen zu stützen. Lumumba wurde stattdessen durch den Armeechef Mobutu (1930-1997) gefangengesetzt und am 17.01.1961 in Katanga ermordet.

32 Die Erklärung der UN-Generalversammlung vom 14.12.1960 über die *Gewährung der Unabhängigkeit an koloniale Länder und Völker*-Res.1514 (XV)- geht auf einen sowjetischen Entwurf zurück (UN-Doc.A/4502), dem 43 asiatische und afrikanische Staaten – darunter Indien, Ägypten, Ghana – ihren eigenen Text entgegenstellten. Ersterer wurde mit 25 Ja- gegen 35 Nein-Stimmen bei 22 Enthaltungen abgelehnt, letzterer mit 89 Ja- ohne Nein-Stimmen bei 9 Enthaltungen (darunter USA, Großbritannien, Frankreich, Portugal, Südafrika) angenommen. Vgl. Michel Virally: L'Organisation Mondiale. Paris 1972, S. 241 f.

33 Auszug aus Teil 1 (Der Übergang vom Kapitalismus zum Kommunismus ist der Weg des Fortschritts der Menschheit), Kap. 3 (Das Sozialistische Weltsystem), übersetzt aus einer englischen Fassung des Parteiprogramms von F.A.

34 *Sputnik Zemli* (=Reisebegleiter der Welt) I war eine Metallkugel von 58 cm Durchmesser und 83 kg Gewicht. Quelle: Microsoft Encarta '97, Stichwort Space Exploration.

35 Leonid I. Breschnew (1906-1982) wurde 1957 in das Politbüro der KPdSU aufgenommen; von Oktober 1964 (Chruschtschows Sturz) bis zu seinem Tod führte er die Sowjetunion als Generalsekretär der KPdSU.

36 Die *South East Asia Treaty Organization* wurde nach NATO-Vorbild am 08.09.1954 gebildet. Mitglieder waren die USA, Großbritannien, Frankreich (bis 1967), Australien, Neuseeland, Pakistan (bis 1972), die Philippinen und Thailand. Nach dem Rückzug der USA aus Vietnam löste sich die SEATO zum 30.06.1977 auf.

37 Die *Central Treaty Organization* trat 1959 die Nachfolge des 1955 zwischen Großbritannien, Irak, Iran, der Türkei und Pakistan geschlossenen Bagdad-Paktes an, als der Irak nach einem anti-westlichen Putsch ausschied. Die USA waren formal nie CENTO-Mitglied. Durch den Austritt Irans nach der islamistischen Revolution von 1979 verlor CENTO seine Existenzgrundlage.

38 Sadat folgte als Staatschef Gamal Abdel Nasser (1918-1970) nach, der zu den Begründern der Staatengruppe der Blockfreien gehörte und in der Konfrontation mit Israel vor allem nach der Niederlage im Juni 1967 auf sowjetische Rüstungshilfe setzte.

39 The Military Balance 1985-1986. London (IISS) 1985, S. 24.

40 Vgl. Winrich Kühne: Sowjetische Afrikapolitik in der „Ära Gorbatschow". Ebenhausen 1986.

8. Vereinte Nationen – Idee und Organisation

Um Kriege zu verhüten und friedliche Zusammenarbeit der Völker zu fördern, existiert seit mehr als einem halben Jahrhundert die Organisation der Vereinten Nationen (VN) als Herzstück eines Systems zwischenstaatlicher Verbände mit globalem Anspruch.[1] Dieser Anspruch erscheint insoweit erfüllt, als tatsächlich fast alle Staaten der Erde dem System angehören, die meisten auch der zentralen Organisation – der *United Nations Organization* (UNO) –, und die restlichen Staaten (z.B. der Vatikan) sowie einige in ihrem Staatscharakter zweifelhafte Gebilde wie die *Palestine Liberation Organization* (PLO) Beobachter-Status genießen.

Wie kommt es, daß trotzdem gerade in jüngster Zeit, angesichts der vielen (gerade...) seit dem Ende des Kalten Krieges aufflackernden Krisen selbst im scheinbar definitiv befriedeten Europa, so wenig von den Vereinten Nationen die Rede ist, stattdessen von einer diffusen „Internationalen Staatengemeinschaft"? Oder sollten damit die Vereinten Nationen gemeint sein? Manchmal vielleicht, aber unter Stichworten wie Bosnien, Kosovo, Irak, Kongo und anderen wird man den Verdacht nicht los, daß in der

Gedankenwelt mancher Kommentatoren und (schlimmer noch) mancher Akteure internationaler Politik die USA an der Spitze einer „Koalition der Willigen", allenfalls noch die NATO an die Stelle der UNO schiebt. Umso deutlicher sollte jeder, der die internationale Politik der Gegenwart studiert und Ergebnisse seines Studiums den Akteuren und Kommentatoren vermitteln will, die Vereinten Nationen in das Zentrum seiner Überlegungen stellen.

Die Idee, durch eine auf Dauer angelegte globale zwischenstaatliche Organisation den Frieden zu sichern, nahm erstmals am 8. Januar 1918 mit den *14 Punkten* des amerikanischen Präsidenten Woodrow Wilson konkrete Gestalt an. Im 14. Punkt dieses „Programms für den Weltfrieden" (als solches trug der Präsident es dem Kongreß vor) ist die Rede von

> *„...a general association of nations ... for the purpose of affording guarantees of political independence and territorial integrity to great and small states alike."*

Also nicht etwa eine Einschränkung der einzelstaatlichen Souveränität, nicht etwa ein Eingriffsrecht der Organisation in innere Angelegenheiten eines Staates war beabsichtigt, sondern umgekehrt gerade die Sicherung der „guten" Staaten gegen Aggression eines „Bösen" unter ihnen. Denn daß irgendjemand anderer die Unabhängigkeit eines Staates bedrohen könnte – etwa der „internationale Terrorismus" oder ein Multinationaler Konzern –, daran dachte 1918 niemand.

Noch etwas anderes lehrt das Zitat: die Begriffe *nation* und *state* werden mit gleicher Bedeutung gebraucht. Wilson dachte bei diesem Punkt nicht daran, etwa die Völker gegen die Staaten auszuspielen, obgleich er in den Punkten 6, 10 und 12 desselben Programms den Völkern Rußlands, Österreich-Ungarn und des Osmanischen Reiches das Selbstbestimmungsrecht versprach – also das Recht zu einschneidender Verletzung der Integrität, ja zur Auflösung des Staates, dem sie bislang angehörten. Wilson hing auch dem idealistischen Glauben an, daß Demokratie – also Herrschaft des Volkes – in einem Staat dessen Außenpolitik zur Wahrung des Friedens verpflichten würde;[2] ihm kam es deshalb darauf an *to make the world safe for democracy* – gerade deshalb zog er die USA in den Ersten Weltkrieg mit hinein. *In seinem 14. Punkt sind Nation und Staat jedenfalls identisch, beide natürlich vertreten durch die jeweilige Regierung. Logik ist nicht immer die Stärke der Politik, schon gar nicht der internationalen.*

Das Experiment Völkerbund

Der *Völkerbund*, der zwecks Verwirklichung der Wilsonschen Idee am 10. Januar 1920 ins Leben trat, gekoppelt an den Versailler Friedensvertrag zwischen dem Deutschen

Reich und seinen westlichen Kriegsgegnern,[3] hieß denn auch im Englischen *League of Nations* und wurde selbstverständlich als eine Organisation verstanden, in der allein Staaten, vertreten durch ihre Regierungen, Mitglied werden konnten. Wie bereits erwähnt, verweigerte der amerikanische Senat am 19. März 1920 dem Präsidenten die Ratifizierung des Versailler Vertrages und damit den Beitritt zum Völkerbund.[4] So blieben 42 Staaten als Gründungsmitglieder übrig; im Laufe der 26 Lebensjahre des Völkerbundes traten insgesamt 63 Staaten für kürzere oder längere Zeit bei, 31 hielten von Anfang bis Ende durch. Wie die Übersicht zeigt, war der Völkerbund stets im wesentlichen ein europäischer Verein, besonders nach dem Austritt vieler lateinamerikanischer Staaten in den 1930er Jahren.

Mitgliedstaaten des Völkerbundes

Ägypten (Beitritt 1937) / Äthiopien (Beitritt 1923) / Afghanistan (Beitritt 1934)
Albanien (1920-1939) / Argentinien / Australien *(brit. Dominion)* / Belgien / Bolivien
Brasilien (Austritt 1926) / Bulgarien (Beitritt 1920) / Chile (Austritt 1938) / China
Costa Rica (1920-1925) / Cuba / Dänemark / Deutsches Reich (1926-1933)
Dominikanische Rep. (Beitritt 1924) / Ekuador (Beitritt 1934) / El Salvador (Austritt 1937)
Estland (Beitritt 1921) / Finnland (Beitritt 1920) / Frankreich / Griechenland / Großbritannien
Guatemala (Austritt 1936) / Haïti (Austritt 1942) / Honduras (Austritt 1936) / Indien *(brit. Kolonie)*
Irak (Beitritt 1932) / Irland (Beitritt 1923) / Italien (Austritt 1937) / Japan (Austritt 1933)
Jugoslawien / Kanada *(brit. Dominion)* / Kolumbien / Lettland (Beitritt 1921) / Liberia
Litauen (Beitritt 1921) / Luxemburg (Beitritt 1920) / Mexiko (Beitritt 1931)
Neuseeland *(brit. Dominion)* / Niederlande / Nicaragua (Austritt 1936) / Norwegen
Österreich (1920-1938) / Panama / Paraguay (Austritt 1935) / Persien / Peru (Austritt 1939)
Polen / Portugal / Rumänien (Austritt 1940) / Schweden / Schweiz / Siam / Spanien (Austritt 1939)
Sowjetunion (1934-Ausschluß 1939) / Südafrikanische Union *(brit. Dominion)* / Tschechoslowakei
Türkei (Beitritt 1932) / Ungarn (1922-1939) / Uruguay / Venezuela (Austritt 1938)

Die Satzung des Völkerbundes sah drei Hauptorgane vor, die wir mit modifizierter Funktion bei den VN wieder finden: eine *Bundesversammlung*, in der jeder Mitgliedstaat über eine Stimme verfügte (Art. 3); einen *Rat*, der sich aus ständigen Mitgliedern und vier nichtständigen, von der Versammlung zu wählenden Mitgliedstaaten zusammensetzen sollte (Art. 4); schließlich ein Ständiges Sekretariat mit einem *Generalsekretär* an der Spitze (Art. 6).

Als *ständige Ratsmitglieder* legte die Satzung ausdrücklich die „alliierten und assoziierten Hauptmächte" fest. Das waren in Versailles vier: Großbritannien, Frankreich, Italien – und die USA; offenbar war also an Parität zwischen ständigen und nichtständigen Mitgliedern gedacht. Die Satzung sah jedoch vor, daß der Rat – mit Zustimmung der Mehrheit der Versammlung – weitere ständige Mitglieder aufnehmen könne. Diese Ehre und damit implizit die Anerkennung als Großmacht wurde Japan, dem Deutschen Reich sogleich bei seinem Beitritt 1926, danach noch der Sowjetunion zuteil. Die

Frage eines besonderen Vetorechts der ständigen Mitglieder stellte sich nicht, denn der Rat mußte ebenso wie die Versammlung (von ausdrücklich in der Satzung benannten Ausnahmen abgesehen – eine wurde soeben erwähnt) alle Beschlüsse einstimmig fassen. Alle, groß und klein, erfreuten sich also des Vetorechts – *theoretisch eine perfekte Folgerung aus der staatlichen Souveränität.*

Der Völkerbund wollte den Frieden sichern, folglich den Krieg bekämpfen, genauer gesagt: Er wollte eine Wiederholung von 1914 verhindern; vorausgesetzt war dabei die These der Siegermächte, das Deutsche Reich Kaiser Wilhelms II. trage zusammen mit seinen Verbündeten die Alleinschuld am Ersten Weltkrieg (Art. 231 des Versailler Vertrages). Zu einem echten *Kriegsverbot* reichte der Mut der Völkerbundsgründer dennoch nicht, mochte auch Art. 11 der Satzung in der deutschen Übersetzung[5] genau diese inoffizielle Überschrift tragen. Der Text lautet vielmehr bescheidener:

> *„Ausdrücklich wird hiermit festgestellt, daß jeder Krieg und jede Bedrohung mit Krieg, mag davon unmittelbar ein Bundesmitglied betroffen werden oder nicht, eine Angelegenheit des ganzen Bundes ist, und daß dieser die zum wirksamen Schutz des Völkerfriedens geeigneten Maßnahmen zu ergreifen hat. Tritt ein solcher Fall ein, so beruft der Generalsekretär unverzüglich auf Antrag irgendeines Bundesmitgliedes den Rat..."*

... und der Rat kann dann entscheiden – einstimmig. Art. 16 der Satzung [Friedensbruch] gibt den Rahmen der zu ergreifenden Maßnahmen theoretisch ziemlich strikt vor und beschreibt dabei den Kern des Völkerbundsgedankens: das Konzept *Kollektive Sicherheit,* demzufolge „Alle für Einen" eintreten sollen, alle Mitglieder des Bundes für jedes Opfer einer Aggression und damit natürlich gegen den Angreifer:[6]

> *„Schreitet ein Bundesmitglied entgegen den in den Artikeln 12, 13 und 15 übernommenen Verpflichtungen zum Kriege, so wird es ohne weiteres so angesehen, als hätte es eine Kriegshandlung gegen alle anderen Bundesmitglieder begangen. Diese verpflichten sich, unverzüglich alle Handels- und Finanzbeziehungen zu ihm abzubrechen, ihren Staatsangehörigen jeden Verkehr mit den Staatsangehörigen des vertragsbrüchigen Staates zu untersagen und alle finanziellen, Handels- und persönlichen Verbindungen zwischen den Staatsangehörigen dieses Staates und jedes anderen Staates, gleichviel ob Bundesmitglied oder nicht, abzuschneiden.*
>
> *In diesem Falle ist der Rat verpflichtet, den verschiedenen beteiligten Regierungen vorzuschlagen, mit welchen Land-, See- und Luftstreitkräften jedes Bundesmitglied für sein Teil zu der bewaffneten Macht beizutragen hat, die den Bundesverpflichtungen Achtung zu verschaffen bestimmt ist.*

Die Bundesmitglieder... veranlassen alles Erforderliche, um den Streitkräften eines jeden Bundesmitglieds, das an einem gemeinsamen Vorgehen zur Wahrung der Bundesverpflichtungen teilnimmt, den Durchzug durch ihr Gebiet zu ermöglichen.
Jedes Mitglied, das sich der Verletzung einer aus dieser Satzung entspringenden Verpflichtung schuldig macht, kann aus dem Bunde ausgeschlossen werden, Die Ausschließung wird durch Abstimmung aller anderen im Rat vertretenen Bundesmitglieder ausgesprochen."

Praktisch wurde die zuletzt erwähnte Maßnahme zu später Stunde einmal angewandt. Der Völkerbund schloß die Sowjetunion aus, als sie am 30. November 1939 Finnland angegriffen hatte. Das zuvor in der Satzung so ausführlich beschriebene Hauptinstrument der Kollektiven Sicherheit – *Wirtschafts-Sanktionen* – versagte dagegen schon früher, als viele dem Völkerbund noch Durchsetzungskraft zutrauten, angesichts der japanischen Aggression gegen China 1931 und (besonders spektakulär) der italienischen gegen Äthiopien 1935. Beide Angreiferstaaten kamen durch Austritt aus dem Völkerbund einem möglichen Ausschluß zuvor.

Dieses doppelte Versagen der Kollektiven Sicherheit gilt als Markstein für das Scheitern des Völkerbundes. Das Urteil besteht zurecht, war doch die Sicherung des Nicht-Kriegs zwischen den Staaten (aus der Sicht der Gegenwart ein zaghaftes, in der Forschung als *„negativer Friede"* kritisiertes Konzept) Hauptzweck der ganzen Unternehmung. Die Staaten sollten jedoch gleichzeitig volle Souveränität bewahren, alle sollten diesbezüglich gleich sein und bleiben, nur manche etwas gleicher als die anderen (um George Orwells *Animal Farm* zu zitieren) – die Großmächte. Freiheit in der Außenpolitik galt nun aber im alten Europa als Markenzeichen der Souveränität, und das *ius ad bellum* als ihre Krönung. Diesen Widerspruch gestanden sich die Gründer des Völkerbundes nicht ein, er ließ die Kollektive Sicherheit scheitern. Darüber sollte jedoch nicht vergessen werden, daß in der Ära des Völkerbundes einige wichtige Fortschritte internationaler Organisation auf Dauer erzielt wurden, insbesondere

- die Vorbereitung der Entkolonisierung durch die Errichtung des Mandatssystems in der Satzung selbst (Art. 22), das die Kolonien des besiegten Deutschen Reiches und die arabisch besiedelten Teile des Osmanischen Reiches nicht einfach als Kriegsbeute unter die Siegermächte verteilte, wie vormals üblich, sondern sie einer gewissen – wenn auch zurückhaltenden – Aufsicht des Völkerbundes unterstellte;
- die Gründung der *Internationalen Arbeitsorganisation* (*International Labour Organization* -ILO) 1919. Sie wurde 1945 unverändert in das System der VN

übernommen. Hier sind zum ersten und bis heute einzigen Mal in der Geschichte internationaler Organisation die Mitgliedstaaten nicht nur durch ihre Regierungen vertreten, sondern gleichrangig und paritätisch auch durch Delegationen ihrer Arbeitgeber- und Gewerkschaftsverbände.[7]

Roosevelts Idee von den vier Polizisten

Mitten im Zweiten Weltkrieg begann der amerikanische Präsident Roosevelt, in die Fußstapfen seines Vorgängers Wilson tretend, laut über eine wesentlich verbesserte Neuauflage des Völkerbundes nachzudenken. Die Atlantik-Charta versprach am 14. August 1941 im Zusammenhang mit der Entwaffnung der Aggressor-Staaten *„...the establishment of a wider and permanent system of general security“*.

Das Kriegsbündnis gegen Deutschland, Italien und Japan bezeichnete sich seit Anfang 1942 als *United Nations*. Am 13. November 1942 aß Roosevelt zu Mittag mit einem seiner Vertrauten, dem Richter Samuel I. Roseman, in Anwesenheit seiner Sekretärin Grace G. Tully, die wahrscheinlich die folgende Aufzeichnung verfaßte:[8]

> *„Der Präsident berichtete von dem Gespräch, das er mit Clark Eichelberger*[9] *über die* League of Nations Association *geführt habe. Er regte an, den Namen in ‚*The United Nations Association‘ *zu ändern, um zum Ausdruck zu bringen, daß diese Vereinigung sich nicht auf die 28 Unterzeichnerstaaten beschränken solle, sondern daß alle Staaten ihr beitreten könnten.*
> *Als Grundgedanke wird von einer Situation ausgegangen, in der es auf der Welt vier ‚Polizisten‘ geben soll – die Vereinigten Staaten, Großbritannien, Rußland und China –, die dafür verantwortlich sind, den Frieden zu bewahren. Der Rest der Welt würde abrüsten müssen, und bis die Abrüstung erfolgt ist, würde keine Friedenskonferenz stattfinden.*
> *Die vier Polizisten würden in allen Ländern Inspektionen durchführen, um sicherzustellen, daß sie nicht – wie Deutschland nach dem letzten Kriege – insgeheim wieder aufzurüsten beginnen. Sollte einer der anderen Staaten bei einer Aufrüstung ertappt werden, so würde er zunächst mit einer Quarantäne bedroht und, wenn die Quarantäne nichts bewirke, würden sie bombardiert werden. Rußland würde mit der Erhaltung des Friedens in der westlichen Hemisphäre beauftragt werden, die Vereinigten Staaten und China im Fernen Osten.*
> *Sobald die Vereinten Nationen mit dem entsprechenden Apparat für internationale Polizeiarbeit errichtet würden, so würden ihre verschiedenen [Organe] über die Welt verteilt statt in Genf konzentriert werden.*

Zum Beispiel würde die ILO in Genf verbleiben; das internationale Amt für Landwirtschaft in den Vereinigten Staaten; für Erziehung in China, für Religion am Tadsch Mahal, und für Gesundheitswesen nördlich von Panama City; für Wirtschaft und Finanzen in Rußland und für Kunst in Paris."

Hier ist von der souveränen Gleichheit aller Staaten nichts mehr übriggeblieben, und die Generalversammlung der Vereinten Nationen kommt folgerichtig in Roosevelts virtueller Zukunftswelt nicht vor. Der Friede ist vollständig in die Gewalt der *Großmächte* gegeben. Insofern kann von einer idealistischen Utopie keine Rede sein, der Präsident denkt völlig realpolitisch. Neu und revolutionär ist allerdings der Gedanke, daß keine Großmacht in ihrer traditionellen geographischen Einflußsphäre den Polizisten spielen dürfe, wie es nahegelegen hätte und dann ja auch im Kalten Krieg eingetreten ist.

Mit dem Scheitern der Suez-Intervention Großbritanniens und Frankreichs 1956 am Einspruch der USA und der Sowjetunion wurde ja nur offengelegt, daß die beiden historischen Mächte Westeuropas trotz Vetorecht und (damals noch unvollendeter) atomarer Rüstung im Weltmaßstab keine Großmächte mehr waren. Roosevelt wollte jeder Großmacht – erstaunlicherweise auch den USA – sozusagen vor ihrer Haustür eine andere Großmacht als Polizisten vor die Nase setzen, der dann wohl eventuelle Konflikte unparteiisch schlichten sollte. Dabei unterstellte Roosevelt natürlich, das Kriegsbündnis mit Stalin würde über den Sieg hinaus Bestand haben. Diese beiden Eckpfeiler seines Konzepts erwiesen sich als irreal. Die Konzentration der Weltpolitik auf die Großmächte nahm in der Neukonstruktion des *Sicherheitsrats* der Vereinten Nationen konkrete Gestalt an.[10]

Am 21. August 1944 setzten sich Vertreter der USA und Großbritanniens mit einer sowjetischen Delegation unter dem aufstrebenden Diplomaten Andrej Gromyko (1909-1989)[11] in Dumbarton Oaks bei Washington DC zusammen, um einen gemeinsamen Entwurf für die Charta der Vereinten Nationen auszuarbeiten; später bezogen sie China mit ein – das gegen Japan kämpfende, mit den Kommunisten in einem prekären Waffenstillstand koexistierende China der Kuomintang unter Chiang Kai-shek (1887-1975) –, und nachträglich schaffte ein gewisser General Charles De Gaulle (1890-1970), genaugenommen bis November 1945 nur Vorsitzender des Französischen Nationalen Befreiungskomitees, das im August 1944 die De-facto-Regierung in Paris übernommen hatte, das Kunststück, Frankreich als fünfte Großmacht in der Struktur unterzubringen. Am 7. Oktober 1944 stand ein Text, den nach letzten Klarstellungen[12] auch der grundsätzlich mißtrauische Stalin auf der Konferenz in Jalta am 6. Februar 1945 billigen konnte:[13]

„Stalin sagt abschließend, man beschuldige die Sowjetunion einer unnötigen Zuspitzung der Frage der Abstimmung im Sicherheitsrat. Man werfe der Sowjetunion vor, sie würde aus diesem Anlaß zu großes Geschrei erheben. Jawohl, die Sowjetunion wende dem Abstimmungsverfahren tatsächlich große Aufmerksamkeit zu, denn die Sowjetunion sei am meisten an den Beschlüssen interessiert, die der Sicherheitsrat fassen werde. Und es würden doch alle Beschlüsse durch Abstimmung angenommen. Man könne hundert Jahre diskutieren und dabei nichts entscheiden. Für uns seien die Beschlüsse wichtig. Und nicht nur für uns.
Kehren wir einen Augenblick zu den heute angeführten Beispielen zurück. Sollte China die Rückgabe Hongkongs oder Ägypten die Rückgabe des Suezkanals fordern, dann werde über diese Frage in der Versammlung und im Sicherheitsrat abgestimmt werden. Stalin könne seinem Freund Churchill versichern, daß China und Ägypten dabei nicht allein dastehen werden. Sie werden in der internationalen Organisation Freunde finden [und möglicherweise einige Beschützer]. Das stehe in direkter Beziehung zur Frage der Abstimmung.
Churchill erklärt, wenn die genannten Länder die Befriedigung ihrer Ansprüche fordern sollten, dann würde Großbritannien „nein" sagen. Die Macht der internationalen Organisation könne nicht gegen die drei Großmächte angewandt werden.
Stalin fragt, ob das wirklich so sei. [Er fürchte, daß irgendein Konflikt die Einigkeit unserer vereinigten Front zerbrechen könne.][14]
Eden antwortet, die Länder könnten reden und streiten, doch ein Beschluß könne ohne das Einverständnis der drei Hauptmächte nicht gefaßt werden.
Stalin fragt nochmals, ob das wirklich so sei.
Churchill und Roosevelt antworten bejahend."

Die kleineren Staaten des Kriegsbündnisses beobachteten die Vorgänge voll verständlicher Sorge um ihre Souveränität, konnten jedoch nicht mehr viel ändern, obwohl sie in Winston Churchill, der den Kalten Krieg kommen sah, jetzt einen Fürsprecher fanden. Denn in der Generalversammlung, wo die Kleinen und die Großen mit je einer Stimme wirklich gleich sind – und genau deshalb nichts Bindendes beschließen dürfen, sondern nur „Empfehlungen" –, konnten die Westmächte bis auf weiteres mit einer sicheren Mehrheit rechnen. Am 25. April 1945 versammelte sich in San Francisco die offizielle Gründungskonferenz der Vereinten Nationen. Am 26. Juni unterzeichneten Regierungsvertreter aus 46 Staaten die *Charta*, deren Wortlaut im Grundsätzlichen seitdem unverändert blieb und auch allen Reformideen und Reformbedürfnissen zum Trotz in Zukunft kaum einschneidend verändert werden kann, ohne die Standfestigkeit des ganzen Gebäudes zu gefährden.

Der Eckstein der Vereinten Nationen war von Anfang an und ist das Vetorecht der Großmächte im Sicherheitsrat. Es setzt voraus, daß nur eine kleine Gruppe von Staaten dieses Recht genießt, deren Regierungen sich wechselseitig als berechenbar einschätzen. Nicht von ungefähr fiel das Veto jahrzehntelang mit dem erklärten Besitz von Nuklearwaffen zusammen. Wer es abschaffen will, der will in Wirklichkeit die Großmächte aus den Vereinten Nationen vertreiben, speziell die einzige seit 1990 verbliebene Supermacht USA. Wer das Vetorecht auf virtuelle, neue ständige Mitglieder des Sicherheitsrates ausdehnen will, riskiert genau das gleiche.

Die Charta von San Francisco

Die Charta der VN beinhaltet zum Glück noch andere Grundsätze internationaler Organisation als die traditionelle, jetzt auf fünf selbsternannte Großmächte konzentrierte, nur jeweils sich selbst verantwortliche Souveränität der Staaten. Daneben steht das Prinzip der *Universalität*, das die VN ernster nahmen als einst der Völkerbund. Die Zahl der Mitgliedstaaten erreichte bis Ende Mai 2003 insgesamt 191, und die Spannweite reicht von der Volksrepublik China mit schätzungsweise 1,3 Milliarden Menschen bis zu San Marino mit 30.000 Einwohnern. In der Generalversammlung haben beide gleiches Stimmengewicht.

Nur ganz wenige Souveräne haben jemals die Mitgliedschaft ausdrücklich abgelehnt. In der *Schweiz* entschied das souveräne Volk dies am 16. März 1986 mit 75,7 % Nein-Stimmen, disponierte dann jedoch am 3. März 2002 um und votierte mit 54,6 % für den Beitritt (bei 58 % Wahlbeteiligung). Im *Vatikanstaat* genügt die eine Stimme des Papstes für das vorläufige Nein.

Probleme hat es mit der Mitgliedschaft nicht nur bezüglich Deutschlands gegeben, wo von 1949 bis 1973 der Alleinvertretungsanspruch der Bundesrepublik die Aufnahme blockierte. Kritischer für die Funktionsfähigkeit der VN war der Streit, wer die Großmacht China repräsentiere, nachdem am 21. September 1949 die auf dem gesamten Festland siegreichen Kommunisten die Volksrepublik ausgerufen hatten, während die Kuomintang auf Taiwan die Republik China fortführte; hier erhoben beide Kontrahenten den Alleinvertretungsanspruch. Erst 1971 ließen die Westmächte zu, daß die Volksrepublik den Sitz Chinas einnahm.[15]

Grundsätzlich stört ein gewalttätiger Regierungswechsel, sei es durch Putsch oder Sieg im Bürgerkrieg, die Vereinten Nationen nicht, wohl aber die Eroberung eines Landes durch einen fremden Staat; aus diesem Grunde wurden die blutrünstigen Roten Khmer 1975 ohne weiteres als Repräsentanten Kambodschas (seit Dezember 1955 VN-Mitglied) anerkannt, nicht aber nach 1978 die von den einmarschierenden Vietnamesen mitgebrachte Regierung unter Hun Sen (*1951), und so blieben die Roten Khmer bis zur Einsetzung der VN-Interimsbehörde 1992[16] auf dem Stuhl Kambodschas sitzen. Als nach 1990 zwei Mitgliedstaaten der VN zerfielen, reagierte die Organisation unterschiedlich. Im Falle der *Sowjetunion* begnügte sich der VN-Generalsekretär 1991 mit einer „Information" aus Moskau, unterstützt von elf Regierungen der „Gemeinschaft Unabhängiger Staaten" (GUS),[17] wonach künftig die Russische Föderation den Platz der UdSSR einschließlich des Vetorechts im Sicherheitsrat einnehme. Im Falle *Jugoslawiens* beschloß die Generalversammlung 1992 (Res. 47/1), die aus Serbien und Montenegro unter dem alten Namen (vorübergehend) neu formierte Bundesrepublik dürfe nicht einfach die Mitgliedschaft des vormaligen Tito-Staates weiterführen, sie solle eine Neuaufnahme beantragen – was diese erst im Jahre 2000 tat. Kroatien, Slowenien und Bosnien-Herzegowina waren schon im Mai 1992, Mazedonien im April 1993 VN-Mitglieder geworden. *Es fällt schwer, eine Logik dieser Diskrepanz zu erkennen, es sei denn die Logik der Macht.*

Die Charta weist in ihrer Präambel und ihrem Artikel 1 der Weltorganisation hauptsächlich zwei Aufgabenfelder zu: negativ die Verhütung künftiger Kriege, positiv die internationale Zusammenarbeit zwecks besserer Lösung wirtschaftlicher, sozialer, kultureller und humanitärer Probleme. Auf diesen beiden Beinen stehen die Vereinten Nationen. Das eindeutige Standbein ist die Kriegsverhütung. Sie wird auf Englisch als *International Peace and Security* gekennzeichnet; die übliche deutsche Übersetzung mit „Weltfrieden und internationale Sicherheit" erscheint fragwürdig. Denn der englische Wortlaut bezieht das Adjektiv *international* auf beide Substantive – Frieden und Sicherheit –, und aus dem Kontext geht hervor, daß dieses Adjektiv selbst präzise mit „zwischenstaatlich" zu übersetzen statt einfach zu übernehmen ist.

Die Vereinten Nationen sind keine Weltregierung. Sie sind auch kein Verbund von Völkern, sondern eine Organisation der Staaten. Ihre Charta ist keine Verfassung der Welt (wie auch immer eine solche zu legitimieren wäre, durch Volksabstimmung oder anderweitig), sondern ein normaler zwischenstaatlicher Vertrag. Die Generalversammlung ist folglich kein Weltparlament, der Generalsekretär kein Präsident der Menschheit, der Haager Internationale Gerichtshof (IGH) kein Weltgerichtshof. Nur dem Sicherheitsrat heftet die Charta etwas von der Ursprungsidee der „vier Polizisten" an.

Die nicht-ständigen Mitglieder und die Abstimmungsregeln im Sicherheitsrat

Seit 1965 gehören dem Sicherheitsrat jeweils zehn Staaten (vorher nur sechs) als nichtständige Mitglieder an. In jedem Jahr wählt die Generalversammlung mit Zweidrittelmehrheit fünf von ihnen für zwei Jahre, in der Praxis ausschließlich nach geographischen bzw. den aus der Zeit des Kalten Krieges stammenden politischen Kriterien: fünf Sitze stehen den afrikanischen und asiatischen Staaten zu, zwei den lateinamerikanisch-karibischen, zwei den westeuropäischen „und anderen", ein Sitz den osteuropäischen (vgl. unten zur Generalversammlung).

Der Sicherheitsrat beschließt mit einer Mehrheit von mindestens neun Mitgliedern. Bei „Verfahrensfragen" (im engsten Sinne) gilt kein Vetorecht der fünf ständigen Mitglieder, wohl aber bei „allen sonstigen Fragen". In der Praxis wird Stimmenthaltung oder Abwesenheit einer Großmacht nicht als Veto gewertet.

Jedoch ist auch der Sicherheitsrat nicht eindeutig als Weltpolizei konzipiert, trotz seiner gegenüber dem Rat des Völkerbundes erheblich verstärkten Kompetenzen zur Erzwingung von Frieden in Kapitel VII der Charta. Im Widerspruch zu dieser Aufgabe steht insbesondere Art. 2.7:

> *„Aus dieser Charta kann eine Befugnis der Vereinten Nationen zum Eingreifen in Angelegenheiten, die ihrem Wesen nach zur inneren Zuständigkeit eines Staates gehören, oder eine Verpflichtung der Mitglieder, solche Angelegenheiten einer Regelung auf Grund dieser Charta zu unterwerfen, nicht abgeleitet werden."*

Zwar fährt der Text unmittelbar fort:

> *„Die Anwendung von Zwangsmaßnahmen nach Kapitel VII wird durch diesen Grundsatz nicht berührt."*

Dennoch: *Eine Polizei hat im Kampf gegen Verbrecher schlechte Karten, wenn sie unter keinen Umständen die Wohnung eines Verdächtigen betreten (oder abhören) darf, solange noch keine böse Tat begangen wurde. Art. 2.7 stellt natürlich die Rückzugsbastion der einzelstaatlichen Souveränität wenigstens für die Innenpolitik dar, wenn schon das einstmals vornehmste Instrument souveräner Außenpolitik, das* ius ad bellum*, den Regierungen der Staaten aus der Hand gewunden wird.*

Die Vereinten Nationen – Sicherheitsrat und ebenso die Generalversammlung – sind mit dem Art. 2.7 großzügig umgegangen, wenn der Bösewicht ein schwacher Staat war. Südafrikas *Apartheid*-Gesetzgebung 1948-90 war eindeutig Innenpolitik, dennoch kritisierte und verdammte die Generalversammlung sie Jahr für Jahr; der dafür beschworene Vorwand, die Apartheid bedrohe den zwischenstaatlichen Frieden in der Region, erwies sich erst ab 1975, als tatsächlich südafrikanische Militärkommandos in den Nachbarländern gegen die Befreiungsbewegungen losschlugen, als eine *self-fulfilling prophecy.*

Der Sicherheitsrat war es dann 1991, der dem Irak vorschrieb, wie er mit den Kurden innerhalb seiner Staatsgrenzen umzugehen habe – auch dies war – im Unterschied zur

Invasion in Kuwait 1990 – eine innere Angelegenheit, mochte auch der Einsatz von Giftgas gegen die Kurden noch so berechtigte internationale Empörung auslösen. Überhaupt nichts mit Gefahren für den internationalen Frieden hatte die Diktatur in Haïti zu tun, zu deren Ablösung durch Demokratie die VN von September 1993 bis Juni 1996 eine Blauhelm-Operation in Gang setzten. Als Rechtfertigung für bewaffnete Eingriffe in die Innenpolitik bestimmter Staaten – keineswegs nur mit einem VN-Mandat, sondern immer häufiger nach Gutdünken der Supermacht – schlich sich seit etwa 1990 der schillernde Begriff der *Humanitären Intervention* in die Sprache der Weltpolitik ein.

Der Sicherheitsrat soll das Kriegsverbot erzwingen

Damit ist die weise Selbstbeschränkung von 1945, den Vereinten Nationen und nur den Vereinten Nationen die Verhinderung von Kriegen zwischen den Staaten zu übertragen – wahrlich keine geringe Aufgabe! – und sie dafür mit der erforderlichen Muskelkraft auszustatten, zunehmend aus dem Blickfeld geraten. Die entsprechenden Absätze der Charta sind nun nicht mehr wie beim Völkerbund nur in der deutschen Überschrift ein „Kriegsverbot", sondern eindeutig:

> „Art. 2.3 *Alle Mitglieder legen ihre internationalen Streitigkeiten durch friedliche Mittel so bei, daß der Weltfriede, die internationale Sicherheit und die Gerechtigkeit nicht gefährdet werden.*
> Art. 2.4 *Alle Mitglieder unterlassen in ihren internationalen Beziehungen jede gegen die territoriale Unversehrtheit oder die politische Unabhängigkeit eines Staates gerichtete oder sonst mit den Zielen der Vereinten Nationen unvereinbare Androhung oder Anwendung von Gewalt.*"

Kapitel VII enthält dann die Stufenleiter von Maßnahmen, die der Sicherheitsrat gegen einen Aggressorstaat zu ergreifen hat. Sie beginnt mit der Feststellung, „...ob eine Bedrohung oder ein Bruch des Friedens oder eine Angriffshandlung vorliegt" (Art. 39), führt dann über *Vorläufige Maßnahmen* (Art. 40) und *Friedliche Sanktionsmaßnahmen* (Art. 41 : „...vollständige oder teilweise Unterbrechung der Wirtschaftsbeziehungen..." usw.) und endet bei der *ultima ratio regum*, wie auf Kanonen der frühen Neuzeit bisweilen in Erz gegossen geschrieben stand – beim letzten Mittel des Krieges in den Händen der nunmehr Vereinten Könige:

> „Art. 42 *Ist der Sicherheitsrat der Auffassung, dass die in Artikel 41 vorgesehenen Maßnahmen unzulänglich sein würden oder sich als unzulänglich erwiesen haben,*

so kann er mit Luft-, See- oder Landstreitkräften die zur Wahrung oder Wiederherstellung des Weltfriedens und der internationalen Sicherheit erforderlichen Maßnahmen durchführen. Sie können Demonstrationen, Blockaden und sonstige Einsätze der Luft-, See- oder Landstreitkräfte von Mitgliedern der Vereinten Nationen einschließen."

Diese Drohung wirft (mindestens) drei Fragen auf: Woher sollen die VN-Streitkräfte kommen? Was genau ist eine Angriffshandlung? Was soll mit einem Aggressorstaat geschehen, nachdem die VN ihn besiegt haben?

Auf die erste Frage findet sich eine indirekte Antwort in der Charta selbst. Artikel 47 spricht von einem *Generalstabsausschuß (Military Staff Committee)*, „...um den Sicherheitsrat in allen Fragen zu beraten und zu unterstützen, die dessen militärische Bedürfnisse ... betreffen". Er besteht aus den Generalstabschefs der fünf ständigen Mitglieder des Sicherheitsrates oder ihren Vertretern. Das erlaubt den Rückschluß, daß diese Großmächte (ganz im Sinne Franklin D. Roosevelts) auch das Bombardieren des Friedensstörers und/oder sonstige Kampfhandlungen erledigen sollten.

Soweit die Theorie. Praxis: Den Generalstabsausschuß gibt es tatsächlich, er tritt regelmäßig alle 14 Tage zu einer nicht-öffentlichen Sitzung zusammen, die in der Regel nur wenige Minuten dauert;[18] denn: Er hat dem Sicherheitsrat niemals irgendwelche Streitkräfte zur Verfügung gestellt, solche der „fünf Polizisten" schon gar nicht. Während des Kalten Krieges war das undenkbar, die Lage hat sich jedoch auch nach seinem Ende nicht verändert.

Die Frage Nr. 2 hat die VN jahrzehntelang beschäftigt. Erst am 14. Dezember 1974 konnte sich die Generalversammlung auf eine „Definition des Begriffs Aggression" einigen.[19] Die entscheidenden Formulierungen lauten:

„Art. 1 *Aggression bedeutet Anwendung von Waffengewalt durch einen Staat gegen die Souveränität, die territoriale Unversehrtheit oder politische Unabhängigkeit eines anderen Staates oder auf eine andere mit der Charta der Vereinten Nationen nicht vereinbare Art und Weise, wie sie in dieser Definition aufgeführt ist. Erläuterung: Der Begriff ‚Staat' in dieser Definition (a) wird ohne Stellungnahme zur Frage der Anerkennung oder der weiteren Frage verwendet, ob ein Staat Mitglied der Vereinten Nationen ist, und (b) schließt gegebenenfalls den Begriff ‚Staatengruppe' ein. ...*
Art. 3 *Jede der folgenden Handlungen gilt, ohne Rücksicht auf eine Kriegserklärung, ... als Angriffshandlung:*
(a)Die Invasion oder der Angriff durch die Streitkräfte eines Staates auf das Gebiet

eines anderen Staates, oder jede auch noch so vorübergehende militärische Besetzung als Folge einer solchen Invasion oder eines solchen Angriffs, oder jede gewaltsame Einverleibung des Hoheitsgebietes eines anderen Staates oder eines Teils davon;
(b) Die Beschießung oder Bombardierung des Hoheitsgebietes eines Staates durch die Streitkräfte eines anderen Staates...
(c) Die Blockade der Häfen oder Küsten eines Staates durch die Streitkräfte eines anderen Staates;
(d) Ein Angriff durch die Streitkräfte eines Staates gegen die Land-, See- oder Luftstreitkräfte oder die See- und Luftflotte eines anderen Staates;
(e) Der Einsatz von Streitkräften eines Staates, die sich im Hoheitsgebiet eines anderen Staates mit dessen Zustimmung befinden ... oder jede Verlängerung ihrer Anwesenheit in diesem Gebiet über das Ende der Zustimmung hinaus;
(f) Die Handlung eines Staates, die in seiner Duldung besteht, daß sein Hoheitsgebiet, das er einem anderen Staat zur Verfügung gestellt hat, von diesem anderen Staat dazu benutzt wird, eine Angriffshandlung gegen einen dritten Staat zu begehen;
(g) Das Entsenden bewaffneter Banden, Gruppen, Freischärler oder Söldner durch einen Staat oder für ihn, wenn sie mit Waffengewalt Handlungen gegen einen anderen Staat von so schwerer Art ausführen, dass sie den oben angeführten Handlungen gleichkommen oder die wesentliche Beteiligung an einer solchen Entsendung.
Art. 4 *Die obige Aufzählung der Handlungen ist nicht erschöpfend; der Sicherheitsrat kann feststellen, daß andere Handlungen ebenfalls eine Aggression nach den Bestimmungen der Charta darstellen. ...*
Art. 7 *Keine Bestimmung dieser Definition, insbesondere Artikel 3, kann in irgendeiner Weise das aus der Charta hergeleitete Recht auf Selbstbestimmung, Freiheit und Unabhängigkeit von Völkern beeinträchtigen, denen dieses Recht gewaltsam entzogen wurde..., insbesondere Völker unter Kolonial- und Rassenherrschaft oder andere Formen der Fremdherrschaft; auch nicht das Recht dieser Völker, zu diesem Zweck zu kämpfen und zu versuchen, Unterstützung zu erhalten."*

Bezeichnend für diese Definition des Schlüsselbegriffs der Friedenssicherung ist auf den ersten Blick, wie altmodisch sie erscheint. Für sie gibt es als Akteure der internationalen Politik bis zum vorletzten Artikel nur die Staaten. Dann aber tauchen in Artikel 7 plötzlich die Krieg führenden Befreiungsbewegungen auf, und sie werden von der Anklage der Aggression einfach freigestellt. Wenn also beispielsweise die *Palestine Liberation Organisation* (PLO) vom Gebiet des Libanon aus und mit Unterstützung Syriens militärische Angriffe gegen Israel startet, ist das keine Aggression. Sobald die israelische Armee deshalb im Libanon einmarschiert, ist der Tatbestand der Aggression gegeben. Beide Eigenschaften des Textes gehen auf sowjetische Entwürfe zurück. Vielleicht sah auch deshalb Moskau 1990/91 keinen Anlaß, sein Veto gegen die anti-irakischen Resolutionen des Sicherheitsrates einzulegen, als Saddam Hussein buchstabengetreu die Aggression Iraks gegen Kuwait vollzogen hatte.

Es bleibt die dritte Frage zu beantworten, was mit einem Aggressorstaat geschehen soll, nachdem die militärische Macht der Vereinten Nationen ihn besiegt hat. Die Antwort ist ebenso einfach wie unbefriedigend: Für diesen Fall ist nichts vorgesehen, weder in der Charta (abgesehen von der Leerformel „Wiederherstellung des Weltfriedens...") noch in später beschlossenen Dokumenten. Dabei mußten doch die Politiker 1945 die bedingungslose Kapitulation des Deutschen Reiches und Japans vor Augen haben, ihre militärische Besetzung durch die Siegermächte und ihre zeitweilige Verwaltung durch alliierte Militärregierungen. Die Artikel 53 und 107 der Charta klammern diese Maßnahmen ausdrücklich aus der Zuständigkeit der VN aus, was plausibel war, denn sie waren im Juni 1945 bereits von den Großmächten untereinander vereinbart. *Aber man hätte doch für künftige Situationen Vorsorge treffen können.* Die Praxis: Bei der ersten Militäroperation unter der blauen VN-Flagge gegen einen Aggressorstaat – im Koreakrieg 1950 – wollte der amerikanische General Douglas MacArthur[20] (1880-1964) Nordkorea genauso behandeln, wie seine Regierung fünf Jahre zuvor Japan oder Deutschland behandelt hatte, und ließ seine Soldaten bis zum Yalufluß marschieren, womit sie das gesamte Gebiet Nordkoreas besetzt hätten. US-Präsident Truman sah sein Kriegsziel (denn in Wirklichkeit war dies natürlich sein Krieg und nicht einer der Vereinten Nationen) anders, und Kim Il Sung blieb in Pjöngjang ebenso an der Macht wie Saddam Hussein (*1937) in Bagdad 1991, als eine wiederum von den USA geführte Allianz im Auftrag des Sicherheitsrats den Zweiten Golfkrieg führte.

Die Generalversammlung ist kein demokratisches Parlament

Über die *Generalversammlung* der Vereinten Nationen wurde oben bereits gesagt, sie sei kein Weltparlament. Wie also ist sie konzipiert? Historisch gesehen, einerseits als Fortschreibung der Versammlung des Völkerbundes, andererseits zur Beruhigung der kleineren Mitgliedstaaten angesichts ihres Mißtrauens gegen die Großmächte 1944/45. Jeder Staat hat dort eine Stimme – von China bis San Marino –, nur der Sowjetunion wurden durch die separate Aufnahme der Ukraine und Weißrußlands (Belarus) drei Stimmen zugestanden. An diesem Prinzip wird sich ebenso wenig ändern wie am Vetorecht der Großmächte im Sicherheitsrat. *Schwärmerische Vorschläge zu einer „Demokra-*

tisierung" der Vereinten Nationen laufen ins Leere. Die Generalversammlung darf über alles und jedes beraten, aber ihre Beschlüsse sind gemäß den Artikeln 10 und 11 der Charta bloße *Empfehlungen* an den Sicherheitsrat oder an Mitgliedstaaten. Die Generalversammlung ist nicht mehr, aber auch nicht weniger als ein Diskussionsforum für die Regierungen; speziell ihre Korridore, auf Englisch sagt man *Lobbies,* haben oft als Ort für vertrauliche Fühlungnahmen und Verhandlungen gedient. Einmal allerdings, 1950, haben die USA versucht, ihren Gegner Sowjetunion auszumanövrieren, indem sie die (ihnen damals sichere) Mehrheit der Generalversammlung mit dem Mantel des Sicherheitsrats umkleideten; auf die damals beschlossene *Uniting-for-Peace-Resolution*, die den USA das grüne Licht zur militärischen Verteidigung Südkoreas unter der VN-Flagge verschaffte, wird im Zusammenhang der Friedenssicherung einzugehen sein.

Struktur der Generalversammlung der Vereinten Nationen

Die Mitgliedstaaten werden inoffiziell nach geographischen, aber auch politischen Gesichtspunkten (letztere stammen aus dem Kalten Krieg) in fünf Gruppen zusammengefaßt:

- Afrikanische Staaten (53, einschließlich Nordafrika und Afrika benachbarte Inseln, z.B. Mauritius);
- Asiatische Staaten (51, einschließlich zentralasiatische Staaten der ehemaligen Sowjetunion sowie Zypern);
- Osteuropäische Staaten (21: die Staaten des einstigen „Sozialistischen Lagers" einschließlich Transkaukasiens, sowie die Nachfolgestaaten Jugoslawiens);
- Lateinamerikanische und karibische Staaten (33, einschließlich Cuba);
- Westeuropäische und andere Staaten (28, einschließlich Türkei, Kanada, Australien, Neuseeland, Island).

Die USA haben sich keiner Gruppe angeschlossen; sie arbeiten als Beobachter in der „Westeuropa-und-andere"-Gruppe mit. Israel wurde Ende Mai 2000 „zeitweilig" in diese Gruppe aufgenommen. Estland, Ost-Timor sowie die beiden pazifischen Zwergstaaten Kiribati und Palau gehörten 2003 keiner Gruppe an. Die Türkei arbeitet auch in der Asien-Gruppe mit.

Der *Generalsekretär* der Vereinten Nationen schließlich ist ein undankbares Amt. Er muß den Spagat wagen zwischen der Rolle eines Bürovorstehers, wie es die Charta will, und den hochgeschraubten Erwartungen, die sich bei den (echten) Völkern und in den Medien der Welt auf ihn richten – umso mehr, je deutlicher der Sicherheitsrat bei der Kriegsverhütung versagt. Dann soll der Generalsekretär als Diplomat vermitteln, obwohl ihm kein weltweiter diplomatischer Dienst als Informationshintergrund zur Verfügung steht, oder gar als Oberbefehlshaber von Friedenstruppen exekutive Gewalt ausüben. Der Versuch, diese zuletzt genannte Rolle wirklich zu spielen, hat dem zweiten VN-Generalsekretär, Dag Hammarskjöld (1905-1961), das Leben gekostet.[21] Ein Menschenalter später strebte Generalsekretär Boutros Boutros-Ghali (*1922)[22] zu Beginn seiner Amtszeit 1992 danach, direkten Zugriff auf Satelliten-Information und einen eigenen diplomatischen Dienst in den Hauptstädten der Staaten zu erhalten; das machte ihn bei der Supermacht USA so unbeliebt, daß sie 1996 eine zweite Amtsperiode des ägyptischen Staatsmanns verhinderten.

Sonderorganisationen

Wie zuvor angedeutet, stellten die Gründer der Vereinten Nationen von Anfang an die neue Weltorganisation auf zwei Beine. Dabei ist die bisher hier betrachtete Kriegsverhütung offensichtlich das Standbein. Als Spielbein wurde ihr die *Zusammenarbeit der Staaten für sozialen Fortschritt und besseren Lebensstandard* hinzugefügt. Diese Begriffe finden sich bereits in der Präambel der Charta. Ursprünglich war geplant, diese große positive Aufgabe völlig funktionalen Sonderorganisationen zu übertragen, wofür die vom Völkerbund übernommene *Arbeitsorganisation* (ILO) das Modell lieferte. So entstanden im System der VN alsbald eigenständige Organisationen[23]

- für Ernährung und Landwirtschaft *(Food and Agricultural Organization* -FAO) am 16. Oktober 1945, seit 1951 in Rom ansässig;
- für Erziehung, Wissenschaft und Kultur *(United Nations Educational, Scientific and Cultural Organization* -UNESCO) am 14. Dezember 1946, mit Sitz in Paris;
- die Weltgesundheitsorganisation *(World Health Organization* –WHO) am 7. April 1948, mit Sitz in Genf; schließlich mit erheblicher Verspätung
- die Organisation für Industrielle Entwicklung (*United Nations Industrial Development Organization* -UNIDO) am 1. Januar 1986 mit Sitz in Wien, die zuvor seit 1967 als (unselbständiges) ständiges Sonderorgan der Generalversammlung gearbeitet hatte.

Keine Sonderorganisation der VN im strengen Sinne, vielmehr eine autonome zwischenstaatliche Organisation mit Anlehnung an das VN-System ist die 1957 gegründete Internationale Atomenergie-Organisation (*International Atomic Energy Agency* -IAEA) mit Sitz in Wien. Ihre wichtigste politische Aufgabe ist zu garantieren, daß kein Staat, der dem *Vertrag über die Nichtverbreitung von Kernwaffen* (siehe Kap. 7) als Nicht-Atomwaffenstaat beigetreten ist, dann doch nukleares Material von friedlichen für militärische Zwecke abzweigt.

Für die Neuregulierung der *Weltwirtschaft* waren in der Gründungsphase der Vereinten Nationen der *Internationale Währungsfonds* (IWF, englisches Akronym IMF) und die *Internationale Bank für Wiederaufbau und Entwicklung* (englisches Akronym IBRD) als *Weltbank* vorgesehen, sowie eine Internationale Handelsorganisation (ITO). Die beiden erstgenannten Institutionen wurden auch nach einer in Bretton Woods (New Hampshire/USA) vom 1. bis 22. Juli 1944 tagenden Konferenz gegründet; jedoch trat ihnen (Stichwort: Ursprünge des Kalten Krieges) die Sowjetunion nicht bei, und die Staaten ihrer Einflußsphäre mußten, soweit sie es doch getan hatten, alsbald wieder austreten. Man kann IWF und Weltbank also – in politischer Sicht – bis 1990 nicht dem VN-System zurechnen, dessen Wesensmerkmal die gemeinsame Präsenz der „fünf Polizisten" war und ist.

Die ITO wiederum scheiterte am Kongreß der USA, dem die 1948 nach langen internationalen Verhandlungen formulierte *Havanna-Charta* nicht behagte; zwar fußte sie auf amerikanischen Vorschlägen aus dem Jahre 1945, die im Geiste des Freihandels einen weltweiten Abbau von Zöllen und Kontingenten vorsahen. Aber eine für Überwachung solcher Regeln kompetente ITO hätte auch die USA verpflichtet, ihre eigene Tür offen zu halten, und zur Förderung der heimischen Wirtschaft hielten allzu viele amerikanische Volksvertreter Protektionismus für gelegentlich angezeigt.[24] So kam nur am 31. Oktober 1947 ein ursprünglich als Teil der ITO konzipiertes Allgemeines Zoll- und Handelsabkommen (*General Agreement on Tariffs and Trade* -GATT) zustande. Seit 1964 versuchen die Regierungen der so genannten Dritten Welt, sich auf der alle vier Jahre tagenden *VN-Konferenz für Handel und Entwicklung* (UNCTAD) etwas Gehör bei den Industriemächten zu verschaffen, scheiterten aber Ende der 1970er Jahre mit ihrem Programm einer „Neuen Weltwirtschaftsordnung".

Erst 1995 ging aus der „Uruguay-Runde" des GATT[25] die straffer verfaßte *World Trade Organization* (WTO) hervor.[26] Sie ist nach wie vor dem Prinzip des Freihandels verpflichtet, mit (Stand April 2004) 147 Mitgliedstaaten fast so universal wie die UNO *– und bei den Gegnern der real existierenden Globalisierung der als Angriffsziel beliebteste Sündenbock für alle Übel dieser Welt.*

Merkpunkte zur WTO

- Unter den 147 *Mitgliedstaaten* der WTO fehlen bisher (April 2004) Rußland und die meisten anderen Nachfolgestaaten der UdSSR. Die Volksrepublik China trat am 11. Dezember 2001 bei, gefolgt von der Republik China (=Taiwan) am 1. Januar 2002. Auch die EU-Kommission hat Mitgliedstatus.
- *Hauptorgan* der WTO ist die *Ministerkonferenz*, die bis 2004 fünfmal zusammentrat. Die 3. Konferenz in Seattle (USA) scheiterte 30.11.-3.12.1999 inmitten von

Massendemonstrationen vor allem an Gegensätzen zwischen USA und EU; die 4. Konferenz in Doha (Katar) leitete 9.-14.11.2001 eine neue Verhandlungsrunde ein; die 5. Konferenz scheiterte wiederum am 14.09.2003 in Cancún (Mexiko), diesmal blockiert von einer Einheitsfront der Schwellenländer und der armen Staaten insbesondere Afrikas.

- *Generaldirektor* der WTO mit Sitz in Genf war bis 1999 Renato *Ruggiero* (Italien), seit 2002 abgelöst durch Supachai *Panitchpakdi* (Thailand). Das Sekretariat hat rund 500 Mitarbeiter, das Budget (2002) umfaßt 143 Mio. Schweizer Franken.

Die Finanzen der Vereinten Nationen

Die Finanzierung der Vereinten Nationen ist im Prinzip plausibel geregelt, wirft aber in der Praxis seit langem Probleme auf, hat zur Diskussion zahlreicher Reformvorschläge geführt und wird insbesondere in den USA politisch instrumentalisiert. Es wäre von Anfang an absurd gewesen, das Gleichheitsprinzip der Generalversammlung – ein Staat, eine Stimme – auf die Finanzen anzuwenden. Vielmehr folgte man dabei dem Prinzip, die Mitgliedstaaten entsprechend ihrer Wirtschaftskraft zu belasten, gewissermaßen als Gegenleistung zu ihren ebenso bemessenen Stimmrechten bei der Weltbank und beim IMF.

Insgesamt ist das Budget der Weltorganisation fast beschämend bescheiden – in eklatantem Widerspruch zur lautstarken Kritik an angeblicher administrativer Verschwendung, die vor allem einige Kongreßabgeordnete in Washington regelmäßig anstimmen.[27] Für den bei den VN üblichen Zweijahreszeitraum 2002-2003 beschloß die Generalversammlung reguläre Ausgaben in Höhe von $ 2.625.178.700, also pro Jahr knapp 1,3 Mrd. $.[28] Man bedenke dagegen den Haushalt der Bundesrepublik Deutschland in Höhe von € 246,3 Mrd. Die ebenfalls von der Generalversammlung festgelegten Bei-

VN-Beitragssätze von mehr als 1% des regulären Budgets 2002			
USA	22%	Japan	19,669%
Deutschland	9,845%	Frankreich	6,516%
Großbritannien	5,579%	Italien	5,104%
Kanada	2,579%	Spanien	2,539%
Brasilien	2,093%	Südkorea	1,866%
VR China	1,545%	Niederlande	1,751%
Australien	1,640%	Russland	1,200%
Argentinien	1,159%	Belgien	1,138%
Mexiko	1,095%	Schweden	1,035%

träge der Mitgliedstaaten bewegen sich seit 2000 zwischen einem Höchstsatz von 22% und einem Niedrigstsatz von 0,001 %. Die „Friedenserhaltenden Einsätze“ *(Peacekeeping Operations)* der Vereinten Nationen haben mit wenigen Ausnahmen[29] ihre eigenen Budgets, für die ebenfalls verbindliche Beiträge von allen Mitgliedstaaten eingefordert, jedoch keineswegs immer voll bezahlt werden; hier sollen die Großen etwas höhere Anteile übernehmen. 1989-91 lagen die Gesamtausgaben der VN für *Peacekeeping* im Jahresdurchschnitt bei $ 500 Mio., dann schnellten sie sprunghaft bis zu einem vorläufigen Höchststand von $ 3.364 Mio. im Jahre 1995 hinauf (vor allem durch die Operationen im ehemaligen Jugoslawien).[30] Für das Jahr 1996 hat Generalsekretär Boutros-Ghali berichtet, daß *Peacekeeping*-Beiträge in einer Höhe von insgesamt $ 2.859 Mio. festgesetzt, aber bis zum 31.Juli nur $ 682 Mio. eingegangen waren; das reguläre Budget der Vereinten Nationen betrug für dieses Jahr $ 1.701 Mio. – davon waren am 31. Juli $ 874 Mio. in der Kasse.[31] Für 2003 rechneten die VN mit Kosten von etwa $ 2,2 Mrd. der in diesem Jahr aktuellen 13 Einsätze.

Wie viel Geld genau der mit Abstand säumigste Beitragszahler, die Vereinigten Staaten von Amerika, den Vereinten Nationen kumulativ schuldet, ist umstritten. Ende 1998 sprach das VN-Sekretariat in New York von $ 1,4 Mrd., Washington von „nur“ 1,02 Mrd. Selbst Präsident Clinton verlangte (obwohl das Weiße Haus den Vereinten Nationen im allgemeinen wohlwollender gegenübertritt als der Kongreß), daß der amerikanische Beitrag von 25 auf 20 Prozent des regulären Budgets gedrückt werden solle, und der Kongreß begrenzte den *Peacekeeping*-Beitrag der USA auf 25 Prozent, während die VN 31 Prozent fordern.[32]

Generalsekretär Kofi Annan (*1938), der als Wunschkandidat der USA 1997 dieses Amt antrat, sagte wenig später in einem Interview für ein deutsches Nachrichtenmagazin:[34]

> *„Ich möchte den Amerikanern sagen: Ihr seid Mitglied in einer Weltgemeinschaft, die nach festen Regeln funktioniert. Ihr werdet dort gebraucht, eure Führung ist wichtig. Aber auch ihr seid auf diese Organisation angewiesen. Deswegen tut euch mit anderen reformwilligen Regierungen zusammen und stärkt die Uno. Im übrigen – die Vereinigung der Staaten dieser Welt gibt weniger Geld aus als die New Yorker Polizei und beschäftigt weniger Angestellte als der amerikanische Kongreß. ... Wenn alle vertragsgemäß zahlen würden, hätten wir keine Finanzkrise. Ich wünschte mir Regeln, nach denen säumige Zahler ihr Stimmrecht bei der Uno nur ausüben können, wenn sie ihre Beiträge tatsächlich voll oder mindestens zur Hälfte bezahlt haben – Stimmrecht nur gegen Geld.“*

Der Generalsekretär hielt es für überflüssig, deutsche Leser auf Art. 19 der VN-Charta hinzuweisen, der ausdrücklich vorsieht, daß Mitgliedstaaten ihr Stimmrecht in der

Generalversammlung einbüßen, wenn die Beitragsrückstände zwei Jahresansätze erreichen. Wie jedermann aus den oben mitgeteilten Ziffern errechnen kann, liegen die USA weit über dieser Marke; dennoch war von einem Entzug des Stimmrechts nie die Rede – vielleicht, weil die Generalversammlung (gemäß Art. 19, letzter Satz) überzeugt davon ist, daß „der Zahlungsverzug auf Umständen beruht, die dieses Mitglied nicht zu vertreten hat".

Ende 1999 beschloß der US-Kongreß, den VN in drei Raten insgesamt $ 605 Mio. nachzuzahlen – geknüpft an gewisse Bedingungen. Mindestens eine davon haben die VN 2000 erfüllt: den Anteil der USA am regulären Budget von 25 % auf 22 %, am Budget der Friedens-Einsätze von 30 % auf 25 % zu senken. Ende 2001 waren die USA mit ihren Beiträgen zum regulären VN-Haushalt noch um $ 165 Mio., zu den Friedenseinsätzen um $ 691 Mio. im Rückstand; in den folgenden Jahren wurden beide Bilanzen ausgeglichen.[35]

In amerikanischer Sicht bedürfen die Vereinten Nationen der Reform vorzüglich im Bereich des finanziellen Managements. Andere – politisch Handelnde und Wissenschaftler – zerbrechen sich den Kopf eher über die konkreten Probleme der Friedenssicherung oder über die angesichts organisatorischen Wildwuchses fällige Neustrukturierung des Entwicklungs-Einsatzes der Vereinten Nationen;[36] wir kommen darauf in den folgenden Kapiteln zurück.

Nur die deutsche Bundesregierung pochte seit der Wiedervereinigung hartnäckig auf Reformbedarf bei der Zusammensetzung des Sicherheitsrats – speziell in der Amtszeit von Klaus Kinkel (FDP) als Außenminister. Er meinte damit einen ständigen Sitz für Deutschland, ohne je deutlich zu sagen, ob damit auch das Vetorecht beansprucht würde.

Der Vorstoß hatte nie eine Chance auf Erfolg. Denn neue ständige Sitze im Sicherheitsrat fordern vor allem Staaten aus der Dritten Welt. Aber sie können sich nicht einigen, wer von ihnen dann Afrika, Asien oder Lateinamerika unter den Weltpolizisten vertreten soll.[37] Kofi Annan weiß das; das vorstehend bereits zitierte Interview schließt mit dem Wortwechsel:

> „SPIEGEL: *Regen Sie auch eine Neubesetzung des Sicherheitsrates an, etwa einen ständigen Sitz für Deutschland?*
> Annan: *Ich bin zwar kürzlich von einem erfolgreichen Deutschlandbesuch zurückgekehrt. Aber davon lasse ich doch lieber die Finger. Über die Zusammensetzung des Sicherheitsrats entscheiden allein die Mitgliedstaaten.*"

Die Welt muß bis auf weiteres damit rechnen, daß die Vereinten Nationen so bleiben, wie sie sind. Sie sind nach dem Ende des Kalten Krieges im großen und ganzen immer noch so, wie die Konstrukteure der Charta sie sich 1944 und 1945 – also vor Ausbruch des Kalten Krieges – gedacht haben. Sie sind keine perfekte Weltorganisation für die Anforderungen des 21. Jahrhunderts. Aber sie könnten viel schlechter sein.

An diesem Zustand hat auch die Brüskierung des Sicherheitsrates durch die USA im Jahre 2003 nicht Grundsätzliches geändert. Die Supermacht überzog den Irak mit Krieg ohne Rückendeckung durch das für einen solchen Schritt allein befugte Organ der Vereinten Nationen. Nach dem „Sieg" (der sich im weiteren Verlauf des Jahres 2003 und bis zur Stunde im Herbst 2004 als etwas ganz anderes denn ein Sieg entpuppte) weigerten sich die USA, die Verwaltung des eroberten Landes den VN zu überlassen. *Letzteres war nur konsequent:* Der Irak war und ist weder mit Kambodscha noch mit Kosovo vergleichbar. Die Befehlskette einer VN-Verwaltung endet beim Generalsekretär. Kofi Annan hat aus gutem Grund nach der Eroberung des Irak – einen Monat vor dem Tod seines Repräsentanten, Sergio Vieira de Mello, in den Trümmern des Bagdader VN-Gebäudes am 19. August 2003 – öffentlich erklärt, daß ihm das Werkzeug fehlt, eine solche Aufgabe zu meistern.

Aus dem Bericht Annans zum Irak vom 17. Juli 2003 an den Sicherheitsrat

§ 51. Einige Regierungen sind informell an meinen Sonder-Repräsentanten [den am 19.08.2003 ermordeten Sergio Vieira de Mello, *F.A.] herangetreten, um die Möglichkeit zu erkunden, [im Irak, F.A.] internationale Polizei im Zeichen der Vereinten Nationen zu stationieren. Gegenwärtig liegt die Verantwortung für exekutive Durchsetzung des Rechts allein bei der [Besatzungs-, F.A.]Behörde… Diskussionen über dieses Thema zwischen meinem Sonder-Repräsentanten und der Behörde haben mich zu dem Glauben geführt, daß die Errichtung einer internationalen Polizeitruppe im Zeichen der Vereinten Nationen ein Parallel-System für die Durchsetzung des Rechts schaffen würde, die nicht effektiv wäre, um Recht und Ordnung zu verbessern.*

Anmerkungen

1 Als Basis-Information neben *www.un.org* dient das United Nations Yearbook (seit 1946, zuletzt 2002 für 1999), dessen vollständiger Bestand auf zwei CD-ROM erhältlich ist; handlicher das seit 1961 vom Außenministerium Neuseelands herausgegebene United Nations Handbook (zuletzt 2003). In deutscher Sprache erscheint die Zeitschrift der Deutschen Gesellschaft für die Vereinten Nationen (DGVN), *Vereinte Nationen* (Berlin, 6 Hefte pro Jahr). Aus der internationalen Literatur vgl. insbesondere Claude 1971, Hüfner 1991-1995, Unser 1997, Hüfner (Hg.) 1994, Bertrand 1995, Volger (Hg.) 2000, Simma et al. 2. Aufl. 2002, Schorlemer (Hg.) 2002; Thomas G. Weiss & David P. Forsythe & Roger A. Coate: The United Nations and Changing World Politics. Boulder (USA) 4. Aufl. 2004.

2 Vgl. Claude 1965, S. 46, wo Wilsons Idealismus auf Immanuel Kants Schrift *Zum Ewigen Frieden* (1795 – zum Auftakt der Napoleonischen Kriege!) zurückgeführt wird.

3 Am 03.02.1919 befaßte sich erstmals ein Ausschuß der Friedenskonferenz unter Vorsitz Wilsons mit Entwürfen zur Satzung des Völkerbundes. Ein Kompromiß zwischen amerikanischen und britischen Vorschlägen kam zustande, am 28.04.1919 stimmte die Vollversammlung der Friedenskonferenz der Satzung zu. Erst am 29.04. wurde die deutsche Delegation zur Konferenz zugelassen.

4 Der Senat wünschte, Vorbehalte an den Vertrag zu knüpfen, und lehnte ihn ohne Vorbehalte mit 53 gegen 38 Stimmen ab; auch für eine Ratifizierung mit Vorbehalten kam nur eine einfache Mehrheit von 49 zu 35 Stimmen zustande, nicht die erforderliche qualifizierte Mehrheit. Vgl. Ernst Fraenkel: Das amerikanische Regierungssystem. Köln/Opladen 1960, S. 289.

5 RGBl S. 701, hier zitiert nach der Beck'schen Textausgabe Die Charta der Vereinten Nationen. München 6. Aufl. 1973, S. 10.

6 Die im Zitat angesprochenen Artikel tragen folgende inoffizielle Titel: Art. 12 Verpflichtung zur friedlichen Streiterledigung; Art. 13 Schiedsgerichtsbarkeit und Gerichtsbarkeit; Art. 15 Verfahren bei Streitfragen

7 Vgl. Antony Alcock: History of the International Labour Organisation. London 1971.

8 Elliott Roosevelt [Sohn des Präsidenten] & Joseph P. Lash (Hg.): F.D.R. His personal letters 1928-45, Bd. 2. New York 1950, S. 1366 f.; hier zitiert in Anlehnung an die Übersetzung bei Walter Lipgens (Hg.): Europa-Föderationspläne der Widerstandsbewegungen 1940-1945. München 1968, S. 464 f. Vgl. Loth 1980, S. 31, der als Polizeibezirk der USA und Chinas fälschlich den Nahen statt den Fernen Osten nennt.

9 Herausgeber der Zeitschrift *Changing World* und früherer Geschäftsführender Vorsitzender des „Committee to Defend America by Aiding the Allies“, beriet 1945 die amerikanische Delegation auf der Gründungskonferenz der Vereinten Nationen in San Francisco.

10 Vgl. Martin Lallach: Die Wahrung des Weltfriedens und der internationalen Sicherheit als Aufgabe des Sicherheitsrates der Vereinten Nationen. Berlin 1998 (Schriften zum Völkerrecht 130).

11 Gromyko war 1943-46 sowjetischer Botschafter in Washington, 1957-85 Außenminister und 1985-88 Staatspräsident der Sowjetunion.

12 Vgl. Claude 1965, S. 53; demnach waren in Jalta noch das Abstimmungsverfahren im Sicherheitsrat (siehe das hier folgende Zitat) und das Treuhandsystem strittig, welches das Mandatssystem des Völkerbundes ablöste.

13 Alexander Fischer (Hg.): Teheran Jalta Potsdam. Die sowjetischen Protokolle von den Kriegskonferenzen der „Großen Drei“. Köln 3. Aufl. 1985, S. 130 f. [Original russisch] – Anthony Eden (1897–1977) war 1940-45 und erneut 1951-55 britischer Außenminister, 1955-57 Premierminister.

14 Zusätze in [ ] finden sich nur in den Aufzeichnungen des amerikanischen Konferenzdolmetschers Charles E. Bohlen.

15 Die Generalversammlung beschloß mit Res. 2758 (xxvi), „alle Rechte der Volksrepublik China wiederherzustellen und die Vertreter ihrer Regierung als einzige legitime Vertreter Chinas in den Vereinten Nationen anzuerkennen“; seitdem ist die Republik China auf Taiwan in den VN nicht mehr vertreten.

16 Die *United Nations Transitional Authority in Cambodia* (UNTAC) verwaltete das Land von März 1992 bis September 1993 und überwachte „freie und faire“ Wahlen Ende Mai 1993, die zwar den Bürgerkrieg nicht beendeten, jedoch formal eine Koalitionsregierung aller Bürgerkriegsparteien zustandebrachten, worauf diese den Sitz in den Vereinten Nationen einnahm.

17 Diese Nachfolgestaaten der Sowjetunion sind seit 1992 eigenständige VN-Mitglieder, die drei baltischen Staaten schon seit 1991. Die Ukraine und Belarus (Weißrußland) sind seit 1945 VN-Mitglieder neben der Sowjetunion, der sie gleichwohl bis 1991 angehörten; diese Regelung war ein Kompromiß zwischen den Westmächten und Stalin, der 1944 für alle 16 Sowjetrepubliken der UdSSR Sitze in den Vereinten Nationen beansprucht hatte.

18 Vgl. Unser 1992, S. 81.

19 Res. 3314 (XXIX), hier zitiert nach Gottfried Zieger: Die Vereinten Nationen. Hannover 1976:315 ff.; vgl. a.a.O, S. 111 f. – Die Kommission aus zuletzt 35 Staaten, die diesen Text ausarbeitete, wurde bereits 1952 eingesetzt.

20 MacArthur, im Zweiten Weltkrieg berühmt geworden als Verteidiger und Rückeroberer der Philippinen gegen die Japaner, war seit der Kapitulation Japans im September 1945 amerikanischer Militärgouverneur in Japan. Im Juni 1950 übertrug Präsident Truman ihm das Kommando über die VN-Truppen in Korea, die als Achte Armee der USA zusammengefaßt waren. Vgl. Kapitel 9.

21 Hammarskjöld, seit April 1953 Generalsekretär der Vereinten Nationen, stammte aus Schweden. Er übte ab Juli 1960 die Befehlsgewalt über die auf Beschluß des Sicherheitsrats in die Republik Kongo-Kinshasa entsandte Friedenstruppe aus (*Opérations des Nations Unies au Congo* -ONUC). Er kam bei einer Vermittlungsmission zwischen der kongolesischen Zentralregierung und der Regierung der abgespaltenen Provinz Katanga am 17. September 1961 beim Absturz seines Flugzeugs im Grenzgebiet zu Zambia (damals Nord-Rhodesien) ums Leben. Die Unfallursache wurde nie zufriedenstellend aufgeklärt; im August 1998 behauptete die südafrikanische Wahrheits- und Versöhnungskommission, ihr lägen Dokumente über ein Mordkomplott der Geheimdienste der USA, Großbritanniens und Südafrikas gegen Hammarskjöld vor.

22 Boutros-Ghali stammt aus der christlichen Minderheit Ägyptens. Er lehrte Völkerrecht an der Universität Kairo und wurde 1977 von Präsident Sadat zum Außenminister berufen. Ende 1991 wählten ihn Sicherheitsrat und Generalversammlung zum VN-Generalsekretär.

23 Die folgende Aufzählung enthält nur die politisch wichtigsten Sonderorganisationen. Hinzu kommen die Internationale Zivilluftfahrt-Organisation (ICAO) in Montreal, der Fonds für Landwirtschaftliche Entwicklung (IFAD) in Rom, die Seeschiffahrts-Organisation (IMO) in London, die schon 1865 gegründete Fernmeldeorganisation (ITU) in Genf, der seit 1874 bestehende Weltpostverein (UPU) in Bern sowie Weltorganisationen für geistiges Eigentum (WIPO) und für Meteorologie (WMO) in Genf.

24 Vgl. Hartmut Berg: Internationale Wirtschaftspolitik. Göttingen 1976, S. 58 f.

25 Das GATT veranstaltete regelmäßig Konferenz-Runden zwecks Liberalisierung des Welthandels. Vgl. Bernhard May: Die Uruguay-Runde. Verhandlungsmarathon verhindert trilateralen Handelskrieg. Bonn 1994 (DGAP - Arbeitspapiere zur Internationalen Politik 86).

26 Vgl. Wolfgang Benedek: Die neue Welthandelsorganisation (WTO) und ihre internationale Stellung. *Vereinte Nationen* (Bonn) 43-1995-1, S. 13-19; Renato Ruggiero – Generaldirektor der WTO 1995-98: Chancen und Herausforderungen. Neue Aufgaben für die Welthandelsorganisation. *Internationale Politik* (Bonn) 51-1996-7, S. 39-46; Reinhard Rode: Weltregieren durch internationale Wirtschaftsorganisationen. Halle 2001; Theodore H. Cohn: Governing Global Trade. Abingdon (GB) 2002.

27 Vgl. Wilfried Koschorrek: Zahlungsfähigkeit versus Zahlungsbereitschaft. Die Debatte um die Beiträge zu den Vereinten Nationen. *Vereinte Nationen* (Bonn -DGVN-) 45-1997-5, S. 161-167, mit einer Tabelle der Veranlagung 1997, die auch Änderungsvorschläge der EU, der USA und der Gruppe 77 (=Dritte Welt) dokumentiert.

28 United Nations Handbook 2002, S. 357 ff.

29 UNTSO in Israel/Palästina und UNMOGIP in Indien/Pakistan (vgl. Kapitel 9) werden aus dem regulären Budget der Vereinten Nationen finanziert.

30 Berechnungen von Michael Renner (World Watch Institute)

31 Boutros Boutros-Ghali: The 50th Anniversary Annual Report on the Work of the Organization 1996. New York 1996, S. 58 f. Vgl. Anthony McDermott: United Nations Financing Problems and the New Generation of Peacekeeping and Peace Enforcement. Providence (RI/USA) 1994, (Thomas J. Watson Jr. Institute for International Studies -Brown University-, Occasional Paper 16).

32 Vgl. Robert von Rimscha: Kongreß verhindert die Begleichung der Schulden bei der UNO. *Tagesspiegel* (Berlin) 14.03.1998

33 Annan stammt aus Ghana. Er studierte Wirtschaftswissenschaften und arbeitet seit 1962 fast ohne Unterbrechung im Apparat der Vereinten Nationen. 1993 wurde er Untergeneralsekretär für Friedenssicherung, 1995/96 war er Sonderbeauftragter für das ehemalige Jugoslawien.

34 „Stimmrecht nur gegen Geld". SPIEGEL (Hamburg) 21.07.1997.

35 Quellen: *www.genevabriefingbook.com/chapters/uscontrib.html*; Klaus Hüfner: Die Finanzierung des UN-Systems in der Dauerkrise, in: Schorlemer (Hg.) 2002, S. 637.

36 Vgl. im deutschen Schrifttum u.a. Bertrand 1988, Czempiel 1994, Hüfner (Hg.) 1994.

37 Eine Kommission unter Vorsitz des deutschen Altbundespräsidenten Richard von Weizsäcker und des Pakistani Moeen Qureshi schlug 1995 vor, den Sicherheitsrat von 15 auf höchstens 23 – darunter fünf neue ständige – Mitglieder zu erweitern. 1997 schloß sich der Präsident Malaysias im wesentlichen diesem Vorschlag an. Anteil an der Blockierung einer Erweiterung hatten vor allem die USA, Italien und Ägypten. Vgl. Robert von Rimscha im *Tagesspiegel* (Berlin) 25.11.1998.

9. Die Vereinten Nationen und der Frieden

Als der ägyptische Diplomat Boutros Boutros-Ghali sein Amt als Generalsekretär der Vereinten Nationen antrat, war eines der ersten unter seinem Namen veröffentlichten Dokumente die *Agenda für den Frieden.*[1] Er entwarf darin eine kohärente Strategie für den Einsatz des „Standbeins" der Vereinten Nationen – wie wir die Kriegsverhütung im vorigen Kapitel gekennzeichnet haben.

Das war dringend geboten. Denn zum einen hatte die Weltorganisation diese ihre Hauptaufgabe in der Vergangenheit nur äußerst selektiv wahrgenommen. Es hatte eine ganze Reihe Kriege gegeben – und zwar Kriege im Sinne des klassischen Völkerrechts, also Waffengänge zwischen Staaten –, um die sich die VN einfach nicht gekümmert hatten, angefangen mit dem Angriff der arabischen Nachbarstaaten auf den neu gegründeten Staat Israel im Mai 1948 (und dieser Krieg war Anfang 1992 formal erst zwischen Israel und Ägypten durch den Abschluß des Friedensvertrags vom 26. März 1979 beendet) über den Krieg der USA gegen Nord-Vietnam 1969-73[2] oder den Feldzug Tanzanias gegen Uganda 1978/79 bis zum ersten Golfkrieg zwischen Irak und Iran, der zehn Jahre lang dauerte – vom 22. September 1980 bis zum 20. August 1990.

Die Vereinten Nationen nach dem Ende des Kalten Krieges – in Erwartung des Zweiten Golfkrieges

Quelle: Le Monde (Paris), August 1990 [in Anspielung auf eine Bemerkung Präsident De Gaulles ungefähr 1960: „L'ONU, ce machin..."]

Allerdings beschloß der Sicherheitsrat zum letztgenannten Fall eine Friedensresolution (Res. 598), aber erst am 20. Juli 1987, und keineswegs mit dem Ziel einer Bestrafung des eindeutigen Aggressors Irak, sondern in Gestalt eines Appells, zum *Status quo ante* zurückzukehren, also alles beim alten zu lassen, abgesehen natürlich von der einen Million Gefallenen (60 Prozent Iraner), den 1,7 Millionen Verwundeten und den $ 200 Mrd. direkten, etwa einer Billion Dollar indirekten Kriegskosten.[3]

Zum zweiten war die militärische Bestrafung eines Aggressor-Staats tatsächlich zweimal unternommen worden – das erste Mal sogar unter der Flagge der VN (im Koreakrieg 1950-53), das zweite Mal im Auftrag des Sicherheitsrats; dieser Fall war der zweite Golfkrieg 1991. Beide Operationen werden uns noch im Detail beschäftigen. Hier genügt das Resümee: Beide Aggressoren-Staaten blieben bestehen, ihre Regierungen im Amt.

Zum dritten hatten sich die Vereinten Nationen zeitgleich mit ihrer fragwürdigen Praxis im Umgang mit Kriegen ein umfangreiches Arsenal von Einwirkungen auf die internationale Politik zugelegt, das in ihrer Charta nicht vorgesehen ist: die Maßnahmen zur „Friedenssicherung" *(Peacekeeping Operations)*, in den Medien (nach der Kopfbedeckung der eingesetzten Soldaten) unter dem Stichwort „Blauhelme" behandelt.[4] Anfang 1992 galt die Bilanz dieser Einsätze noch im wesentlichen als positiv. 1988 hatten die Träger der Blauhelme den Friedens-Nobelpreis erhalten. Aber die wachsende Finanzlast und der Unwille wichtiger Mitgliedstaaten, ihren Anteil dieser Bürde zu schultern, das Scheitern einzelner Operationen (etwa auf dem Sinai im Mai/Juni 1967, als die UNEF-Truppe angesichts des drohenden Ausbruchs neuer Feindseligkeiten zwischen Ägypten und Israel das Feld räumte) und insbesondere ein dritter, damals noch wenig diskutierter Umstand deuteten bereits die Krise auch dieses Typs von Einwirkungen der VN an: das Hinübergleiten von Blauhelm-Operationen aus dem Bereich drohender oder tatsächlicher Kriege zwischen Staaten in die noch nebelhaftere Zone von *Bürgerkriegen* innerhalb eines Staates.

Boutros-Ghalis Agenda für den Frieden

Boutros-Ghali schlug nun in der *Agenda für den Frieden* den Mitgliedstaaten vor, die Theorie der Praxis anzupassen, ohne sich auf die fast aussichtslose Prozedur einer formellen Ergänzung der Charta einzulassen. Logik und Zeitplan der von ihm entworfenen Strategie gehen von „vorbeugender Diplomatie“ *(preventive diplomacy)* aus. Die englische Wortwahl deutet die positive Alternative zum althergebrachten Instrument des Präventivkriegs an, zum Angriff zwecks Verhinderung eines feindlichen Angriffs. Als Präventivkrieg rechtfertigt z.B. Israel sein Losschlagen gegen Ägypten im Juni 1967. Boutros-Ghali spricht von „vertrauensbildenden Maßnahmen“, von „Tatsachenermittlung“, von „Frühwarnsystemen“; alles das könnte, ja müßte in der Tat dem Sicherheitsrat als Grundlage für Beratungen gemäß Kapitel VI der Charta dienen, bevor er Beschlüsse zur (so lautet die Überschrift zu Kap. VI) *friedlichen Beilegung von Streitigkeiten* zwischen Staaten faßt – vielleicht auch innerhalb einzelner Staaten.

Der springende Punkt in der Agenda ist nur, daß Boutros-Ghali die konkreten Werkzeuge für sich selbst, für den Generalsekretär der VN, einforderte: einen weltumspannenden diplomatischen Dienst und die Spionagesatelliten eines effektiven Frühwarnsystems. Damit pfuschte er – so sah man es zumindest in Washington – jenen Staaten ins Handwerk, die sich dergleichen leisten können.

Im zweiten Schritt der Agenda-Strategie – „Frieden schaffen“ *(peacemaking)* überschrieben – sagt Boutros-Ghali weniger Neues, erinnert er an die dem Sicherheitsrat durch die Kapitel VI und VII (letzteres behandelt *action with respect to threats to the peace, breaches of the peace, and acts of aggression*) vorgeschriebene Handlungsweise. Dabei ermahnt er die Mitgliedstaaten – und meint offensichtlich vor allem die Großmächte –, nun nach dem Ende des Kalten Krieges endlich Art. 43 der Charta zum Leben zu verhelfen und dem Sicherheitsrat auf Dauer militärische Streitkräfte zur Verfügung zu stellen. Die Antwort nicht nur aus Washington, sondern auch aus London, Paris, Moskau und Peking war lautstarkes Schweigen.

Es folgt ein Abschnitt über „Friedenssicherung“ *(peace-keeping)*. Der Generalsekretär wirft die Frage nicht auf, ob die Charta diese Praxis deckt. Er setzt das voraus und zieht eine (natürlich positive) Bilanz der bisherigen Blauhelm-Operationen. Er benennt die vor allem von seinem Vorgänger Dag Hammarskjöld anläßlich der Kongo-Operation herausgearbeiteten *Grundvoraussetzungen für einen Erfolg*:

> „*Ein klarer und durchführbarer Auftrag* (mandate); *die Zusammenarbeit der Parteien bei der Ausführung dieses Auftrags; die kontinuierliche Unterstützung seitens des Sicherheitsrats; die Bereitschaft der Mitgliedstaaten, das benötigte Militär-, Polizei- und Zivilpersonal einschließlich Spezialisten zur Verfügung zu stellen; eine*

> *wirksame Führung der Vereinten Nationen am Amtssitz und vor Ort* (effective United Nations command at Headquarters and in the field); *und eine angemessene finanzielle und logistische Unterstützung.“*

Was genau meinte Boutros-Ghali mit *Headquarters*? Offensichtlich den Sitz der Vereinten Nationen in New York. Meinte er auch, daß er selbst, der Generalsekretär, am oberen Ende der *chain of command* – der Befehlskette – stehen sollte, über sich nur den Sicherheitsrat? So hatte es Hammarskjöld gesehen (und sich damals schon unbeliebt gemacht, mindestens in der Sowjetunion...). Verschwommen bleibt in diesem Abschnitt ferner, ob *peacekeeping* auch in Bürgerkriegen greifen solle. Das hat Boutros-Ghali allerdings wenig später, im August 1993, indirekt bejaht:[5]

> *„Die meisten friedenserhaltenden Einsätze sind heute zur Wiederherstellung von Demokratie und dem Schutz der Menschenrechte ausgelegt. Daher bedeuten demokratische Überlegungen die Übertragung einer zweifachen Aufgabe an die friedenserhaltenden Einsätze – nationale Wiederversöhnung und demokratische Konsolidierung. Diese neuen Ziele bezeichnen eine radikale Veränderung der traditionellen Auffassung von Friedenserhaltung in der internationalen Gemeinschaft.“*

In diesem Sinne hat Boutros-Ghali auch sein Strategiekonzept im anschließenden Abschnitt der Agenda verstanden. Es ist überschrieben „Friedenskonsolidierung in der Konfliktfolgezeit“ *(post-conflict peace-building)*. Hier ist mehr gemeint als die Fortschreibung von *peace-keeping* bis zum Sankt-Nimmerleins-Tag, wo Konfliktparteien zwar aufs Schießen einigermaßen dauerhaft verzichten, jedoch zu keiner Friedensregelung finden – wie zum Beispiel auf Zypern. Boutros-Ghali spricht von einem „Gegenstück der vorbeugenden Diplomatie“ und bezieht ausdrücklich die Friedenskonsolidierung „nach inneren oder internationalen Auseinandersetzungen“ ein. Mit anderen Worten: er skizziert erneut Bedarf für einen umfangreichen technischen Apparat, der Hilfe vom Minenräumen bis zur Einübung von Demokratie zu leisten hätte – unter seiner, des VN-Generalsekretärs Autorität.

Krieg gegen Aggressoren: Korea 1950 und Irak 1991

Bevor wir versuchen, die Wirklichkeit des *Peacekeeping* zu bilanzieren, wie sie sich 2004 darstellt, ist ein Rückblick auf die beiden oben erwähnten praktischen Tests einer *Bestrafung von Aggressor-Staaten* angezeigt, wie sie die VN-Charta eigentlich vorsieht.

- Der *Koreakrieg* unter der Flagge der Vereinten Nationen wurde möglich, weil die Sowjetunion sich seit dem 13. Januar 1950 aus der Arbeit des Sicherheitsrats zurückgezogen hatte. Diese *Politik des Leeren Stuhls* war als Protest gegen die Weigerung der USA und damals des ganzen westlichen Lagers gedacht, den Sieg Mao Zedongs im Bürgerkrieg Ende 1949 anzuerkennen und den privilegierten Sitz Chinas in den VN (einschließlich Vetorecht als ständiges Mitglied im Sicherheitsrat) von der Republik China (seitdem im wesentlichen auf die Insel Taiwan beschränkt) auf die Volksrepublik China zu übertragen. Das ungewollte Ergebnis: Nachdem am 25. Juni Truppen der Volksrepublik Korea aus dem Norden den 38. Breitengrad überschritten hatten und zügig den feindlichen Bruderstaat aufrollten, konnte der Sicherheitsrat bis zum 7. Juli 1950 einen „Aufruf" an alle Mitgliedstaaten beschließen, den Vereinten Nationen „jede Hilfe" bei der Zurückdämmung dieses Friedensbruchs zu leisten, sowie anschließend eine „Empfehlung", der Republik Korea im Süden dieser Halbinsel militärisch beizustehen.[6] Daß keiner der zwei kriegführenden Staaten Mitglied der VN war, spielte keine Rolle, denn die Charta setzt das weder in Kapitel VI noch in Kapitel VII als Bedingung für ein Eingreifen der VN voraus.

Die USA, deren Besatzungstruppen erst im Vorjahr Korea geräumt hatten, ließen sich nicht zweimal bitten. Sie setzten sofort Truppen unter nationalem Oberbefehl, aber (wie betont) *unter der Flagge der Vereinten Nationen* in Marsch. Andere Staaten schickten ebenfalls Soldaten, insbesondere Großbritannien, Frankreich, Australien, Neuseeland, Südafrika, die Türkei und Äthiopien. Als die Sowjetunion nun im August 1950 eilends ihren Stuhl im Sicherheitsrat wieder einnahm, war es für einen Widerruf der Operation zu spät, wohl aber blockierte ab sofort das sowjetische Veto weitere Beschlüsse des Sicherheitsrats. Die USA konterten mit einer gewagten Hilfskonstruktion: Sie setzten in der VN-Generalversammlung, wo ihre Freunde noch die Mehrheit bildeten, mit 52 gegen 5 Stimmen bei 2 Enthaltungen die *Uniting-for-Peace*-Resolution durch, die ohne viel Rücksicht auf die VN-Charta verkündete:[7]

> *„Falls der Sicherheitsrat mangels Einstimmigkeit seiner ständigen Mitglieder es in einem Fall einer offenbaren Bedrohung des Friedens, eines Friedenbruchs oder einer Angriffshandlung unterläßt, seine erstgegebene Verantwortung für die Aufrechterhaltung des internationalen Friedens und der Sicherheit auszuüben, [soll] die Generalversammlung unverzüglich die Angelegenheit beraten, um den Mitgliedstaaten geeignete Empfehlungen für Kollektivmaßnahmen zu geben, im Falle des Friedensbruchs oder einer Angriffshandlung auch für den Gebrauch bewaffneter Kräfte."*

Auf diesen Notbehelf hat sich in den folgenden Jahrzehnten nie wieder eine Großmacht zu stützen versucht, um das Veto einer anderen Großmacht auszumanövrieren, geschweige denn um einen militärischen Feldzug in Gang zu setzen. Die Gründe sind offensichtlich: Nicht nur ging den USA die sichere Mehrheit in der Generalversammlung verloren, sobald dort neue Staaten aus Asien und Afrika in größerer Zahl Platz nahmen. Empfehlungen der Generalversammlung sind auch für keinen Mitgliedstaat verbindlich, garantieren also dem Opfer einer Aggression nicht die Kollektive Sicherheit, die Standbein der Vereinten Nationen ist.

Militärischer Verlauf des Koreakriegs[8]

Der nordkoreanische Vormarsch wurde in einem Brückenkopf um die südliche Hafenstadt Pusan aufgehalten, die Invasionsarmee nach einer großen amerikanischen Landungsoperation nahe Seoul am 15. September entscheidend geschlagen. Nun aber ließ der kommandierende General Douglas Mac Arthur im Einvernehmen mit seinem Oberbefehlshaber, Präsident Truman, die Truppen am 7. Oktober den 38. Breitengrad nach Norden überschreiten in der offenkundigen Absicht, Korea mit Militärgewalt unter der südkoreanischen Regierung (welche die VN im Dezember 1948 als einzige legitime Regierung auf der Halbinsel anerkannt hatten) wiederzuvereinigen. Am 25. Oktober erreichten VN-Vorkommandos den Yalu, den Grenzfluß zwischen Korea und China.

Darauf griff die Volksrepublik China mit einer Armee von „Freiwilligen" in den Krieg ein, warf die Amerikaner zurück und eroberte am 4. Januar 1951 die südkoreanische Hauptstadt Seoul ein zweites Mal. Der Gegenstoß folgte Ende Februar und brachte Seoul am 14. März wieder unter die VN-Flagge, lief sich dann aber ungefähr am 38. Breitengrad fest. Inzwischen hatte Präsident Truman seine Strategie revidiert, setzte sich und den VN nur noch die Rückkehr zum Status quo ante (also zum Nebeneinander eines kommunistischen Nord- und eines pro-westlichen Süd-Korea) zum Ziel und entließ am 11. April 1951 seinen General MacArthur, der stattdessen Luftangriffe auf China forderte.

Um diese Zeit waren auf der VN-Seite 260.000 amerikanische Soldaten, 35.000 aus anderen Mitgliedstaaten und 280-340.000 aus Südkorea im Einsatz; ihnen standen 500-865.000 Soldaten aus China und Nordkorea gegenüber.

Die Verluste an Toten und Verwundeten werden auf 1,3 Millionen Südkoreaner und 2 Millionen Nordkoreaner (mehrheitlich Zivilisten) geschätzt. Die USA verloren 33.629 Gefallene, andere VN-Kontingente 3.094, China etwa 900.000.

Am 10. Juli 1951 begannen Verhandlungen, die nach dramatischen Unterbrechungen endlich am 27. Juli 1953 zur Unterzeichnung eines Waffenstillstands-Abkommens führten. Seitdem sitzen sich militärische Delegationen Nordkoreas und der Vereinten Nationen (de facto der USA und Südkoreas) in Panmunjon an der Demarkationslinie, die dem letzten Frontverlauf entspricht, inmitten einer entmilitarisierten Zone – 4 km breit – gegenüber, sobald es irgend etwas zwischen Nord und Süd zu regeln gibt. Beide Koreas sind seit 17. September 1991 Mitglied der Vereinten Nationen. In Panmunjon ist der Kalte Krieg trotzdem noch nicht beendet.

- Der *Zweite Golfkrieg* im Jahre 1991 war die Antwort der USA und – in ihrem Gefolge – des Sicherheitsrats auf den Handstreich des seit 1979 von Präsident Saddam Hussein regierten Irak gegen den Nachbarstaat Kuwait, der in Bagdad schon vorher als Teil des eigenen Territoriums beansprucht wurde.[9] Es tut nichts zur Sache, ob Saddam, der sich während seines ersten Golf-Abenteuers – dem Angriffskrieg gegen Iran 1980-90 – auf stillschweigende Rückendeckung der USA gegen den fundamentalistischen Erzfeind Ayatollah Khomeini (ca.1900-1989, Herrscher über Iran seit 1979) verlassen konnte, auch ein Jahr danach Anlaß hatte zu glauben, die Amerikaner würden ihm die Annexion des kuwaitischen Erdöls gestatten.[10] Bei den Vereinten Nationen jedenfalls galt Kuwait, Mitglied seit dem 14. Mai 1963, eindeutig als souveräner Staat.

Der Sicherheitsrat bezog sich demgemäß sofort am 2. August 1990 in seiner Resolution 660, die den „unverzüglichen und bedingungslosen" Rückzug der irakischen Streitkräfte aus Kuwait forderte, auf Kapitel VII der VN-Charta. Am 6. August verhängte er mit Resolution 661 ein Wirtschafts-, Finanz- und Militär-Embargo gegen Irak, am 25. August (Res. 665) eine Seeblockade, am 25. September (Res. 670) ein Luftverkehrs-Embargo. Am 29. November folgte schließlich (Res. 678) die Androhung militärischer Gewalt in folgender Formulierung des 2. operativen Absatzes:

> *[Der Sicherheitsrat] „ermächtigt die Mitgliedstaaten, die mit der Regierung Kuwaits kooperieren, für den Fall, daß Irak die oben genannten Resolutionen bis zum 15.01.1991 nicht entsprechend Ziffer 1 vollständig durchführt, alle erforderlichen Mittel einzusetzen, um der Res. 660 (1990) und allen dazu später verabschiedeten Resolutionen Geltung zu verschaffen."*

Alle genannten Resolutionen wurden einstimmig (660), ohne Nein-Stimmen (661, 665) oder mit Mehrheiten von 12-14 Stimmen verabschiedet; Cuba enthielt sich zusammen mit Jemen bei Res. 661 und 665 und stimmte bei den Res. 670 sowie 678 (bei letzterer wieder zusammen mit Jemen) mit Nein; China vermied bei Res. 678 ein Veto durch Enthaltung. Es schien, als habe der Sicherheitsrat im Zeichen der vom amerikanischen Präsidenten George Bush (*1924, im Amt 1989-93)[11] beschworenen *Neuen Weltordnung*, durch Schulterschluß der USA und der Sowjetunion Michael

Gorbatschows, endlich Funktionsfähigkeit gewonnen. Eine real existierende Internationale Gemeinschaft schien hinter der Militärallianz zu stehen, die Amerika Anfang 1991 zum leichten Sieg von Super-Waffentechnik über den renitenten Irak führte. „Dies wird kein weiteres Vietnam werden", sicherte Bush in öffentlicher Rede seinem Volk zu.[12] Der Kongreß in Washington hatte den Präsidenten – wenn auch mit knappen Mehrheiten, 52:47 im Senat, 250:183 im Repräsentantenhaus – ermächtigt, diesen Krieg zu führen.

Militärischer Verlauf des Zweiten Golfkriegs

> *Nach der Okkupation Kuwaits am 2. August 1990, die auf keinen stärkeren Widerstand stieß, verkündete Irak am 8. August die Annexion des Emirats. Als bis zum Jahresende deutlich wurde, daß Irak sich keiner Resolution des Sicherheitsrats beugen würde, löste die von den USA geführte Allianz die* Operation Wüstensturm *aus; an ihr beteiligten sich militärische Verbände der USA, Großbritanniens, Frankreichs, Ägyptens, Syriens und Saudi-Arabiens unter amerikanischem Kommando. Am 17. Januar 1991 begannen Luftangriffe, am 24. Februar die Offensive zu Lande, in deren Verlauf am 27. Februar die Stadt Kuwait zurückerobert wurde. Die alliierten Truppen stießen jedoch nicht weit auf irakisches Gebiet vor, am 28. Februar stellten sie das Feuer ein. Während der Kampfhandlungen schoß Irak einige* Scud-*Mittelstreckenraketen mit konventionellen Sprengköpfen auf israelische Städte ab. Formell trat der Waffenstillstand am 12. April 1991 in Kraft. Durch die Kämpfe verloren die Alliierten 149 Tote und 513 Verwundete, die Iraker schätzungsweise 100.000 Tote und 300.000 Verwundete.*[13] Pro Tag *kostete die Operation Wüstensturm die Allianz \$ 1,5 Mrd.; das ist mehr als das* Jahresbudget *sämtlicher* peacekeeping operations *der VN 1996 von ca. \$ 1,3 Mrd.*

Die grundsätzliche Problematik des ganzen Unternehmens zeigte sich erst nach dem Ende der Kampfhandlungen. Saddam Hussein blieb vorerst an der Macht. Seine Armee schlug Aufstände der Kurden im Norden und der Schiiten im Süden des Irak blutig nieder. Zwar beschloß der Sicherheitsrat am 5. April 1991 die Resolution 688, deren erster operativer Absatz lautet:

> *[Der Sicherheitsrat] „verurteilt die in vielen Teilen Iraks, insbesondere auch in allerjüngster Zeit in den kurdischen Siedlungsgebieten stattfindende Unterdrückung der irakischen Zivilbevölkerung, deren Folgen den Weltfrieden und die internationale Sicherheit in der Region bedrohen."*

Dennoch stellte der Rat diese Resolution ausdrücklich nicht unter Kapitel VII der VN-Charta, verwies vielmehr in der Präambel auf Artikel 2.7 – also auf das Gebot, die VN dürften sich nicht in innere Angelegenheiten eines Mitgliedstaates einmischen. Genau das tat die Res. 688, indem sie (im 3. operativen Absatz) erklärte:

> *[Der Sicherheitsrat] „besteht darauf, daß Irak den internationalen humanitären Organisationen sofortigen Zugang zu allen hilfsbedürftigen Personen in allen Teilen Iraks gewährt."*

Quadratur des Kreises... Resolution 688 gilt gleichwohl zu Recht als Grundstein für das Konzept der *Humanitären Intervention*, auf das seitdem jede Macht pocht, die sich einen Eingriff in die Innenpolitik eines anderen Staates zutraut und diese im eigenen Interesse für opportun hält. Für Friedenseinsätze der VN mag das Konzept logisch zwingend erscheinen, wenn man ihren Zweck mit Boutros-Ghali (wie oben zitiert) auf die Durchsetzung von „Demokratie und Menschenrechten" ausdehnt, denn das sind nun einmal innenpolitische Normen. *Aber für Weltinnenpolitik sind die Vereinten Nationen nicht konstruiert.*

Soldaten, die von der Golfkriegsallianz 1991 (versteht sich: zum Schutz der Kurden und der humanitären Organisationen) in den Nordirak geschickt wurden, zogen zwar bald ab, jedoch proklamierten die USA, Großbritannien und Frankreich gleichzeitig von ihren Luftstreitkräften kontrollierte *Flugverbotszonen* im Norden und Süden des Irak, wo irakische Militärflugzeuge oder Hubschrauber seitdem nicht operieren durften.

Warum fand 1991 keine konsequente Bestrafung des Aggressors statt? Weil die meisten Nachbarn des Irak – besonders die Türkei und Saudi-Arabien – wünschten, dass irgend jemand diesen Staat zusammenhalten möge, um einen Machtzuwachs des Iran durch Verbindung mit den irakischen Schiiten oder gar die Gründung eines kurdischen Nationalstaats (mit Gebietsansprüchen ringsum) zu unterbinden. *Niemanden interessierte dabei, was wohl geschehen wäre, hätten die Westmächte 1945 Hitler aus Furcht vor Stalin an der Macht gelassen.* Der Kompromiß wurde auf der Linie gesucht, die Vereinten Nationen sollten Saddam Hussein durch Inspektionen vor Ort auf Dauer daran hindern, nukleare, chemische oder biologische Massenvernichtungswaffen im Arsenal seiner Gewaltmittel bereitzuhalten.

Zu diesem Zweck wurde am 3. April 1991 durch Resolution 687 des Sicherheitsrats UNSCOM (= *UN Special Commission*) eingerichtet, geleitet zunächst von dem Schweden Rolf Ekéus (*1935), dann 1997-99 von dem Australier Richard Butler (*1942).[14] Anschließend ging UNSCOM durch Resolution 1284 des Sicherheitsrats in einer *UN Monitoring, Verification and Inspection Commission* (UNMOVIC) auf, zu deren Leiter

Kofi Annan den Schweden Hans Blix (*1928) berief; er hatte 1981-97 als Generaldirektor der IAEA nukleare Erfahrungen gesammelt. Zu diesem Zeitpunkt hatte Saddam Hussein Ende 1998 die VN-Inspektoren – „viele Tausend Personen aus mehr als 40 Staaten“[15] – bereits aus dem Irak hinausgeworfen, weil die USA und Großbritannien dem Vorwurf Butlers, der Irak habe „...die versprochene volle Kooperation nicht geleistet“, mit Luftangriffen Nachdruck verliehen. Zuvor hatte UNSCOM für die Zerstörung erheblicher Mengen von militärischem Teufelszeug gesorgt – und nebenbei Elektronik für Lauschaktionen des amerikanischen Geheimdienstes installiert.[16]

Bilanz von UNSCOM 1991-1998[17]

- Zerstörung von 38.000 Stück Chemiewaffen-Munition,
- Zerstörung von 480.000 Liter chemischer Kampfstoffe,
- Zerstörung von 48 einsatzbereiten Raketen,
- Zerstörung von 6 Raketenabschußrampen,
- Zerstörung von 30 Raketensprengköpfen für chemische und biologische Waffen,
- Zerstörung hunderter Ausrüstungsgegenstände für die Produktion von Chemiewaffen,
- Zerstörung der Al-Hakam-Fabrik für biologische Kampfstoffe.

Die Bevölkerung des Irak litt weiter unter den 1990 verhängten Wirtschaftssanktionen.[18] Sie aufzuheben, erwies sich als unmöglich, denn die Einmütigkeit der Großmächte zerbrach. Rußland, Frankreich und China drängten auf Frieden mit Saddam Hussein, die USA und Großbritannien auf fortgesetzte Bestrafung. So wurde über Jahre das Terrain für den Dritten Golfkrieg 2003 vorbereitet.

Notlösung Blauhelme

Dem Dilemma, über die in Artikel 2.7 der Charta abgegrenzte Zuständigkeit der Vereinten Nationen hinaus in innere Angelegenheiten eines Staates eingreifen zu müssen, und zusätzlich dem damit zusammenhängenden Dilemma, durch Kurzschlüsse im Sicherheitsrat keinen eindeutigen Auftrag mehr zu haben, sahen sich im Lauf der Jahrzehnte auch viele der Peace-keeping-Einsätze im engeren Sinne ausgesetzt. Ihre Geschichte beginnt mit dem Einmarsch der Armeen Ägyptens, Transjordaniens und Syriens in das soeben von der Mandatsmacht Großbritannien geräumte Palästina, wo die Vertretung der jüdischen Volksgruppe am 14. Mai 1948, gestützt auf den von der VN-Generalversammlung – im Einvernehmen zwischen USA und Sowjetunion – am 29. November beschlossenen Plan zur Teilung Palästinas mit Wirtschaftsunion,[19] den

Staat Israel ausgerufen hatte. Wie erwähnt, wollte niemand bei den Vereinten Nationen darin einen Friedensbruch oder gar eine Angriffshandlung im Sinne der Charta erkennen, niemand die arabischen Staaten bestrafen. Stattdessen schlug der VN-Generalsekretär Trygve Lie die Errichtung einer *„comparatively small UN guard force"* vor, die er selbst rekrutieren und dem Sicherheitsrat zur Verfügung stellen würde.[20] So kam am 29. Mai 1948 UNTSO zustande, die *United Nations Truce Supervision Organisation* zur Überwachung der vierwöchigen Feuerpause, die der Sicherheitsrat am selben Tag anordnete. UNTSO existiert immer noch, hat die Waffenstillstands-Abkommen von 1949 und die neuerlichen Waffengänge im israelisch-arabischen Konflikt von 1956, 1967 und 1973 überdauert. Ende März 2004 bestand UNTSO aus 157 Militärbeobachtern aus 22 Ländern, darunter so wichtige wie China, Frankreich, Rußland und USA, sowie 97 Zivilisten. UNTSO ist keine besonders kostspielige Operation, für 2004 steht sie mit $ 27,7 Mio. im regulären VN-Budget.

Die Idee Trygve Lies, statt notfalls gewaltsamer Unterbindung einer Aggression so etwas wie einen Stolperdraht zwischen die Streitkräfte verfeindeter Staaten zu spannen, um ihnen den Bruch von Feuerpausen oder Waffenstillstands-Abkommen zu erschweren, machte bald Schule. Die Schwäche der Truppen unter dem Blauhelm der Vereinten Nationen läßt keinen Zweifel aufkommen, daß sie nicht dazu da sind, einen Störenfried abzuschrecken oder gar (falls er dennoch angreift) zurückzuwerfen, sondern nur die Aufgabe haben, Alarm zu schlagen, allenfalls unbeabsichtigte Zwischenfälle entlang einer Pufferzone zu verhindern. Wichtigste Voraussetzung für den Erfolg einer solchen Operation ist die Zustimmung und Kooperation aller in den Konflikt verwickelten Staaten.

„Stolperdraht"-Einsätze von VN-Blauhelmen (wichtigste Beispiele)

- **UNTSO** (siehe Text) in Israel/Palästina seit Mai 1948;
- **UNMOGIP** *(Military Observer Group in India and Pakistan)*, hauptsächlich in Kaschmir tätig, seit Januar 1949: 43 Militärbeobachter, 21 Zivilisten (August 2004); Kosten im regulären VN-Budget (2004) $ 7,25 Mio.;
- **UNEF I** *(Emergency Force)* in Sinai (ägyptisch-israelische Waffenstillstandslinie) November 1956 bis Juni 1967: maximal (1957) 6.073 Mann, auf Verlangen Ägyptens zurückgezogen, Kosten pro Jahr ca. $ 20 Mio.;
- **UNEF II** in Sinai, vom Ende des Yom-Kippur-Kriegs bis zum ägyptisch-israelischen Friedensschluss (Oktober 1973 bis Juli 1979); maximal 6.973 Mann, Kosten pro Jahr ca. $ 78 Mio.;
- **UNDOF** *(Disengagement Observer Force)* auf dem Golan (syrisch-israelische Waf-

fenstillstandslinie) seit Juni 1974: 1043 Soldaten, 379 Zivilisten (August 2004), Jahreshaushalt 2004/05 $ 43,03 Mio.;

- **UNFICYP** *(Peace-keeping Force in Cyprus)* in der zweiten Phase seit Juli 1974 entlang der türkisch-griechischen Waffenstillstandslinie: 1223 Soldaten, 45 Polizisten, 43 Zivilisten (August 2004), Jahreshaushalt 2004/05 $ 51,99 Mio.; bei getrennten Volksabstimmungen in beiden Teilen Zyperns am 24. April 2004 lehnten 75% der Griechen einen Wiedervereinigungs-Plan der VN ab, während 65% der Türken ihm zustimmten.
- **UNIKOM** *(Iraq-Kuwait Observation Mission)* an der durch den Zweiten Golfkrieg wiederhergestellten irakisch-kuwaitischen Grenze, seit April 1991, am 17. März 2003 anläßlich des Dritten Golfkriegs suspendiert: im Mai 1998 1.085 Soldaten, 2003 noch 5 Militärbeobachter und 41 Zivilisten, Haushaltsansatz 01.07.2003-31.10.2004 $ 12 Mio.;
- **UNMEE** *(Mission in Ethiopia and Eritrea)* seit 31. Juli 2000 zur Überwachung der Waffenstillstandszone nach dem im Mai 1998 begonnenen Krieg zwischen beiden Staaten: 3656 Soldaten, 231 Militärbeobachter, 222 Zivilisten (August 2004), Jahreshaushalt 2004/05 $ 216,03 Mio.

Als im Juli 1960 der überstürzte Übergang der Kolonie *Belgisch-Kongo* in die Unabhängigkeit mißlang, rief die bedrängte neue Regierung die Vereinten Nationen zur Hilfe – im ersten turbulenten Moment, um eine scheinbare Aggression der in diesem zentralafrikanischen Riesenland verbliebenen belgischen Truppen zu stoppen. Alsbald aber erwies sich, daß kein „Stolperdraht“ gezogen werden konnte, wo gar kein Konflikt war, denn Belgien zog sein Militär schleunigst aus dem Chaos von Meutereien, Sezession und blutig ausgetragener politischer Rivalität zurück. ONUC, die vom Sicherheitsrat in einer Atempause des Kalten Krieges beschlossene aufwendige *Opération des Nations Unies au Congo* unter Befehlsgewalt des Generalsekretärs,[21] sah sich sofort mit der Aufgabe konfrontiert, staatliche Autorität am Kongo zu *stabilisieren*. Das hat ONUC vier Jahre lang recht und schlecht getan. Nikita Chruschtschow, damals unumschränkter Herr in Moskau, bereute zwar noch vor Ablauf des Jahres 1960 die anfängliche Zustimmung der Sowjetunion, versuchte gar nach dem Tode Dag Hammarskjölds am 17. November 1961 das Amt des VN-Generalsekretärs in ein Dreigespann aus Vertretern des Westens, des Ostens und der Blockfreien umzumodeln (also dessen ohnehin bescheidene Durchsetzungskraft vollends zu blockieren), er konnte jedoch die einmal angelaufene Operation nicht aus der Welt schaffen. Ihren Haupterfolg, die mit Waffengewalt im Januar 1963 erzwungene Beendigung der Sezession der Provinz Katanga (später zeitweilig Shaba) vom Kongostaat, verdankt ONUC der Rückendeckung durch den Präsidenten der USA, John F. Kennedy (1917-1963, im Amt seit 1961). Als ONUC schließlich am 30. Juni 1964 für beendet erklärt wurde, war am Kongo der Boden allenfalls für die Kirchhofsruhe der anschließenden dreißig Jahre Diktatur unter Mobutu (1930-1997, Präsident seit 1965) vorbereitet.[22]

Die zweifelhafte Bilanz der Kongo-Operation hat die Vereinten Nationen nicht davon abgehalten, in den folgenden Jahrzehnten immer öfter Blauhelme aufzubieten, um inneren Frieden in Ländern zu stiften, die von Bürgerkriegen heimgesucht wurden und denen im Extremfall völliger Zusammenbruch staatlicher Autorität drohte. Das Ergebnis bleibt zwiespältig. In *Kambodscha* konnte eine VN-Behörde, die auf begrenzte Zeit selbst die Staatsgewalt übernahm (bislang das erste und einzige Mal in der Geschichte der Blauhelm-Einsätze!), durch freie Wahlen wenigstens ein Fundament für die Jahre später (hoffentlich auf Dauer) erreichte Stabilisierung des inneren Friedens legen.[23] Die VN wiederholten dieses Experiment erfolgreich in *Ost-Timor* 1999-2002 sowie mit derzeit (Herbst 2004) noch völlig ungewissem Ausgang in *Kosovo*, nachdem die NATO 1999 Serbien mit Waffengewalt zum Abzug aus dieser Provinz gezwungen hatte (vgl. Kapitel 14).

In *Angola* scheiterten über ein Jahrzehnt drei Anläufe, inneren Frieden zu sichern, während in *Mozambique* nationale Versöhnung wenigstens formell zustande kam.[24] In *Somalia* erlebten die Vereinten Nationen ein Debakel, das auch die USA nicht zum Guten wenden konnten, als sie – ebenfalls ohne klare Zielsetzung – in die Bresche sprangen.[25]

Einsätze von VN-Blauhelmen als „Stabilisatoren“ (Auswahl)

- **ONUC** (siehe Text) in Kongo-Kinshasa Juli 1960 bis Juni 1964 : maximal 19.828 Mann, Kosten pro Jahr ca. $ 100 Mio.;
- **UNFICYP** auf Zypern (vgl. oben unter „Stolperdraht“) in der ersten Phase März 1964 bis Juli 1974: maximal 6.411 Mann mit dem Auftrag, auf der noch ungeteilten Insel die Verfassung von 1960 zu stabilisieren, d.h. inneren Frieden zwischen Christen („Griechen“) und Moslems („Türken“) zu sichern;
- **UNAVEM II** *(Angola Verification Mission)* – der zweite Anlauf zur Abstützung der Versuche, den Bürgerkrieg in Angola zu beenden, Juni 1991 bis Anfang 1995, erklärte die Wahlen im September 1992 für „frei und fair“, obwohl die Bürgerkriegspartei UNITA das bestritt: 75 Militärbeobachter, 28 Polizisten, 40 Zivilbeamte, kurzfristig 400 Wahlbeobachter; Kosten pro Jahr $ 36 Mio. (offensichtlich zu spärlich, um genau zu beobachten!);
- **UNAVEM III** – der dritte Anlauf nach Abschluß eines Friedensabkommens

zwischen der MPLA-Regierung und der UNITA am 20.11.1994 (Lusaka-Protokoll), Anfang 1995 bis Mitte 1977: maximal 7.000 Soldaten, 350 Militärbeobachter, 260 Polizisten; abgelöst durch **MONUA** *(UN Observer Mission in Angola)*: 1.387 Mann, die nach Wiederaufflammen des Bürgerkriegs und Abschuß von zwei VN-Flugzeugen im Januar 1999 abgezogen wurden;

- **UNTAC** *(Transitional Authority in Cambodia)* März 1992 bis November 1993, mit Hauptaufgabe der Vorbereitung und Durchführung freier Wahlen im Mai 1993: ca. 22.000 Soldaten, Polizisten und Zivilbeamte, Kosten pro Jahr ca. $ 915 Mio.;
- **UNOSOM I/II** *(Operation in Somalia)* April 1992 bis März 1995 mit einem Mandat, das sowohl Friedensstiftung im Bürgerkrieg wie Schutz humanitärer Hilfsmaßnahmen umfaßte; beides mißlang: maximal 22.000 Mann, Kosten pro Jahr ca. $ 1,5 Mrd. Von Dezember 1992 bis März 1994 wurde UNOSOM ersetzt durch (ebenso erfolglosen) Einsatz einer Truppe (UNITAF = *United Task Force)* unter Kommando der USA *(Operation Restore Hope);*
- **ONUMOZ** *(UN Operation in Mozambique)* Dezember 1992 bis Ende 1994, mit Hauptaufgabe der Überwachung freier Wahlen im Oktober 1994, an denen sich die beiden Bürgerkriegsparteien FRELIMO und RENAMO beteiligten: maximal 7.000 Soldaten, Polizisten und Zivilbeamte, Kosten pro Jahr ca. $ 210 Mio.[26]
- **UNMIK** *(Interim Administration Mission in Kosovo)* seit 1999, vom Sicherheitsrat durch Resolution 1244 beauftragt, die nach dem NATO-Krieg von Serbien geräumte, jedoch keineswegs aufgegebene Provinz, die von der internationalen, im Frühjahr 2004 (noch!) ca. 20.000 Mann starken *Kosovo Force* (KFOR) besetzt ist, zu verwalten und dort Autonomie zu etablieren, ohne der Entscheidung über den politischen Status des Kosovo vorzugreifen: Angaben über die Personalstärke sind schwer zu finden; von (lt. Fischer-Weltalmanach 2004) ca. 14.000 Mitarbeitern standen UNMIK im März 2003 38 Soldaten und 4.391 Polizisten aus 49 Ländern (davon 403 aus Deutschland) zur Verfügung. Leiter war 2002/03 Michael *Steiner* (Deutschland), seit August ist es Søren *Jessen-Petersen* (Dänemark); das Budget ist bei *www.unmikonline.org* einsehbar;
- **UNAMSIL** *(Mission in Sierra Leone)* seit 22. Oktober 1999, beauftragt mit der Stützung der Regierung bei der Überwindung der Folgen des Bürgerkriegs, der 1990 aus Liberia auf das westafrikanische Nachbarland übergegriffen hatte: 8.476 Soldaten, 229 Militärbeobachter, 119 Polizisten, 274 Zivilisten (August 2004), Jahreshaushalt 2004/05 $ 301,87 Mio.;
- **MONUC** *(Organization Mission in the Democratic Republic of the Congo)* seit 30. November 1999 zur Beobachtung des am 10. Juli 1999 in Lusaka (Zambia) vereinbarten Waffenstillstands, der den Bürgerkrieg in Kongo-Kinshasa und die

militärische Intervention anderer afrikanischer Staaten beenden soll: 10.022 Soldaten, 554 Militärbeobachter, 139 Polizisten, 699 Zivilisten (August 2004), Jahreshaushalt 2004/05 $ 746,1 Mio.

Als Sonderfälle des „Stabilisator-Modells" können wir jene Blauhelm-Einsätze registrieren, mit denen die Vereinten Nationen die *Entkolonisierung* einiger Länder begleiteten. Ursprünglich hatte die Charta dafür ein Treuhand-System vorgesehen, welches das Mandats-System des Völkerbundes ablöste. Das Treuhand-System hat sich auch mehrfach bewährt, so beim gewaltfreien Übergang Togos, Kameruns oder Tanganjikas (des einstigen Deutsch-Ostafrika) in die Unabhängigkeit 1960 und 1961. Selbst in Rwanda, wo es noch unter der belgischen Treuhand-Verwaltung 1959 zu blutiger Revolte und Massenvertreibung von Tutsi kam (Wurzel des Genozid im Jahre 1994), bestand zum Termin der Entkolonisierung selbst (1. Juli 1962) kein Bedarf an Blauhelm-Stabilisatoren oder gar – Stolperdrähten. Über das Schicksal des einstigen Deutsch-Südwestafrika allerdings, von den Vereinten Nationen 1968 *Namibia* getauft, hatte sich schon seit 1946 ein zähes diplomatisches Gefecht zwischen den VN und der Mandatsmacht Südafrika hingezogen, die keinen Treuhandvertrag abschließen wollte. Am Ende stand der erfolgreiche, weil genügend aufwendige Einsatz militärischer, polizeilicher und ziviler Verwaltungs-Präsenz von Seiten der Vereinten Nationen 1989/90[27] – eine erste Frucht der Beendigung des Kalten Krieges zwischen West und Ost.

Entkolonisierungs-Einsätze von VN-Blauhelmen

- **UNSF** *(Security Force)* in West-Neuguinea/ West Irian Oktober 1962 bis April 1963, begleitete die Übernahme der niederländischen Kolonie durch Indonesien: 1.576 Soldaten;
- **UNTAG** *(Transitional Assistance Group)* in Namibia April 1989 bis März 1990, überwachte die südafrikanische Verwaltung bei der Durchführung freier Wahlen im November 1989: 4.500 Soldaten, 1.500 Polizisten, 2.000 Zivilbeamte, Kosten ca. $ 410 Mio.;
- **MINURSO** *(UN Mission for the Referendum in Western Sahara)* seit September 1991, soll eine Volksabstimmung in der ehemaligen spanischen Kolonie kontrollieren, die von Marokko besetzt und annektiert ist, während die POLISARIO-Befreiungsfront um einen unabhängigen Staat kämpft; bisher vor allem an marokkanischer Verzögerungstaktik gescheitert: 30 Soldaten, 196 Militärbeobachter, 4 Polizisten, 122 Zivilisten (August 2004), Jahreshaushalt 2004/05 $ 44,04 Mio.[28]
- **UNTAET** *(UN Transitional Administration in East Timor)* verwaltete vom

25.10.1999 bis 20.05.2002 die ehemalige portugiesische Kolonie (seit 1520) Ost-Timor, die 1976 von Indonesien besetzt und annektiert worden war. Eine Volksabstimmung unter VN-Überwachung ergab im August 1999 eine Vierfünftel-Mehrheit für Unabhängigkeit. Das UNTAET-Mandat erlosch nach freien Wahlen mit der Ausrufung des unabhängigen Staates: 6.281 Soldaten, 1.288 Polizisten, 737 Zivilisten (März 2002), Jahreshaushalt 2001/02 $ 476,8 Mio.

Gerade einige besonders spektakuläre – und im ehemaligen *Jugoslawien*[29] besonders spektakulär gescheiterte – Einsätze von Blauhelmen lassen sich allerdings keinem der drei oben skizzierten Modelle eindeutig zuordnen, stellen vielmehr Mischformen dar. Betrachtet man den Krieg in Bosnien-Herzegowina 1992-1995 vorwiegend als Bürgerkrieg, erscheint der Einsatz von UNPROFOR als ein untauglicher Versuch, diesen Staat zu stabilisieren; sieht man Bosnien dagegen als Opfer von Aggressionen aus Serbien und Kroatien, fällt der VN-Truppe die ebenso mißlungene Aufgabe zu, „Stolperdrähte" zu ziehen. Letzteres mußte scheitern, da Serbien und Kroatien die grenzüberschreitende militärische Einmischung nie zugaben, folglich mit den VN nicht ernsthaft zusammenarbeiteten.

Für die Stabilisierung des Gesamtstaates Bosnien-Herzegowina erwies sich UNPROFOR als zu schwach. Als zum Beispiel serbische Truppen am 11./12. Juli 1995 die Stadt *Srebrenica* stürmten, die UNPROFOR jahrelang zur „Schutzzone" erklärt hatte, konnten 400 niederländische Blauhelme ein Massaker an der islamischen Bevölkerung und ihre Vertreibung nicht verhindern. Folgerichtig traten die VN die Aufgabe, Bosnien zu stabilisieren, an die NATO ab: Seit 20. Dezember 1995 überwacht sie – gemeinsam mit Rußland und weiteren Nicht-NATO-Staaten – durch eine ursprünglich 60.000 Mann starke Streitmacht, die im Januar 2003 auf 12.000 Mann reduziert wurde (IFOR, seit 1997 SFOR = *Implementation* bzw. *Stabilization Force)* die Einhaltung des am 14. Dezember 1995 in *Dayton* (Ohio/USA) von den Präsidenten Serbiens, Kroatiens und Bosniens unterzeichneten Friedensabkommens.

Mischformen von Blauhelm-Einsätzen (Auswahl)

- **UNIFIL** *(Interim Force in Lebanon)* an der Südgrenze Libanons seit März 1978, einerseits ein „Stolperdraht" zwischen Israel und den von Syrien gestützten Guerilleros ursprünglich der PLO (in dieser Funktion 1982 gescheitert, aber weitergeführt), später vornehmlich der „Partei Gottes" *(Hisbollah)*, andererseits gedacht zur Stabilisierung des formell unabhängigen Staates Libanon: 1.995 Soldaten, 106 Zivilisten (August 2004), Jahreshaushalt 2004/05 $ 97,8 Mio.;[30]

- **UNAVEM I** (vgl. oben unter Stabilisierungs-Einsätzen) Januar 1989 bis Juni 1991. Dieser erste Anlauf zur Friedenssicherung in Angola sollte den zwischen Südafrika, Cuba und Angola vereinbarten Truppenabzug verifizieren („Stolperdraht" gegen befürchtete neuerliche südafrikanische Übergriffe) und die MPLA-Regierung stabilisieren: 70 Beobachter, Kosten pro Jahr nur ca. $ 7,4 Mio.;
- **UNPROFOR** *(Protection Force)* Februar 1992 bis November 1995. Der ursprüngliche Auftrag betraf nur den Konflikt in Kroatien, dann wurde das Mandat auf ganz Ex-Jugoslawien ausgedehnt, zum Ende auf Bosnien-Herzegowina konzentriert: maximal 38.600 Soldaten, im April 1995 noch 23.600 (einschließlich Polizisten), Kosten im Jahre 1994 $ 1,6 Mrd. Seit Übergabe des Bosnien-Mandats an die NATO wurde UNPROFOR durch mehrere lokale Einsätze kleineren Ausmaßes in Bosnien, Mazedonien und Kroatien abgelöst;
- **UNOMUR** *(Observer Mission in Uganda and Rwanda)* und **UNAMIR** *(Assistance Mission for Rwanda)* von 1993 bis Mitte 1995. UNOMUR sollte mit 98 Mann und ca. $ 17 Mio. Jahreshaushalt als „Stolperdraht" die Invasion Rwandas durch Tutsi-Guerilleros aus Uganda beobachten, UNAMIR mit ca. 5.000 Soldaten und Polizisten die innere Sicherheit in Rwandas Hauptstadt Kigali sichern. Die Blauhelme verhinderten 1994 den Genozid an Rwandas Tutsi ebensowenig wie die anschließende Eroberung des Landes durch die Tutsi-Guerilla.[31]

Generell sind an das über die ganze Erde verstreute Programm der Vereinten Nationen, zwischenstaatlichen und sogar innerstaatlichen Frieden durch Einsatz von Soldaten unter dem Blauhelm – samt den dazugehörigen, zum Beispiel in Namibia am Erfolg mindestens ebenso stark beteiligten Polizisten und Zivilbeamten – zu sichern, mindestens drei politische Fragen zu richten:[32]

- Schont das *Peacekeeping* nicht Aggressoren (und die Urheber von Bürgerkriegen), indem es ihnen anstatt Bestrafung nach Kapitel VII der VN-Charta die dauerhafte Überwachung von Waffenstillstandslinien bzw. -abkommen in Aussicht stellt?
- Verlängern die Vereinten Nationen dadurch nicht Konflikte ins Endlose, die sie eigentlich schlichten will?
- Warum konnten die VN sich so selten aufraffen, selbst Regierungsgewalt an sich zu ziehen? Das mag hauptsächlich eine Frage der Finanzen sein – aber käme es nicht bei Erfolgen in begrenzter Zeit billiger als schwächliche und deshalb immer wieder verlängerte Überwachungs-Einsätze? Auf der anderen Seite ist die Zurückhaltung Kofi Annans verständlich, im eroberten Irak 2003 unerträglich schwere Aufgaben auf die schwachen Schultern der VN zu laden.

Ein Verzicht der Vereinten Nationen auf Stabilisierungs-Operationen, also auf die Besänftigung von Bürgerkriegen, ist nach dem Auswuchern dieses Typs von Blauhelm-Operationen kaum zu erwarten. Würde die Wirksamkeit der Blauhelm-Einsätze jeglichen Typs wachsen, wenn künftig die *Großmächte* sich stärker heranziehen ließen? In der Zeit des Kalten Krieges war das ausgeschlossen, die VN mußten beim *Peacekeeping* in Kontrast zur versuchten Aggressoren-Bestrafung mit Kontingenten kleinerer, vorzugsweise blockfreier Mitgliedstaaten arbeiten. Selbst eine „mittlere" Großmacht dürfte allerdings kaum ernsthaft ihre Truppen einem VN-Oberbefehl unterstellen, weder dem Generalsekretär als politischer Spitze der Kommandokette, noch einem Militärkommandeur vor Ort, der nicht ihren eigenen Paß (oder den eines engen Verbündeten) in der Tasche trüge. Jede Großmacht wird wohl immer selbst mitbestimmen wollen, ob ihre Soldaten schießen – und auf wen. *Denkt man an die USA, wird diese Vermutung angesichts der Erfahrungen nicht nur in Somalia zur Gewissheit. Schlimmer noch: Die Balkan-Kriege, der Krieg gegen den Terror nach dem 11. September 2001 und der kriegerische Sturz Saddam Husseins im Irak deuten an, daß Washington (und keineswegs erst die Bush-II-Regierung!) den gesamten Kriegsverhütungs-Apparat der Vereinten Nationen als irrelevant beiseite schieben könnte.* Wie sollen die Vereinten Nationen dieser Gefahr begegnen?

Im Juli 2000 lag der *Brahimi Report* vor, benannt nach dem algerischen Diplomaten und späteren Sonderbeauftragten Generalsekretär Annans für Afghanistan und (2004) den Irak, Lakhdar Brahimi (*1934), der eine Experten-Kommission zur Verbesserung der Friedens-Einsätze geleitet hatte. Der in der Folgezeit ausgiebig kommentierte Bericht betont gleich zu Beginn seiner Zusammenfassung *(Executive Summary)*: „Unsere Empfehlungen konzentrieren sich nicht nur auf Politik und Strategie, sondern auch und vielleicht sogar mehr noch auf operationelle und organisatorische Bereiche, die das nötig haben". Jedoch scheut er vor präzisen Empfehlungen nicht zurück, wie die folgenden Zitate aus der Zusammenfassung belegen:[33]

> *„Zu den Veränderungen, welche die Kommission empfiehlt, [gehört] ein grundsätzlicher Kurswechsel bei Verwendung ziviler Polizei und ähnlicher* rule-of-law-*Elemente bei Friedens-Operationen, die auf einem kombiniertem Ansatz beruhen,* rule of law *sowie Beachtung von Menschenrechten zu stärken und Gemeinschaften aus einem Konflikt heraus zu helfen, um nationale Versöhnung zu erreichen…*
> *Die Kommission ist sich einig, daß Zustimmung der Konfliktparteien vor Ort, Unparteilichkeit und Gewaltanwendung nur zur Selbstverteidigung die fundamentalen Grundsätze des* peacekeeping *bleiben sollen. Die Erfahrung lehrt jedoch, daß im Zusammenhang innerstaatlich/transnationaler Konflikte Zustimmung auf vielfache Weise manipuliert werden kann. Unparteilichkeit muß des-*

> *halb für VN-Operationen Treue zu den Grundsätzen der Charta bedeuten: Wo eine Partei klar und unbestreitbar die Bedingungen eines Friedensabkommens verletzt, kann fortgesetzte Gleichbehandlung aller Parteien durch die VN bestenfalls nur zu Erfolglosigkeit führen, schlimmstenfalls sich zu Komplizenschaft mit dem Übel steigern. Kein Versäumnis trug mehr dazu bei, Ansehen und Glaubwürdigkeit der VN-Friedenssicherung in den 1990er Jahren zu beschädigen als das Zögern, Opfer von Aggressoren zu unterscheiden… Regeln für Eingreifen sollten ausreichend robust sein und die Truppen der VN nicht zwingen, denen die Initiative abzutreten, die sie angreifen.*
> *Das wiederum bedeutet, daß das Sekretariat bei seiner Planung keine besten Voraussetzungen* (best-case assumptions) *auf Situationen anwenden darf, wo die Akteure vor Ort notorisch schlimmstes Verhalten* (worst-case behavior) *gezeigt haben. Es bedeutet: Die Mandate müssen deutlich aussagen, daß eine Operation befugt ist, Gewalt anzuwenden. Es bedeutet stärkere Streitkräfte, besser ausgerüstet und kostspieliger, aber fähig zu glaubhafter Abschreckung…*
> *Das Sekretariat muß dem Sicherheitsrat sagen, was er wissen muß, nicht was er zu hören wünscht.“*

An der Zuordnung des gesamten *Peacekeeping* zum Sicherheitsrat wird sich nichts ändern – und sollte sich nichts ändern. Sicher bleibt dadurch der Erfolg jeder Operation vornehmlich an die Beschlußfähigkeit des Sicherheitsrats gebunden. Das kann im System der Vereinten Nationen nicht anders sein, der Generalsekretär kann die letzte Verantwortung nicht tragen. Der gegenwärtige Träger der Bürde dieses Amtes, Kofi Annan, widmete bereits in seinem Rechenschaftsbericht für das Jahr 1998[34] dem *Peacekeeping* denn auch nur sechs nüchterne Absätze, darunter:

> *„58. Fünfzig Jahre nach der Aufstellung des ersten Friedenssicherungseinsatzes der Vereinten Nationen leisten derzeit etwa 14.500 Militär- und Polizeikräfte unter der Flagge der Vereinten Nationen Dienst bei Missionen in der ganzen Welt. Die Friedenssicherung wird nach wie vor den sich wandelnden Bedürfnissen angepaßt, und die Zusammenarbeit mit den Regionalorganisationen ist dabei heute ein wichtiger Aspekt. Wenngleich vorsichtig und kritisch vorgegangen werden muß, bevor ein Beschluß zu einem gemeinsamen Einsatz gefaßt wird, so können doch im Rahmen einer solchen Zusammenarbeit die Legitimität, der Sachverstand und die Ressourcen der Weltorganisation durch die Motivation und das Wissen der lokalen Akteure bereichert werden.“*

Regionalorganisationen, lokale Akteure: Das heißt im Klartext NATO; und NATO heißt im Klartext USA. Das kann das letzte Wort des Generalsekretärs der Vereinten Nationen nicht sein. Wir müssen hoffen, dürfen aber auch hoffen, daß mit dem Ende des Kalten Kriegs zwischen Ost und West auf längere Sicht, zeitweiligen Turbulenzen zum Trotz, doch die 1944/45 als Fundament der Vereinten Nationen vorausgesetzte Zusammenarbeit *aller* Großmächte zustande kommen und die Jahrtausendaufgabe der Überwältigung des Krieges als Mittel der Politik leisten wird.

(Den vorstehenden Absatz aus der Erstauflage habe ich bei der Neubearbeitung nicht überlesen. Er bleibt absichtlich stehen. Was ich geschrieben habe, war 1999 Utopie und ist 2004 Utopie – etwas, das wortwörtlich „keinen Ort" in der Wirklichkeit hat. Den sollte es aber bekommen. Denn wir lernen gerade seit dem Jahr 2003: Einer Allein kann den Krieg nicht abschaffen, will es vielleicht gar nicht. Alle 191 Staaten ziehen am gleichen Strick? Das funktioniert nicht. Nein, es müssen sich einige Mächtige – wirtschaftlich, kulturell, ja auch militärisch Mächtige zusammentun. Das müssen nicht auf ewig die bewussten Fünf sein. Im Moment sind sie es, die wir haben, wenn wir den Ort für die Utopie suchen. Suchen – nein: finden müssen wir ihn.)

Anmerkungen

1 Boutros Boutros-Ghali: An Agenda for Peace. Preventive diplomacy, peacemaking and peace-keeping. Report of the Secretary-General pursuant to the statement adopted by the Summit Meeting of the Security Council on 31 January 1992. New York 1992, 53 S. UN-Doc.A/47/277 bzw. S/24111 – Deutsche Übersetzung u.a. bei Hüfner (Hg.) 1994, S. 339-365.

2 Vgl. als erste Überblicksdarstellung eines deutschen Autors Frey 1998.

3 Quelle: Microsoft Encarta '97, Stichwort *Iran-Iraq War.*

4 Vgl. als offiziöse VN-Darstellung: The Blue Helmets. A review of United Nations peace-keeping. New York 3.Aufl.1998. – Aus der umfangreichen wissenschaftlichen Literatur vgl. insbesondere: Paul F. Diehl: International Peacekeeping. Baltimore 1993; Winrich Kühne (Hg.): Blauhelme in einer turbulenten Welt. Baden-Baden 1993; Franz Ansprenger: Blauhelme – Markenzeichen und Alpdruck der Vereinten Nationen. In: Hüfner (Hg.) 1994, S. 55-80; Volker Löwe: Peacekeeping-Operationen der UN. Aspekte einer Beteiligung der Bundesrepublik Deutschland. Hamburg/Münster 1994; Marie-Claude Smouts (Hg.): L'ONU et la Guerre. La diplomatie en kaki. Brüssel 1994; Steven R. Ratner: The new UN Peace-keeping. London 1995; Hans-Georg Ehrhart & Konrad Klingenburg: UN-Friedenssicherung 1985-1995. Baden-Baden 1996; Manfred Eisele: Die Vereinten Nationen und das internationale Krisenmanagement. Ein Insider-Bericht. Frankfurt a.M. 2000.

5 Rede an der Universität Laval in Québec (Kanada), 23.08.1993; zitiert nach *UNO-Woche* (Wien) 08.09.1993

6 Am 25.06.1950 beschloß der Sicherheitsrat mit 9 Stimmen gegen die eine Jugoslawiens in Abwesenheit der Sowjetunion, „noting with grave concern the armed attack upon the Republic of Korea by forces from North Korea, Determines that this action constitutes a breach of the peace, I. Calls for the immediate cessation of hostilities; and calls upon the authorities of North Korea to with-draw forthwith their armed forces to the 38th parallel... III. Calls upon all Members to render every assistance to the United Nations in the execution of this resolution and to refrain from giving assistance to the North Korean authorities" – Am 27.06. beschloss der Rat mit 7 Stimmen gegen die eine Jugoslawiens in Abwesenheit der Sowjetunion und bei Nicht-Beteiligung Ägyptens und Indiens an der Abstim-

mung: „The Security Council ... recommends that the Members of the United Nations furnish such assistance to the Republic of Korea as may be necessary to repel the armed attack...“

7 Vgl. Claude 1965, S. 161-163 u. 245-248

8 Quelle: Microsoft Encarta ’97, Stichwort *Korean War.*

9 Irak kam als ehemaliger Teil des im Ersten Weltkrieg besiegten Osmanischen Reiches 1921 als A-Mandat des Völkerbundes (d.h. zur späteren Unabhängigkeit bestimmt) unter britische Verwaltung. Im Oktober 1932 wurde die Unabhängigkeit proklamiert. Nach einer Serie von Staatsstreichen, in deren Verlauf im Juli 1958 die pro-westliche Monarchie gestürzt wurde, kamen im Februar 1963 erstmals der panarabisch-nationalistischen Baath-Partei nahestehende Offiziere an die Macht, unter denen Saddam Hussein seit 1968 die maßgebliche Rolle spielt. – Kuwait wird seit 1756 von der al-Sabah-Familie regiert, ursprünglich als Scheichtum unter osmanischer Oberhoheit, seit 1919 unter britischem Protektorat. Seit 1958 Mitglied der Liga Arabischer Staaten, wurde Kuwait am 19.06.1961 als Emirat unabhängig. Die Grenze zwischen dem Irak und Kuwait wurde 1923 gezogen, aber nicht genau festgelegt. Zu den Vorwänden, mit denen Saddam Hussein 1990 seinen Handstreich zu rechtfertigen versuchte, gehörte die Behauptung, Kuwait habe aus Ölquellen entlang der Grenze irakisches Erdöl im Wert von $ 2,4 Mrd. „gestohlen“.

10 Das Gespräch zwischen Saddam Hussein und der amerikanischen Botschafterin April Glaspie vom 25.07.1990, das zu dieser Spekulation Anlaß gab, ist (in irakischer Version dokumentiert bei Helmut Habel: Der zweite Golfkrieg in der internationalen Politik. Bonn 1991 (DGAP-Arbeitspapiere 62), S. 75-79

11 Vgl. Robert von Rimscha: Die Bushs. Weltmacht als Familienerbe. Frankfurt a.M./New York 2004.

12 Vgl. Der Golfkrieg – Fahrplan einer Weltkrise. SPIEGEL-Dokument (Hamburg) 2, März 1991, S. 10.

13 Quelle: Fischer Weltalmanach ’92, Sp. 76.

14 Vgl. Richard Butler: Fatal Choice. Nuclear weapons – survival or sentence. Boulder (USA) 2003.

15 The Work of the United Nations Special Commission in Iraq. Background Brief, Foreign & Commonwealth Office (London) 09.10.1998.

16 „Die Journalisten sind anscheinend die einzigen, die nicht über die Tatsache Bescheid wußten, daß UNSCOM Spionage betrieb“, erklärte am Freitag 8. Januar [1999] der Botschafter Jemens [bei den VN], Abdallah Al-Ashtal... [Er] enthüllte „etwas Offensichtliches“: „Der Sicherheitsrat wird von den Vereinigten Staaten beherrscht, UNSCOM ist ein Organ des Sicherheitsrats, folglich wird UNSCOM von den Vereinigten Staaten beherrscht, und sie machen damit, was sie wollen, so einfach ist das.“ *Le Monde* (Paris) 11.01.1999.

17 Quelle a.a.O. [Fußnote 13]; Irak behauptete anfangs, die Chemieproduktion diene friedlichen Zwecken und die Al-Hakam-Fabrik, die 50.000 Liter Anthrax und Botulinum erzeugen konnte, diene der Futtermittel-Produktion.

18 Vgl. Manfred Kulessa: Stumpfes Friedensinstrument? Zur Problematik der UN-Sanktionen. *Aus Politik und Zeitgeschichte* (Bonn) 10.04.1998, S. 31-38.

19 Der Plan (Res.181 -II-) wurde mit 35:13 Stimmen bei 10 Enthaltungen angenommen. Mit nein stimmten Cuba, Griechenland und die elf islamischen Staaten, die damals VN-Mitglieder waren. Die Mandatsmacht Großbritannien enthielt sich der Stimme.

20 Trygve Halvdan Lie: In the Cause of Peace. New York 1954, S. 98. – Lie (1896-1968) war norwegischer Politiker und amtierte 1946-53 als erster VN-Generalsekretär.

21 Die Beschlüsse des Sicherheitsrats, die das Mandat für ONUC definierten, wurden mit folgenden Mehrheiten gefaßt: Res. S/4387 am 14.07.1960 (Auftrag an den Generalsekretär, die Kongo-Regierung mit der notwendigen militärischen Unterstützung zu versehen, um ihre Aufgaben zu erfüllen) ohne Gegenstimmen, bei Enthaltung (National-)Chinas, Frankreichs und Großbritanniens; Res. S/4426 am 09.08.1960 (Grünes Licht für ONUC-Einmarsch in Katanga, gleichzeitig Zusicherung der ONUC-Neutralität in innenpolitischen Konflikten) ohne Gegenstimmen, bei Enthaltung Frank-

reichs und Italiens; Res. S/4741 am 21.01.1961 (Androhung von Waffengewalt durch ONUC zur Durchsetzung von Feuerpausen im Bürgerkrieg) ohne Gegenstimmen bei Enthaltung Frankreichs und der Sowjetunion. Wie ersichtlich, widerstrebte von den Großmächten nur Frankreich beharrlich der Kongo-Operation, verweigerte auch seinen Finanzbeitrag, scheute aber vor Gebrauch seines Veto gegen den Willen der USA zurück.

22 Vgl. aus der umfangreichen Literatur zur Kongo-Krise der 1960er Jahre insbesondere Thomas Kanza: Conflict in the Congo. Harmondsworth 1972; Georges Abi-Saab: The United Nations Operation in the Congo 1960-1964. Oxford 1978; Indar Jit Rikhye: Military Adviser to the Secretary-General. UN peacekeeping and the Congo crisis. London/New York 1993.

23 Vgl. Michael W. Doyle: UN Peacekeeping in Cambodia. Boulder/London 1995.

24 Vgl. Paulette Pierson-Mathy: Lektion gelernt? Mit UNAVEM III versuchen die Vereinten Nationen einen erneuten Anlauf in Angola. *Afrika Süd* (Bonn) 23-1995-6, S. 10-12; Chris Alden: The UN and the Resolution of Conflict in Mozambique. *Journal of Modern African Studies* (Cambridge) 33-1995-1, S. 103-128.

25 Vgl. als VN-amtliche Darstellung The United Nations and Somalia 1992-1996. New York 1996, (UN Blue Books Series 8); aus der Sicht des ersten (algerischen) VN-Beauftragten Mohamed Sahnoun: Somalia. The missed opportunities. Washington 1994; ferner Chester A. Crocker: The Lessons of Somalia. *Foreign Affairs* (New York) 74-1995-3, S. 2-8; John Hirsch & Robert Oakley: Somalia and Operation Restore Hope. Washington 1995; Matthias Weber: Der UNO-Einsatz in Somalia. Denzlingen 1997.

26 Vgl. als VN-amtliche Darstellung: The United Nations and Mozambique 1992-1995. New York 1995, (UN Blue Books Series 5); daneben Chris Alden: The UN and the Resolution of Conflict in Mozambique. *Journal of Modern African Studies* (Cambridge) 33-1995-1, S. 103-128

27 Vgl. Franz Ansprenger: Freie Wahlen in Namibia. Frankfurt a.M. usw. 1991; Heribert Weiland & Matthew Braham (Hg.): The Namibian Peace Process. Freiburg i.Br. 1994.

28 Vgl. Martine de Froberville: Sahara Occidental. La confiance perdue. Paris 1996.

29 Vgl. die Erinnerungen des zeitweiligen französischen UNPROFOR-Kommandeurs Philippe Morillon: Croire et Oser. Chronique de Sarajevo. Paris 1993; zusammenfassend Ben Cohen & George Stamkoski (Hg.): With no Peace to Keep. UN peacekeeping and the war in former Yugoslavia. London 1995; Marie-Janine Calic: Krieg und Frieden in Bosnien-Hercegovina. Frankfurt a.M. 2. Aufl. 1996; Unfinished Peace. Report of the international commission on the Balkans [Vorsitz: Leo Tindemans]. Washington 1996, (deutsch: Der trügerische Frieden. Reinbek 1997).

30 Vgl. die Erinnerungen des zeitweiligen UNIFIL-Kommandeurs, des ghanaischen Generalleutnants Emmanuel A.Erskine: Mission with UNIFIL. An African soldier's reflections. London 1989.

31 Vgl. Alain Destexhe: Rwanda and Genocide in the Twentieth Century. London/East Haven 1995; Renaud Houzel: Rwanda (1993-1997). Paris 1997; Pierre-Olivier Richard: Casques Bleus, Sang Noir. Rwanda 1994 - Zaire 1996. Brüssel 1997; Mahmood Mamdani: When Victims become Killers. Colonialism, nativism and genocide in Rwanda. Princeton 2000; Linda R. Melvern: A People betrayed. The role of the West in Rwanda's genocide. London/New York 2000; Alison Des Forges: Kein Zeuge darf überleben. Der Genozid in Ruanda. Hamburg 2002; Johan Pottier: Reimagining Rwanda. Conflict, survival and disinformation in the late twentieth century. Cambridge 2002.

32 Vgl. Gerald Braun & Angelina Topan: Frieden als Abwesenheit von Krieg? Kritischer Vergleich einiger Blauhelmeinsätze in den neunziger Jahren. *Aus Politik und Zeitgeschichte* (Bonn) 10.04.1998, S. 3-12. – Die Kritik der Verfasser gilt besonders UNPROFOR, UNAVEM I und II sowie UNOSOM.

33 Vgl. Winrich Kühne: UN-Friedenseinsätze verbessern – Die Empfehlungen der Brahimi-Kommission. In: Schorlemer (Hg.) 2002, S. 715-731.

34 Report of the Secretary-General on the Work of the Organization. General Assembly, Official Records, 53rd session, supplement no.1 (A/53/1), hier zitiert nach der VN-offiziösen Übersetzung ins Deutsche.

10. Die Vereinten Nationen und die Entwicklung

Spielbein der Vereinten Nationen, in Kapitel IX der Charta betitelt *Internationale Zusammenarbeit auf wirtschaftlichem und sozialem Gebiet,* ist seit ihrer Gründung das weite Feld der Zusammenarbeit zwischen den Mitgliedstaaten, um wirtschaftlichen und sozialen Wohlstand zu mehren. Dieser im Kontrast zur eher negativen Kriegsverhütung positiv besetzte Aufgabenbereich der Weltorganisation ist mit dem Einzug einer Mehrheit von Entwicklungsländern/unterentwickelten Ländern/Ländern der Dritten Welt – wie immer man sie zusammenfassend bezeichnen will – so gut wie deckungsgleich mit *globaler Entwicklungspolitik* geworden.

Weltbank und Internationaler Währungsfonds

Ursprünglich hatten die Gründer der VN für den „Wiederaufbau und die Entwicklung" der Weltwirtschaft den Internationalen Währungsfonds (IWF) und die Weltbank vorgesehen, die offiziell IBRD heißt: *International Bank for Reconstruction and Development.* Wie bereits berichtet, konnte sich aber die Sowjetunion von Anfang an nicht entschließen, diesen Organisationen beizutreten. Stalin befürchtete mit vollem Recht, sie seien als Machtinstrumente der kapitalistischen Industriestaaten, also letzten Endes der USA konzipiert.[1] Denn der IWF arbeitete entgegen dem britischen, von Keynes auf der Konferenz in Bretton Woods 1944 vorgetragenen Konzept nicht mit einem neutralen „Weltgeld", sondern sah sich auf den von der Notenbank der Supermacht USA kontrollierten Dollar als Leitwährung der Weltwirtschaft verwiesen. Anders als in der VN-Generalversammlung, wo jeder Staat eine Stimme hat, wurden die Stimmrechte beim IWF und bei der Weltbank nach der Wirtschaftskraft der Staaten gestaffelt. Nach dem Ende des Kalten Krieges, als die Volksrepublik China und die Staaten Osteuropas der Weltbank-Gruppe beigetreten waren (seitdem vertreten einige Exekutivdirektoren der Weltbank Stimmenpakete, in denen west- und osteuropäische Länder vertreten sind), ergab sich eine umso deutlichere Übermacht des Nordens der Erde im Vergleich zum unterentwickelten Süden. Präsident der Weltbank ist von Anfang an bis heute immer ein Bürger der USA (seit 1995 James D. *Wolfensohn*, *1933), Geschäftsführender Direktor des IWF immer ein Westeuropäer: 1987-2000 der Franzose Michel *Camdessus* (*1933), danach bis zu seiner Kandidatur als Bundespräsident 2004 der Deutsche Horst *Köhler* (*1943), seitdem der Spanier Rodrigo *Rato*.

Die Doktrin, nach der IWF und Weltbank 1945 antraten und der sie bis heute allen Wandlungen der Welt zum Trotz treu geblieben sind, setzt voraus, daß es keine Alternativen für die internationale Wirtschaft gibt, unter denen politischer Gestaltungswillen wählen könnte, sondern nur objektiv, sachlich richtiges Wirtschaften und falsches, aus theoretischen Irrtümern abgeleitetes Wirtschaften. Für den richtigen Kurs, den Weltbank und IWF selbstverständlich vertreten und weltweit empfehlen, stehen die Stichworte *Freihandel*, freier Austausch von Dienstleistungen, freier Kapitalverkehr, staatliche Garantie der freien Verfügbarkeit von investiertem Kapital samt allem, was dazugehört. Der Ruf nach der *Offenen Tür* (in China und andernorts) war schon im 19. Jahrhundert – wir erwähnten es – die zentrale Parole der US-amerikanischen Außenpolitik. Daß in der amerikanischen Innenpolitik, speziell im Kongreß, dennoch gegenläufige Strömungen immer existieren und von Zeit zu Zeit die Oberhand gewinnen, also staatlichen Schutz (Protektionismus) sowie Subventionen für die eigenen amerikanischen Unternehmen verlangen und durchsetzen, steht auf einem anderen Blatt.

Der Wiederaufbau der im Zweiten Weltkrieg beschädigten Volkswirtschaften *Westeuropas und Japans* ging nach 1945 zügig vonstatten. Im großen und ganzen war das ein Erfolg für die Marktwirtschaft – wenn auch weder ein „Wunder", wie man in Deutschland nach der Währungsreform von 1948 gern sagte, noch ein empirischer Beweis für die Theorie einer bestimmten Schule innerhalb des weit verzweigten Komplexes der

Stimmrechte bei der Weltbank über 1 Prozent (Stand 2003)			
USA	16,40%	Japan	7,87%
Deutschland	4,49%	Frankreich	4,31%
Großbritannien	4,31%	Rußland	2,79%
VR China	2,79%	Saudi-Arabien	2,79%
Indien	2,79%	Kanada	2,79%
Italien	2,79%	Niederlande	2,21%
Brasilien	2,07%	Belgien	1,81%
Spanien	1,75%	Schweiz	1,66%
Österreich	1,53%	Iran	1,48%
Venezuela	1,27%	Mexiko	1,18%
Argentinien	1,12%		

neoklassischen Wirtschaftswissenschaft. Der Erfolg ist weniger der Weltbank-Gruppe noch gar den Vereinten Nationen zuzuschreiben, sondern ergab sich aus einer zielsicheren amerikanischen Außenwirtschaftspolitik. Der Marshall-Plan steht dafür in Europa als Leitmotiv.

Die Tätigkeit der Weltbank orientierte sich unter diesen Gegebenheiten seit Ende der 1950er Jahre neu auf die Regionen Asien, Afrika und Lateinamerika, die man in Wissenschaft und Politik unter dem Begriff *Dritte Welt* zusammenzufassen begann, während der IWF weiterhin seine Aufgabe wahrnahm, über das Gleichgewicht der Zahlungsbilanzen zwischen den Hauptträgern des Welthandels zu wachen (und das waren die Industrieländer des Nordens der Erde), deren Währungen im *System von Bretton Woods* bis Anfang der 1970er Jahre durch feste Wechselkurse zum US-Dollar stabilisiert waren. Solange erfreuten sich die „nordwestlichen" Industrienationen eines kontinuierlichen Wirtschaftswachstums, das sie in den Ausbau von Massenwohlstand und großzügiger Sozialsysteme umzusetzen verstanden. Danach brach dieses System zusammen und mußte durch flexible Wechselkurse ersetzt werden. *Schon lange vorher hatte aber die Wirklichkeit allen Doktrinen der Weltbank (und anderen) zum Trotz bewiesen, daß die Rezepte der freien Marktwirtschaft in unterentwickelten Ländern automatisch weder Wirtschaftswachstum noch Wohlstand der breiten Bevölkerungsmehrheit noch soziale Sicherung hervorbringen.*

Freilich erfüllten auch die dirigistischen Entwicklungsprogramme sozialdemokratischer Regierungen in London und Paris für die Übersee-Imperien, die unmittelbar nach 1945 in Gang gebracht wurden, keine dieser Erwartungen, weder der britische *Colonial Development and Welfare Act* von 1945 noch der französische *Fonds d'Investissement pour le Développement Economique et Social* (FIDES) von 1946.

Regierungen in Ländern der Dritten Welt, die im antikolonialen Kampf die Unabhängigkeit erreicht hatten (und dieser Kampf verstärkte sich nach 1945, nicht zuletzt aufgrund der enttäuschten wirtschaftlich-sozialen Erwartungen), richteten ihre Hoffnungen weniger auf die Weltbank, in der die Mächte des Nordens offenkundig das Sagen hatten, obwohl diese 1960 unter dem Namen *International Development Association* (IDA) einen Schalter für die Vergabe weicherer Kredite öffnete, als der freie Markt verordnete.[2] In den 1970er Jahren pflegte Robert S. McNamara (*1916) als Präsident der Weltbank eindringliche Reden über die Notwendigkeit zu halten, die absolute Armut zu bekämpfen und Grundbedürfnisse der Menschen in der Dritten Welt zu finanzieren – zum Beispiel am 25. September 1978 vor dem Gouverneursrat seiner Bank:[3]

> *„Es ist nicht so sehr die klassische Arbeitslosigkeit, die für die Situation der absolut Armen in den Entwicklungsländern charakteristisch ist, obwohl dies schon schlimm genug ist. Typisch sind vielmehr unbeschreiblich unproduktive Arbeiten, die trotz überlanger Arbeitszeit nur minimale Löhne einbringen.*
> *Nicht nur, daß die Armen ohne ausreichende Einkommen sind, ihnen bleibt auch der angemessene Zugang zu grundlegenden öffentlichen Dienstleistungen verwehrt: zu sauberem Trinkwasser, Elementarausbildung, vorbeugender medizinischer Versorgung, zu Elektrizität, zu öffentlichen Transportmitteln... Da die Armen den größten Teil dieser Dienstleistungen nicht privat kaufen können, muss ihnen der Zugang durch Regierungsprogramme ermöglicht werden, die in einer praktischen Strategie zur Reduzierung der Armut eine Schlüsselstellung einnehmen müssen.*
> *...Auf unserer Tagung vor fünf Jahren habe ich in Nairobi eine Strategie vorgetragen, die darauf gerichtet war, die absolute Armut in den ländlichen Gebieten zu beseitigen. Dieses entwicklungspolitische Konzept war auf das Leben von 100 Millionen Subsistenzfarmern und ihren Familien gerichtet.*
> *Unter anderem basierte diese Strategie auf einer Ausweitung des Ausleiheprogrammes der Weltbank... Innerhalb dieses vergrößerten Programms für den landwirtschaftlichen Sektor sollte die Produktivitätssteigerung der Bauern mit niedrigem Einkommen, also diejenigen, die zwei und weniger Hektar bewirtschaften, besonderen Vorrang haben... Wir haben jedes dieser Ziele erreicht. Ja, nicht nur erreicht, sondern jedes von ihnen ist übertroffen worden...*
> *Die Bemühungen der Weltbank, den Armen in den Städten zu helfen, sind jüngeren Datums und sind auch volumenmäßig erheblich kleiner. Da haben wir noch sehr viel vor uns, dennoch machen wir auch da Fortschritte."*

Solche schönen Worte änderten wenig daran, daß die Regierungen der Dritten Welt eher auf die Vereinten Nationen selbst mit ihrem Prinzip der Gleichheit großer und kleiner, folglich wohl auch reicher und armer Staaten gründeten als auf die Weltbank. Die rigorosen Auflagen, die IWF und Weltbank seit etwa 1980 ihren Schuldnern in der Dritten Welt unter dem Stichwort „Strukturanpassungs-Programme" diktierten (*gemeint sind natürlich die Strukturen eines formal freien, faktisch von den Transnationalen Konzernen und Banken des Nordwestens beherrschten Weltmarkts*) und die sie zwingen, gerade die von McNamara 1978 beschworenen öffentlichen Dienstleistungen drastisch einzuschränken,[4] trugen nicht dazu bei, die Bretton-Woods-Institutionen in Asien oder Lateinamerika – und ganz besonders nicht in Afrika – bei den Regierungen beliebter zu machen.

UNCTAD

Das Spielbein der VN litt freilich mindestens ebenso an Muskelschwäche wie das Standbein der Kriegsverhütung. Der durch Kapitel X der Charta eingeführte *Economic and Social Council* (ECOSOC) erwies sich in der Praxis als wenig mehr denn eine Zwischenstation im Aktenlauf der zahllosen VN-Dokumente; er ist mit 54 Mitgliedern zu groß für ernsthafte Beratungen, und seine Kompetenzen erlauben ihm nur, Empfehlungen abzugeben und Konferenzen einzuberufen.[5] Es half auch nicht viel, daß die Generalversammlung 1960 eine „Dekade der Entwicklung" ausrief – und 1970 eine zweite, 1980 eine dritte. Die Staaten der Dritten Welt drängten jedenfalls auf die Errichtung einer besonderen Plattform, um ihre Vorstellungen von globaler Entwicklung zu präsentieren. Sie erreichten zunächst die Einberufung einer VN-Konferenz über Handel und Entwicklung (*UN Conference on Trade and Development* -UNCTAD) nach Genf, die 1964 tagte und beschloß, alle drei oder vier Jahr erneut zu tagen, ein ständiges Sekretariat und einen zwischen den Konferenzen tätigen Rat einzurichten. Als erster Generalsekretär der UNCTAD wurde Raúl Prebisch (1901-1986),[6] ein argentinischer Wirtschaftstheoretiker, der die Erklärung für Unterentwicklung im langfristigen Sinken der *terms of trade* für Rohstoffe produzierende Länder suchte,[7] vom VN-Generalsekretär vorgeschlagen und (gegen den Willen der Industriestaaten, auf Druck der Staaten aus der Dritten Welt!) von der Generalversammlung gewählt. Mit anderen Worten: UNCTAD entwickelte sich zu einem so genannten „Sonderorgan" der Generalversammlung mit einem Status hart an der Grenze zu den autonomen „Sonderorganisationen" wie UNESCO, ILO oder WHO.

Die Zeit, in der Regierungen aus der Dritten Welt ernsthaft daran arbeiteten, mit dem Hebel der UNCTAD eine *Neue Weltwirtschaftsordnung* durchzusetzen, ist jedoch lange vorbei. Sie taten sich zunächst zu einer gemeinsamen Fraktion zusammen, der *Gruppe 77* – so genannt, weil ihr 1964 77 Staaten angehörten; in den 1990er Jahren wuchs ihre Zahl auf etwa 130. Jederzeit bildeten sie eine solide Mehrheit gegenüber den westlichen Industriestaaten und den sozialistischen Ländern, deren Gruppierung seit 1990 ohnehin keine politische Bedeutung mehr hat.

Im Oktober 1967 trafen sich Minister der Gruppe 77[8] in Algier, um UNCTAD II (1968) vorzubereiten. Auf dieser Konferenz verabschiedeten sie die *Charta von Algier*. Ihr Kern ist ein grundsätzliches Aktionsprogramm, das die Forderungen der Gruppe 77 an die westlichen Industriestaaten erstmals zusammenfaßte. Dort lesen wir unter anderem:

> *„Abkommen über Rohstoffe. (1.) Probleme der Rohstoffe sollten, wo zweckmäßig, mit Hilfe internationaler Abkommen gelöst werden, die Erzeugnis für Erzeugnis ausgehandelt werden sollten; (2.) die erzeugenden Entwicklungsländer sollten sich gegenseitig konsultieren und untereinander zusammenarbeiten, um das Kosten-Preis-Verhältnis zu verteidigen und zu verbessern durch wirksame Koordination ihrer Absatzpolitik...*
> *Preispolitik. Die vornehmsten Aufgaben der Preispolitik sollten sein: (1.) Beseitigung übermäßiger Schwankungen der Preise; (2.) höchstmögliche Einnahmen für die Ausfuhren von Rohstoffen; (3.) Erhaltung und Steigerung der Kaufkraft der Erzeugnisse, die die Entwicklungsländer ausführen, bezogen auf die Kosten ihrer Einfuhren; und (4.) zu erreichen, daß die bereits entwickelten Länder zur Erreichung stabiler und höherer Preise für Rohwaren und verarbeitete Grundstoffe aus Entwicklungsländern beitragen, indem sie eine entsprechende einheimische Steuer-Politik anwenden. ...*
> *Mindest-Anteile an den Märkten. (1.) Wo Erzeugnisse aus Entwicklungsländern mit der einheimischen Produktion bereits entwickelter Länder in Wettbewerb stehen, sollen letztere den Erzeugnissen aus den Entwicklungsländern einen bestimmten Anteil an deren Verbrauch einräumen... (2.) Die Industriestaaten sollten Maßnahmen treffen, um eine unrentable Produktion von Erzeugnissen, die mit Rohstoffen in Wettbewerb stehen, die ihren Ursprung in den Entwicklungsländern haben, nicht fördern und die Subventionen für solch konkurrierende Erzeugnisse abschaffen...*
> *Grundsätze eines allgemeinen Präferenzsystems. (a) Bei der zweiten Welthandelskonferenz sollten Verhandlungen aufgenommen werden, die zu einem Abkommen über ein allgemeines System von nicht diskriminierenden und nicht auf Gegenseitigkeit beruhenden Zollpräferenzen führen. Dieses Abkommen soll allen fertigen und halbfertigen Erzeugnissen aller Entwicklungsländer uneingeschränkten und zollfreien Zugang zu den Märkten aller bereits entwickelten Staaten sichern... (f)*

Das Präferenzsystem sollte so gehalten sein, daß auch die am meisten zurückgebliebenen unter den Entwicklungsländern einen Nutzen davon haben...
Zufluß des internationalen öffentlichen und privaten Kapitals. (a) Jedes bereits entwickelte Land soll bis zum Ende des ‚Jahrzehnts der Entwicklung' das Ziel erreicht haben, einen Nettobetrag von 1% des Brutto-Nationalprodukts zugunsten der Entwicklungsländer tatsächlich auszuzahlen. Innerhalb dieses festgesetzten Rahmens sollte ein Minimalsatz für den Anteil der öffentlichen Mittel festgelegt werden, frei von Amortisierung und Zinsen, der progressiv zu erhöhen wäre... (h) Private Investitionen sollten für die Entwicklungsländer, in denen sie gemacht werden, von dauerndem Wert sein... (i) Kein bereits entwickelter Staat sollte den gegenwärtigen Umfang seiner Leistungen an die Entwicklungsländer vermindern."

Alle diese Grundsätze finden wir sieben Jahre später in der *Charta der wirtschaftlichen Rechte und Pflichten der Staaten* wieder. Dieses zentrale Dokument für das Programm einer Neuen Weltwirtschaftsordnung wurde am 12. Dezember 1974 von der Generalversammlung der Vereinten Nationen als Resolution 3281 (xxix) mit 117 Stimmen gegen 6 bei 10 Enthaltungen beschlossen. *Endsieg der Staaten der Dritten Welt in ihrem Ringen, auf dem Forum der VN, unter Einsatz der UNCTAD als wichtigstem Hebel, den Industriestaaten ihren Mehrheitswillen aufzuzwingen? Leider waren unter den sechs Nein-Sagern die USA, Großbritannien und die Bundesrepublik Deutschland. Damit war diese „Charta" das Papier nicht wert, auf dem sie geschrieben steht, und die ganze, in den westlichen Industriestaaten als „dirigistisch" verschrieene Neue Weltwirtschaftsordnung war von der Tagesordnung der internationalen Politik abgesetzt.*

Die folgenden UNCTAD-Konferenzen konnten nur noch die Diskussionen am toten Punkt weiterführen. 1979 einigten sich zwar Industrie- und Entwicklungsländer über ein *Integriertes Rohstoffprogramm* samt Errichtung eines *Gemeinsamen Fonds*, der helfen soll, die Preise zu stabilisieren; dieser Fonds kam jedoch erst 1989 zustande, und über seine Leistungen hört man wenig.[9] Die Regierungen der meisten westlichen Industriestaaten dachten gar nicht daran, das von ihnen selbst markierte Ziel, wenigstens 0,7% des Bruttosozialprodukts (BSP) als öffentliche Entwicklungshilfe an die Dritte Welt auszuzahlen, ernstlich anzustreben[10] (und die Sowjetunion samt ihren osteuropäischen Verbündeten schlossen sich nicht einmal der Zielsetzung an).

Zum ersten Mal befaßten sich dann bei der UNCTAD VIII in Cartagena (Kolumbien) 1992 die Delegationen der Dritten Welt auch mit den internen Problemen ihrer Staaten, die Wirtschaftswachstum und sozialen Fortschritt hemmen: Korruption, Bürokratie, militärische Rüstung. Über UNCTAD IX urteilte vier Jahre später ein deutscher Kommentator:[11]

„Herausgekommen ist … ein Kompromiß: Die UNCTAD wird weiter bestehen, aber in ihren Funkionen und ihren Ressourcen drastisch beschnitten. Diskussion und Dialog, Analyse, Beratung und technische Hilfe für Entwicklungsländer in Handelsfragen, darauf soll sich die UNCTAD zukünftig beschränken. Der Anspruch auf Verhandlungs- und Entscheidungskompetenzen wird nicht mehr erhoben. Die UNCTAD ordnet sich der WTO unter."

Das wenige, das die Industriestaaten bereit sind, an Geldern für Technische Hilfe an die Dritte Welt in Kanäle der Vereinten Nationen fließen zu lassen, wird seit 1970 im „Entwicklungsprogramm" der VN *(UN Development Programme*-UNDP) zusammengefasst. Es wurde am 22. November 1965 von der Generalversammlung beschlossen. Im Jahre 2003 standen ihm aus dem regulären VN-Haushalt und freiwilligen Beiträgen der Mitgliedstaaten $ 900 Mio. zur Verfügung. Seit 1990 gibt das UNDP jährlich – in einer gewissen Konkurrenz zum *Weltentwicklungsbericht* der Weltbank[12] – den „Bericht über die menschliche Entwicklung"[13] *(Human Development Report)* heraus.

ILO, FAO, IFAD, UNESCO, WHO, UNIDO

Erhebliche Bereiche der zwischenstaatlichen Zusammenarbeit zwecks „Entwicklung" fallen in die Zuständigkeit der in Kapitel 8 bereits kurz vorgestellten Sonderorganisationen.

- Die Internationale Arbeitsorganisation (ILO) wendet ihr Augenmerk seit 1990 verstärkt den ehemaligen Ostblockstaaten zu, wo die „Transformation" zur Marktwirtschaft Streß sowohl für die Arbeiter und ihre Gewerkschaften als auch für die neuen Unternehmer bedeutet, die oft genug identisch mit den alten Funktionären sind.
- Ernährung und Landwirtschaft, das Ressort der FAO, ist für die noch stark agrarisch bestimmten Gesellschaften der Dritten Welt von zentraler Bedeutung. Im Lauf der Jahren wurden der FAO weitere VN-Einrichtungen angelagert: 1961 das Welternährungsprogramm (*World Food Programme* – WFP), 1977 der Internationale Fonds für landwirtschaftliche Entwicklung (IFAD).
- Die UNESCO geriet 1984 ins Kreuzfeuer der letzten Phase des Kalten Krieges. Weil sie sich angeblich unter Leitung ihres Generaldirektors Amadou Mahtar *M'Bow* (aus Senegal, *1921, im Amt 1974-87) mit antiwestlicher Tendenz politisiert hatte, traten die USA aus, gefolgt 1985 von Großbritannien, – das allerdings 1997 nach dem Wahlsieg von New Labour wieder in die UNESCO zurückkehrte, gefolgt von den USA 2003. Tatsächlich feindeten viele Regierungen in Afrika

und Asien die weltweite Vormacht westlicher Nachrichtenagenturen an und forderten eine „Neue Weltinformationsordnung" – samt Legitimierung ihrer eigenen Zensur.

- Um die Bedeutung der Weltgesundheitsorganisation (WHO) zu markieren, genügen Stichworte wie Malaria, Tuberkulose oder Hepatitis. Als ein *major global problem* gilt mit Recht HIV/AIDS. 1996 wurde unter Einbeziehungen zahlreicher VN-Agenturen ein Gemeinsames Aktionsprogramm gegen diese Pandemie unter dem Akronym UNAIDS eingerichtet, 2001 widmete ihr die Generalversammlung eine Sondersitzung. 2002 flossen aus 28 Staaten Spenden von insgesamt fast $ 92 Mio. an UNAIDS; die USA stehen mit $ 18 Mio. an der Spitze dieser Statistik.
- UNIDO schließlich wurde 1967 mit eindeutiger Blickrichtung auf die Dritte Welt gegründet. Haben ihre zeitweilig 1.200 Angestellten spürbar zum industriellen Aufschwung einiger Länder Asiens oder Südamerikas beigetragen? 1996 traten die USA wegen Mangel an Effizienz und zu viel Bürokratie aus der UNIDO aus. *Das war kein Schachzug im Kalten Krieg mehr wie zehn Jahre zuvor die Kampagne gegen UNESCO, sondern eine Facette des geballten Unmuts über das Gesamtsystem der Vereinten Nationen bei seinem größten Beitragszahler.*

Darüber hinaus sind im Lauf der Jahre zahlreiche entwicklungsrelevante Spezialorgane der VN neu errichtet worden, von denen hier nur genannt werden sollen

- das Kinderhilfswerk UNICEF (seit 1946, Sitz New York),
- der Hohe Kommissar für Flüchtlinge (UNHCR, seit 1951, Sitz Genf),
- der Hohe Kommissar für Menschenrechte (seit 1993, Sitz Genf),
- der Bevölkerungsfonds (UNFPA, seit 1967, Sitz New York), schließlich
- das Umweltprogramm (UNEP), das 1972 gegründet wurde und seinen Sitz als erste größere VN-Agentur in einer afrikanischen Stadt – Nairobi/Kenia – nahm.

Das Gewicht, die Dringlichkeit jeder einzelnen dieser Aufgaben nachzuweisen, fällt leicht. *Dennoch entsteht ein Gesamteindruck immer dichteren Wildwuchses. Diesen durchzuforsten, ist nicht nur ein Anliegen der USA.*

Agenda für Entwicklung/Weltkonferenzen

Angestoßen von der Gruppe 77, hatte schon Generalsekretär Boutros-Ghali sich 1992 an die Arbeit gemacht, seine *Agenda für den Frieden* durch ein zweites Grundsatzdokument, eine *Agenda für Entwicklung* zu ergänzen. Im Mai 1994 legte er einen Entwurf vor.[14] Weder die Regierungsvertreter der Entwicklungs- noch die der Industrieländer waren zufrieden. Sie nahmen dem Generalsekretär die Sache weitgehend aus der Hand und drehten das Projekt durch die Mühlen von Hearings der Generalversammlung, des ECOSOC und einer speziellen, für alle Mitgliedstaaten offenen Arbeitsgruppe. Die grundsätzlichen Meinungsverschiedenheiten zwischen den Regierungen der Dritten Welt, die Wirtschaftswachstum um jeden Preis auf ihre Fahne schrieben, und denen der Industriestaaten, die den armen Süden der Erde auf „nachhaltige Entwicklung" festlegen wollten (lies: Einhaltung sozialer und ökologischer Normen, wie sie im Norden gelten, um die Konkurrenzprodukte zu verteuern), wurden schließlich überbrückt – auf dem Papier. Der neue Generalsekretär Kofi Annan und der Vorsitzende der Arbeitsgruppe, ein Vertreter Malaysias, brachten die Sache zu Ende. So erblickte die *Agenda for Development* im Umfang von drei Kapiteln mit zusammen 287 Paragraphen schließlich am 20. Juni 1997 das Licht der Welt, als Resolution 51/240 ohne förmliche Abstimmung von der Generalversammlung gebilligt. Die Weltöffentlichkeit, einschließlich der akademischen Entwicklungstheoretiker-Gemeinde, nahm sie bisher – obwohl im Internet zugänglich[15] – kaum zur Kenntnis.

Auch die mit großem Aufwand von den Vereinten Nationen ins Werk gesetzten Weltkonferenzen über Kernprobleme der globalen Entwicklung – besser: den Umgang mit den globalen Entwicklungshemmnissen – blieben weitgehend in ihren eigenen Deklamationen stecken:

- Die „Konferenz über Umwelt und Entwicklung" (UNCED = *UN Conference on Environment and Development*) in Rio de Janairo (3.-14. Juni 1992) versammelte 103 Staats- und Regierungschefs (damals Weltrekord!), verabschiedete Prinzipien-Erklärungen und legte eine Rahmen-Konvention zum Klimaschutz sowie eine Artenschutz-Konvention *(Convention on Biological Diversity)* vor, die sogleich von 159 bzw. 173 Staaten unterzeichnet wurden[16] – weil beide nur unverbindliche Ziele ansprachen, beispielsweise die Vergiftung der Erdatmosphäre durch FCKW oder Kohlendioxid (CO_2) zurückzufahren oder die Tropenwälder zu schonen; die regelmäßig zusammentretenden Folgekonferenzen inklusive der 19. VN-Sondergeneralversammlung 1997[17] brachten keine konkreteren Ergebnisse. In dem Ende 1997 vereinbarten *Kyoto-Protokoll* verpflichteten sich die Industriestaaten zu einer Reduktion ihrer CO_2-Emissionen; 2001 wischte der neugewählte US-Präsident George W. *Bush* (*1946) dieses Papier vom Tisch; Rußland ist im Herbst 2004 dabei, es endlich zu ratifizieren – dann könnte es in Kraft treten.[18] Auch der „Weltgipfel über Nachhaltige Entwicklung" in Johannesburg (26.08.-04.09.2002) endete ohne handfeste Resultate.
- Die Weltbevölkerungskonferenz in Kairo 5. bis 13. September 1994 (ICPD = *International Conference on Population and Development*) konnte sich nicht zu einem klaren Votum über Geburtenregelung aufraffen, das auch nur zu zaghaften

Hoffnungen berechtigen würde, die Menschheit könnte es schaffen, ihre Zukunft angesichts der rasanten Vermehrung unserer Spezies zu bewältigen: Die islamischen Staaten legten sich quer, Arm in Arm mit dem Vatikan.

- Der Weltsozialgipfel in Kopenhagen März 1995 machte kaum mehr wahr als die Unterzeile in der Vorschau des SPIEGEL:[19] „Weltweit leben 1,3 Millionen Menschen in absoluter Armut, die Not ganzer Länder wird zum größten Risiko für den Frieden. Doch der erste Weltsozialgipfel der UNO drückt sich um notwendige Entscheidungen." Von der Nachfolge-Konferenz in Genf (Juni 2000) läßt sich auch nicht mehr berichten.
- Weltfrauenkonferenzen sind bereits viermal zusammengetreten, seit die Generalversammlung 1975 eine Frauen-Dekade ausrief: im Juni/Juli 1975 in Mexiko City, im Juli 1980 in Kopenhagen, im Juli 1985 in Nairobi, schließlich vom 4. bis 15. September 1995 in Peking. Unbestritten trägt die weibliche Hälfte der Menschheit die Hauptlast der Unterentwicklung und der Bevölkerungsvermehrung, ohne ihren Anspruch auf gleiche Rechte bisher durchgesetzt zu haben – weder in der Ersten noch in der Dritten Welt. Auch zeichnete sich besonders die Peking-Konferenz durch sehr deutliche Reden auf dem Forum der Nichtregierungsorganisationen aus, auf dem sich 20.000 Menschen versammelten, um die Vertretung der Frauen nicht allein den Regierungen der Staaten zu überlassen. Dennoch – es blieb wieder bei unverbindlichen Erklärungen und Appellen.[20]
- Der Welternährungsgipfel, zu dem die FAO 13. bis 17. November 1996 nach Rom einlud, stellte mit 112 teilnehmenden Staats- und Regierungschefs einen neuen Weltrekord nach Rio auf, kombinierte dann jedoch in seiner Erklärung nach bekanntem Muster Selbstverständliches mit Unverbindlichem, wenn er dazu aufrief, „in einer fortwährenden Anstrengung den Hunger in allen Ländern auszulöschen, mit dem unmittelbaren Ziel der Verringerung der Zahl der unterernährten Menschen auf die Hälfte des gegenwärtigen Standes spätestens im Jahre 2015".[21]
- Die Weltkonferenz gegen Rassismus in Durban/Südafrika (31.08.-07.09.2001) verzankte sich an der gerade wieder aufbrandenden Gewalt in Israel/Palästina, die Delegationen aus Washington und Jerusalem reisten vorzeitig ab. Ermahnungen, die historischen Verbrechen des Sklavenhandels und der Sklaverei nicht zu vergessen, und das Pochen auf Rechte so genannter „Ureinwohner" (Menschen, die durch die Landnahme technisch überlegener Einwanderer etwa in Nord- und Südamerika, Australien oder Afrika ihres Lebensunterhalts beraubt wurden) fanden kaum die ihnen gebührende Aufmerksamkeit.

Erklärung der Weltkonferenz gegen Rassismus 2001 (Auszug)

„13. Wir betonen, daß Sklaverei und Sklavenhandel, einschließlich des transatlantischen Sklavenhandels, beschämende Tragödien in der Geschichte der Menschheit waren, nicht nur wegen ihrer abscheulichen Barbarei, sondern auch hinsichtlich ihres Ausmaßes, ihrer organisierten Natur und besonders wegen der Leugnung des Wesens ihrer Opfer. Wir betonen weiter, daß Sklaverei und Sklavenhandel Verbrechen gegen die Menschlichkeit sind und immer hätten sein sollen, insbesondere der transatlantische Sklavenhandel, und dass sie zu den wichtigsten Quellen und Erscheinungsformen von Rassismus, Rassendiskriminierung, Fremdenfeindlichkeit und der damit verbundenen Intoleranz gehören, und daß Afrikaner sowie Völker afrikanischer Herkunft, Asiaten und Völker asiatischer Herkunft sowie Ureinwohner Opfer dieser Handlungen waren und weiterhin Opfer ihrer Folgen sind."

Es bleibt dabei: Trotz der feierlichen Verpflichtung der Vereinten Nationen – schon in ihrer Gründungs-Charta aus dem Jahre 1945 – auf Zusammenarbeit der Staaten für wirtschaftlichen und sozialen Fortschritt betrachten die Regierungen der maßgeblichen Mitgliedstaaten genau diese Politikfelder – Wirtschaftspolitik und ganz besonders Sozialpolitik – als vorzugsweise innerstaatliche Aufgaben. Gerade in demokratisch verfaßten Ländern sind es Wirtschaftswachstum und soziale Zufriedenheit, die Wahlen entscheiden, die Regierungen im Amt bestätigen ... oder sie stürzen, wenn die Vorzeichen negativ ausfallen. Eine Weltinnenpolitik gibt es nicht. Die Vereinten Nationen leisten nichts anderes, sie können nicht mehr leisten als die Regierungen der Staaten, die ihre Mitglieder sind.

Anmerkungen

1 Vgl. Rainer Tetzlaff: Die Weltbank – Machtinstrument der USA oder Hilfe für die Entwicklungsländer? München/London 1980.

2 Vgl. Tetzlaff & Nord 1996:52: IDA-Kredite sind – im Unterschied zu Weltbankdarlehen – zinslos und haben eine Laufzeit von 50 Jahren. Ihr Schenkungselement liegt bei 85%...

3 Zitiert nach einer Broschüre der Weltbank. McNamara trat 1946 in den Ford-Konzern ein und stieg dort bis zum Vorstandsvorsitzenden (1960) auf; 1961-68 war der Verteidigungsminister der USA unter den Präsidenten Kennedy und Johnson (d.h. während der meisten Zeit des Vietnam-Krieges) und amtierte anschließend bis zu seiner Pensionierung 1981 als Präsident der Weltbank.

4 Kern der Strukturanpassungs-Programme sind der Ausgleich der Zahlungsbilanz durch Abwertung der Landeswährung zwecks Ankurbelung der Exporte, die Aufbesserung landwirtschaftlicher Erzeugerpreise, sowie der Ausgleich des Staatshaushalts durch Einschränkung des Öffentlichen Dienstes (einschließlich Schul- und Gesundheitswesen – weniger der Rüstungsausgaben). Vor allem in Afrika scheiterten viele Programme an der Fixierung der Exportproduktion auf die in der Kolonialzeit allein erschlossenen agrarischen oder mineralischen Rohstoffe. Vgl. als IWF-offiziöse Darstellung Susan Schadler: Wie erfolgreich sind die vom IWF unterstützten Anpassungsprogramme? *Finanzierung und*

Entwicklung (Hamburg) 33-1996-2, S. 14-17; kritischer Peter Wolff: Strukturanpassungsprogramme. Versuch einer Bilanz nach zehn Jahren. Berlin 1991 (DIE); Joseph Stiglitz: Die Schatten der Globalisierung. Berlin 2002, [Stiglitz war leitender Volkswirt der Weltbank, später 1993-97 Wirtschaftsberater des US-Präsidenten Clinton].

5 Für Reformvorschläge vgl. insbesondere Bertrand 1988, S. 69 ff.

6 Prebisch war 1925-48 Professor für Wirtschaftswissenschaft in Buenos Aires und gleichzeitig 1935-43 Generaldirektor der argentinischen Zentralbank. 1948 emigrierte er unter der Diktatur Peron und amtierte 1950-62 als Exekutivsekretär der VN-Wirtschaftskommission für Lateinamerika (ECLA/CEPAL) in Santiago/Chile. Generalsekretär der UNCTAD war er 1964-69. Zu seiner Theorie vgl. mehrere Beiträge in: Homage to Raúl Prebisch. *Development & South-South Cooperation* (Ljubljana) Bd. 2 Nr. 3, Dezember 1986.

7 Sinkende *terms of trade* eines Landes bedeuten, daß dieses Land für seine Exporterzeugnisse von den internationalen Handelspartnern Zahlungen erhält, die ihm den Einkauf von immer weniger Importgütern erlauben. Die Länder der Dritten Welt exportierten bis in die 1970er Jahre überwiegend Rohstoffe und fragten aus den Industrieländern Fertigwaren nach. Vgl. Raul Prebisch: Towards a New Trade Policy for Development. In: UN, Trade and Development Bd. 2. New York 1964. S. 5 ff. (Bericht für UNCTAD I).

8 Zu dieser Zeit zählte die Gruppe 86 Mitglieder, von denen 73 Delegationen nach Algier entsandten; die Delegation Süd-Vietnams wurde jedoch nicht zur Konferenz zugelassen. Vgl. Markus Timmler: Die Konferenz der „Gruppe der 77" und die Charta von Algier. Köln 1968. Dort auch Wortlaut der Charta von Algier (original Englisch) in deutscher Übersetzung.

9 Das Journalisten-Handbuch Entwicklungspolitik 1998 des deutschen Bundesministeriums für wirtschaftliche Zusammenarbeit und Entwicklung (BMZ) berichtete S. 330, dass der Gemeinsame Fonds 18 wichtige Rohstoffe erfasst und eine selbständige internationale Organisation darstellt, der 106 Staaten angehören und der mit Pflichtbeiträgen in Höhe von $ 470 Mio. ausgestattet ist.

10 2001 betrugen die Leistungen Deutschlands 0,27% des Brutto-Volkseinkommens, Frankreichs 0,32%, Großbritanniens 0,32%, Japans 0,23%, der USA 0,11%. Über 0,7% lagen nur Luxemburg, Niederlande, Norwegen und Schweden mit jeweils zwischen 0,81% und 0,83%. Quelle: World Development Report 2004, Tabelle 6.

11 Peter Wahl: UNCTAD – Etappensieg im Überlebenskampf. *E+Z* (Bonn) 37-1996-7, S. 173; vgl. (positiver) Konrad Melchers: Totgesagte leben länger. Nach UNCTAD IX eine gestraffte Organisation mit Zukunft. *Vereinte Nationen* (Bonn) 44-1996-4, S. 147-153; Norbert Lammert: Sieg der Vernunft über die Ideologie. Ergebnisse von UNCTAD IX. *Internationale Politik* (Bonn) 51-1996-8, S. 55-58

12 zuletzt: World Development Report 2004. Making services work for poor people. Washington 2003.

13 zuletzt: Bericht über die menschliche Entwicklung 2003. Die Milleniums-Entwicklungsziele – ein Pakt zwischen Nationen zur Beseitigung der Armut. Bonn 2003.

14 Kritischer Bericht über den Verlauf der Verhandlungen bei Jens Martens: Kompendium der Gemeinplätze. *Vereinte Nationen* (Bonn) 46-1998-2, S. 47-52

15 UN Doc. A/AC.250/1; ausdrücklich heißt es im Vorspann: „Reproduction and dissemination of the document – in electronic and/or printed format – is encouraged, provided acknowledgment is made of the role of the United Nations in making it available."

16 Es kamen sogar ausreichend viele Ratifikationen zustande, um die Artenschutz-Konvention am 29.12.1993, die Klimakonvention am 21.03.1994 in Kraft treten zu lassen. Vgl. Marc Auer: Für die Erhaltung der Arten und ihrer Lebensräume. *Vereinte Nationen* (Bonn) 42-1994-5, S. 168-172

17 Vgl. Sebastian Oberthür: Politik im Treibhaus. Die Entstehung des internationalen Klimaschutzregimes. Berlin 1993; Jens Martens: Abstieg vom Erdgipfel. Fünf Jahre nach Rio. 19. UN-Sondergeneralversammlung mit ernüchternder Bilanz. *Vereinte Nationen* (Bonn) 45-1997-4, S. 137-142

18 Das Kyoto-Protokoll soll in Kraft treten, sobald eine Staatengruppe es ratifiziert hat, die insgesamt

55% der globalen Treibhausgase erzeugt; Rußland wäre daran mit 17,4% beteiligt. Vgl. Elke Windisch im *Tagesspiegel* (Berlin) 11./12.04.2004

19 SPIEGEL (Hamburg) 06.03.1995, S. 155; vgl. Jens Martens: Sozialer Sprengstoff liegt nicht bloß im Süden. Vor dem Weltgipfel für soziale Entwicklung. *Vereinte Nationen* (Bonn) 42-1994-6, S. 203-206; im Rückblick leicht positiver Carola Donner-Reichle: Hoffnungsvolle Ansätze auf dem Weltsozialgipfel. *E+Z* (Bonn) 36-1995-5/6, S. 124-125

20 Vgl. Christa Wichterich: Frauen – die vierte. *Vereinte Nationen* (Bonn) 43-1995-3, S. 95-99; Anja Ruf: Weltwärts, Schwestern! Von der Weltfrauenkonferenz in die globale Zukunft. Bonn 1996.

21 Zitiert nach *Vereinte Nationen* (Bonn) 45-1997-1, S. 28; vgl. Michael Bohnet: Der Welternährungsgipfel. *E+Z* (Bonn) 38-1997-1, S. 4-5, sowie kritische Glossen in derselben Ausgabe.

11. Dauerkrieg und Friedensprozeß: Fallstudie israelisch-arabischer Konflikt

Unter den zahlreichen Konflikten, die bei den Vereinten Nationen fast seit ihrem Gründungsdatum auf der Tagesordnung stehen und die in erster Linie etwas zu tun haben mit Krieg und Frieden zwischen Staaten, in zweiter Linie mit (Bürger-)Krieg und Frieden innerhalb von Staaten, drittens aber auch mit Mängeln der wirtschaftlichen und sozialen Entwicklung, nimmt der israelisch-arabische Konflikt einen prominenten Platz ein. Das gilt in besonderem Maße für die deutsche Öffentlichkeit, denn – so grausig der Gedanke ist – ohne den Völkermord des Dritten Reiches an den Juden Europas hätte die zionistische Bewegung ihr Projekt, einen *Judenstaat* nach den Ideen Theodor Herzls (1860-1904)[1] in Palästina zu errichten, nicht in die Tat umsetzen können. Aber nicht nur aus diesem Grund erscheint eine Fallstudie des israelisch-arabischen Konflikts in einem deutschsprachigen Buch zur Internationalen Politik angemessen.

Die Dimensionen dieses Konflikts reichen vielmehr, wie soeben angedeutet, durch alle Schichten und Sektoren der Internationalen Politik hindurch.[2] Hier sollen vornehmlich die drei wichtigsten Konfliktebenen betrachtet werden:

1. der Konflikt zwischen dem *jüdischen Volk* in „Erez Israel" – das heißt auf hebräisch im „Land Israel" (gemeint ist das gemäß der Bibel den Nachkommen Jakobs = Israels von Gott versprochene Land)[3] - und dem *arabischen Volk* in „Falastin" – das ist der arabische Name für ziemlich exakt dasselbe Land, abgeleitet von dem römischen Provinznamen *Syria Palaestina*, den Kaiser Hadrian 138 n.Chr. (in Anlehnung an das vormals in der Küstenebene ansässige Volk der Philister) diesem Land nach Niederschlagung des letzten jüdischen Aufstands anstelle des vorherigen Namens *Iudaea* gab. In der Gegenwart beziehen diese beiden Konfliktparteien ihre Land-Ansprüche auf das Gebiet, das die britische Mandatsmacht 1922-1948 als *Palestine* verwaltet hat;
2. der Konflikt zwischen dem 1948 proklamierten *Staat Israel* und seinen arabischen Nachbarstaaten, von denen insbesondere Ägypten, Jordanien und Syrien Krieg gegen den Staat Israel geführt, die beiden erstgenannten inzwischen Friedensverträge mit ihm geschlossen haben;
3. zwischen den *Großmächten*, die aus militärischen und/oder wirtschaftlichen Gründen an der geographischen Region interessiert waren oder sind, zu der Erez Israel/Palästina gehört. Solche Großmächte gibt es seit mindestens 5000 Jahren, im 20. Jahrhundert waren es zunächst Großbritannien, das Deutsche Reich und Frankreich; nach dem Ersten Weltkrieg zunächst nur noch Großbritannien (mit deutlichem Übergewicht) und Frankreich; nach dem Zweiten Weltkrieg die USA (anstelle Großbritanniens) und die Sowjetunion; seit dem Zerfall der letzteren ist wie überall auf der Erde nur noch die USA übrig – aber der Konflikt existiert trotzdem weiter.

Wir sind dem Konflikt bereits bei der Betrachtung der *Peacekeeping*-Operationen der VN begegnet, von denen UNTSO die erste war und bis heute besteht. Wer sich mit den vorstehenden Kapiteln beschäftigt, wird nicht überrascht sein, daß es den Vereinten Nationen trotz aller Mühen nicht gelungen ist, ein von den Großmächten, die ihre Mitglieder sind, unabhängiges Gewicht in die Gemengelage des Konflikts einzubringen.

Dreitausend Jahre Geschichte

Leider ist es unmöglich, eine Betrachtung dieses Konflikts auf das 20. Jahrhundert zu beschränken. Einige Jahrtausende Geschichte lasten auf dem jüdischen Volk und auf Ägypten, viele Jahrhunderte auf den arabischen Konfliktparteien, und der Umstand, daß viele Amerikaner in solchen historischen Dimensionen nicht zu denken vermögen, schlägt zum Leidwesen anderer Beteiligter bisweilen in ihrer Behandlung der Materie durch. Eine Zeittafel zur groben Orientierung ist unerläßlich. Freilich lassen sich die Patriarchen Abraham=Ibrahim, Isaak und Jakob=Israel nicht als historische Personen fixieren; selbst eine Datierung des von Moses angeführten Exodus aus Ägypten ist unmöglich – des Ereignisses, das die Gemeinschaft der Israeliten als Volk und als Religion gestiftet hat; denn der damals regierende Pharao ist in der Bibel nicht benannt, und die Ägyptologen streiten über die zeitliche Einordnung der in den ägyptischen Quellen ausgewiesenen Dynastien, folglich auch über die Datierung der dort den einzelnen Pharaonen zugeschriebenen Ereignisse. Immerhin kann unsere Zeittafel ungefähr mit dem Jahr 1000 vor Christi Geburt beginnen:

- *ca. 1000 v. Chr.* David errichtet eine von den Großmächten Ägypten und Babylonien/Assyrien formal unabhängige israelitische Königsherrschaft, die sich über das ganze jetzt umstrittene Land Israel/Palästina erstreckt; er erobert insbesondere Jerusalem und macht es zu seiner Hauptstadt. Sein Sohn und Nachfolger Salomon baut in Jerusalem den Ersten Tempel. Nach seinem Tod zerfällt dieser Staat in das Nordreich Israel und das Südreich Juda (um Jerusalem).
- *721 v. Chr.* Assyrer unter König Sargon II. erobern Samaria, die Hauptstadt des Nordreichs Israel; ein großer Teil der Bevölkerung wird deportiert und assimiliert sich anderen Völkern: Zehn der dreizehn israelitischen Stämme, die auf die zwölf Söhne Jakobs zurückgeführt werden, verschwinden aus der Geschichte.
- *597 v. Chr.* Chaldäer unter König Nebukadnezar erobern Jerusalem; die Bevölkerung (aus den israelitischen Stämmen Juda, Benjamin und Levi) wird zum Teil nach Babylonien deportiert.
- *538 v. Chr.* Der Perserkönig Kyros gestattet nach Zerstörung des Chaldäer-Reiches die Rücksiedlung von Juden nach Jerusalem und einen Neubau des Tempels. Das Land wird Teil des Persischen Großreichs, nach dem Eroberungszug Alexanders d.Gr. 334-324 Teil des hellenistischen Diadochenreichs der Seleukiden.
- *166 v. Chr.* Der dominierende Einfluß der hellenistischen Kultur (Anbetung des Olympischen Zeus im Jerusalemer Tempel) löst einen Aufstand jener Juden, die an Gottes Gesetz festhielten, gegen den Seleukiden-König Antiochos IV. Epiphanes aus. Die siegreichen *Makkabäer* (nach dem Aufstandsführer Judas Makkabäus, d.h. „Hammer"), auch Hasmonäer genannt, errichten einen unabhängigen Staat, in dem ihre Dynastie das Königtum und das Amt des Hohepriesters verbindet. Um 100 v.Chr. kriegerische Expansion des Hasmonäer-Reiches und Zwangsbekehrung unterworfener Bevölkerung vor allem in Galiläa zum Judentum.
- *63 v. Chr.* Der römische Feldherr Pompeius (106-48) errichtet die Oberhoheit Roms über das Hasmonäer-Reich.

- *37 v.Chr.-4 n.Chr.* Der Idumäer (=aus Edom stammend, südlich des Toten Meeres) Herodes, vorher Statthalter der Hasmonäer in Galiläa, regiert als römischer Vasallenkönig das ganze Land. Er erbaut in Hebron das Gebäude über dem vermuteten Grab der Patriarchen, das für Juden als *Machpela*, für Moslems als Ibrahim-Moschee heilig ist, sowie in Jerusalem den Zweiten Tempel; von ihm existiert heute nur noch die Westmauer des Fundaments („Klagemauer"), das höchste Heiligtum der Juden.
- *66-73* Aufstand der Juden gegen Rom, niedergeschlagen unter Führung der späteren Kaiser Vespasian und seines Sohnes Titus. Eroberung von Jerusalem und Zerstörung des Tempels im August 70, Erstürmung der Bergfestung Masada am Toten Meer 73. Unter dem Druck dieser Katastrophe endgültige Trennung des Christentums vom Judentum.
- *130-138* Erneuter Aufstand der Juden unter Bar Kochba, in einem Ausrottungsfeldzug niedergeschlagen durch Kaiser Hadrian. Auf dem Boden des zerstörten Jerusalem wird die römische Kolonie *Aelia Capitolina* erbaut, der Name der Provinz *Iudaea* in *Syria Palaestina* geändert.
- *634-637* Islamische Araber erobern Palästina; 691 erbaut Kalif Abdelmelik auf dem Jerusalemer Tempelberg den Felsendom und die Al-Aksa-Moschee; mit diesen Gotteshäusern wird Jerusalem nach Mekka und Medina zur drittheiligsten Stadt des Islam.
- *1099* Christliche Kreuzfahrer aus Westeuropa (überwiegend Franzosen und Deutsche) erobern Jerusalem, massakrieren die islamischen und jüdischen Einwohner. Sie errichten ein Königreich, das sich mit Vasallen-Fürstentümern über das heutige Israel/Palästina, Libanon, Teile Syriens und Jordaniens ausdehnt.
- *1187* Der kurdische Sultan Saladin von Ägypten schlägt das christliche Ritterheer vernichtend bei den Hörnern von Hattin (am See Kinneret in Galiläa) und erobert Jerusalem. 1229 gewinnt der Hohenstaufen-Kaiser Friedrich II. durch Vertrag mit den Moslems Jerusalem bis 1244 für die Christen zurück.
- *1291* Als letzte Kreuzritter-Festung in Palästina fällt die Hafenstadt Akko in islamische Hände.
- *1517* Palästina wird zusammen mit Syrien und dem Irak Teil des Osmanischen Reiches. Aus Spanien und anderen christlichen Staaten vertriebene Juden finden Aufnahme in Erez Israel, wo sie u.a. in der galiläischen Stadt Safed ein religiöses Zentrum schaffen.
- *1882* Erste durch moderne proto-zionistische Ideen motivierte Einwanderung von Juden nach Palästina.
- *1897* Erster Zionistenkongreß unter maßgeblicher Beteiligung Theodor Herzls;

vergebliche Bemühungen um eine Charta des osmanischen Sultans oder einer europäischen Großmacht für organisierte jüdische Siedlung in Palästina.

- *1905* Die gescheiterte Revolution im Russischen Reich verursacht Auswanderung zahlreicher jüdischer Sozialisten aus Osteuropa nach Palästina; manche von ihnen gründen Agrar-Kommunen (*Kibbuzim*).
- *1916/17* Großbritannien und Frankreich verabreden Aufteilung großer Teile des Osmanischen Reiches in Einflußsphären; Palästina fällt dabei in die britische Zone. Gleichzeitig verspricht die britische Regierung dem arabischen Herrscher über Mekka (Scherif Hussein aus der Familie der *Haschemiten*) ein Großarabisches Reich, und den Zionisten eine *Nationale Heimstätte* für das jüdische Volk in Palästina (*Balfour Declaration*).[4]
- *1919* Der Versuch einer gütlichen Einigung zwischen der Zionistischen Organisation und der Haschemiten-Familie (Faisal-Weizmann-Abkommen)[5] scheitert.
- *1922* Der Völkerbund vergibt das Mandat über Palästina an Großbritannien; die Mandatsmacht schließt das Gebiet östlich des Jordan als arabisches Emirat *Transjordanien* von der jüdischen Nationalen Heimstätte aus und überläßt es dem Haschemiten Abdullah (1882-1951).
- *1925* Innerhalb der Zionistischen Organisation bildet sich die „revisionistische" Oppositions-Gruppe um Vladimir Ze'ev Jabotinsky (1880-1940) gegen die sozialistisch orientierte Mehrheit um David Ben Gurion (1886-1973), die als Arbeiter- bzw. Arbeitspartei 1948-77, 1992-96 und 1999-2001 die Regierung des Staates Israel führen wird; aus den Revisionisten entsteht 1973 der Likud (=Zusammenschluß), der 1977-92, 1996-99 und seit 2001 in Israel regiert.
- *1929 (August)* Erster größerer gewalttätiger Protest palästinensischer Araber gegen die zionistische Einwanderung; Massaker (60 Tote) an der alteingesessenen jüdischen Gemeinde in Hebron.
- *1947 (29. November)* Die Generalversammlung der Vereinten Nationen beschließt die Aufteilung Palästinas in einen jüdischen und einen arabischen Staat; Jerusalem soll eigene Gebietskörperschaft unter internationaler Verwaltung werden. Kleinkrieg zwischen Juden und Arabern intensiviert sich. Die Mehrzahl der Araber, die in den von Juden eroberten Gebieten lebten, flieht auf das von Arabern gehaltene Gebiet bzw. in arabische Nachbarländer – oder wird vertrieben.
- *1948 (15. Mai)* Ausrufung des Staates Israel, unmittelbar gefolgt von Invasion arabischer Armeen aus den Nachbarstaaten. 1949 Waffenstillstandsabkommen, Teilung Jerusalems. (Trans-)Jordanien annektiert das von Arabern gehaltene Gebiet westlich des Jordan („*Westbank*") einschließlich Ost-Jerusalem, Gaza kommt unter ägyptische Verwaltung.

- *1964* Gründung der *Palestine Liberation Organization* (PLO).
- *1967 (5.-10. Juni)* Im „Sechstagekrieg" erobert Israel Gaza, das Westjordanland („*Westbank*") einschließlich Ost-Jerusalem, die syrischen Golan-Höhen und die ägyptische Sinai-Halbinsel. In allen besetzten Gebieten beginnt wenig später die Anlage jüdischer Siedlungen.
- *1970* Im *Schwarzen September* vertreibt König Hussein (1935-1999, auf dem Thron seit 1952) die PLO, die seit 1969 von der Guerilla-Gruppe *Fatah* (=Sieg) unter Yasser Arafat (*1929) kontrolliert wird, aus Jordanien. Die PLO etabliert sich mit ihrem Hauptquartier und militärischen Verbänden in Libanon.
- *1973 (6.-24. Oktober)* Am höchsten jüdischen Feiertag *Jom Kippur* greifen Ägypten und Syrien Israel an und erringen militärische Anfangserfolge, bevor die israelische Armee sie ungefähr auf die Waffenstillstandslinien von 1967 zurückdrängen kann.
- *1974 (22. November)* Arafat spricht vor der Generalversammlung der Vereinten Nationen, die PLO erhält bei den VN Beobachter-Status.
- *1979 (26. März)* Nach einem 1977 ausgesprochenen Friedensangebot des ägyptischen Präsidenten Anwar al-Sadat (1918-81) schließen Israel unter dem 1977 gewählten Premierminister Menachem Begin (1913-92) und Ägypten auf amerikanischen Druck (Verhandlungen in *Camp David)* einen Friedensvertrag.
- *1980 (30. Juli)* Israel annektiert einseitig den bis 1967 jordanisch besetzten Sektor von Jerusalem in erweiterten Grenzen und erklärt ganz Jerusalem zu seiner „ewigen Hauptstadt".
- *1981 (14. Dezember)* Israel annektiert einseitig die syrischen Golan-Höhen.
- *1982 (Juni)* Ein Feldzug Israels in Libanon endet mit der Vertreibung der militärischen PLO-Verbände und der Verlegung des PLO-Hauptquartiers nach Tunis.
- *1987 (Dezember)* In den besetzten Gebieten beginnt ein Aufstand der arabischen Palästinenser ohne Einsatz von Schußwaffen, die *Intifada*, die mit unterschiedlicher Intensität jahrelang andauert und von Israel mit militärischer Gewalt niedergehalten wird.
- *1988 (31. Juli)* Jordanien verzichtet auf das Westjordanland zugunsten der PLO.
- *1988 (15. November)* Die PLO proklamiert in Algier einen Staat Palästina mit Arafat als Präsidenten; umgehende diplomatische Anerkennung durch arabische Staaten und die Sowjetunion.
- *1993 (13. September)* Die im Juni 1992 gewählte israelische Regierung unter Yitzhak Rabin (1922-95) schließt mit der PLO das in Norwegen vorbereitete Grundsatz-Abkommen über die Einleitung eines israelisch-palästinensischen Friedensprozesses mit offenem Ziel *(Oslo-Prozeß)*.

- *1994 (1. Juli)* Die PLO übernimmt die autonome Verwaltung von Gaza und Jericho, die September-Dezember 1995 auf die meisten Städte des Westjordanlandes und im Januar 1997 auf den größeren Teil der Stadt Hebron erweitert wird.
- *1994 (26. Oktober)* Friedensvertrag zwischen Israel und Jordanien.
- *1996 (20. Januar)* Bei den ersten demokratischen Wahlen in der Geschichte der arabischen Palästinenser gewinnt Arafats *Fatah* 50 von 88 Mandaten im Autonomierat.
- *2000 (11.-27. Juli)* US-Präsident Clinton verhandelt in Camp David mit Arafat und dem 1999 gewählten israelischen Premierminister Ehud Barak (*1942) über die Gesamtlösung des Konflikts – ohne Ergebnis; auch bis Ende Januar 2001 nachgeschobene Treffen im ägyptischen Grenzort Taba scheitern.
- *2000 (28. September)* Der Besuch des künftigen (seit 06.02.2001) Premierministers Ariel Sharon (*1928) auf dem Jerusalemer Tempelberg dient Arafat als Anlaß, einen zweiten, diesmal bewaffneten Aufstand (*al-Aqsa-Intifada*) zu beginnen, der vornehmlich mit terroristischen Selbstmord-Attentaten in Israel geführt wird. Israel antwortet mit Vorstößen der Armee in palästinensische Städte und gezielten Tötungen mutmaßlicher Terroristen.
- *2001 (6. September)* Sharon erklärt Arafat zum „Haupthindernis für Frieden" und verweigert für die Zukunft Verhandlungen mit ihm.
- *2002 (April)* Wiederbesetzung des palästinensischen Autonomie-Gebiets durch die Armee Israels („Operation Schutzschild")
- *2003 (29. April)* Auf amerikanischen Druck ernennt Arafat einen Ministerpräsidenten der palästinensischen Autonomie-Behörde – bis September Mahmud Abbas (=Abu Mazen, *1935), seitdem Ahmed Qurei (=Abu Ala, *1937).
- *2003 (4. Juni)* Sharon und Abbas akzeptieren bei einem Treffen mit US-Präsident Bush in Akaba (Jordanien) den von USA, EU, Rußland und VN unter dem Titel *Road Map* vorgelegten Plan eines neuen Friedensprozesses. Die Ausführung bleibt bei den ersten Schritten beiderseits stecken.
- *2003 (Oktober)* Israelische und palästinensische Politiker veröffentlichen gegen heftige Kritik der Regierung Sharon und von Intifada-Aktivisten einen gemeinsamen Friedensplan – den *Geneva Accord.*[6]
- *2004 (22. März)* Israel tötet gezielt in Gaza den geistlichen Führer von Hamas, Scheich Ahmed Jassin (*1936 oder 1938), am 17. April den politisch-militärischen Hamas-Führer Abdel Asis Rantisi (*1947).
- *2004 (April)* Sharon erhält von US-Präsident Bush Rückendeckung für seinen Plan einer einseitigen Trennung Israels von Palästina: Rückzug der Armee und jüdischer Siedler aus dem Gaza-Streifen und einigen Siedlungen im Westjordan-

land, Annexion der größeren dortigen Siedlungen. Die Mitglieder des Likud lehnen in einer Urabstimmung diesen Plan ab.

Binationaler Staat oder Judenstaat

Von 1993 bis 2001 stand der Gesamtkonflikt im Zeichen des so genannten *Oslo-Friedensprozesses*. Seine Partner waren primär der Staat Israel, dessen Regierung sich fast ausschließlich als Vertretung des jüdischen Volkes in Israel empfindet (ungeachtet der Tatsache, daß knapp 20 Prozent der Staatsbürger Israels Araber sind), und die PLO als Repräsentation des arabischen Volks von Palästina (einschließlich der 1947-49 und 1967 aus Palästina geflüchteten Araber und ihrer seitdem geborenen Nachkommen).[7] Wir stehen also bei einer Analyse dieses Prozesses auf der eingangs definierten ersten Konfliktebene. Dabei sind als grundsätzliche Alternativen (die sich hartnäckig immer wieder bis zur Gegenwart stellen) zu unterscheiden:

- Das Konzept eines „Binationalen Staates", in dem Juden und Araber ohne Rücksicht auf die Mehrheitsverhältnisse gleichermaßen und mit gleichen Rechten eine Heimstätte finden sollten, wurde während der Zeit des britischen Mandats zwar innerhalb der Zionistischen Bewegung und unter den Juden Palästinas lebhaft diskutiert; diese Idee fand aber Zustimmung nur bei einer Minderheit der Juden; zu ihr gehörten der linkssozialistische Kibbuz-Verband *Hashomer Hatzair* (=Junge Wächter) und der eher bürgerliche *Brit Shalom* (=Verband für Frieden) sowie einzelne Intellektuelle wie Judah Leib Magnes (1877-1948, Gründungsrektor der Hebräischen Universität Jerusalem) und der aus Hitlers Deutschland vertriebene Religionsphilosoph Martin Buber (1878-1965). Im Laufe der gewalttätigen Konfrontationen seit 1929 schrumpfte diese Gruppierung immer weiter, während alle Sprecher der Araber den Binationalen Staat strikt ablehnten, vielmehr für die Bevölkerungsmehrheit, die ihr Volk damals darstellte, die politische Unabhängigkeit mit voller Verfügungsgewalt über Palästina einforderten. Die britische Mandatsmacht unternahm ebenfalls keinen Schritt in Richtung auf einen Binationalen Staat, sondern begünstigte zeitweilig die Zionisten, zeitweilig die Araber; 1937 schlug der Bericht einer britischen Untersuchungskommission unter Lord Peel zum ersten Mal die Teilung Palästinas in einen arabischen und einen jüdischen Staat vor; letzterer sollte viel kleiner ausfallen als nach dem VN-Teilungsplan von 1947.[8]

Entwurf Martin Bubers für einen Beschluß des 12. Zionisten-Kongresses 1921 zur Araberfrage

„Das jüdische Volk, seit zweitausend Jahren in allen Landen eine vergewaltigte

Minderheit, wendet sich nun, da es wieder als Subjekt seiner Geschicke in die Weltgeschichte eintritt, mit Abscheu von den Methoden des Herrschaftsnationalismus ab, dessen Opfer es so lange war. Nicht um ein anderes Volk zu verdrängen oder zu beherrschen, streben wir in das Land zurück, mit dem uns unvergängliche historische und geistige Bande verknüpfen und dessen heute so dünn bevölkerter Boden ... Raum genug für uns und für die ihn gegenwärtig bewohnenden Stämme bietet. Unsere Rückkehr nach Erez Israel... will kein fremdes Recht beeinträchtigen. In einem gerechten Bund mit dem arabischen Volke wollen wir die gemeinsame Wohnstätte zu einem wirtschaftlich und kulturell blühenden Gemeinwesen machen, dessen Ausbau jedem seiner nationalen Glieder eine ungestörte autonome Entwicklung sichert."

Der Kongreß-Beschluß

„Die feindliche Haltung der durch gewissenlose Elemente verhetzten Teile der arabischen Bevölkerung Palästinas, die in blutigen Gewalttaten zum Ausbruche gekommen ist, kann weder unsere Entschlossenheit zur Errichtung des jüdisch-nationalen Heims schwächen, noch unseren Willen, mit dem arabischen Volk in einem Verhältnis der Eintracht und der gegenseitigen Achtung zu leben und im Bunde mit ihm die gemeinsame Wohnstätte zu einem blühenden Gemeinwesen zu machen, dessen Ausbau jedem seiner Völker eine ungestörte nationale Entwicklung sichert. Die zwei großen semitischen Völker... werden... in der Stunde ihrer nationalen Wiedergeburt ihre Lebensinteressen zu gemeinschaftlichem Werk zu vereinigen verstehen."[9]

- Die Alternative zum Binationalen Staat ist der „Judenstaat". Was aber bedeutet dieser von Herzl geprägte Begriff bzw. die Formel Balfours vom *establishment of a national home for the Jewish people in Palestine*? In der Mandatszeit legte die Mehrheit der Zionisten mit Ben Gurion[10] vor allem Wert auf Erwerb von möglichst viel Grund und Boden für die Ansiedlung von Juden[11] sowie auf den Ausbau einer wirtschaftlich eigenständigen, sozial durchstrukturierten, politisch in einer demokratischen Ordnung verfaßten[12] und zur Selbstverteidigung fähigen jüdischen Volksgruppe. Die Revisionisten dagegen erstrebten vorrangig die Konzentration politischer Macht in einem unabhängigen Staat, in dem Juden alsbald die Mehrheit bilden würden, ohne daß Araber vertrieben werden müßten. Obwohl Jabotinsky damals nicht an den Ausbruch eines Zweiten Weltkriegs glaubte, forderte er im Februar 1938 die Evakuierung von 1,5 Millionen osteuropäischer Juden nach Palästina binnen zehn Jahren unter internationaler Verantwortung[13]

– völlig konträr zur damals araberfreundlichen britischen Mandatspolitik. Nach 1948 hat die jüdische Nation im Staat Israel sich grundsätzlich konsolidiert, wenn auch Abgrenzungen zwischen Juden, die aus Mittel- und Osteuropa stammen (*Ashkenasim*, eigentlich „Deutsche"), und solchen aus orientalischen Ländern (*Sephardim*, eigentlich „Spanier"), bestehen blieben und die Reibungen zwischen strikt gesetzesfrommen und eher weltlichen Juden sich verschärften, nach 1985 die Masseneinwanderung ehemaliger Sowjetbürger mit teilweise nicht-jüdischen Familienangehörigen neue Probleme aufwarf und das System der politischen Parteien über all dies aus den Fugen zu brechen droht. Das Verhältnis zwischen der jüdischen Nation in Israel und dem Judentum in anderen Ländern gehört auf eine andere Konfliktebene, denn diese anderen Länder reduzieren sich vornehmlich auf die einsame Supermacht USA.

Arabische oder palästinensische Nation

Der Spannungsbogen zwischen dem gesamt-arabischen Nationalbewußtsein und dem spezifisch palästinensischen Nationalismus[14] sollte für deutsche Betrachter des Konflikts leicht verständlich sein, obwohl israelische Politiker lange Zeit die Existenz einer arabisch-palästinensischen Nation leugneten. Deutsche sind daran gewöhnt, sich gleichzeitig als loyale Bürger eines Teilstaates zu sehen – ob er nun wie Preußen, Bayern oder Sachsen tiefe historische Wurzeln hat oder wie Nordrhein-Westfalen keine solchen – und als Angehörige eines größeren deutschen Volkes, das wiederum sich seit 1870 allmählich daran gewöhnen mußte, die Österreicher auszugrenzen. Vergleichbares gilt für die Araber, die innerhalb der 1922 gezogenen Grenzen des Mandatsgebiets Palästina gezwungen wurden, sich in der Konfrontation mit der britischen Macht und den jüdischen Einwanderern eine spezifische Identität zu schaffen, die mit dem Bewußtsein koexistiert, der größeren arabischen Nation anzugehören. Tragisch wirkte sich allerdings aus, daß die arabisch-palästinensische Identität vor 1948 nicht zu einem allgemein anerkannten politischen System kristallisierte (schon gar nicht zu einem demokratischen), das sofort hätte einen Staat neben dem jüdischen Israel proklamieren können. Auch in den folgenden Jahrzehnten schwankten die arabischen Palästinenser hin und her zwischen Konzentration auf die eigene Kraft (konkretisiert in der PLO sowie der *Intifada*) und der Hoffnung auf Rettung durch einen gesamt-arabischen Helden, mochte der 1952-67 Gamal Abdel Nasser (1918-1970, Präsident Ägyptens seit 1956) oder noch 1991 Saddam Hussein heißen. Darüber hinaus kennt die arabische Nation in Palästina noch andere interne Probleme: parallel zur jüdischen Nation in Israel das Nebeneinander betont frommer Moslems (politisch in *Hamas* verkörpert) und eher weltlich gesonnener Menschen, nachdem die christliche Minderheit unter den Arabern durch Auswanderung und Geburtenrückgang an Bedeutung verloren hat; die unterschiedliche politische Erfahrung der arabischen Bürger Israels, der Palästinenser in den 1967 von Israel eroberten Gebieten und der Flüchtlinge von 1947-49 sowie 1967, denen die arabischen Nachbarstaaten die Integration verweigern; dieses Problem gehört auf die Ebene des Regionalkonflikts zwischen Israel und jenen Nachbarstaaten. Dennoch zeichnet sich eine Konsolidierung der arabischen Nation Palästinas und – etwa seit 1969 – die Verankerung der PLO als ihres überwiegend anerkannten politischen Systems deutlich ab.[15]

Die Palästinensische Nationale Charta in der Fassung von 1968 (Auszüge)

Art. 1. Palästina ist das Heimatland des arabischen palästinensischen Volkes; es ist ein untrennbarer Teil des arabischen Mutterlandes, das palästinensische Volk ist ein integrierender Teil der arabischen Nation.
Art. 2. Palästina ist innerhalb der Grenzen, die es zur Zeit des britischen Mandats hatte, eine unteilbare territoriale Einheit.
Art. 3. Das arabische palästinensische Volk hat legales Anrecht auf sein Heimatland sowie das Recht, nach der Befreiung seines Landes sein Schicksal nach seinen Wünschen und ausschließlich nach seinem eigenen Beschluß und Willen zu bestimmen.
...
Art. 6. Juden, die in der Regel in Palästina vor dem Beginn der zionistischen Invasion ansässig waren, werden als Palästinenser angesehen werden. ...
Art. 19. Die Teilung Palästinas im Jahre 1947 und die Schaffung des Staates Israel sind völlig illegal, ohne Rücksicht auf den inzwischen erfolgten Zeitablauf, denn sie standen im Gegensatz zu dem Willen der palästinensischen Bevölkerung und ihrer natürlichen Rechte auf ihr Heimatland; sie waren unvereinbar mit den Prinzipien der Charta der Vereinten Nationen, insbesondere mit dem Recht auf Selbstbestimmung.[16]

Wie gehen nun die beiden Völker in dem einen (zumal kleinen) Land Israel/Palästina miteinander um, seitdem sie sich als die jüdische Nation der Israeli und die arabische der Palästinenser konsolidiert haben?

Der Staat Israel verkündete feierlich in der Proklamation seiner Unabhängigkeit am 14. Mai 1948:[17]

„Der Staat Israel wird für die Einwanderung aller Juden aus allen Ländern ihrer Zerstreuung offen stehen; er wird die Entwicklung des Landes fördern zum Wohl aller seiner Einwohner; er wird beruhen auf den Grundsätzen der Freiheit, der

> *Gerechtigkeit und des Friedens gemäß den Vorstellungen der Propheten Israels; er wird die volle gesellschaftliche und politische Gleichheit aller seiner Bürger wahren, ohne Unterschied der Religion, des Gewissens, der Bildung und Kultur; er wird die Heiligen Stätten aller Religionen schützen; und er wird die Grundsätze der Charta der Vereinten Nationen wahren.“*

Der erste Satz dieses Abschnitts wurde verwirklicht im „Heimkehr-Gesetz“ *(Law of Return)* aus dem Jahre 1950; jeder Jude erhält sofort, wenn er den Boden Israels betritt, alle Bürgerrechte. Wer Jude ist, das ist zwar seit jeher unter Juden heftig umstritten, vor allem zwischen den strikten Befolgern des göttlichen Gesetzes und anderen. Diese Frage spielt aber für die Beziehung zu den Arabern, die auf jeden Fall Moslems oder Christen sind, keine Rolle. Für Juden muß in Israel Platz sein, und seit Gorbatschows Tagen sind ja tatsächlich mehr als eine halbe Million aus der ehemaligen Sowjetunion gekommen; das bedeutet herkömmlicherweise Siedlungsland, heutzutage vermutlich mit noch höherer Dringlichkeit Zugriff auf die spärlichen Wasser-Reserven.[18]

Die arabischen Bürger Israels, und das sind – wie schon erwähnt – knapp 20 Prozent der 6 Millionen Israeli, haben gewiß auch Rechte. Wie in der Unabhängigkeits-Proklamation versprochen, üben sie das aktive und das passive Wahlrecht zum Parlament des Staates Israel aus. Aber ihre Rechte kommen immer erst in zweiter Linie zum Zuge, schon weil sie (mit Ausnahme der Drusen,[19] einer Minderheit in der arabischen Minderheit) von der vornehmsten Pflicht der Staatsbürger befreit sind – der Wehrpflicht. Gewisse Privilegien z.B. auf dem Arbeits- und Wohnungsmarkt stehen aber nur solchen Israeli zu, die in der Armee gedient haben. Für den Landbesitz[20] spielt eine zentrale Rolle, daß weite Gebiete Palästinas unter der osmanischen und britischen Verwaltung als Staatsland galten, auch wenn sie in Wirklichkeit privat genutzt wurden, einfach weil mit der Registrierung im Grundbuch Steuerpflichten verbunden waren, denen man sich gern entzog. Staatsland gilt im Staat Israel zunächst als Siedlungsreserve für das jüdische Volk, auch wenn dort bisher z.B. Schafe eines arabischen Dorfes geweidet haben. Falls erforderlich, wird dann noch zusätzlich Privatland enteignet – nicht notwendigerweise, aber doch häufig arabisches Eigentum. Solche Eingriffe der Behörden vor allem in Galiläa, wo viele Araber zu Hause sind, haben am 30. März 1976 massive Protestdemonstrationen der arabischen Bürger Israels ausgelöst,[21] und jedes Jahr wird seitdem dieser Tag als „Tag des Bodens“ mehr oder weniger lautstark für erneuerten Protest genutzt.

Auch die Vergangenheit ruft zu immer neuer Aufarbeitung. Insbesondere erforscht das jüdische Israel beständig sein Gewissen, ob denn nun 1947-49 eine spontane oder gar von arabischen Autoritäten empfohlene *Flucht* der Araber aus den jüdisch kontrollierten Regionen Palästinas stattgefunden hat, oder eine (wiederum: spontane oder gar von der zionistischen Führung angeordnete) *Vertreibung*. Die historische Wahrheit läßt sich stückweise ermitteln, denn die Zionisten haben Akten geführt (nicht so die Anführer der arabischen Guerilla jener Zeit). Es hat Vorschläge mehr oder weniger amtlicher jüdisch/israelischer Gremien zu einem „Transfer“ der Araber aus dem schließlich im Krieg für den Staat Israel gesicherten Gebiet gegeben. Es gab jedoch keinen generellen Vertreibungsbefehl. Es gab nach dem Waffenstillstand von 1949 ein hartes Nein der Regierung Israels zur Rückkehr größerer Gruppen arabischer Flüchtlinge;[22] man kann darüber streiten, ob die von der VN-Generalversammlung am 11. Dezember 1948 – also noch vor den Waffenstillstandsabkommen – umschriebenen Voraussetzungen für eine solche Lösung des Flüchtlingsproblems je erfüllt waren.

Beschluß der VN-Generalversammlung 194 (iii) v. 11. Dez. 1948 (Auszug)

„11. [Die Generalversammlung] beschließt, daß den Flüchtlingen, welche zu ihren Heimstätten zurückkehren und in Frieden mit ihren Nachbarn leben wollen, zu dem frühesten praktikablen Zeitpunkt gestattet werden soll, das zu tun, und dass Entschädigung gezahlt werden soll für das Eigentum jener [Flüchtlinge], die sich entscheiden, nicht zurückzukehren, und für Verlust oder Beschädigung von Eigentum, welche gemäß Grundsätzen des Völkerrechts oder Billigkeit durch verantwortliche Regierungen oder Behörden wiedergutgemacht werden sollten.“

Vermutlich waren die meisten Juden in Palästina, die damals zu den Waffen greifen mußten, um die einmarschierenden Armeen Ägyptens, Transjordaniens, Syriens und des Irak abzuwehren, nicht gerade böse, wenn ihre bisherigen arabischen Nachbardörfer über Nacht menschenleer wurden. Es hieße aber, bewußt nur mit einem Auge auf die Ereignisse zu blicken, wollte man wieder und wieder als einzige Tatsache das Massaker irregulärer jüdischer Kämpfer an den Arabern des Ortes *Deir Yassin* bei Jerusalem am 9. April 1948[23] schildern und die Greuel der anderen Kriegspartei vergessen. Wie viele Araber flohen 1947-49 aus Israel? Benny Morris schreibt dazu (2001, S. 252):

„... Etwa 700.000 Araber – die Zahl sollte später ein Haupt-Streitpunkt werden, wobei die Israeli offiziell von etwa 520.000 sprachen, die Palästinenser selbst von 900.000-1.000.000 ...“

Autonomie – was bedeutet das?

In den 1967 von Israel besetzten Gebieten gehen die israelischen Behörden mit dem Staatsland (und den Wasser-Reserven) prinzipiell genauso um wie diesseits der Grünen

Linie der Waffenstillstandsabkommen von 1949. Sie stellen es für die Anlage jüdischer Siedlungen zur Verfügung, und arabische Nutzer können dagegen wohl Rechtsmittel einlegen, haben aber keine politischen Druckmittel, denn sie sind keine Bürger Israels und haben kein Wahlrecht. Israel erkennt das Verbot in Art. 49 der Vierten Genfer Konvention von 1949,

> *„Die Besatzungsmacht darf nicht Teile ihrer eigenen Zivilbevölkerung in das von ihr besetzte Gebiet verschleppen oder verschicken",*

für das Westjordanland und den Gaza-Streifen nicht an mit der Begründung, diese Gebiete seien seit dem Ende des britischen Palästina-Mandats 1948 nicht gemäß Art. 2 der Konvention „Gebiet einer Hohen Vertragspartei" gewesen, sondern *terra nullius*, „herrenloses Land" – das Westjordanland umstritten zwischen Israel und Jordanien.[24] Nur aus politischen Gründen hielten sich die israelischen Kabinette unter Führung der Arbeitspartei 1967-77 mit der Genehmigung jüdischer Siedlungen in unmittelbarer Nachbarschaft arabischer Bevölkerungszentren zurück. Die Likud-Regierungen nach 1977 forcierten dann diese Projekte, da die zumeist religiös motivierten Israeli, die unbedingt mitten in Judäa und Samaria leben wollten (man bevorzugte jetzt diese historischen Namen gegenüber der neutralen Bezeichnung *Westbank)*, zu ihrer Klientel gehörten.[25] *Der grundsätzliche Anspruch von Juden, überall in Erez Israel zu wohnen, wird als ein zionistisches Axiom von den allermeisten jüdischen Israeli akzeptiert.* Wiederum verbinden die wenigsten damit eine Forderung, die Araber zu vertreiben. Aber sehr viele stellen deren Ansprüche und Rechte in die zweite Linie.

Die arabischen Palästinenser ihrerseits haben es stets für völlig selbstverständlich betrachtet, daß nach der „Katastrophe" (wie sie die Flucht/Vertreibung nennen) auf dem Gebiet, das Israel 1947-49 nicht erobern konnte, kein einziger Jude verblieb. Nie haben Araber eingeräumt, daß auch die Auswanderung der meisten Juden aus den arabischen Ländern – von Marokko bis zum Irak – nach 1948 nicht ganz freiwillig geschah und ungefähr so viele Einwanderer nach Israel brachte, wie Araber das Land verlassen hatten. Die Westmauer des Zweiten Tempels lag bis 1967 im jordanischen Sektor Jerusalems, kein Jude durfte dort beten, obwohl das israelisch-jordanische Waffenstillstandsabkommen in Art. 8.2 ausdrücklich „Freien Zugang zu den Heiligen Stätten" erwähnt.

Lange Zeit war *Autonomie* das Stichwort für projektierte künftig friedliche Beziehungen zwischen Israel und jenen Palästinensern, die nicht israelische Bürger sind. Denn von einem *Staat* Palästina westlich des Jordan wollten die meisten Israeli (bis in das Jahr 2000) nichts mehr hören, seit die Araber Palästinas 1948 versäumt hatten (besser: von den Regierungen der arabischen Nachbarn gehindert worden waren), den ihnen von den Vereinten Nationen angebotenen Teilstaat parallel zum Staat Israel zu errichten. Auf den Kompromiß, von „Autonomie" zu reden, haben sich schon 1978 der Ägypter Sadat und der Israeli Begin mit dem Segen des Amerikaners Jimmy Carter (*1924, Präsident 1977-1981) geeinigt – und dann 1993 Rabin mit Arafat. Was jedoch Autonomie bedeuten soll, darüber herrschte schon in Camp David 1978 und darüber herrscht auch heute keine Einigkeit. Sadat ging seinerzeit offensichtlich von dem Szenario der britischen oder französischen Entkolonisierung in Asien und Afrika aus; dabei erhielten Kolonial-Territorien regelmäßig innere Autonomie unter eigenständig gewählten Regierungen als letzte Etappe auf dem Weg zur international gültigen Unabhängigkeit als neuer Staat. Menachem Begin dagegen bezog sich auf Beispiele eines Dauerzustandes begrenzter Autonomie innerhalb eines größeren Staates; eine Broschüre des israelischen Informationsamtes nannte 1980 ausdrücklich das Memelland (1918-39 unter Souveränität Litauens), den Süd-Sudan (seit 1972) und Südtirol (seit 1947).[26]

Immerhin nahm Israel schon damals Abschied von der vorher gelegentlich diskutierten Idee, die Palästinenser mit einer Neuauflage des osmanischen *Millet*-Systems abzuspeisen, das nicht-islamische Religionsgemeinschaften offiziell als „autonome" Körperschaften anerkannte, die etwa ihre Heiligen Stätten selbst verwalten und ein eigenes Familien- oder Erbrecht praktizieren durften, keineswegs jedoch bestimmte Territorien politisch kontrollierten.[27] Anklänge an das Millet-System schimmern noch bis heute durch, wenn z.B. die 1996-99 amtierende Regierung des Likud-Premierministers Benjamin Netanyahu (*1949) bei den zähen Verhandlungen mit den USA und der Palästinensischen Autonomiebehörde andeutet, mit der Übergabe der größeren Städte unter Arafats Jurisdiktion seien ja 90 oder 95 Prozent der Palästinenser von israelischer Besatzung befreit, da bedürfe es eigentlich der Räumung größerer Landstriche in „Judäa und Samaria" überhaupt nicht mehr.

Im Kontrast zu dieser Extremposition stand während der letzten Phase vor dem Debakel des Jahres 2000 die Drohung Arafats im Raum, einseitig einen souveränen Staat Palästina in den von seiner Autonomiebehörde kontrollierten Zonen auszurufen, wie er das 1988 schon im Exil getan hatte (ohne Grenzen zu benennen). In Camp David bot Barak endlich den Palästinensern einen Staat an – wie es heißt, auf 95% des Westjordanlandes plus Gazastreifen (Grenzlinien wurden wohl auch von ihm nicht benannt, jedenfalls nicht veröffentlicht). Da Arafat ablehnte – weil man sich über Jerusalem nicht einigen konnte und Israel den Flüchtlingen von 1948 (samt Nachkommen sind das jetzt ca. 3,7 Millionen Menschen) ein Recht auf Rückkehr nach Israel verweigerte –, erzeugte der Blutrausch der *Al-Aqsa-Intifada* bis zur Stunde (Herbst 2004) einen Zustand, in dem alle politischen Formeln für einen Frieden zwischen den zwei Völkern in dem einen kleinen Land zwischen Mittelmeer und Jordan – ob Staat, Autonomie, „einseitige Trennung" (mittels eines angeblich provisorischen „Schutzzauns" zwischen israelisch und palästinensisch kontrolliertem Gebiet) oder was auch immer – leere Worte bleiben, die das Räderwerk von Gewalt und Gegengewalt nicht zum Stillstand bringen.

Hintergründe von Oslo

Dennoch ist es geboten, auf den gescheiterten Oslo-Friedensprozeß zurückzukommen, weil in dieser Periode zum ersten Mal offizielle Repräsentanten der zwei Völker konkret versuchten, auf ihrer Ebene – *bilateral* – den Konflikt zu lösen. *Vielleicht war es ein schwerwiegender Fehler, am Ende doch wieder auf Vermittlung eines am Ende seiner Amtszeit kaum noch aktionsfähigen US-Präsidenten zu vertrauen.*

Grundsatzerklärung Israels und der PLO zur Einleitung des „Oslo"-Friedensprozesses[28]
(unterzeichnet in Washington am 13. September 1993 von Yitzhak Rabin und Yasser Arafat – für den weiteren Prozeß relevante Auszüge)

Art. 1 - Ziel der Verhandlungen. *Das Ziel der israelisch-palästinensischen Verhandlungen im laufenden Nahost-Friedensprozeß ist unter anderem die Errichtung einer Palästinensischen Interimistischen Selbstregierungs-Behörde, des gewählten Rats für das palästinensische Volk in der* Westbank *und im Gaza-Streifen, für eine fünf Jahre nicht überschreitende Übergangsperiode, die zu einer Dauer-Regelung führt, welche auf den Sicherheitsrats-Beschlüssen 242 und 338 beruht....*

Art. 5 - Übergangsperiode und Dauerstatus-Verhandlungen. *(1) Die fünfjährige Übergangsperiode wird mit dem Rückzug aus dem Gaza-Streifen und der Jericho-Region beginnen. (2) Dauerstatus-Verhandlungen werden sobald wie möglich, jedoch nicht später als zu Beginn des dritten Jahres der Interim-Periode, zwischen Vertretern der Regierung von Israel und des palästinensischen Volkes beginnen. (3) Es herrscht Einvernehmen, daß diese Verhandlungen verbleibende Themen betreffen sollen, einschließlich: Jerusalem, Flüchtlinge, Siedlungen, Sicherheitsmaßnahmen, Grenzen, Beziehungen zu und Zusammenarbeit mit anderen Nachbarn, und andere Themen von gemeinsamem Interesse. (4) Die beiden Parteien stimmen überein, daß der Ausgang der Dauerstatus-Verhandlungen nicht durch Abmachungen, die für die Interim-Periode getroffen werden, präjudiziert oder vorweggenommen werden sollen.*

Der Oslo-Friedensprozess wurde möglich, weil um das Jahr 1990 auf beiden Seiten der ersten Konfliktebene neue Entwicklungen eintraten.

- Im jüdischen Volk Israels gewannen die grundsätzlich zur Versöhnung mit den arabischen Palästinensern bereiten Gruppen, vorher lange an den Rand des nationalen Konsenses gedrängt,[29] wieder Kontakt mit dem einen der traditionellen großen Lager der israelischen Demokratie – der Arbeiterbewegung, die längst keine solche im europäischen Sinne des Wortes mehr ist, sondern ein breites Spektrum liberaler, für Veränderungen relativ offener Strömungen. Die Randgruppe der in Richtung PLO Versöhnungsbereiten hatte es immer gegeben, sie wurzelten in der Tradition jener, die in der Mandatszeit der Idee eines Binationalen Staates zuneigten; einige unter ihnen bekannten sich zum Zionismus (insbesondere die Bewegung *Shalom Achshaf* = Frieden Jetzt[30]), andere waren erklärte Nicht-Zionisten wie der (vornehmlich in Deutschland beachtete) Publizist Uri Avnery,[31] wie die Kommunisten (vgl. unten) – und einige Ultrafromme.[32] 1992 wurde die den zionistischen Teil dieser Strömung repräsentierende Meretz-Parteiengruppe[33] Koalitionspartner der Arbeitspartei unter Yitzhak Rabin.
- Auf der palästinensischen Seite wurde die PLO und besonders ihr Führer Arafat durch zwei Krisen gedemütigt: Die erste *Intifada*, der mit gebremster Gewalt (keine Feuerwaffen) betriebene Aufstand gegen die israelische Besatzungsmacht in Gaza und im Westjordanland, entstand und vollzog sich ohne Zutun der exilierten PLO-Führung; in der Irak-Kuwait-Krise 1990/91 setzte Arafat (wie auch König Hussein von Jordanien) auf das falsche Pferd – das irakische –, verdarb dadurch seine mühsam aufgebauten Kontakte zu den Amerikanern und schnitt sich momentan von den Geldquellen ab, die dort sprudeln, wo Öl aus der Erde kommt. Der Überlebenskünstler Arafat reagierte mit scharfer Wendung Richtung Westen, hofierte die Gutmenschen um Bill Clinton und ließ, sobald Oslo ihm die Heimkehr erlaubte, seine Autonomiebehörde vornehmlich von der EU finanzieren. Um diese Volte in der PLO durchzusetzen, bedurfte es (im Unterschied zu Israel) keiner mühseligen demokratischen Prozeduren, es genügte das Kommando von oben. Prinzipiell die Versöhnung verweigernde Kräfte wie die islamistische *Hamas*[34] wurden vorübergehend tiefgekühlt, wenn auch keineswegs niedergeknüppelt, wie Israel das wünschte. *(Man weiß ja nie, wann die nächste Wende ansteht.)*

Die „bilaterale" Konfliktlösung war scheinbar ein Gebot der Logik, schließt man doch Frieden mit seinen Gegnern, nicht mit seinen Freunden. Wer könnte besser Interessen ausgleichen, vernünftige Kompromisse finden als die unmittelbar Betroffenen? Ebenso logisch erscheint das Ergebnis im Falle Israel/Palästina: Teilung des Landes, ein

Staat Israel, ein Staat Palästina. Warum ist Oslo trotzdem gescheitert? *Weil keine der beiden Konfliktparteien die Konsequenz wirklich will, die ja wohl lauten müßte: ethnische Säuberung, Vertreibung der jüdischen Siedler aus Palästina und der arabischen Minderheit aus Israel (wo auch immer die Grenzen gezogen würden) und eine Mauer quer durch Jerusalem. Das ist ja auch keine schöne Aussicht. Folglich tritt immer wieder die Versuchung an beide Kontrahenten heran, sich hinter dem Rücken eines Großen Bruders zu verstecken, der in Wirklichkeit nicht vermittelt (mag er das noch so laut sagen), sondern mir den Sieg verschafft und dem Gegner die Niederlage.*

Kriegszustand und Friedensschluß zwischen Nachbarstaaten

Die zweite Ebene des Konflikts – zwischen dem Staat Israel und seinen arabischen Nachbarstaaten – ist vergleichsweise übersichtlich. Vom ersten Tag der Existenz Israels an betrachteten Ägypten, (Trans-)Jordanien, Syrien, der Libanon und auch der Irak sowie Saudi-Arabien sich im Kriegszustande mit dem Judenstaat befindlich – und handelten bekanntlich entsprechend, ohne daß jemand formell eine Kriegserklärung ausgesprochen hätte. Diese dem klassischen Völkerrecht angemessene Sitte ist ja auch bei den europäischen Staaten während des Zweiten Weltkriegs außer Gebrauch gekommen. Die Vereinten Nationen versäumten es, in diesem Krieg die Aggressoren ausfindig zu machen, wie es die Charta eigentlich verlangt, und entsandten stattdessen gleich am 14. Mai 1948 durch Beschluß der Generalversammlung einen Vermittler: den schwedischen Grafen Folke Bernadotte (*1895), der dann am 17. September 1948 in Jerusalem von irregulären israelischen Kämpfern der Gruppe LEHI[35] ermordet wurde. Sein Nachfolger, der Amerikaner Ralph J. Bunche (1904-1971), vermittelte die Waffenstillstandsabkommen Israels mit Ägypten (24. Februar 1949), Libanon (23. März 1949), Jordanien (3. April 1949) und Syrien (20. Juli 1949). *Der Kriegszustand wurde dadurch keineswegs beendet*, insbesondere blieben der Suezkanal und die ebenfalls von Ägypten kontrollierte Meerenge von Tiran am Südende des Golfs von Akaba (Zufahrt vom israelischen Hafen Eilat am Roten Meer) für Israel gesperrt, bis Israel 1956 im ersten Sinai-Feldzug die Ägypter zwang, der Stationierung einer VN-Friedenstruppe (UNEF I) zuzustimmen – wiederum beschlossen von der Generalversammlung,[36] nicht vom Sicherheitsrat. Die erneute Sperrung der Straße von Tiran 1967 provozierte dann Israel zum *Sechstagekrieg*, den beide Seiten nicht etwa als einen neuen Krieg betrachteten, sondern als Wiederaufnahme der Kämpfe in dem seit 1948 andauernden Krieg. Gleiches gilt für den *Jom-Kippur-* oder *Oktoberkrieg* (wie die Ägypter sagen) von 1973.

Unmittelbar nach dem Sechstagekrieg bekräftigte eine Gipfelkonferenz aller arabischen Staaten in Khartoum (Sudan) am 1. September 1967 als ihre „Hauptgrundsätze“:

„Kein Friede mit Israel, keine Anerkennung Israels, keine Verhandlungen mit ihm, und Bestehen auf die Rechte des palästinensischen Volkes in seinem eigenen Land."

Der Kontext macht klar, daß in der Sicht der arabischen Staaten diese „Rechte des palästinensischen Volkes" ebenfalls die Existenz eines Staates Israel ausschlossen. Es besteht fugenlose Übereinstimmung mit der bereits zitierten Palästinensischen Nationalen Charta der PLO, die ja auf Initiative der arabischen Staaten 1964 gegründet worden war. Noch ein volles Jahrzehnt hielt die Front des dreifachen Nein – nach außen hin. Insgeheim verhandelte Israel schon bald wieder mit seinem engsten Nachbarn, dem jordanischen König Hussein, so wie Israel gleich nach 1949 (und schon vor 1948 in Gestalt der zionistischen Führung) mit Husseins Großvater Abdullah verhandelt hatte; daß diese Kontakte doch nicht geheim blieben, kostete Abdullah das Leben: er wurde am 20. Juli 1951 an Heiliger Stätte in Jerusalem ermordet.

Der Sechstagekrieg hatte nun endlich die VN auch in Gestalt des Sicherheitsrats auf den Plan gerufen. Er beschloß am 22. November 1967 die *Resolution 242*, auf die seitdem immer wieder von verschiedenen Seiten verwiesen wird; sie gilt als Basisdokument für das Prinzip *Land gegen Frieden*, das – wie viele innerhalb und außerhalb des Kreises der Konfliktparteien meinen – zum Frieden zwischen Israel und seinen arabischen Nachbarn (einschließlich des palästinensischen Volkes) führen soll. Leider will es die Tücke der Geschäftsordnung, die für die Vereinten Nationen mehrere Amtssprachen vorsieht, daß der englische und der französische Wortlaut der Resolution 242 in einem wichtigen Punkt voneinander abweichen. Wo es unter den zwei explizit genannten Voraussetzungen für „Gerechten und Dauerhaften Frieden" an erster Stelle auf Englisch heißt:

„... Withdrawal of Israeli armed forces from territories occupied in the recent conflict"

steht in der französischen Fassung:

„... Retrait des forces armées israéliennes des territoires occupés lors du récent conflit."

Die Resolution 242 des VN- Sicherheitsrats (Auszüge)

„Der Sicherheitsrat ... betont die Unzulässigkeit des Gebietserwerbs durch Krieg und die Notwendigkeit, für einen gerechten und dauerhaften Frieden zu arbeiten, in dem jeder Staat in der Region [Nahost] in Sicherheit leben kann.
1.[Der Sicherheitsrat] bekräftigt, daß die Erfüllung von Grundsätzen der [VN-] Charta die Errichtung eines gerechten und dauerhaften Friedens in Nahost erfordert, welcher die Anwendung der beiden folgenden Grundsätze einschließen soll:
(i) Rückzug israelischer Streitkräfte aus (den) während des jüngsten Konflikts besetzten Gebieten;

> *(ii) Beendigung aller Ansprüche von Staaten, sich im Kriegszustand zu befinden, und Beachtung sowie Anerkennung der Souveränität, territorialen Integrität und politischen Unabhängigkeit jedes Staates in der Region, und ihres Rechts, in Frieden innerhalb sicherer und anerkannter Grenzen zu leben, frei von Drohungen oder Gewalthandlungen...“*

Soll Israel also alle eroberten Gebiete wieder aufgeben – oder nur irgendwelche? Ein Blick auf die Entwürfe, die von den USA und von der Sowjetunion zu dieser Resolution vorgelegt wurden, erweist nur die sowjetische Position als eindeutig. Dort lautet der entsprechende Absatz:[37]

> *„Die Konfliktparteien sollen sofort ihre Streitkräfte auf die Stellung zurückziehen, die sie vor dem 5. Juni 1967 einnahmen, gemäß dem Grundsatz, daß die Einnahme von Gebieten als Ergebnis eines Krieges unzulässig ist.“*

(Ein schöner Grundsatz für einen Staat, der 1945 Königsberg in Kaliningrad umgetauft hatte!) – Im amerikanischen Entwurf[38] dagegen findet sich die gleiche unbestimmte Formel wie im beschlossenen Wortlaut wieder, sogar ohne Israel beim Namen zu nennen – „withdrawal of armed forces from occupied territories“ –, die auf Französisch anders verstanden wurde.

Das dreifache Nein der arabischen Staaten aus Khartoum machte diese Debatte jahrelang zu einer akademischen. Dann durchbrach Präsident Sadat von Ägypten die Blockade, flog ins Zentrum des Sturms – nach Jerusalem – und streckte dort am 28. Dezember 1977 vor dem Parlament Israels demonstrativ und öffentlich (im Unterschied zur Geheimpolitik des jordanischen Königshauses) die Hand zur Versöhnung aus. Bei den vom amerikanischen Präsidenten Carter vorangetriebenen konkreten Friedensverhandlungen wurde schnell klar: Sadat forderte das besetzte Staatsgebiet Ägyptens – die Sinai-Halbinsel – bis auf den letzten Quadratzentimeter zurück, und Israels Premierminister Menachem Begin (politischer Erbe des Revisionisten Jabotinsky) mußte dem zustimmen, einschließlich der Räumung der inzwischen an der Mittelmeerküste erbauten israelischen Stadt Yamit und beliebter Ferienorte an der Küste des Roten Meeres bis hinunter zum strategisch wichtigen Sharm el-Sheikh an der Straße von Tiran. Sadat ließ nur über eine Entmilitarisierung des Sinai mit sich reden. Auf der anderen Seite überließ er den Gaza-Streifen ebenso wie das Westjordanland den Israeli unter dem – wie oben ausgeführt – zweideutigen Versprechen einer palästinensischen *Autonomie*; es war ziemlich sicher, daß die PLO dieses Angebot ablehnen und kein eventuell andersdenkender Palästinenser es wagen würde, gegen den Willen der PLO darauf einzugehen. Unter diesem Kompromiß wurde der Friedensvertrag zwischen Israel und Ägypten abgeschlossen.

Der Friedenszustand wurde zu einem Musterbeispiel dafür, was Friedensforscher einen negativen Frieden nennen: Nicht-Krieg, darüber hinaus Errichtung von diplomatischen Missionen und ein Einbahnstraßen-Tourismus von Israelis nach Ägypten; die antizionistische Propaganda in den staatlich kontrollierten Medien und den Schulen Ägyptens lief weiter wie zuvor.

Friede zwischen Israel und Jordanien wurde offiziell erst 1994 geschlossen, unter ähnlichen Bedingungen wie mit Ägypten fünfzehn Jahre zuvor.[39] König Hussein forderte von Israel symbolisch ein kleines Stück Land, das umstritten war – an der seit 1922 im Prinzip eindeutigen internationalen Grenze zwischen beiden Staaten in der Wüste zwischen dem Toten und dem Roten Meer. Diese 380 qkm erhielt er – und verpachtete sie sofort an die Israeli, die sie vorher genutzt hatten. Von dem bis 1967 jordanisch besetzten, einseitig von Husseins Großvater annektierten Westjordanland und von Jerusalem war nicht die Rede. Darüber verhandelte ja Israel seit „Oslo" mit der PLO, König Hussein ließ es geschehen.

Die Wunschträume einiger Politiker aus der israelischen Arbeiterpartei 1967-77, König Hussein die arabischen Bevölkerungszentren des Westjordanlandes zurückzugeben, damit er dort für Ruhe und Ordnung sorge, die strategische Grenze am Jordan aber zu behalten,[40] waren 1994 längst Geschichte: Yasser Arafat war in dieses Rollenspiel eingetreten. Natürlich gab Hussein die Interessen Jordaniens westlich des Jordan nicht wirklich preis; dort läuft nach wie vor jordanisches Geld um, die arabischen Einwohner haben jordanische Pässe, solange kein Staat Palästina existiert.

Diese Karten behielt Hussein auch 1994 im Ärmel. Gleichzeitig sorgte der König durch Freundschaftsgesten an die israelische Adresse dafür, daß der reale Friede mit Jordanien etwas positiver, etwas wärmer ausfiel als der mit Ägypten. Am Grab des ermordeten israelischen Premierministers Yitzhak Rabin nannte der König diesen seinen Bruder. Er dürfte dabei auch an den Tod seines eigenen Großvaters gedacht haben.

Syrien verfolgte unter der Diktatur[41] seines Präsidenten Hafez al-Assad (1928-2000, Präsident seit 1971) unbeirrbar das Ziel, die an Israel verlorenen Golan-Höhen zurückzunehmen. Im Oktober 1973 versuchte Assad es mit Militärgewalt – und scheiterte. Nach 1990 klinkte er sich vorsichtig in den „Oslo"-Prozeß ein und begann mit Israel zu verhandeln, ohne die dramatische Friedensgeste Sadats nachzuahmen. Möglicherweise näherten sich die Gespräche in der Regierungszeit von Shimon Peres (*1923) zwischen der Ermordung Premierminister Rabins im November 1995 und dem Wahlsieg Netanyahus im Mai 1996 einer Lösung, die dem Frieden mit Ägypten 1979 entsprochen hätte: Rückgabe des gesamten Golan-Gebiets gegen Sicherheitsgarantien.

Interessen und Interventionen der Großmächte

Die Strategien aller Konfliktparteien auf der zweiten Ebene – Staat Israel gegen die arabischen Nachbarstaaten – sind eng gekoppelt an die erste Konfliktebene: jüdisches Volk von Israel gegen arabisches Volk von Palästina; das ergibt sich aus der obigen Darstellung. Mindestens ebenso aufmerksam haben die beteiligten Regierungen, seit es sie gibt, die Vorgänge auf der dritten Ebene beachtet: der Großmächte-Politik. Wir sind noch daran gewöhnt, alles, was in der internationalen Politik zwischen 1945 und 1990 geschah, in das Koordiatensystem des Kalten Krieges zu stellen. Das ist berechtigt, auch für den israelisch-arabischen Konflikt. Aber es ist nicht die ganze Geschichte.

Als die Generalversammlung der Vereinten Nationen 1947 über die Ablösung des britischen Palästina-Mandats beriet (Großbritannien selbst hatte das angeregt), zogen die USA und die Sowjetunion in dieser Frage am selben Strang. In Washington spielte dabei keineswegs nur die Rücksicht auf die zionistische Lobby unter den amerikanischen Juden eine Rolle; es gab auch (ähnlich wie in London) pro-arabische Stimmen von politischem Gewicht, vornehmlich unter den professionellen Außenpolitikern im *State Department.* Der Plan, Palästina zwischen Juden und Arabern in einem geographischen Puzzle zu teilen, das beide Völker wenigstens zu wirtschaftlicher Zusammenarbeit zwingen sollte, erschien als tragfähiger Kompromiß. Als sich herausstellte, dass die jüdische Konfliktpartei diesen Kompromiß bezüglich der Grenzen nur mit Vorbehalt akzeptierte, um dem Staat Israel internationale Reputation zu verschaffen (Israel wurde dann ja auch schon im Mai 1949 in die VN aufgenommen, die USA hatten es sofort am 14. Mai 1948 *de iure* anerkannt) – und die arabische Konfliktpartei denselben Kompromiß in Bausch und Bogen verwarf, stattdessen zum Kriege schritt, nahmen die USA zunächst demonstrativ davon Abstand, selbst Partei zu ergreifen. Israels Waffen im Krieg von 1948/49 stammten überwiegend aus der Tschechoslowakei, später (einschließlich der Nukleartechnologie) zum großen Teil aus Frankreich.

Am 14. Mai 1947 sprach Andrej Gromyko vor der VN-Generalversammlung für die sowjetische Delegation zum Palästina-Problem:[42]

> *„Wie wir wissen, sind die Bestrebungen eines beträchtlichen Teils des jüdischen Volkes mit dem Problem Palästinas und seiner künftigen Verwaltung verbunden. Diese Tatsache bedarf kaum eines Beweises. Es ist daher nicht überraschend, daß diesem Aspekt der Frage [bei den VN] große Aufmerksamkeit gewidmet wurde... Interesse an diesem Aspekt ist verständlich und voll gerechtfertigt.*
> *Während des letzten Krieges erlitt das jüdische Volk außergewöhnliche Trauer und Leid. Ohne Übertreibung – diese Trauer und dieses Leid sind unbeschreiblich. Es*

ist schwierig, sie in trockenen Statistiken über die jüdischen Opfer der faschistischen Aggressoren auszudrücken. Die Juden waren in Gebieten, wo die Hitlerleute herrschten, fast völliger physischer Vernichtung ausgeliefert. Die Gesamtzahl von Angehörigen der jüdischen Bevölkerung, die unter den Händen der Nazi-Henker zugrunde gingen, wird auf ungefähr sechs Millionen geschätzt. Nur etwa eineinhalb Millionen Juden in Westeuropa überlebten den Krieg.

Aber diese Zahlen... vermitteln noch keine Vorstellung von den Schwierigkeiten, in denen sich viele Menschen aus dem jüdischen Volk nach dem Krieg wiederfanden. Viele überlebende Juden Europas waren ihrer Länder, ihrer Heimstätten und ihrer Existenzmöglichkeiten beraubt. Hunderttausende von Juden wandern in verschiedenen Ländern Europas umher, suchen Existenzmöglichkeiten, suchen Obdach. Eine große Zahl von ihnen befindet sich in Lagern für Displaced Persons *und leiden immer noch großen Mangel. ...*

... Die Zeit ist gekommen, diesen Menschen zu helfen – nicht mit Worten, sondern durch Taten. Es ist wichtig, sich um die dringenden Nöte eines Volkes zu kümmern, das so schlimme Leiden als Ergebnis des Krieges erfahren hat, den Hitler-Deutschland ausgelöst hat. Das ist eine Pflicht der Vereinten Nationen. ...

Die Lösung des Palästina-Problems durch die Bildung eines einzigen arabisch-jüdischen Staates mit gleichen Rechten für die Juden und für die Araber mag als eine der Möglichkeiten und als eine der beachtlichsten Methoden für die Lösung dieses komplizierten Problems betrachtet werden. Solch eine Lösung des Problems der Zukunft Palästinas mag eine gesunde Basis bieten für friedliche Koexistenz und Zusammenarbeit der arabischen und der jüdischen Bevölkerung Palästinas, im Interesse dieser beiden Völker und zum Vorteil der gesamten Bevölkerung Palästinas und des Friedens, der Sicherheit im Nahen Osten.

Wenn dieser Plan sich als unmöglich durchzuführen erweist, angesichts der Verschlechterung in den Beziehungen zwischen Juden und Arabern ..., dann wäre es nötig, den zweiten Plan zu überlegen, der – wie der erste – seine Befürworter in Palästina hat, und der auf die Teilung Palästinas in zwei unabhängige autonome Staaten abzielt, einen jüdischen und einen arabischen. Ich wiederhole, daß eine solche Lösung des Palästina-Problems nur dann gerechtfertigt wäre, wenn die Beziehungen zwischen der jüdischen und der arabischen Bevölkerung Palästinas tatsächlich sich als so schlecht erweisen, dass es unmöglich wäre, sie zu versöhnen und die friedliche Koexistenz der Araber und Juden zu sichern.“

Erstaunliche Töne von einem getreuen und damals schon prominenten Gefolgsmann des Machtpolitikers Stalin, der schubweise antisemitischen Stimmungen Ausdruck zu geben pflegte. Es ist nicht anzunehmen, daß die sowjetische Außenpolitik jemals von Gefühlen bestimmt wurde. *Diese Rede ist als ein Bündnisangebot an den seinerzeit embryonalen Staat Israel zu verstehen* – zumal Gromyko in dieser Rede mit keinem Wort die historischen Enttäuschungen der Araber (in Palästina oder außerhalb) erwähnte. Die Sowjetführung mag darauf spekuliert haben, in einem von Sozialisten regierten Israel – und ein Flügel der zionistischen Arbeiterbewegung, die MAPAM,[43] war linkssozialistisch orientiert – offenere Ohren zu finden als in den durchweg von Fürsten oder der Großbourgeoisie beherrschten arabischen Ländern. Die langjährige Existenz einer (zwar kleinen) moskautreuen kommunistischen Partei in Palästina,[44] in der Juden und Araber zusammenarbeiteten (einzigartig in diesem zerrissenen Land!), mag bei dieser Spekulation eine Nebenrolle gespielt haben.

Der Staat Israel enttäuschte diese Erwartungen. Er versuchte es auf der großen Bühne der Weltpolitik zunächst mit einer blockfreien Außenpolitik, aber der Block der arabischen und islamischen Staaten in der um 1955 Gestalt annehmenden Gruppierung der Blockfreien verwehrte Israel den Zutritt, allen israelischen Anstrengungen um Entwicklungshilfe im (nicht-arabischen!) Afrika zum Trotz. Mit der Sinai-Kampagne 1956 schwenkte Ben Gurion notgedrungen auf einen pro-westlichen Kurs ein, zunächst noch eher im Gefolge Frankreichs als der USA. Als jedoch mit dem Sechstagekrieg 1967 Charles de Gaulle auf Distanz zu Israel ging, blieb nur noch die Anlehnung an die USA übrig.

Von der Europäischen Gemeinschaft/Union hatte Israel nicht mehr viel zu erwarten und gab sich diesbezüglich auch nie einer Illusion hin, obgleich einige Mitgliedstaaten (die Niederlande, wohl auch die Bundesrepublik Deutschland) dem Judenstaat freundlicher gesonnen blieben als De Gaulles Frankreich. Die eindeutig nicht ausgewogene, sondern pro-palästinensisch parteiische Erklärung des Europäischen Rates vom 12./13. Juni 1980 in Venedig ist in Israel bis heute unvergessen.[45]

Erklärung des Europäischen Rates der Europäischen Gemeinschaft in Venedig (12./13. Juni 1980)[46] (Auszüge)

„Ausgehend von diesen Grundlagen ist der Augenblick gekommen, die Anerkennung und Verwirklichung der beiden von der Völkergemeinschaft weltweit bejahten Prinzipien zu fördern: des Existenzrechts und des Rechts auf Sicherheit aller Staaten der Region einschließlich Israels sowie der Gerechtigkeit für alle Völker, was die Anerkennung der legitimen Rechte des palästinensischen Volkes beinhaltet.

...

Das Palästinenserproblem, bei dem es sich nicht lediglich um ein Flüchtlingsproblem handelt, muß endlich eine gerechte Lösung finden. Das palästinensische Volk, das sich bewußt ist, als solches zu existieren, muß in die Lage versetzt werden, durch einen geeigneten und im Rahmen der umfassenden Friedensregelung definierten Prozeß sein Selbstbestimmungsrecht voll auszuüben. ...“

Es bleibt ein Geheimnis der europäischen Staatenlenker (über das sie sich später bezüglich Bosnien/Kosovo ebenso beredt ausschweigen sollten), wie zwei Völker ihr Selbstbestimmungsrecht auf ein und demselben Territorium „voll ausüben“ sollen.

Die Anlehnung Israels an die USA führte natürlich dazu, solange der Kalte Krieg andauerte, daß in sowjetischer Sicht Israel endgültig zum Brückenkopf der gegnerischen Supermacht in einer lebhaft umworbenen, umstrittenen Weltgegend wurde. Am 10. Juni 1967 brach Moskau die diplomatischen Beziehungen zu Israel ab, gefolgt von allen seinen Verbündeten mit Ausnahme Rumäniens, und bezog stattdessen die PLO in den Kreis der unterstützungswürdigen „fortschrittlichen Befreiungsbewegungen“ aus der Dritten Welt ein. Erst 1989 öffnete Gorbatschow die Grenzen für eine Auswanderung sowjetischer Juden nach Israel, erst 1991 wurden diplomatische Beziehungen wiederhergestellt.

Die USA setzten nach dem ernsthaften Ausbruch des Kalten Krieges beim Versuch, eine Militärallianz gegen die Sowjetunion auch im Nahen und Mittleren Osten zu schmieden, primär aus offensichtlichen Gründen auf die Türkei und den Iran des Shah, sekundär auf konservative arabische Regime, mit denen sie zusätzlich (vielleicht auch erstrangig...) das gemeinsame Interesse an allseitig profitabler Vermarktung des Erdöls verband. Die iranische Bastion hielt bis 1979, die türkische überlebte das Ende des Kalten Krieges. Die arabische kam nie wirklich zustande: in Ägypten schon 1952, im Irak 1958 fegten Offizierspustche die pro-westlichen Regime weg, und die neuen Herren versuchten trotz blockfreier Bekenntnisse, sich eher auf die Sowjetunion zu stützen. Syrien folgte diesem Kurs 1970. Die USA sahen sich in der arabischen Staatenwelt des Nahen Ostens auf Jordanien, Saudi-Arabien und dessen ebenfalls feudal-monarchisch regierte kleine Nachbarn eingeschränkt – und eben auf das militärisch ungleich potentere Israel.

Wie zu Beginn des Kapitels angedeutet, ist für die amerikanische Außenpolitik im Raum Israel/Palästina auch ein *innenpolitischer* Faktor einigermaßen rational zu erfassen. Der Fischer Weltalmanach 2004 weist für die USA in der Rubrik „Religion“ 6 Millionen Juden aus – das wären nur 2,1% der Bevölkerung. In Israel (und nicht nur dort) klagen strenggläubige Juden, das amerikanische Judentum löse sich allmählich in einer Grauzone von Assimilation, Verweltlichung und insbesondere Mischehen mit Christen auf. Wie viele amerikanische Juden lassen ihr politisches Verhalten vorrangig von Solidarität mit Israel bestimmen? Welche jüdischen Verbände in den USA unterstützen welche politischen Strömungen in Israel? Wer diese Fragen zu beantworten versucht, gerät leicht ins Schleudern.

Die Außenpolitik der zweiten Supermacht brauchte während des Kalten Krieges keine innenpolitischen Rücksichten zu nehmen. Rückschläge für die sowjetische Nahost-Politik begannen jedoch fast zeitgleich mit dem Tod Präsident Nassers in Ägypten am 28. September 1970. Sein Nachfolger Sadat setzte schon vor dem schließlich doch verlorenen Jom-Kippur/Oktober-Krieg 1973 die sowjetischen Militärberater vor die Tür und leitete konsequent die Umkehrung seiner Allianzen in das amerikanische Lager ein, besiegelt durch den Friedensschluß mit Israel. Im Iran verstanden die Kommunisten es nicht, vom Untergang der Shah-Monarchie zu profitieren, und mußten das Feld den fast ebenso antisowjetischen wie antiamerikanischen Islamisten überlassen. Saddam Hussein erwies sich generell als unbeeinflußbar. Bis zum Zerfall der Sowjetunion konnte nur Syrien als einigermaßen sicherer Klient Moskaus gelten.

Angesichts solchen regionalpolitischen Flugsands ist es nicht so erstaunlich, daß die beiden großen Kontrahenten des Kalten Krieges gerade im Nahen Osten periodisch immer wieder über die betonierte Koexistenz à la Berlin hinweg zu gemeinsamem Handeln vorstießen. Im Herbst 1956 war es nicht Chruschtschow allein, der die am Suezkanal gegen Ägypten intervenierenden Mächte Frankreich, Großbritannien und Israel mit seinen Atomraketen bedrohte; vielmehr blockten USA und Sowjetunion Arm in Arm diesen Versuch abgehalfterter westeuropäischer Mächte ab, am Ostrand des Mittelmeers noch einmal den Ton anzugeben. Am 1. Oktober 1977 folgte – für Israel eine bittere Überraschung – das gemeinsame Kommuniqué des amerikanischen und des sowjetischen Außenministers – das waren damals Cyrus Vance (1917-2002, in diesem Amt 1977-1980) für Präsident Carter und der oben zitierte Gromyko –, in dem von „legitimen Rechten des palästinensischen Volkes" (wohlweislich ohne Definition derselben) die Rede war. In der Irak-Kuwait-Krise 1990/91 ging Gorbatschow bereitwillig auf die Avancen Präsident Bushs I. ein, an der „Neuen Weltordnung" mitzuwirken, und gab im VN-Sicherheitsrat grünes Licht für den Zweiten Golfkrieg. Unmittelbar danach traten die USA und die real schon kaum mehr existierende Sowjetunion als gemeinsame Sponsoren der Madrider Friedenskonferenz zwischen Israel und seinen Nachbarn auf, die sich alsbald festlief. 2003 durfte Rußland die *Road Map* der USA mit unterschreiben, wie auch EU und VN *(alle drei als fünftes Rad am Wagen...).*

Schlußfolgerungen

Wir können aus diesem Beispiel eines vielschichtigen Konflikts, der die ganze Welt seit Jahrzehnten beschäftigt und irritiert, mit aller Vorsicht zwei Schlußfolgerungen ziehen:

- Die Konfliktebenen ethnischer Zerwürfnisse, der Innenpolitik in den Grenzen eines bestimmten Staates, des Kräftemessens gegnerischer Staaten in einer Region, schließlich des globalen Umgangs zwischen Groß- und Supermächten sind beständig miteinander verzahnt. Isolierung dieser verschiedenen Ebenen voneinander, insbesondere der internationalen Politik von Innenpolitik, ist eine intellektuell durchaus notwendige abstrakte Differenzierung, notwendig für den Zugang zu Einzelheiten, da kein Mensch gleichzeitig über alles nachdenken kann (und deshalb auch nicht in einem Atemzug über alles reden sollte), aber diese Übung entspricht nicht der Wirklichkeit.
- Trotz beständiger Verwicklung der Super- und Großmächte in den israelisch-arabischen Konflikt und ausgiebiger, streckenweise starr fixierter Befassung der regionalen Regierungen mit diesem Konflikt, stellte sich in den 1990er Jahren die niedrigste Konfliktebene – Israel/Palästina – als die einzige heraus, von der beiderseits wenigstens für eine gewisse Zeitspanne eine positive Dynamik ausging. Wenn zwei Völker darüber nachdenken, ob sie vielleicht als Nachbarn in Frieden leben könnten, möchte man meinen, daß die alte Utopie nicht völlig absurd ist, diesen Zustand eines Tages gemeinsam zu pflegen – als Binationaler Staat, als Föderation, Konföderation, Union oder unter einem ganz neuen Titel. Innenpolitik, in der es an Konflikten gewiss nirgends fehlt, die sich mit Intelligenz und gutem Willen zu positiver sozialer, wirtschaftlicher, ökologischer Dynamik bündeln lässt (Kampf gegen Armut, Wettbewerb um Wasser und andere Ressourcen, religiöse Toleranz), könnte sich auch in anderen Konfliktzonen des Planeten anschicken, der Außenpolitik den gewohnten Primat streitig zu machen.

Ein privater israelisch-palästinensischer Friedensplan[47]

1. *Zwei Staaten für zwei Völker.* Beide Seiten werden erklären, daß Palästina der einzige Staat des palästinensischen Volkes ist und Israel der einzige Staat des jüdischen Volkes.
2. *Grenzen.* Dauerhafte Grenzen zwischen den beiden Staaten werden vereinbart auf der Grundlage der Linien vom 4. Juni 1967, der VN-Resolutionen und der arabischen Friedens-Initiative (bekannt als Saudi-Initiative). – Grenzveränderungen werden auf angemessenem und einvernehmlichem Austausch (1:1) beruhen in Übereinstimmung mit den vitalen Bedürfnissen beider Seiten, einschließlich Sicherheit, territorialem Zusammenhang und demographischen Überlegungen. – Der Palästinensische Staat wird eine Verbindung zwischen seinen zwei geographi-

schen Bereichen – Westjordanland und Gazastreifen – haben. – Nach der Errichtung der einvernehmlichen Grenzen werden keine Siedler in dem Palästinensischen Staat bleiben.

3. *Jerusalem.* Jerusalem wird eine offene Stadt sein, die Hauptstadt zweier Staaten. Religionsfreiheit und vollständiger Zutritt zu Heiligen Stätten wird allen garantiert. – Arabische Wohnviertel in Jerusalem werden unter palästinensische Souveränität kommen, jüdische Wohnviertel unter israelische Souveränität. – Keine Seite wird Souveränität über die Heiligen Stätten ausüben. Der Staat Palästina wird zum Hüter von *al-Haram al-Sharif* [=Tempelberg, F.A.] zugunsten der Muslime erklärt werden. Israel wird der Hüter der Westmauer [des Tempelberges, F.A.] zugunsten des jüdischen Volkes sein. Der Status quo für christliche Heilige Stätten wird aufrechterhalten. Keine Grabungen werden in oder unter den Heiligen Stätten vorgenommen ohne beiderseitiges Einverständnis.
4. *Recht auf Rückkehr.* In Anerkennung der Leiden und Schmerzen der palästinensischen Flüchtlinge werden die internationale Gemeinschaft, Israel und der Palästinensische Staat die Initiative ergreifen und Beiträge leisten zu einem internationalen Fonds, um die Flüchtlinge zu entschädigen. – Palästinensische Flüchtlinge werden nur in den Staat Palästina zurückkehren; Juden werden nur in den Staat Israel zurückkehren. – Die internationale Gemeinschaft wird Entschädigungen anbieten, um das Los jener Flüchtlinge zu verbessern, die in ihrem gegenwärtigen Aufenthaltsland bleiben wollen oder die in Drittländer einwandern möchten.
5. *Der Palästinensische Staat* wird entmilitarisiert sein, und die internationale Gemeinschaft wird seine Sicherheit und Unabhängigkeit garantieren.
6. *Ende des Konflikts.* Sobald diese Grundsätze voll verwirklicht sind, werden alle Ansprüche beider Seiten und der israelisch-palästinensische Konflikt beendet sein.

Bill Clinton auf der Feier zum 80. Geburtstag von Shimon Peres
(Oktober 2003):

„Jedes Jahr werden die Palästinenser ... jünger, ärmer und wütender. Wir können so weitermachen. Sie werden weiter töten, und ihr [Israeli, F.A.] werdet weiter siegen. Aber sie werden eure Herzen zerbrechen und die Zukunft eurer und ihrer Kinder verzerren.“ [48]

Anmerkungen

1 Herzls Programmschrift *Der Judenstaat* erschien (in deutscher Sprache) 1896, ein Jahr vor dem Zusammentritt des ersten Zionistenkongresses in Basel.

2 Aus der kaum noch übersehbaren wissenschaftlichen Literatur ragt Morris 2001 als wohl markanteste historische Gesamtdarstellung heraus (keineswegs unparteiisch: Morris gehört zu den „israelischen Revisionisten", die das etablierte Geschichtsbild des Zionismus kritisieren); die Gegenposition vertritt Yoram Hazony: The Jewish State. New York 2001. Dem Leser, der deutsche Bücher bevorzugt, schlage ich zur Einführung vor: Friedrich Schreiber: Schalom Israel. Berlin 1999; Gernot Rotter & Shirin Fathi: Nahostlexikon. Heidelberg 2001; Gudrun Krämer: Geschichte Palästinas. München 2002; Michael Wolffsohn: Wem gehört das Heilige Land? München/Zürich 3. Aufl. 2002; Helga Baumgarten: Arafat. München 2002; Dossier in *Aus Politik und Zeitgeschichte* (Bonn) 10.05.2004.

3 Laut Genesis 15.18-21 sprach Gott zu Abraham, den die Moslems als Ibrahim kennen: „Deinen Nachkommen gebe ich dieses Land vom Bach Ägyptens bis zu dem großen Strom, dem Euphratfluß, die Keniter und Kenisiter und Kadmoniter, die Hethiter, Perisiter und Rephaiter, die Amoriter, Kanaaniter, Girgaschiter und Jebusiter." Das letztgenannte Volk saß in der Stadt Jerusalem. Nun gilt Abraham=Ibrahim als Stammvater der Juden (durch seinen Sohn Isaak) und der Araber (durch seinen Sohn Ismael). Die Juden bezogen die Worte Gottes allein auf sich als Nachkommen des Isaak-Sohnes Jakob (vgl. Gen.35.12), dem Gott den Namen Israel gab („...denn du hast dich Gott gegenüber als stark erwiesen, und über Menschen wirst du siegen", Gen.32.29).

4 Am 02.11.1917 gebrauchte der britische Außenminister Arthur J. Balfour die völkerrechtlich unbestimmte Formel *National Home* in einem Schreiben an den prominenten Zionisten Edmond James Rothschild.

5 Der Chemiker Chaim Weizmann (1874-1952) hatte seit 1921 Führungspositionen in der Zionistischen Bewegung inne und wurde 1948 zum ersten Staatspräsidenten von Israel gewählt. – Prinz Faisal war ein Sohn des Haschemiten-Scherifs Hussein; er wurde 1921 unter britischem Völkerbunds-Mandat durch Plebiszit zum König des Irak gewählt, sein Bruder Abdullah (Großvater des 1999 verstorbenen Königs Hussein von Jordanien) erhielt von den Briten Transjordanien als Herrschaftsbezirk.

6 Englischer Wortlaut *www.nahost-politik.de/friedensverhandlungen/geneva.htm*; vgl. „Wir müssen Frieden schließen". Interview mit Yossi Beilin zur israelisch-palästinensischen Genfer Initiative. *Internationale Politik* (Berlin/DGAP) 59-2004-2, S. 55-62 – Beilin (*1948) war im Kabinett Rabin 1992-1995 Vize-Außenminister und im Kabinett Barak 1999-2001 Justizminister; er ist Hauptinitiator des *Geneva Accord* auf israelischer Seite.

7 Die PLO wurde von den arabischen Staaten auf deren Gipfelkonferenz in Rabat (Marokko) vom 26.-29.10.1974 als alleinige Vertretung des palästinensischen Volkes anerkannt. Der Verzicht Jordaniens auf die *Westbank* am 31.07.1988 bekräftigte diese Position.

8 Vgl. Susan Lee Hattis: The Bi-national Idea in Palestine during Mandatory Times. Tel Aviv 1970; Franz Ansprenger: Juden und Araber in Einem Land. München/Mainz 1978.

9 Zitiert nach Ansprenger a.a.O., S. 315 f. Originaler Wortlaut, da Deutsch damals die offizielle Sprache der Zionistischen Organisation war.

10 David Ben Gurion wanderte 1906 aus dem damals russischen Teil Polens nach Palästina aus; ab 1930 führte er die Arbeiterpartei (hebräisches Akronym MAPAI); 1948-53 und 1955-63 amtierte er als Israels Premierminister.

11 Der Landerwerb geschah bis 1948 in der Regel durch Kauf, hauptsächlich durch den 1901 errichteten Jüdischen Nationalfonds (*Keren Kajemeth Lejisrael*); im Jahre 1944 machte der jüdische Landbesitz in Palästina etwa 1.700 qkm bei einer Gesamtfläche von 26.300 qkm aus, von welcher nach britischer Schätzung 12.233 qkm kultivierbar waren.

12 Diesem Ziel kam das Völkerbund-Mandat insofern entgegen, als es ausdrücklich in Art. 4 vorsah: „An appropriate Jewish agency shall be recognized as a public body for the purpose of advising and co-

operating with the Administration of Palestine in such economic, social and other matters as may affect the establishment of the Jewish national home and the interests of the Jewish population in Palestine." Diese *Jewish Agency* entwickelte sich zur Vorform der Regierung des Staates Israel. Eine analoge „Arabische Agentur" war im Mandat nicht vorgesehen und wurde nie errichtet.

13 Vgl. Monty Noam Penkower: The Emergence of Zionist Thought. New York usw. 1991, S. 128 f.

14 Vgl. beispielsweise George Antonius: The Arab Awakening. The story of the Arab national movement. New York 1946; William B. Quandt & Fuad Jabber & Ann Mosely Lesch: The Politics of Palestinian Nationalism. Berkeley/Los Angeles/London 1973; Helga Baumgarten: Palästina – Befreiung in den Staat. Die palästinensische Nationalbewegung seit 1948. Frankfurt a.M. 1991.

15 Vgl. Barry Rubin: Revolution until Victory. The politics and history of the PLO. Cambridge (USA)/ London 1994; Artur K. Vogel: Der Palästinenserstaat. Arafats langer Marsch nach Jerusalem. Zürich 1995; Theodor Hanf & Bernard Sabella & Petra Bauerle: A Date with Democracy. Palestinians on society and politics. An empirical survey. Freiburg i.Br. 1996.

16 Zitiert nach Yehoshafat Harkabi: Palästina und Israel. Stuttgart 1974, S. 72 ff. Die Charta wurde in einer ersten Fassung 1964 bei der Gründung der PLO in Jerusalem proklamiert, im Juli 1968 vom Palästinensischen Nationalrat, dem höchsten PLO-Organ, revidiert. Im Dezember 1998 beschloß in Gaza eine Versammlung, über deren Identität mit dem Palästinensischen Nationalrat Zweifel bestehen, in Anwesenheit des amerikanischen Präsidenten Clinton, alle die Existenz Israels verneinenden Abschnitte aus der Charta zu streichen.

17 Aus dem Englischen nach C.H. Dodds & M.E. Sales: Israel and the Arab World. London 1970, S. 83 f.

18 Vgl. Ines Dombrowsky: Die Wasserkrise im Nahen Osten. *Aus Politik und Zeitgeschichte* (Bonn) 23.11.2001, S. 30-38.

19 Die Religionsgemeinschaft der jetzt etwa 350.000 Drusen sonderte sich nach 1016 in Ägypten vom schiitischen Islam ab; die Drusen wurden als abtrünnige Moslems verfolgt und flüchteten in Gebirgsregionen, die heute hauptsächlich im Libanon und Syrien, zum Teil im Norden Israels liegen.

20 Für das Jahr 1979 ergab sich aus dem Statistischen Jahrbuch Israels, dass Araber (damals 13% der Bevölkerung – ohne die Araber im bis 1967 jordanischen Teil Jerusalems, die mehrheitlich keine Staatsbürger Israels sind) 18,8% aller in der Landwirtschaft Beschäftigten ausmachten, dass ihnen 22,7% der insgesamt bestellten Böden zur Verfügung standen, auf denen sie jedoch nur 4,4% des Gesamtwerts der Agrarproduktion Israels erwirtschafteten. Angaben nach Franz Ansprenger: Juden und Araber in Israel/Palästina 1977 bis 1981. Bonn 1981, S. 23.

21 Vgl. Franz Ansprenger a.a.O. [Fußnote 8], S. 156 ff.

22 Vgl. zu dieser Kontroverse insbesondere Benny Morris: The Birth of the Palestinian Refugee Problem, 1947-1949. Cambridge 1988; ders. 1948 and after. Israel and the Palestinians. Oxford 1990, [Zitat S. 141: „The exodus was a tale both of ‚voluntary' flights and expulsion, and many fine graduations between."]

23 Im Verlauf der Kämpfe um die Straßenverbindung aus der jüdisch kontrollierten Küstenebene nach Jerusalem überfiel am 09.04.1948 ein Kommando der *Irgun Zvai Leumi* (=Nationale Militärorganisation), des von Menachem Begin befehligten Kampfverbands der Revisionisten, und der Splittergruppe LEHI [s. Fußnote 34] das arabische Dorf Deir Yassin und tötete 254 Einwohner. *Irgun* und LEHI wurden 1948 in die reguläre Armee Israel eingegliedert, deren Kern die *Hagana* (=Verteidigung) bildete, der Militärverband der Arbeiterpartei.

24 Ägypten hatte den Gaza-Streifen nie als Teil seines Staatsgebiets beansprucht; die Annexion des Westjordanlandes durch Jordanien war lediglich von zwei Staaten (Großbritannien und Pakistan) offiziell anerkannt worden. Vgl. Eugene V. Rostow: „Palestinian Self-Determination" – possible futures for the unallocated territories of the Palestine Mandate. *Yale Studies in World Public Order* 5-1979, S. 147-172

25 Etwa 17.000 jüdische Israeli siedelten sich seit 1967 auf den Golanhöhen, etwa 6.000 im Gazastreifen,

etwa 166.000 auf der Westbank und rund 200.000 in Ost-Jerusalem an Vgl. Rotter & Fathi 2001 a.a.O. [Fußnote 2], S. 286 f.

26 The Negotiations for Palestinian Arab Autonomy in Judea, Samaria and the Gaza District. Jerusalem Dezember 1980 (IIC/451)

27 Nur im Libanon-Gebirge ließ das Osmanische Reich zeitweilig eine territoriale Autonomie drusischer und christlicher Gemeinschaften unter der Autorität einheimischer Emire zu, die faktisch Steuerpächter waren. Vgl. Theodor Hanf: Koexistenz im Krieg. Staatszerfall und Entstehung einer Nation im Libanon. Baden-Baden 1990, S. 76 ff.

28 Hier zitiert nach dem englischen Wortlaut, abgedruckt in Andrew Gowers & Tony Walker: Arafat. Hamburg 1994, S. 600 ff. – Die Beschlüsse des VN-Sicherheitsrats 242 (22.11.1967) und 338 (22.10.1973) beziehen sich auf den Rückzug israelischer Truppen aus (den?) besetzten Gebieten. – Die fünfjährige Übergangsperiode begann am 04.05.1994 mit der Unterzeichnung des Gaza-Jericho-Abkommens, endete somit am 04.05.1999.

29 Jahrelang war jeder Kontakt mit der PLO durch ein israelisches Gesetz, das allerdings selten angewandt wurde, mit Strafe bedroht.

30 *Shalom Achshav* wurde am 07.03.1978 mit einem offenen Brief von 350 Reserveoffizieren und Soldaten an den im Jahr zuvor gewählten Premierminister Menachem Begin begründet. Nach einem Flugblatt vom Juni 1980 ist es das Ziel der Organisation, „...zur großen Linie des Zionismus zurückzukehren, was heute bedeutet, Frieden und Sicherheit durch Kompromiß und eine neuerliche Teilung von *Erez Israel* näher zu kommen".

31 Vgl. Uri Avnery: Israel without Zionism. A plan for peace in the Middle East. New York/London 2. Aufl. 1971; ders.: Zwei Völker – zwei Staaten. Gespräch über Israel und Palästina. Heidelberg 1995.

32 In ihren Augen kann und darf nur der Messias die Wiederherstellung jüdischer Souveränität in *Erez Israel* bewirken; die Gründung des real existierenden Staates Israel ist für sie Gotteslästerung.

33 *Meretz* entstand als Verbindung der älteren Parteien „Bürgerrechtsbewegung", Shinui und MAPAM. Bei den Parlamentswahlen 1992 erzielte die Arbeitspartei (von insgesamt 120 Mandaten) 44 Sitze, Meretz 12; 2003 blieben für Meretz noch 6 Sitze übrig, für die Arbeitspartei 19 (gegen 38 für Likud, 15 für die wieder selbständige Shinui, die mit dem Likud koalierte).

34 *Hamas* bedeutet im Arabischen „religiöser Eifer" oder „Enthusiasmus" und ist Akronym für „Islamische Widerstandsbewegung". Die Gruppe bildete sich zu Beginn der ersten Intifada 1987; vgl. Rotter & Fathi a.a.O. [Fußnote 2] 2001, S. 124 – Wortlaut der Hamas-Charta (1988) bei Andreas Meier: Politische Strömungen im modernen Islam. Quellen und Kommentare. Sonderausgabe Bonn (Bundeszentrale für politische Bildung) 1995, S. 126-133; vgl. Jeroen Gunning: Peace with Hamas? *International Affairs* (London) 80-2004-2, S. 233-255.

35 LEHI ist das Akronym für *Lochmei Herut Israel* (=Kämpfer für die Freiheit Israels), eine zum Zweck des Kampfes gegen die britische Mandatsmacht im Oktober 1939 von Abraham Stern (daher auch „Stern-Bande") gegründete terroristische Untergrund-Gruppe; Stern wurde am 12.02.1942 von britischer Polizei gestellt und „auf der Flucht erschossen".

36 Res.1000 (ES-I) vom 05.11.1956, eingebracht von Kanada, Kolumbien und Norwegen.

37 VN-Doc. S/8253 vom 20.11.1967.

38 VN-Doc. S/8229 vom 07.11.1967.

39 Vgl. Ferhard Ibrahim: Jordanien nach dem Friedensschluß mit Israel. *Aus Politik und Zeitgeschichte* (Bonn) 26.04.1996, S. 13-24.

40 Diese so genannte „jordanische Option" wurde vor allem von Yigal Allon verfochten.

41 Am 11.02.1999 ergab eine Volksabstimmung, ob Präsident Assad eine fünfte Amtsperiode von sieben Jahren antreten solle, bei 99,4% Beteiligung 99,98% Ja-Stimmen.

42 Zitiert nach einer englischen Übersetzung aus dem russischen Original in Meron Medzini (Hg.): Israel's Foreign Relations. Basic Documents 1948-1972. Jerusalem 1972, S. 775-780. Vgl. eine andere englische Version der Rede bei Aharon Cohen: Israel and the Arab World. Boston 1976, S. 203 f.

43 MAPAM, die *Mifleget Poalim Meuhedet* (=Vereinigte Arbeiterpartei) spaltete sich Anfang 1948 von der sozialdemokratischen Arbeiterpartei Ben Gurions (*Mifleget Poale Erez Israel*-MAPAI) ab, arbeitete jedoch seit 1955 in der Regierung mit ihr zusammen. 1969-84 bildeten alle Gruppen der Arbeiterbewegung eine Fraktionsgemeinschaft, seitdem kandidiert MAPAM wieder selbständig für das israelische Parlament.

44 Vgl. Mario Offenberg: Kommunismus in Palästina. Meisenheim am Glan 1975.

45 Vgl. Hartmut Hausmann: Die Beziehungen der Europäischen Union zu Israel. *Aus Politik und Zeitgeschichte* (Bonn) 13.04.1995, S. 31-38; Rosemary Hollis: The Israeli-Palestinian road block: can Europeans make a difference? *International Affairs* (London) 80-2004-2, S. 191-201; Isabel Schäfer: Die Europäische Union und der Nahostkonflikt. *Aus Politik und Zeitgeschichte* (Bonn) 10.05.2004, S. 46-54.

46 Zitiert nach *Europäische Zeitung* (Bonn) Mai 1991, S. 3.

47 Diese Erklärung, die den Tenor des international wesentlich stärker beachteten *Geneva Accord* [vgl. Fußnote 6] in allen wesentlichen Punkten vorwegnahm, wurde am 27. Juli 2002 vorgelegt von Ami Ayalon (bis 1996 Kommandeur der israelischen Kriegsmarine, 1996-2001 Chef des Inland-Geheimdienstes) und Sari Nusseibeh (*1949, seit 1995 Präsident der al-Quds-Universität im arabischen Teil Jerusalems, nach Oktober 2001 zeitweilig PLO-Repräsentant in Jerusalem). Am 25. Juni 2003 wurde die Öffentlichkeit aufgerufen, den Text zu unterzeichnen; bis Anfang Oktober 2004 taten das fast 224.000 Israeli und 147.000 Palästinenser. – Vgl. *www.mifkad.org.il/eng/*.

48 *Jerusalem Report* 20.10.2003, S. 45.

12. Globaler Markt oder Nord-Süd-Konflikt?

Zur Internationalen Politik gehört die Internationale Wirtschaftspolitik. Manche mögen sogar meinen, es wäre gut, wenn die erstere auf die letztere reduziert würde; all der Aufwand für den Rest sei eigentlich überflüssig, es genüge eine wirksame Weltpolizei, die auf dem Weltmarkt *Law and Order* sichere. Das ist eine logische Einstellung, wenn man international so denkt, wie die bürgerlichen Liberalen Europas und Nordamerikas im 19. Jahrhundert innenpolitisch dachten; sie meinten, am schönsten wäre es, wenn der Staat sich mit der Rolle des Nachtwächters begnügte. Heutzutage nimmt wohl nirgends mehr ein politischer Mensch, mag er noch so liberal fühlen und reden, das Wort vom „Nachtwächterstaat“ in den Mund. International gehört es aber zum guten Ton, schon seit dem Beginn der 1980er Jahre und ganz eindeutig seit dem Zusammenbruch des real existierenden sozialistischen Weltmarkts im Umkreis der Sowjetunion, vom Freihandel und weltweiten *„shareholder value“* (nur ganz böse Marxisten sagen noch: ...von der Profitmaximierung) im Rahmen Transnationaler Konzerne das Heil für die Weltwirtschaft zu erwarten. Jedenfalls ist dies das Credo der Welthandelsorganisation WTO, die am 1. Januar 1995 das Allgemeine Zoll- und Handelsabkommen (GATT) unter ihre Fittiche genommen hat. Wir haben die WTO als jüngste Sonderorganisation der Vereinten Nationen bereits kennengelernt, ebenso das Scheitern der Bemühungen aus der Dritten Welt, in den 1960er und 1970er Jahren eine *Neue Weltwirtschaftsordnung* durchzusetzen, die noch andere Werte und Ordnungsprinzipien gekannt hätte als die Freiheit der Märkte.

Ein globaler Markt konnte sich erst herausbilden, sobald die Erde rundum mit Verkehrswegen erschlossen war, die Warentransport, Kommunikation und Migration zwischen den Völkern aller Kontinente ermöglichten. Der Natur unseres Planeten und der menschlichen Technik vor Beginn der Luftfahrt entsprechend, konnten das nur Seewege sein. Deshalb ist die Entstehung des Weltmarktes an die überseeische Expansion Westeuropas gebunden, für deren Beginn wir das Stichjahr 1492 festhalten dürfen; damals landete Christoph Columbus (1461-1506) in Amerika, und Vasco da Gama (ca.1469-1524) umschiffte das Kap im Süden Afrikas.

Karl Marx über die „sogenannte ursprüngliche Akkumulation"

„Das Kolonialsystem reifte treibhausmäßig Handel und Schiffahrt. Die ‚Gesellschaften Monopolia' (Luther) waren gewaltige Hebel der Kapital-Konzentration. Den aufschießenden Manufakturen sicherte die Kolonie Absatzmarkt und eine durch das Marktmonopol potenzierte Akkumulation. Der außerhalb Europas direkt durch Plünderung, Versklavung und Raubmord erbeutete Schatz floß ins Mutterland zurück und verwandelte sich hier in Kapital...
Heutzutage führt industrielle Suprematie die Handelssuprematie mit sich. In der eigentlichen Manufakturperiode dagegen ist es die Handelssuprematie, die die industrielle Vorherrschaft gibt. Daher die vorwiegende Rolle, die das Kolonialsystem damals spielte. Es war ‚der fremde Gott', der sich neben die alten Götzen Europas auf den Altar stellte und sie eines schönen Tages mit einem Schub und Bautz sämtlich über den Haufen warf. Er proklamierte die Plusmacherei als letzten und einzigen Zweck der Menschheit." [Das Kapital, Bd.1 Kap. 24]

Ein *Weltstaat* war bekanntlich nicht vonnöten, um den globalen Markt herzustellen. Vielmehr hemmte über Jahrhunderte – mit rückläufiger Intensität bis heute! – der Souveränitätsanspruch und die Rivalität der einzelnen Staaten, allen voran der über See expandierenden Großmächte, die Wirtschaftsentwicklung, die wir gegenwärtig Globalisierung nennen. Gemäß der Lehre des *Merkantilismus* strebten die Regierungen der frühen Neuzeit zwar alle nach Ausbau des Handels mit anderen Staaten, aber jede wollte dabei mehr exportieren als importieren, sei es aus dem Mutterland oder aus dem eigenen Kolonialreich, und sich seine Waren möglichst in Gold bezahlen lassen, um diese

Gewinne aus einer positiven Handelsbilanz zum Wohle des Staates innerhalb der eigenen Grenzen zu investieren – nicht unbedingt nur, aber sehr häufig mit Vorrang in militärischer Rüstung. Es liegt auf der Hand, daß dieser Wunsch nicht allen Regierungen gleichzeitig erfüllt werden konnte. Trotzdem verkünden es heute noch Regierungen und Medien voller Stolz, wenn ihre Nation (wie zeitweilig die Bundesrepublik Deutschland) nach irgendeinem statistischen Maßstab als „Export-Weltmeister" gelten darf.

Im Gefolge der (ersten) Industriellen Revolution, die sich im späten 18. Jahrhundert zuerst in England vollzog, war es diese Nation, die zum Kern des *Kapitalistischen Weltsystems*[1] wurde und bei deren Oberschicht sich die auf dem Weltmarkt erwirtschafteten Gewinne konzentrierten. Zwar legen viele Forscher jetzt Wert darauf zu betonen, dass es nicht in erster Linie die Beute aus Übersee war, welche – wie Marx meinte –, zu Kapital akkumuliert, die Industrielle Revolution ermöglichte, sondern erfolgreicher Widerstand der englischen Bauern gegen ihre Ausplünderung durch die Aristokratie.[2] Aber es läßt sich nicht bestreiten, daß Seemacht, Handel, Industrie und Kapitalismus gerade in der Geschichte Großbritanniens im 19. Jahrhundert eng verzahnt waren. Auf die weltweite Vormacht der Kriegsflotte gestützt, konnte England sich dem Freihandel zuwenden, und in England versuchte einer der Lehrer des Ökonomen Marx, David Ricardo (1772-1832), theoretisch nachzuweisen, daß beim Warenaustausch zwischen zwei Staaten keineswegs immer einer verlieren müsse, wenn der andere gewinnt; vielmehr könnten beide gewinnen, wenn sie sich auf Güter spezialisierten, die in dem betreffenden Land relativ preisgünstiger produziert werden könnten.

Das Ricardo-Theorem

An diesem *Theorem der komparativen Kostenvorteile* orientieren sich bis zur Stunde viele weltwirtschaftliche Debatten; es läßt sich tabellarisch so darstellen:[3]

Für die Produktion jeweils einer Ware P und Q sind jeweils folgende Arbeitszeiteinheiten notwendig:			
	(A) Vor Aufnahme des Handels		
Nation	*Ware P*	*Ware Q*	*Summe*
A	80	90	170
B	120	100	220
Summe	***200***	***190***	***390***
	(B) Nach Aufnahme des Handels		
Nation	*Ware P*	*Ware Q*	*Summe*
A	160	–	160
B	–	200	200
Summe	***160***	***200***	***360***

Dem Modell liegt eine Reihe von Vereinfachungen zugrunde. So werden lediglich zwei Länder und zwei Güter betrachtet; alle Produktionsfaktoren sind vollbeschäftigt und national voll beweglich, international jedoch unbeweglich; die Handelsbilanzen sind ausgeglichen; die Marktstruktur ist die der vollkommenen Konkurrenz; Transportkosten werden vernachlässigt; technischer Fortschritt bleibt unberücksichtigt. Nun bedarf es im 21. Jahrhundert keiner ökonomischen Fachkenntnis, um zu wissen, daß auf keinem Markt der Welt mehr „vollkommene Konkurrenz" herrscht, daß der Produktionsfaktor Kapital in höchstem Maße international beweglich geworden ist und der Produktionsfaktor Arbeit sich energisch müht, es zu werden – zum Schrecken der Gesellschaften, in denen sich 200 Jahre lang Reichtum akkumuliert hat und dank Demokratie und Gewerkschaften auch in die unteren Schichten des Proletariats und (nicht zu vergessen) der Bauern durchgesickert ist. In den Ohren aller jener in der Dritten Welt, die darüber Bescheid wissen, klingt es wie Hohn, wenn ihnen immer noch empfohlen wird, doch ihre *komparativen Vorteile* wahrzunehmen und sich in einen über momentane Krisen hinweg beständig aufschwingenden Welthandel einzuklinken.

In der historischen Wirklichkeit hat sich eben nicht vollzogen, was die Theoretiker der Weltwirtschaft seit Adam Smith (1723-1790)[4] und mindestens bis hin zu W.W. Rostow[5] mehr oder weniger stillschweigend voraussetzten – und ganz ausdrücklich die marxistischen Analytiker jener Phase des Kapitalismus, die sie wegen des offenkundigen Ausdehnungsdrangs dieser Wirtschaftsform als *Imperialismus* kennzeichneten: daß eher früher als später die ganze Welt sich dem Fortschritt beugen, daß alle Völker und Kulturen ihre althergebrachte, rückschrittliche, „stagnierende" Produktionsweise überwinden und durch Marktwirtschaft zwecks Steigerung und Konzentration des Mehrwerts – eben durch Kapitalismus – ersetzen würde. Insbesondere Rosa Luxemburg (1870-1919)[6] erkannte zwar deutlich, daß die herrschende Klasse in den hoch entwickelten Ländern kein Interesse an einer *Durchkapitalisierung* aller Kontinente haben konnte, aber sie hielt diese Entwicklung für zwangsläufig – genau wie die Proletarisierung der großen Bevölkerungsmehrheit in den Metropolen selbst, denn sie rechnete ja damit, daß die Bourgeoisie sich selbst ihr Grab schaufeln würde.

Rosa Luxemburg zur Stellung unterentwickelter Länder im globalen Kapitalismus

„Sobald er [Karl Marx, F.A.] die theoretische Analyse des Kapitalprozesses gibt – Produktion wie Zirkulation –, kehrt er ständig zu seiner Voraussetzung: allgemeine und ausschließliche Herrschaft der kapitalistischen Produktion zurück.
Wir sehen jedoch, daß der Kapitalismus auch in seiner vollen Reife in jeder Beziehung auf die gleichzeitige Existenz nichtkapitalistischer Schichten und Gesellschaften angewiesen ist. ... Die Kapitalakkumulation kann so wenig unter der Voraus-

setzung der ausschließlichen und absoluten Herrschaft der kapitalistischen Produktionsweise dargestellt werden, daß sie vielmehr ohne das nichtkapitalistische Milieu in jeder Hinsicht undenkbar ist. ... Das Kapital kann ohne die Produktionsmittel und die Arbeitskräfte des gesamten Erdballs nicht auskommen, zur ungehinderten Entfaltung seiner Akkumulationsbewegung braucht es die Naturschätze und die Arbeitskräfte aller Erdstriche. Da diese sich tatsächlich *in überwiegender Mehrzahl in den Banden vorkapitalistischer Produktionsformen befinden ..., so ergibt sich daraus der ungestüme Drang des Kapitals, sich jener Erdstriche und Gesellschaften zu bemächtigen. ...*
Wenn der Kapitalismus also von nichtkapitalistischen Formationen lebt, so lebt er, genauer gesprochen, von dem Ruin dieser Formationen, und wenn er des nichtkapitalistischen Milieus zur Akkumulation unbedingt bedarf, so braucht er es als Nährboden, auf dessen Kosten, durch dessen Aufsaugung die Akkumulation sich vollzieht... Die Kapitalakkumulation kann demnach so wenig ohne die nichtkapitalistischen Formationen existieren, wie jene neben ihr zu existieren vermögen. Nur im ständigen fortschreitenden Zerbröckeln jener sind die Daseinsbedingungen der Kapitalakkumulation gegeben...“

Diesen Gefallen tat die Bourgeoisie Westeuropas und Nordamerikas den Marxisten bekanntlich nicht, weder im Umgang mit der heimischen Arbeiterklasse noch im Vollzug ihrer Kolonialpolitik in Afrika, Asien und (indirekt in dem politisch längst unabhängigen) Lateinamerika. In den Metropolen brach die Sozialpolitik das angebliche Gesetz fortschreitender Verelendung der Proletarier, die ihr Streik- und ihr Wahlrecht in freiheitlichen Demokratien anzuwenden verstanden. In Übersee dagegen wurde im Gefolge der bisher schärfsten Herausforderung des globalen Kapitalismus, der Weltwirtschaftskrise nach 1929, deutlich, daß die auf Rohstofferzeugung festgelegten Gesellschaften am schwersten und am hartnäckigsten unter dem für die Krise typischen Preisverfall litten. Festgelegt hatten sie die Kolonialherren; die Zerstörung der indischen Textil-Manufaktur im Interesse der englischen Baumwollindustrie, sobald die britische Herrschaft in Indien im 19. Jahrhundert gefestigt war, ist das klassische Beispiel. Den kolonisierten Völkern nützten die Lehren eines John M. Keynes gar nichts, der aufzeigte, wie der Staat durch *deficit spending* und Arbeitsbeschaffungsprogramme seiner Nationalwirtschaft aus der Krise heraushelfen könne; sie hatten keinen eigenen Staat. Nur in Brasilien, Argentinien, Mexiko finden wir in den 1930er und 1940er Jahren Ansätze zu einer Politik, die versuchte, sich am eigenen Zopf aus dem Sumpf zu ziehen. Wir sollten sie nicht deshalb mit Verachtung strafen, weil die Formen, in denen diese Experimente sich vollzogen, mehr oder weniger peinlich an den Faschismus eines Mussolini oder die Fünfjahrespläne Stalins erinnerten oder gar mit dem Deutschen Reich Adolf Hitlers liebäugelten.

Trotz OPEC in die Schuldenfalle

Es ist nur konsequent, daß sich auch nach dem Zweiten Weltkrieg, unter dem bereits geschilderten System von Bretton Woods, das wiederum den wirtschaftlichen Interessen der westlichen Industriegesellschaften angepaßt war (wenn auch nicht mehr primär den speziellen Interessen der abtretenden europäischen Kolonial-Metropolen, sondern eher jenen der USA), theoretische Konzepte für ein Aufbegehren der unterentwickelten Völker zuerst in Lateinamerika in Erscheinung traten. Einer ihrer Wortführer war Raúl Prebisch, den wir als ersten Generalsekretär der UNCTAD kennengelernt haben; sein Ansatz, den Nachweis einer dauerhaften Abhängigkeit (*dependencia*) der Dritten von der Ersten Welt über die *terms of trade* zu führen, wurde auch als „Cepalismus" bezeichnet – nach CEPAL, dem spanischen Akronym für die VN-Wirtschaftskommission in Lateinamerika –, und er ist heutzutage keineswegs tot, mag auch der politische Anlauf der Regierungen aus der Dritten Welt zu einer Neuen Weltwirtschaftsordnung in der Verschuldungskrise der 1980er Jahre vorläufig untergegangen sein.

Zur Ironie der Wirtschaftsgeschichte gehört, daß gerade der vorübergehende Teilerfolg einer bestimmten Gruppe von Ländern, die einen bestimmten Rohstoff produzieren und exportieren, die anderen armen Nationen in die Schuldenfalle gelockt hat. Provoziert durch den neuerlichen Sieg Israels über arabische Nachbarstaaten im Oktober 1973, verwandelten arabische Regierungen die Organisation Erdölexportierender Länder (OPEC)[7] in ein zum Kampf entschlossenes Kartell und setzten eine sprunghafte Steigerung des Ölpreises durch. *Nolens volens* zahlten die Konzerne aus den Industriestaaten des Nordens. In einem zweiten Anlauf Ende der 1970er Jahre trieb die OPEC den Preis auf über 36 $ pro Barrel hoch. Diese plötzlich über den Nahen Osten hereinbrechende Dollar-Flut, die vor Ort (etwa in der saudischen Wüste) auch bei besserem Willen der Herrscher nicht hätte profitabel investiert werden können, übertrug sich als Liquiditätsschwemme auf die weltweit tätigen Banken. Den Regierungen aus der übrigen Dritten Welt, wo kein Erdöl sprudelt, wurden private Bankkredite nachgeworfen. Aber sie mußten die steigenden Preise des Weltmarkts für Konsum- wie für Investitionsgüter bezahlen – nicht zuletzt für das Erdöl, das die arabischen Brüder oder die „weißen Scheiche" etwa in Norwegen ihnen keineswegs mit Freundschaftsrabatt verkauften.

„Diese absolut verantwortungslose Unterbringung der Ölmilliarden in den Entwicklungsländern ... wurde von der ökonomischen Fachwelt als gelungenes ‚Recycling' gefeiert."[8]

So kam die *Schuldenspirale*[9] zustande. Gelegentliche Versprechen von Regierungen des „Nordens“, besonders armen Staaten einen Teil (!) der Schulden zu streichen – so der G7-Gipfel in Neapel im Dezember 1994, so der amerikanische Vizepräsident Al *Gore* (*1948) auf dem Weltwirtschaftsforum in Davos Ende Januar 1999 –, helfen diesen SILIC (=*Severely Indebted Low Income Countries*) bzw. HIPC (=*Highly Indebted Poor Countries*), wie sie unter Experten heißen, nicht aus der Falle heraus, selbst wenn sie punktuell verwirklicht werden; und die Regierungen der reichen Staaten können sie verwirklichen, denn die Gläubiger der SILIC/HIPC sind jetzt vor allem Staaten und deren Internationale Organisationen wie Weltbank und IWF; die Privatbanken borgen den – zumeist in Afrika südlich der Sahara liegenden – SILIC/HIPC schon lange nichts mehr.[10] Die Banken wiederum scheinen stärker an regelmäßiger Zahlung von Zinsen als an einer Tilgung der bei ihnen anstehenden Schulden interessiert zu sein, und auch dem IWF schwebt für den Abschluß seiner „HIPC-Initiative“ ein Zustand vor, bei dem „die Verschuldung des Landes auf ein tragfähiges Niveau reduziert wird“.[11]

Nein, es wird auf dem Weltmarkt kein *Sabbatjahr* oder gar ein Jobeljahr geben, wie Gott es dem alten Israel jeweils nach sechs Arbeitsjahren und nach neunundvierzig

Verschuldung von Staaten mit mehr als 100 Prozent ihres Bruttoinlandsprodukts (1996)[12]

	Schulden in % des BIP 1996	Schulden 1980 ($ Mio.)	Schulden 1996 ($ Mio.)
Mozambique	411	49	5.842
Nicaragua	322	2.189	5.929
Angola	310	?	10.612
Kongo-Brazzaville	260	1.526	5.240
Guinea-Bissau	248	140	937
Côte d'Ivoire	171	7.462	19.713
Zambia	161	3.261	7.113
Mauretanien	157	843	2.363
Äthiopien	149	824	10.077
Kongo-Kinshasa	127	4.770	12.826
Vietnam	123	6	26.764
Syrien	120	3.552	21.420
Tanzania	114	2.452	7.412
Nigeria	114	8.921	31.407
Jordanien	110	1.971	8.118
Kamerun	106	2.588	9.515

Jahren vorschrieb, um jede wirtschaftliche Bedrückung der Israeliten untereinander wieder auszugleichen. Die zum Teil schrillen Rufe aus den christlichen Kirchen nach solcherart internationaler Gerechtigkeit sind in den Wind geredet[13] – schon deshalb, weil die Nationen einander eben nicht als Schwestern und Brüder in dem einen Volk der Menschheit betrachten, sondern als Fremde – wenn nicht gar als Feinde. *Das ist ein Defizit der internationalen Politik, kein Manko und schon gar keine noch der objektiv richtigen Lösung harrende Rechenaufgabe der Wirtschaft.*

Die Regeln der Bibel zum Sabbatjahr und Jobeljahr

> Leviticus 25, 10: *Heiligt das fünfzigste Jahr und verkündet Freiheit im Lande für alle Bewohner, Ein Jobeljahr soll es für euch sein. Da soll jeder wieder in den Besitz seines Grundeigentums gelangen und jeder zu seinem Geschlecht zurückkehren.*
> Deuteronomium 15, 1-8: *Jedes siebte Jahr sollst du Erlaß gewähren. Und mit dem Erlaß soll es also gehalten werden: jeder Gläubiger erlasse sein Handdarlehen, das er seinem Nächsten gewährte; seinen Nächsten und seinen Volksgenossen dränge er nicht; denn man hat einen Erlaß Jahwes ausgerufen. Den Ausländer kannst du drängen; was du aber bei deinem Volksgenossen stehen hast, das sollst du erlassen ... Wenn bei dir ein Armer ist, einer von deinen Brüdern, in einer deiner Ortschaften, in deinem Lande, das Jahwe, dein Gott, dir geben wird, dann sollst du nicht dein Herz verhärten und vor deinem Bruder, dem Armen, deine Hand nicht verschließen, vielmehr ihm deine Hand weit auftun und ihm gerne leihen, soviel er in seiner Not, an der er leidet, braucht. Nimm doch in Acht, daß in deinem Innern nicht der nichtswürdige Gedanke aufkomme: das siebte Jahr, das Erlaßjahr, steht bevor! Und daß du deinen armen Volksgenossen nicht unwillig anblickst und ihm nichts gebest. Er würde sonst wider dich zu Jahwe rufen, und auf dir läge schwere Schuld.*

Globalisierung im Zeichen des Reichtums

Das zentrale Nervensystem der Weltwirtschaft besteht seit ungefähr 1960, als die Verheerungen des Zweiten Weltkriegs in Japan und in Westeuropa (wo die *Europäische Wirtschaftsgemeinschaft* -EWG sich etablierte) im wesentlichen überwunden waren, in den Verbindungslinien zwischen Nordamerika (USA und Kanada, beide seit 1994 mit Mexiko in der Freihandelszone NAFTA[14] verbunden) und eben diesen beiden weiteren Zentren der industriell entwickelten („Ersten") Welt – der Europäischen Union (EU) und Japan.[15] Sie sind die *G7*: die Gruppe der sieben Großen, deren Regierungschefs sich seit 1975 Jahr für Jahr treffen und die doch eigentlich vier sind, seit die Europäische Zentralbank am 1. Januar 1999 die Währungshoheit für Deutschland, Frankreich und

Italien an sich gezogen hat; drei werden es sein, sollte Großbritannien je den Euro übernehmen. Alle Großmächte der Weltwirtschaft liegen auf der nördlichen Halbkugel. Seit 1990 brauchen sie auf lange Jahre hinaus keine Konkurrenz eines auf Moskau ausgerichteten „Sozialistischen Weltmarkts" mehr zu fürchten, wie Stalin und Schdanow ihn nach 1945 angedroht hatten; er war nie eine reale Gefahr für den „Westen", und heute kann sich die G7 leisten, das vorerst wirtschaftlich hilflose Rußland symbolisch in die Arme zu schließen, somit formal zur „G8" zu werden. Auf längere Sicht gilt freilich das Diktum von John M. Keynes (und wird weiter gelten, auch wenn sonst nichts mehr von Keynes' Theorien Bestand haben sollte): *„In the long run, we are all dead!"*

Französische Kritik an den G7

„Eine Weltregierung? Warum nicht. Das wäre eine gute Antwort auf die Globalisierung der Wirtschaft, eine Maßnahme zur Bewahrung der politischen Aktion angesichts der Macht der Märkte. Der einzige Haken ist, daß die G7 nicht besonders viel darstellen – außer Reichtum. Die Gruppe erzeugt zwei Drittel des BIP des Planeten, ist aber seit langem kein Zugpferd des Welt-Wirtschaftswachstums mehr und vertritt nur 11 Prozent der Weltbevölkerung. In ihrer jetzigen Zusammensetzung sieht die G7 einem ‚Staatsstreich der reichen Länder' ähnlich."
Die Pariser Tageszeitung *Libération* 28. Juni 1996 anläßlich der G7-Tagung in Lyon

Zwischen den USA, der EU und Japan spielt sich das ab, was (zumindest in Deutschland) unter dem Schlagwort *Globalisierung*[16] weniger als historische Entwicklung diskutiert wird – *denn dann müßte man sofort bedenken, daß Geschichte Menschenwerk ist, nie „Sachzwang", und daß jedes Menschenwerk umgemodelt, gebremst, zunichte gemacht werden kann* – denn als das bedrohlichste „Folterwerkzeug" der Kapital-Besitzer (fälschlich meist „die Wirtschaft" genannt) in ihrem Gerangel (wir haben uns abgewöhnt, es Klassenkampf zu nennen) mit Gewerkschaften und Staat um den Verbleib des Profits. Selbstverständlich kann jedes Unternehmen mit Sitz z.B. in Deutschland leicht Arbeitsplätze in die Ukraine oder nach China verlagern, ja seinen Sitz nach Frankreich oder Nordamerika verlegen, vielleicht sogar nach Japan, sobald es dort weniger Steuern bezahlen müßte. Ob es dagegen ohne weiteres nach Lagos/Nigeria oder Rio de Janeiro/Brasilien umziehen würde oder nach Djakarta/Indonesien, erscheint fraglich – insbesondere seit 1997 die *Asienkrise* über einige Länder „hereinbrach" (*bedenke: Wirtschaftskrisen brechen ebenso wenig als Naturgewalt aus wie Kriege!*), die zuvor als viel bewunderte „Kleine Tiger" auf dem angeblich Freien Weltmarkt Furore machten.[17]

Als deutscher Finanzminister ist Oskar Lafontaine (*1943) im März 1999 gescheitert. Seine Idee, durch eine feste Bindung zwischen dem amerikanischen Dollar, dem

Kennziffern der Asienkrise[18]					
	Indonesien	Südkorea	Malaysia	Philippinen	Thailand
Wachstum des BIP in %					
Durchschnitt 1990-96	+ 7,3	+ 7,7	+ 8,8	+ 2,9	+ 8,5
1997	+ 4,6	+ 5,5	+ 7,8	+ 5,1	- 0,4
1998	- 15,3	- 7,0	- 7,5	- 0,2	- 8,0
1999	- 3,4	- 1,0	- 2,0	- 2,5	- 1,0
Abwertung der Währung gegenüber dem US-$ Juli 1997 bis März 1998 in %					
	- 84,3	- 54, 6	- 46,3	- 41,8	- 55,0
Arbeitslosigkeit in % 1998 (Schätzung)					
	15	8,4	5,2	?	6

Euro und Japans Yen die Migrationsfreiheit des Kapitals innerhalb der Ersten Welt ein wenig zu beschneiden, fuhr gegen die Wand der globalen Verwertungsinteressen. *Sie bleibt trotzdem auf der Tagesordnung der internationalen Politik und erscheint immer noch realistischer als der Traum von einer Weltregierung auf der Basis der Vereinten Nationen oder auf irgendeiner anderen. Nicht nur der Wochenmarkt um die Ecke, auch der Weltmarkt braucht eine Marktordnung.*

Die Alternative zu einer einvernehmlichen politischen Steuerung der Weltwirtschaft durch die drei Großen im Norden muß nicht gleich der *Wirtschaftskrieg* zwischen ihnen sein. Bisher ist das Wort „Krieg" sicher falsch am Platz, wenn die USA und

Die 20 größten Unternehmen der Welt nach ihrem Marktwert 2003 *(in Mio. US-Dollar)*[19]			
1. General Electric/USA	286.098	11. Vodafone Group/GB	147.992
2. Microsoft/USA	263.990	12. Intel/USA	136.038
3. Exxon Mobil/USA	244.932	13. HSBC Holdings/GB	126.972
4. Pfizer/USA	244.886	14. Merck/USA	124.808
5. Wal-Mart Stores/USA	232.219	15. GlaxoSmithKline/GB	118.955
6. Citigroup/USA	210.862	16. Procter & Gamble/USA	118.879
7. Johnson & Johnson/USA	161.359	17. Cisco Systems/USA	115.165
8. British Petroleum/GB	153.240	18. Novartis/CH	113.087
9. American Intern. Group/USA	150.974	19. Coca-Cola/USA	112.973
10. IBM/USA	148.795	20. Bank of America/USA	111.055

die EU sich über den Handel mit *Bananen* streiten[20] (weil die Europäer dabei angeblich ihre früheren Kolonien in Afrika bevorzugen); früher haben sie sich auch über den Export amerikanischer Hähnchen gestritten, über dioxinverdächtige belgische Eier oder gentechnisch verändertes Soja.

Der global verteufelte *Protektionismus* ist auch in Washington, Brüssel oder Tokio immer noch lebendig. 2003 haben arme, schwache afrikanische Staaten die WTO-Konferenz in Cancún scheitern lassen, weil sie meinen, daß die Reichen im Norden ihren Baumwollpflanzern die Luft abdrücken.

Es hat den Anschein, daß die Politiker in den USA, in der EU und in Japan entspannt auf die Wirtschaftsbeziehungen zwischen ihren drei Räumen blicken und durchaus bereit sind, sie den Bankiers und den Vorständen der Industriekonzerne zu überlassen, während doch bekanntlich nach Clemenceau (1841-1929, französischer Ministerpräsident 1906-09 und 1917-20) der Krieg eine viel zu ernste Sache ist, um den Generälen überlassen zu werden.

Welthandel nach Ländergruppen[21]

Jahr	Westl. IL Mrd.$	%	davon EU Mrd.$	%	Osteuropa Mrd.$	%	alle EL Mrd.$	%	EL Asiens Mrd.$	%	EL Afrikas Mrd.$	%	Welt Mrd.$
Importe													
1950	*41,7*	*65,5*	*23,0*	*36,1*	*3,6*	*5,6*	*18,4*	*28,9*	*8,1*	*12,6*	*3,6*	*5,7*	*63,7*
1970	*236,2*	*72,1*	*138,2*	*42,2*	*29,6*	*9,0*	*61,7*	*18,8*	*27,9*	*8,5*	*11,3*	*3,4*	*327,4*
1990	*2608,8*	*72,6*	*1547,4*	*43,1*	*186,4*	*5,2*	*799,5*	*22,2*	*566,8*	*15,8*	*77,1*	*2,1*	*3593,7*
1995	*3451,9*	*67,3*	*1929,3*	*37,6*	*180,6*	*3,5*	*1493,1*	*29,1*	*1128,0*	*22,0*	*88,8*	*1,7*	*5125,7*
Exporte													
1950	*37,6*	*60,7*	*19,0*	*30,7*	*3,9*	*6,4*	*20,4*	*33,0*	*9,4*	*15,2*	*3,3*	*5,3*	*63,7*
1970	*225,0*	*71,5*	*128,4*	*40,8*	*30,3*	*9,6*	*59,3*	*18,9*	*26,9*	*8,5*	*12,8*	*4,1*	*314,6*
1990	*2489,1*	*71,4*	*1496,1*	*42,9*	*170,4*	*4,9*	*826,7*	*23,7*	*581,6*	*16,7*	*79,7*	*2,3*	*3486,1*
1995	*3486,5*	*68,7*	*2031,2*	*40,0*	*182,0*	*3,6*	*1406,6*	*27,7*	*1084,4*	*21,4*	*74,9*	*1,5*	*5075,1*

Ist es vertretbar, die wirtschaftlichen Beziehungen zwischen Nord und Süd – und innerhalb des Südens der Erde – mit ähnlicher Geisteshaltung sich „entwickeln" zu lassen, „frei" von Steuerung durch internationale Politik? Das Ressort *Entwicklungspolitik* hat nicht nur in Deutschland schlechte Karten bei der alljährlichen Aufteilung des Budgets. Das ehrwürdige, einst von den Industriestaaten (zwecks Bannung des „Programms einer Neuen Weltwirtschaftsordnung") selbst proklamierte Ziel, 0,7 Prozent des BIP als öffentliche „Entwicklungshilfe" zur Verfügung zu stellen, ist inzwischen bis zur Unkenntlichkeit verstaubt. *Vielleicht ist es ja ein Segen für den armen Süden, daß so wenig*

„Hilfe" fließt, kommt dieses konvertierbare, daher leicht manipulierbare und migrationsfreudige Geld doch gelegentlich den Falschen zugute – denen in den armen Ländern, die schon reich sind oder beste Chancen haben, es über staatliche Transmissionsriemen rasch zu werden.[22]

Heidemarie Wieczorek-Zeul (SPD, Bundesministerin für Entwicklungspolitik seit 1998, zum Scheitern der WTO-Konferenz in Cancún (Auszug aus einem SPIEGEL-Interview vom 22. September 2003)

„SPIEGEL: ... *Ging es in Cancún ... eher um die alte Ideologie vom Nord-Süd-Konflikt als um echte Reformen?*
Wieczorek-Zeul: *Ich denke, die Regierungen der Entwicklungsstaaten sind es nur leid, daß Ihnen seit Jahren versprochen wird, die Agrarsubventionen der Industrieländer würden abgebaut und sie würden einen besseren Zugang zu unseren Märkten bekommen. In Wahrheit hat die finanzielle Förderung der Landwirtschaft in der EU und den USA ... sogar noch zugenommen. Wir predigen den Freihandel, und den fordern diese Länder nun ein. Sie wollen nur ein Ende der Doppelmoral.*
SPIEGEL: *Schwellenländer wie Indien, China und Brasilien sind in vielen Bereichen längst wettbewerbsfähig. Haben sie die ärmeren Staaten nicht nur benutzt, um ihre eigene Handelspolitik der Schutzzölle und der Exportförderung zu verteidigen?*
Wieczorek-Zeul: *Diese Analyse trifft die Wirklichkeit nicht. Die internationale Gemeinschaft hat sich verpflichtet, bis 2015 den Anteil der Menschen, die in absoluter Armut leben, zu halbieren. Ein Drittel aller Armen lebt aber in den Schwellenländern...*"

Findet der Nord-Süd-Konflikt gar nicht statt?

Einen Nord-Süd-*Konflikt* im strikten Wortsinn, das hieße einen mit Waffen der Diplomatie, im Extremfall unter Androhung militärischer Gewalt ausgetragenen Konflikt zwischen den Staaten der reichen und der armen, der Ersten und der Dritten Welt (die allerärmsten Länder gelten manchen schon als eine „Vierte Welt") gibt es ebenso wenig wie einen Wirtschaftskrieg zwischen den USA und der EU.[23] Man scheint sich unter dem Übergewicht des Nordens, angesichts der Schuldenspirale und der Finanzkrisen in Asien, Rußland und Lateinamerika mit der gegebenen *Weltarbeitsteilung* abzufinden und traut sich kaum noch zu fragen, ob sie von Gott gegeben wurde oder von Menschen. Wer in der Dritten Welt wollte auch z.B. die Transnationalen Konzerne daran hindern, nach eigenen Belieben und natürlich im Interesse ihrer Aktionäre Produktion,

Buchführung, Umweltverschmutzung über den Erdball zu verschieben, um die Gewinne dort entstehen zu lassen, wo sie am sanftesten besteuert werden – wenn schon die Regierungen jener Industriestaaten, wo die betreffenden Konzerne „daheim" sind, auf solche Bevormundung verzichten? Umgekehrt wird ein Schuh daraus: „...Die Geld- und Budgetpolitik [der Regierungen des „Nordens" bzw. der Europäischen Zentralbank, F.A.] unterliegen ... der Disziplinierung durch die internationalen Finanzmärkte".[24] Mit ihren Atombomben können Indien oder Pakistan dagegen sicher nichts ausrichten. *Allerdings – sollte sich eines Tages ein militärisch restauriertes, dabei weiterhin von Massenarmut geplagtes, in diesem Fall sicherlich nicht demokratisch regiertes, vom Westen brüskiertes Rußland der Sache der Verdammten dieser Erde neuen Typs annehmen, dann sähe die Lage anders aus; ein spekulatives, ein finsteres Szenario – aber kein absurdes, fürchte ich.*

Investiert wird, wo *gutes Klima* herrscht, und das mißt sich, wie manche meinen, nicht einmal in erster Linie an niedrigen Kosten der Ware Arbeitskraft, obgleich nach Weltbank-Berechnungen die Schaffung eines Arbeitsplatzes in einem Entwicklungsland durchschnittlich nur US-$ 13.000 kostet, in einem westlichen Industrieland $ 150.000.[25] Egal, welche Faktoren für das „gute Klima" zusammenkommen müssen – in den wirklich armen Ländern haben die Transnationalen Konzerne bisher fast nur zwecks Sicherung des Nachschubs an Rohstoffen investiert, also den alten *pacte colonial* Westeuropas aus der Zeit des Hochimperialismus vor runden hundert Jahren fortgeschrieben. Die IWF- und Weltbank-Programme zur *Strukturanpassung*, die seit etwa 1980 an die Stelle des utopischen Programms für eine „Neue Weltwirtschaftsordnung" traten, drängten die Volkswirtschaften der Entwicklungsländer mit ihrem Appell, die Exporte zu intensivieren, überall dort in die gleiche Richtung, wo es nicht gelungen war, die Rohstoffgewinnung durch Aufbau einer global konkurrenzfähigen Industrie zu ergänzen. Und wo das wie in Südostasien gelungen schien – in der Regel unter durchaus „dirigistischem" Engagement autoritärer Regierungen –, erzeugt die Finanzkrise von 1997/98 neue Zweifel an der *Nachhaltigkeit* dieser Entwicklung.[26]

Folgen der Bevölkerungsvermehrung

Ohne weiteres einsichtig ist die Abhängigkeit jeder Voraussage, welchen Weg die globale Wirtschaft künftig einschlagen wird, vom Rhythmus des *Bevölkerumswachstums* auf unserem Planeten. 1950 lebten bei einer Weltbevölkerung von 2,52 Mrd. Menschen 67 Prozent in Entwicklungs-, 33 Prozent in Industrieländern. 1995 waren wir 5,76 Mrd. auf der Erde, davon 78 Prozent in Entwicklungs-, nur noch 22 Prozent in Industrieländern. Wenn die Prognose zutrifft, daß im Jahre 2025 insgesamt 8,47 Mrd. Menschen existieren werden, und davon 83 Prozent in den heutigen Entwicklungsländern,[27] dann braucht es keinen Hellseher, um vorauszusagen, daß die Dämme zum Schutz des Reichtums auf der nördlichen Halbkugel brechen müssen – oder zu diesem Zeitpunkt längst gebrochen sein werden.

Bevölkerungsentwicklung und Geburtenrate[28]							
Jahr	Afrika	Asien	Europa	Lateinamerika	Nordamerika	Ozeanien	Welt
Bevölkerung							
1950	223.967	1.402.725	548.711	165.658	166.075	12.612	2.519.748
1970	364.206	2.147.491	656.441	283.214	226.480	19.310	3.697.141
1990	632.669	3.186.446	721.734	439.716	277.838	26.428	5.284.832
2000	831.596	3.735.846	729.803	523.875	306.280	30.651	6.158.051
2020	1.347.789	4.744.481	722.574	676.399	357.584	39.028	7.887.856
Geburtenrate (Anzahl der Geburten je 1000 Einwohner)							
1950-55	49,2	42,8	20,9	42,1	24,6	27,7	37,4
1970-75	46,5	33,9	15,6	35,1	15,7	23,9	30,9
1990-95	41,9	25,2	11,6	26,0	15,8	19,2	25,0
2000-05	37,2	21,5	11,2	21,9	13,9	17,6	22,2
2020-25	28,1	16,4	10,8	16,8	13,4	15,3	17,8

Der Nord-Süd-Konflikt, von dem man unter dieser Voraussetzung mit Fug und Recht reden muß, wird sich nicht auf die Migration[29] von „Wirtschaftsflüchtlingen" nach Europa und Nordamerika beschränken. Es wird nicht ausreichen, diese Menschen durch Aufrichten bürokratischer Hürden, durch Verschärfung der Asylgesetze oder gar *manu militari* (wie im Fernsehen schon vor Jahr und Tag dramatisch vorgeführt) abfangen zu wollen. Es wird auch mißlingen, sie durch Beschwörung einer multikulturellen Gesellschaft zu „integrieren", ohne im Norden selbst die krasse Aufspaltung zwischen Armut der Massen und Reichtum einer hinter Mauern verbarrikadierten Minderheit herzustellen, die heute für Brasilien wie für Nigeria typisch ist. Und es wäre nicht nur zynisch, sondern Vabanque-Spiel, darauf zu „hoffen", dass AIDS oder Klimakatastrophen oder das ZK der KP Chinas (mit seiner Doktrin von der Ein-Kind-Familie) die Dinge schon beizeiten richten werden.

Egal, ob es im Jahre 2025 dann noch so etwas wie Nationalstaaten geben wird, wie viel deren Regenten neben den Vorständen der Transnationalen Konzerne dann noch zu sagen haben werden, ob es weiterhin nur eine militärische Supermacht geben wird oder deren zwei, drei, vier... Die Menschen werden lernen müssen, bei der Erzeugung und Verteilung und Bewahrung der Güter, die sie für Essen und – dies ist bereits 2004 aktuell – Trinken,[30] generell zum Überleben brauchen, radikal neue Wege einzuschlagen und dabei (um nochmals bei einem Theoretiker des 19. Jahrhunderts Begriffe auszuleihen) weniger in Tauschwerten als in Gebrauchswerten zu denken.

Anmerkungen

1 Vgl. insbes. Immanuel Wallerstein 1974-1988; ders.: Aufstieg und künftiger Niedergang des kapitalistischen Weltsystems. Zur Grundlegung vergleichender Analyse. In: Senghaas (Hg.) 1979, S. 31

2 Vgl. Hartmut Elsenhans: Grundlagen der Entwicklung der kapitalistischen Weltwirtschaft. In: Senghaas (Hg.) 1979, S. 103-148; die Absatz-Überschrift S. 118 lautet: „In England wird Marktkonkurrenz möglich, weil über eine breite Streuung des Bodenbesitzes der Massenmarkt wächst."

3 Gestaltet nach Wolfgang Bärtschi & Hanns-Dieter Jacobsen: Kritische Einführung in die Außenhandelstheorie. Reinbek 1976, S. 21 f.

4 Smith war seit 1751 Professor für Logik und Moralphilosophie in Glasgow. Sein Hauptwerk, *An Inquiry into the Nature and Causes of the Wealth of Nations*, erschien 1776 in London. Die von ihm entwickelte und u.a.von Karl Marx übernommene Arbeitswert-Lehre, wonach der (Tausch-)Wert einer Ware von dem Quantum der zu ihrer Herstellung erforderlichen Arbeit bestimmt wird, führte ihn zu der Forderung, die Wirtschaft auf freien Wettbewerb zu gründen, möglichst unbeeinflusst von staatlichen Maßnahmen; zwischen den Volkswirtschaften bedeutet das Freihandel und internationale Arbeitsteilung. Vgl. Gerhard Huber: Adam Smith – der Zusammenhang von Moralphilosophie, Ökonomie und Institutionentheorie. In: Gerhard Göhler et al. (Hg.): Politische Institutionen im gesellschaftlichen Umbruch. Opladen 1990, S. 293-309

5 Rostow, Walt Whitman, Professor für Wirtschaftsgeschichte am Massachusetts Institute of Technology (MIT), veröffentlichte 1960 *The Stages of Economic Growth*, laut Untertitel *A non-communist manifesto*. Das Buch gilt als wichtigste Programmschrift der Modernisierungstheorie, die allen Ländern, falls ihre Regierungen sich dem Vorbild der USA und anderer westlicher marktwirtschaftlicher Demokratien anpassen, den Startflug (*take-off*) in die allgemeine Wohlstandsgesellschaft verheißt.

6 Zitat unten aus Rosa Luxemburg: Die Akkumulation des Kapitals (1912), Kap. 26 und 29.

7 Die *Organization of Petroleum Exporting Countries* (OPEC) wurde 1960 gegründet. Außer den arabischen Erdöl-Staaten im Nahen Osten und in Nordafrika gehören ihr der Iran, Indonesien, Nigeria, Gabun und Venezuela an. 1973/74 vervierfachte die OPEC den Rohöl-Preis von $ 3 auf $ 12 pro Barrel (1 Barrel Erdöl=159 Liter); 1998 betrug der OPEC-Richtpreis $ 21, wurde aber regelmäßig unterboten, da die OEPC-Länder nur noch etwa 40% der Welt-Erdölproduktion fördern. Um den Ländern der Dritten Welt, die kein Erdöl besitzen, entgegenzukommen, beteiligt sich die OPEC seit 1976 mit einem eigenen Fonds (Mitte der 1990er Jahre ca. $ 3 Mrd.) an der internationalen Entwicklungshilfe.

8 Urs Müller-Plantenberg: Keynes und die Schuldenspirale. *Gewerkschaftliche Monatshefte* (Köln) 50-1999-2, S. 110. – Demnach flossen 1975-81 rund $ 85 Mrd. nach Lateinamerika, die hauptsächlich für militärische Rüstung, industrielle Prestigeprojekte usw. verwendet wurden.

9 Vgl. Elmar Altvater et al. (Hg.): Die Armut der Nationen. Handbuch zur Schuldenkrise. Berlin 2. Aufl. 1988; Franz Nuscheler: Das ungelöste Schuldenproblem, in: Studien und Arbeitsheft „...und wer borgt, ist des Gläubigers Knecht". Hamburg 1999, S. 4-10 (Evangelisches Missionswerk)

10 Vgl. Franz Nuscheler a.a.O.: „Der Zwang, auf Gedeih und Verderb Devisen für den Schuldendienst zu erwirtschaften, erwies sich als kontraproduktiv für die Ernährungssicherung aus eigener Kraft. – Die bittere Medizin aus der Giftküche des Neoliberalismus war zwar auch heilsam, weil sie zum Abbau aufgeblähter Staatsapparate und zu marktwirtschaftlichen Reformen lähmender Planwirtschaften zwang, verschärfte aber das Armutsproblem."

11 *IWF Nachrichten* (Washington) Beilage Nr. 27-September 1998, S. 23.

12 Quelle: Tabelle 21 des World Development Report 1998/99 der Weltbank.

13 Vgl. den Brief des brasilianischen Bischofs Pedro Casaldáliga zum Heiligen Jahr 2000. *Die Katholischen Missionen* (Bonn) 117-1998-4/5, S. 151-157.

14 Das *North American Free Trade Agreement* (NAFTA) erweiterte die seit 1989 bestehende Freihandelszone USA+Kanada um Mexiko und sollte den Freihandel binnen 14 Jahren voll verwirklichen.
15 Vgl. Konrad Seitz: Wettlauf ins 21. Jahrhundert. Berlin 1998.
16 Vgl. Elmar Altvater & Birgit Mahnkopf: Grenzen der Globalisierung. Münster 3. Aufl. 1997; Dani Rodrik: Has Globalization gone too far? Washington 1997; Jürgen Friedrichs: Globalisierung – Begriff und grundlegende Annahmen. Aus Politik und Zeitgeschichte (Bonn) 08.08.1997, S. 3-11; Beck 1998; Oskar Lafontaine & Christa Müller: Keine Angst vor der Globalisierung. Bonn 2. Aufl. 1998; Joseph Stiglitz: Die Schatten der Globalisierung. Berlin 2002; Claus Leggewie: Die Globalisierung und ihre Kritiker. München 2003.
17 Vgl. das Dossier „Finanzmärkte und die asiatische Krise" in: *E+Z* (Bonn) 40-1999-3, S. 64-82; aus Sicht der ILO vgl. Eddy Lee: The Asian Financial Crisis. The challenge for social policy. Genf 1998; für die Euphorie vor 1997 vgl. Bernhard Jünemann: Die pazifische Herausforderung, in: Kaiser & Schwarz (Hg.) 1987, S. 608-619
18 Angaben und Prognosen des IWF, zitiert nach *E+Z* a.a.O., S. 67; Arbeitslosigkeit nach Welt der Arbeit (Genf/ILO) Nr. 28-1999, S. 6
19 *Business Week* Online: The 2003 Global 1000
20 *Le Monde* (Paris) titelte am 10.03.1999 : „L'Organisation mindiale du commerce se réunit d'urgence sur la ‚guerre de la banane'". Der amerikanische Wirtschaftspolitiker C. Fred Bergsten (America and Europe – Clash of the Titans? *Foreign Affairs* New York, 78-1999-2, S. 20-34) spricht von den USA und der EU als wirtschaftlichen Supermächten, sieht in ihrem bilateralen Verhältnis eine Krise heraufziehen und bemerkt ironisch: „At their December [1998] summit, the two superpowers could agree only to consider new winemaking standards."
21 Quelle: Journalisten-Handbuch Entwicklungspolitik 1998 (Bonn/BMZ), s. 339, nach UNCTAD. IL = Industrieländer, EL = Entwicklungsländer. Alle EU-Angaben sind auf die 15 Staaten bezogen, die 1995 Mitglieder der EU waren.
22 Vgl. Brigitte Erler: Tödliche Hilfe. Bericht von meiner letzten Dienstreise in Sachen Entwicklungspolitik. Freiburg i.Br. 1985. – Verf. war bis 1983 Referentin im Bonner BMZ; sie bezieht sich in ihrer Streitschrift vornehmlich auf Erfahrungen in Bangla Desh.
23 Aus der umfangreichen Literatur zum Nord-Süd-Verhältnis bzw. zur Entwicklungspolitik vgl. insb. Elsenhans 1984; Opitz (Hg.) 1991; Nuscheler 1995 (a); Böttger & Frech (Hg.) 1996; Schulz (Hg.) 1997
24 Ernst-Moritz Lipp [Mitglied des Vorstands der Dresdner Bank]: Der Aufstieg transnationaler Unternehmen. *Internationale Politik* (Berlin/DGAP) 54-1999-2/3, S. 68 – Vgl. die Kritik eines früheren Anhängers des britischen Neoliberalismus: John Gray: False Dawn. The delusions of global capitalism. London 1998.
25 Weltentwicklungsbericht 1995, S. 73
26 Optimistischer dagegen Peter Nunnenkamp (Inst. f. Weltwirtschaft, Kiel): Grenzenloser Handel und Kapitalverkehr? Internationale Politik (Berlin) 54-1999-1, S. 3-10: „Trotz unterschiedlicher Ausgangsbedingungen ist es einer Reihe von Entwicklungsländern gelungen, wirtschaftliche Aufholprozesse einzuleiten... Einige asiatische Länder haben besonders schnell aufgeholt; ihre Globalisierungsgewinne werden durch den schweren wirtschaftlichen Einbruch seit 1997 geschmälert, nicht aber ausgelöscht."
27 Ziffern aus Globus-Schaubild 2533, eingefügt in Manfred Wöhlcke: Konsequenzen des globalen Bevölkerungswachstums für die internationale Politik. *Aus Politik u. Zeitgeschichte* (Bonn) 05.03.1999, S. 21
28 Aus *Das Parlament* (Bonn) 16.-23.10.1998. Quelle: Vereinte Nationen
29 Aus der in jüngerer Zeit schnell wachsenden Migrations-Literatur vgl. insbesondere Nuscheler 1995 (b); Opitz (Hr.) 1997; Hunger, Uwe et al (Hg.): Migration in erklärten und ‚unerklärten' Einwanderungsländern. Analyse und Vergleich. Münster 2001.
30 Israel und Jordanien, die gerade erst Frieden geschlossen hatten, stritten sich im März 1999 um die Aufteilung des durch Dürre verknappten Wassers. Das Internationale Komitee vom Roten Kreuz (Genf) gab 1999 ein erstes Heft seiner Schriftenreihe *Forum* mit dem Titel „War and Water" (112 S.) heraus.

13. Integration oder Kooperation? Europa in der Internationalen Politik

Zwei große zwischenstaatliche Organisationen ragen zum Beginn des 21. Jahrhunderts unter den Akteuren der Weltpolitik hervor: die *Vereinten Nationen* (VN) und die *Europäische Union* (EU). Ende des 20. Jahrhunderts sah es so aus (und so steht es an dieser Stelle in der Erstauflage dieses Buches), als stünde die *Organisation des Nordatlantik-Paktes* (NATO) auf gleicher Ebene an Bedeutung. Das hat sich schnell geändert, obgleich die NATO es immer noch wert ist, im Kontext des globalen Militärwesens ausführlich behandelt zu werden.

In den Balkankrisen 1991-99 versagte das *Peacekeeping* der VN und drohte die alte russische Sympathie für Serbien den Sicherheitsrat erneut zu blockieren. Die USA Bill *Clintons* entschlossen sich nach einigem Zögern einzugreifen, ließen die VN links liegen und aktivierten die NATO, um Serbien zuerst in Bosnien, dann in Sachen Kosovo auf die Finger zu schlagen. Alle europäischen NATO-Partner ließen sich einspannen. Nach dem 11. September 2001 sprangen die USA George W. *Bushs* waghalsig ein ganzes Stück höher: Sowohl in Afghanistan als auch im Irak straften sie auch die NATO mit Verachtung, sammelten einige „willige" Koalitionspartner, *de facto* gingen sie den Feind allein an.

Beide Sprünge gelangen. Bei der Landung im Irak wurde aber zumindest ein amerikanischer Knöchel leicht gestaucht. Jedenfalls stellen die USA sich wieder den VN und nehmen das Verhandeln mit querköpfigen Gernegroßmächten in Kauf. In Kabul darf die NATO so tun, als kommandiere sie, und in Bosnien soll 2004 sogar die EU das Demonstrieren militärischer Macht übernehmen. Selbst Amerikas Bäume wachsen nicht in den Himmel.

In dieser aufgeregten Zeit (wen wundert's?) kriselte es auch in der EU, als die einen den USA die Stange hielten, die anderen ihre Stirnen runzelten. Schlimmeres passierte nicht. Nach wie vor erscheint die *Europäische Union* wie ein auf sicherem Fundament langsam heranwachsendes Gebäude, über dessen endgültige Form die Bauherren zwar ständig streiten, von dem aber feststeht, daß es die Hauptfunktion, um derentwillen es im Schatten des Zweiten Weltkriegs entworfen wurde, bereits jetzt zuverlässig erfüllt: *künftigen Krieg zwischen den Mitgliedstaaten der EU zu verhindern* – jenen Krieg, der im Kompetenzgerangel zwischen VN, NATO und USA seit 1990 die Völker des Irak, von Kuwait, von Iran, Bosnien-Herzegowina, in Serbien einschließlich Kosovo, in Mazedonien, in Israel und Palästina, am Kongo, im Sudan etc. etc. mit gewohnter Grausamkeit wieder heimgesucht hat.

Es gab sogar eine Zeitspanne der internationalen Politik – zwischen dem Abschluß der Konferenz von Helsinki 1975 und dem NATO-Angriff auf Jugoslawien 1999, mit dem Höhepunkt der *Charta von Paris* 1990 –, in der wir Grund hatten zu hoffen, daß von Vancouver bis Wladiwostok (und zwar nicht auf dem kurzen Seeweg!) unter dem Kürzel KSZE und dann OSZE (*Konferenz/Organisation für Sicherheit und Zusammenarbeit in Europa*) eine Zone des Friedens und der Stabilität zustande kommen könnte, flankierend gestützt von den USA und Rußland, zentriert auf die Staatenwelt des alten Europa.[1] Diese Friedenszone hätte sich also über die gesamte nördliche Halbkugel erstreckt und angesichts deren wirtschaftlichen Gewichts hätte sie tatsächlich so etwas wie eine neue Ordnung in der Welt garantieren können, wovon der amerikanische Präsident George Bush I. ja tatsächlich um das Jahr 1990 redete. Mit einer EU als Kern, die sich vorgenommen hatte, in der Außen- und Sicherheitspolitik mit einer Stimme zu sprechen, wäre diese Friedenszone qualitativ etwas anderes, besseres gewesen als das Europäische Konzert der fünf Großmächte im 19. Jahrhundert.[2] *Der Abzug der orangefarbenen Autos mit unbewaffneten OSZE-Beobachtern aus dem Kosovo im März 1999 hat diese Hoffnung bis auf weiteres als Illusion entlarvt.*

Die Idee, Frieden zu schaffen durch einen Zusammenschluß der Staaten Europas, die sich seit Menschengedenken bekriegt hatten – zumindest seit den Friedensschwüren der Enkel Karls des Großen, Ludwig und Karl,[3] im Jahre 842 bei Straßburg, als die Herrscher althochdeutsch und altfranzösisch redeten, um sich ihren angetretenen Soldaten verständlich zu machen –, wurde (wen wundert's?) aus dem Trauma des Ersten

Weltkriegs wiedergeboren, nachdem das Römische Reich und seine Imitation durch Napoleon Bonaparte endgültig zu den Akten der Weltgeschichte gelegt worden waren. 1923 erschien (wo anders als in) Wien das Buch des Grafen Richard Coudenhove-Kalerghi (1894-1972) *Pan-Europa*, und der Verfasser mühte sich in der Folge um eine gleichnamige Bewegung (der Name war damals im deutschen Sprachraum noch nicht durch Hitler kompromittiert). Sie blieb ein Privatunternehmen – eine *NGO* oder Nichtregierungsorganisation, würde man heute sagen.

Immerhin schmückte der französische Staatsmann Aristide Briand (vgl. Kapitel 5) seine Diplomatie im Dienste des Friedens, speziell der französisch-deutschen Aussöhnung, um das Jahr 1929/30 mit dem Vorschlag aus, alle 27 europäischen Mitgliedstaaten des Völkerbundes möchten sich zu einem Gebilde zusammenfinden, das er *Europäische Union* nannte. Bei Lichte besehen, dachte Briand aber nicht einmal an eine Konföderation, also einen Bund souveräner Staaten etwa nach dem Vorbild des Deutschen Bundes der Jahre 1815-1866, sondern an eine noch weniger verbindliche Formel. Auch das ging nicht nur der britischen Regierung zu weit, die damals noch primär in den Dimensionen des überseeischen Weltreichs internationale Politik zu treiben gedachte,[4] sondern auch dem faschistischen Italien und dem Präsidialkanzler der Weimarer Republik in Berlin, Heinrich Brüning (1885-1970, Kanzler vom 30. März 1930 bis 30. Mai 1932).

Aus dem Europa-Memorandum Briands vom 1. Mai 1930[5]

„Die Verständigung zwischen europäischen Staaten muß auf dem Boden unbedingter Souveränität und völliger politischer Unabhängigkeit erfolgen. Es wäre übrigens unvorstellbar, im Rahmen einer Organisation, die nach reiflicher Erwägung unter die Aufsicht des Völkerbundes gestellt ist, im geringsten an politische Beherrschung zu denken, denn die beiden Grundprinzipien des Völkerbundes sind gerade die Souveränität der Staaten und die Gleichheit ihrer Rechte. Und kann nicht, wenn die Souveränitätsrechte gewahrt bleiben, jede Nation gerade Gelegenheit finden, sich in der Mitarbeit am gemeinsamen Werk noch bewußter auszuwirken, in einem Bundessystem, das mit der Achtung vor den Überlieferungen und der Eigenart eines jeden Volkes voll vereinbar ist?"

Im Zweiten Weltkrieg mühte sich die Propaganda des Dritten Reiches nach Kräften, den deutschen Überfall auf die Sowjetunion 1941 als einen (Haken-)Kreuzzug „Europas" gegen den „Bolschewismus" zu predigen. Soldaten aus Spanien und Norwegen, Kroatien, Ungarn und Rumänien, Lettland und dem Kaukasus, natürlich aus Italien und sogar aus Frankreich kämpften und starben in Verbänden der Wehrmacht oder der

Waffen-SS vor Leningrad, in Stalingrad und noch im April 1945 vor den Toren von Berlin. Viele von ihnen hatten sich wirklich freiwillig gemeldet. *Es wäre falsch, in Deutschland heute diese Pervertierung des Europagedankens schamhaft zu verschweigen und zu einer Tagesordnung überzugehen, auf der deutsche Mitarbeit oder gar Vorarbeit am Bau Europas steht; denn in den Nationen, die nach dem Sieg über Hitler jene Träger feldgrauer Uniformen aus ihren eigenen Familien an den Pranger stellten, ist dieses böse Geschichtskapitel nicht vergessen.*

Zum Glück gibt es historische Gegengewichte. Gerade in den Widerstandsgruppen gegen die deutsche Besatzungsmacht – in Polen, in den Niederlanden, in Italien, besonders präzise formuliert in Frankreich – lebte die Idee eines Vereinten Europa wieder auf, wenn sie an die Zukunft nach dem Sieg dachten. Im deutschen Widerstand, in Aufzeichnungen Carl Goerdelers (1884-1945) und Helmuth James Graf von Moltke (1907-1945), fanden sie ein Echo.

Aus dem Programm der französischen Widerstandsgruppe *Combat* vom September 1942[6]

„Die Vereinigten Staaten von Europa – eine Etappe auf dem Wege zur Einheit der Welt – werden bald die lebendige Realität sein, für die wir kämpfen. An der Stelle eines Europas, das unter der Knute eines von seiner Macht berauschten Deutschlands nicht geeint, sondern geknechtet ist, werden wir gemeinsam mit den anderen Völkern ein geeintes, auf der Grundlage des Rechts organisiertes Europa in Freiheit, Gleichheit und Brüderlichkeit aufbauen."

Aus einem Artikel der illegal publizierten Zeitung *Combat* vom März 1944

„Wir wollen eine Europäische Föderation,[7] *die wahrhaft souverän ist und die Waffen besitzt, um ihrer Souveränität Geltung zu verschaffen."*

1945 fand die Sehnsucht nach einem in Frieden vereinten Europa zwei Anknüpfungspunkte in der Realpolitik. Sie dienten durchaus unterschiedlichen Interessen, und es bedurfte von Anfang an behutsamer Staatskunst, um zu verhindern, daß die beiden Entwicklungsstränge, die alsbald von ihnen ausgingen, sich verwirrten oder blockierten.

- Der zeitlich zuerst in Erscheinung tretende Punkt war das gemeinsame Interesse aller Nachbarn – allen voran Frankreichs – an einer *Kontrolle des besiegten Deutschen Reiches*, die diesmal wirksamer einen neuen Anlauf zur Hegemonie verhindern würde als nach 1919.
- Der zweite Punkt, der Ende 1946 bereits deutlich zu erkennen war und zunehmend die Szene beherrschte, war das vornehmlich amerikanische Interesse am

containment, der Eindämmung sowjetischen Machtstrebens in Europa. Hierzu wurde mindestens der westliche Teil des Vierzonen-Deutschland benötigt. Die USA stellten von Anfang ihres Marshall-Plans an sicher, daß die nach Europa fließenden Gelder gemeinsam bewirtschaftet würden; zu diesem Zweck gründete man im April 1948 die OEEC (*Organisation for European Economic Cooperation*) mit zunächst 16 Mitgliedstaaten, aus der Ende September 1961 die OECD *(Organisation for Economic Cooperation and Development)* aller 24 westlichen Industrienationen hervorgehen sollte.

Die Göttin der Geschichte hielt einen Fluch bereit, der sich – jedenfalls in vielen Augen[8] – schon einige Jahre später als ein *blessing in disguise* erwies, wie die Briten sagen: Amerikas Eindämmungspolitik festigte den „Eisernen Vorhang" an der Stelle, wo Stalin ihn heruntergelassen hatte, und teilte dadurch Deutschland in zwei Stücke, von denen sogar das größere westliche den westlichen Nachbarn *a priori* weniger gefährlich erscheinen mußte als 1871-1945 die Schöpfung Bismarcks.

Churchills „Vereinigte Staaten von Europa" 1946

Die Brücke zwischen beiden Strängen der Europapolitik schlug zunächst Winston Churchill, seinerzeit Oppositionsführer in London, mit seiner Rede in Zürich am 19. September 1946.[9] Natürlich dachte auch er, der noch im Vorjahr auf der Jalta-Konferenz Stalin und Roosevelt ins Gesicht gesagt hatte, daß er nicht als Liquidator des Empire in die Geschichte einzugehen gedenke, keineswegs an einen europäischen Bundesstaat mit britischer Beteiligung. Der viel zitierte Satz aus seiner Züricher Rede – *„Wir müssen etwas wie die Vereinigten Staaten von Europa schaffen"* – verwirrt nur auf den ersten Blick. Wenn Churchill kurz danach sagte: „In der westlichen Hemisphäre gibt es bereits eine solche natürliche Gruppe...", dann macht der Kontext deutlich, daß er nicht die USA im Sinn hatte, sondern die 1890 gegründete „International Union of American Republics", aus der am 30. April 1948 die Nord-, Mittel- und Südamerika verbindende, aber (schon im US-amerikanischen Interesse!) extrem locker strukturierte OAS *(Organization of American States)* hervorgehen sollte. Auch Churchills Einsicht, daß den Kern des künftigen Europa eine französisch-deutsche Partnerschaft bilden müsse, erscheint aus heutiger Sicht in einem diffusen Licht, das aus seinen (ja auch erst wenige Jahre alten) Ideen für die Zerstückelung eines besiegten Deutschen Reiches stammt, wenn man den Text im Zusammenhang liest. Klarsicht in die Zukunft (des Kalten Krieges) schuf Churchill nur, als er erwähnte, daß „mein Freund Präsident Truman sein Interesse und seine Sympathie mit diesem großen Plan ausgedrückt hat", und später einräumte, daß sein Europa vorerst am Eisernen Vorhang enden würde.

Aus Churchills Züricher Europa-Rede von 1946

„Der erste Schritt bei der Neugründung der europäischen Familie muß eine Partnerschaft zwischen Frankreich und Deutschland sein. Nur auf diese Weise kann Frankreich die moralische Führung Europas wieder erlangen. Es gibt kein Wiederaufleben Europas ohne ein geistig großes Frankreich und ein geistig großes Deutschland. Die Struktur der Vereinigten Staaten von Europa, wenn sie gut und echt errichtet wird, muß so sein, daß die materielle Stärke eines einzelnen Staates von weniger großer Bedeutung ist. Kleine Nationen zählen ebenso viel wie große und erwerben sich ihre Ehre durch ihren Beitrag zu der gemeinsamen Sache. Die alten Staaten und Fürstentümer Deutschlands, frei vereint aus Gründen gegenseitiger Zweckmäßigkeit in einem Bundessystem, können alle ihren individuellen Platz in den Vereinigten Staaten von Europa einnehmen.

... Wenn zu Anfang auch nicht alle Staaten Europas willens oder in der Lage sind, der Union beizutreten, müssen wir uns dennoch ans Werk machen, diejenigen Staaten, die es wollen und können, zusammenzufassen und zu vereinen."

Gegen ein potentiell erneut angriffslustiges Deutschland richtete sich der *Brüsseler Pakt* vom 17. März 1948, ein Militärbündnis Großbritanniens, Frankreichs, Italiens und der drei Benelux-Staaten,[10] aus dem dann 1954 durch Beitritt der wiederbewaffneten Bundesrepublik Deutschland die *Westeuropäische Union* (WEU) im Rahmen der NATO werden sollte.

Der Europarat – Garant der Menschenrechte

Direkt auf Churchills Initiative geht die Gründung des Europarats (*Council of Europe/ Conseil de l'Europe*) am 5. Mai 1949 durch anfangs zehn Staaten[11] zurück. Die Labour-Regierung in London stimmte mit ihrem Oppositionsführer überein, daß man auf keinen Fall den europäischen Föderalisten das Feld überlassen dürfe, die sich jetzt in der jungen Generation nicht nur des seiner Souveränität beraubten Deutschland, sondern auch in Frankreich, Italien und andernorts in Wort und symbolischer Tat (wie Absägen von Schlagbäumen an Grenzen) bemerkbar machten.

Der streng zwischenstaatlich angelegte Europarat, der in Straßburg seinen Sitz erhielt, hielt sich allerdings aus der Frontlinie des Kalten Krieges heraus und ermöglichte den Beitritt auch traditionell neutraler Staaten – Schwedens und (seit 1963) der Schweiz. Bis zum Jahre 1989 brachte es der Europarat somit auf 23 Mitglieder westlich des Eisernen Vorhangs. Nach dem Zusammenbruch der Sowjetunion schwoll die Zahl bis 2003 auf 45 Staaten an, darunter Rußland (seit 1996) und die Ukraine (seit 1995);

sogar Georgien (1999), Armenien und Aserbeidschan (2001) traten bei, obwohl sie nach herkömmlicher Geographie in Asien liegen. Aus Osteuropa fehlt nur das notorisch als Diktatur regierte Belarus, dessen Status als „Gast“ 1997 suspendiert wurde. Da nicht nur Schutz der *Menschenrechte* (worauf sofort einzugehen ist), sondern auch pluralistische *Demokratie* zu den Prinzipien des Europarates zählt, blieb kaum etwas anderes übrig und muß der Europarat auch manches Mitglied großzügig durch die Finger ansehen. Kanada, die USA und Japan sind in Straßburg als Beobachter dabei; dieses „Europa“ erstreckt sich also wirklich von Vancouver bis Wladiwostok über die ganze nördliche Halbkugel.

Bahnbrechend für ein neues Konzept internationaler Politik, das die Souveränität des Einzelstaats in seinen „inneren Angelegenheiten“ nicht länger verabsolutiert, wirkte der Europarat – wie oben angedeutet – auf dem Feld des Schutzes der Menschenrechte. *Eine List der Göttin der Geschichte, wenn wir die Umstände seiner Gründung bedenken!* Im September 1953 trat die Europäische Menschenrechtskonvention[12] in Kraft, die am 4. November 1950 im Rahmen des Europarats unterzeichnet worden war – und zwar als Bedingung für die Mitgliedschaft. Alle 40 Staaten, die dem Europarat jetzt angehören, haben sie denn auch ratifiziert – Rußland am 5. Mai 1998. Über die Einhaltung dieser Konvention wacht seit 1959 der *Europäische Gerichtshof für Menschenrechte* (EGMR); sein Sitz ist ebenfalls Straßburg. Sein Markenzeichen ist, daß hier jeder Bürger seinen eigenen Staat anklagen kann, wenn er überzeugt ist, daß dessen Behörden seine Rechte verletzt haben, und wenn seine Beschwerde von den „nationalen“ Gerichten bis zu deren höchster Instanz (in Deutschland also vom Bundesverfassungsgericht) abgewiesen wurde.

Im Apparat der *Vereinten Nationen* zur Wahrung der Menschenrechte ist eine solche Individualbeschwerde nur möglich, wenn der betreffende Staat das *Fakultativprotokoll* zum „Pakt über bürgerliche und politische Rechte“ (vom 19. Dezember 1966)[13] anerkennt; dies jedoch taten zur Jahresmitte 2003 nur 104 der 149 dem Pakt beigetretenen Staaten – die Bundesrepublik Deutschland erst seit 1993 mit dem ausdrücklichen Vorbehalt, die VN seien nicht zuständig für Beschwerden, „die bereits in einem anderen internationalen Untersuchungs- oder Streitregelungsverfahren geprüft wurden“ – also insbesondere vom EGMR – oder „mit denen eine Rechtsverletzung gerügt wird, die in Ereignissen vor dem Inkrafttreten des Fakultativprotokolls für die Bundesrepublik Deutschland ihren Ursprung hat“ – also zum Beispiel vor der Wiedervereinigung 1990. *Man sieht an diesem Beispiel, wie sich der „souveräne“ Staat immer noch gegen internationale Überwachung seines Tuns und Lassens sträubt.*

Der EGMR allerdings wurde ab dem 1. November 1998 deutlich gestärkt. Er übernimmt seitdem selbst die Aufgaben der ihm bislang vorgeschalteten *Kommission*, die z.B. 1997 von 3.600 behandelten Beschwerden 3.100 abgewiesen hatte, und auch das *Ministerkomitee* – das maßgebliche Beschlußorgan des Europarats – hat seine bisherige Kompetenz im Straßburger Instanzenzug bei Menschenrechtsbeschwerden verloren.

Eine Bilanz des EGMR[14]

„Die Zahl der vom Gerichtshof registrierten Eingaben ist von 8.402 im Jahr 1999 auf 28.257 im Jahr 2002 gestiegen! ... Er hat [z.B., F.A.] einem ‚Liquidator' von Tschernobyl Recht gegeben, einem der Arbeiter, die 1986 zu den Arbeiten am Reaktor nach dessen Explosion herangezogen wurden. Anatoli Burdow, Opfer schwerer Gesundheitsprobleme infolge der Radioaktivität, der er ausgesetzt war, hatte protestiert, weil er die versprochene finanzielle Entschädigung nicht erhielt. Rußland wurde zum ersten Mal am 7. Mai 2002 verurteilt. Die europäischen Richter haben außerdem gewagt, die ersten Beschwerden von Tschetschenen für zulässig zu erklären, die Übergriffe der russischen Truppen aus den Jahren 1999 und 2000 beklagen... Ankara wird unaufhörlich verurteilt für Verletzungen des Rechts auf Leben oder Folterungen... Seit kurzem vervielfacht die Türkei außergerichtliche Einigungen: 21 im Jahre 2000, 72 in 2001, 49 in 2002."

Die Richter des EGMR – einer aus jedem Mitgliedstaat – werden von der Parlamentarischen Versammlung des Europarats[15] aus einer Liste von drei Kandidaten gewählt, welche die Regierung des jeweiligen Staates einreicht. Sie amtieren sechs Jahre und können wiedergewählt werden. Zum ersten Präsidenten des reformierten Gerichtshofs wählten die Richter im November 1998 den Schweizer Luzius Wildhaber (*1937).

Die Bürger Europas – wohlgemerkt: des Großen Europa, das zwar nicht von Vancouver, aber immerhin von Reykjavik bis Wladiwostok reicht – haben schon vor 1998 lebhaften Gebrauch von der übernationalen Individualbeschwerde gemacht, obwohl bis zum Jahr 2000 die etwa 60.000 eingereichten Beschwerden nur zu etwa 1.600 Urteilen geführt hatten.[16] In Deutschland wurde besonders der Fall des ehemaligen DDR-Staatsoberhauptes Egon Krenz (*1937), den das Landgericht Berlin im August 1997 wegen Totschlags (gemeint sind die Todesopfer des DDR-Grenzregimes) zu sechseinhalb Jahren Haft verurteilt hatte: der EGMR wies seine Beschwerde am 22. März 2001 zurück.

Die Montanunion – kein Bundesstaat

Europa: Wenn die Menschen 2004 dieses Wort im Munde führen, meinen sie in aller Regel nicht das Europa des Europarats, sondern die *Europäische Union*, die EU. Die Entwicklung dieses (ursprünglich „kleineren") Europa von der „Europäischen Gemeinschaft für Kohle und Stahl" (EGKS) der sechs Staaten Frankreich, Deutschland, Italien und Benelux, auch *Montanunion* genannt, bis zur EU mit demnächst mindestens 27 Mitgliedern, die sich bis an die Westgrenze Rußlands erweitert, hat die gleichzeitige Geschichte des Europarats trotz seiner Errungenschaften beim Schutz der Menschenrechte weit in den Schatten gedrängt.

Dieses „Europa der Sechs" war ursprünglich als etwas grundsätzlich Neues in der Weltpolitik geplant: mehr als eine bloß „internationale" – sprich: zwischenstaatliche – Organisation, weniger als ein Bundesstaat, der die Souveränität seiner Mitglieder so weitgehend aufgehoben hätte, wie es Virginia oder Massachusetts im Gefüge der Vereinigten Staaten von Amerika widerfuhr. *Supranational* sollte die Montanunion sein, und dieses revolutionäre Konzept sollte in einer „Hohen Behörde" als ihrem Zentralorgan konkrete Gestalt annehmen.

Dahinter stand jedoch ein politisches Kalkül, das den Europäern durchaus vertraut war: Frankreich fürchtete sich vor einem Wiedererstarken des deutschen Nachbarn, selbst in der amputierten Form der drei Westzonen, die sich gerade auf Drängen der Amerikaner zu einer (locker gemeinten) Bundesrepublik zusammenschlossen. Das Gespenst von 1918-39 ging um. Zwei französische Politiker, als Ideengeber der Sozialist Jean Monnet (1888-1979)[17] und als Ausführender der christliche Demokrat Robert Schuman (1886-1963),[18] hatten aus der Geschichte gelernt. Sie sahen ein, daß sich kein noch so geschwächtes Deutschland auf Dauer mit einer einseitigen Kontrolle der Siegermächte über sein Industriepotential abfinden würde. Als Basis wirtschaftlicher Macht galt damals die Montanindustrie, in Westdeutschland im Ruhrgebiet konzentriert. Die drei westlichen Besatzungsmächte USA, Großbritannien (in dessen Zone das Ruhrgebiet lag) und Frankreich hatten zusammen mit vier weiteren westlichen (!) Siegerstaaten im April 1949 ein *Ruhrstatut* unterzeichnet, das eine internationale Kontrollbehörde für die Verteilung von Kohle, Koks und Eisen aus den Bergwerken des Reviers schuf. Auch nach der Gründung des Bundesrepublik am 23. Mai 1949 und ihrem Beitritt zum Ruhrstatut am 30. November 1949 war der deutsche Vertreter bei der Behörde nur als Beobachter zugelassen.

In diese an der Vergangenheit klebende Struktur stieß eine Erklärung des französischen Außenministers Schuman am 9. Mai 1950 – also genau fünf Jahre nach der bedingungslosen Kapitulation der deutschen Wehrmacht – wie eine befreiende Fanfare hinein:

> *„Die französische Regierung schlägt vor, die Gesamtheit der französisch-deutschen Kohlen- und Stahlproduktion unter eine gemeinsame* Haute Autorité *zu stellen, in einer Organisation, die den anderen europäischen Ländern zum Beitritt offen*

> *steht... Durch die Zusammenlegung der Grundindustrien und die Errichtung einer neuen Obersten Behörde, deren Entscheidungen für Frankreich, Deutschland und die anderen teilnehmenden Länder bindend sein werden, wird dieser Vorschlag den ersten Grundstein einer europäischen Föderation bilden...*"[19]

Auf dem Fundament dieser Sätze erhebt sich heute die EU. Für die Bundesrepublik Deutschland, insbesondere für ihren Kanzler Konrad Adenauer (1876-1967, im Amt 1949-63), der seit 1918 in der französisch-deutschen Aussöhnung den Schlüssel für eine friedliche Zukunft Europas sah, war der Schuman-Plan mit seinem Angebot völliger Gleichberechtigung auf diesem lebenswichtigen Wirtschafts- und Politiksektor ein unverhofftes Geschenk des Himmels. Italien und die drei Benelux-Staaten schlossen sich dem Projekt sofort an. Schon im Juni 1950 begannen die Verhandlungen der sechs Regierungen, am 18. April 1951 lag der Vertragstext für die EGKS fertig zur Unterzeichnung vor, am 23. Juli trat er in Kraft, am 10. August begann die Hohe Behörde unter ihrem ersten Präsidenten Jean Monnet zu arbeiten. *So rasant schritt damals Europapolitik vorwärts.*

Nur ist das Gebäude, das auf diesem Grundstein in Jahrzehnten errichtet wurde, nie eine *Föderation* geworden, wie Robert Schuman 1950 versprach. Oder hat er sich mit diesem Wort nur versprochen, da Frankreich seit dem Untergang der Girondisten in der Großen Revolution 1793 aus seinem politischen Bewußtsein verdrängt hatte, was Föderalismus bedeutet? Das Wort „Föderation" allein reichte aus, um insbesondere Großbritannien von der ersten Phase des europäischen Zusammenschlusses fernzuhalten. Aber auch in der politischen Führungsklasse der IV. Französischen Republik stand Robert Schuman, wenn er die Sache denn selber ernst nahm, fast völlig allein; erst recht war in der V. Republik unter Charles De Gaulle,[20] der 1958 wieder an die Macht kam, nicht im Traum daran zu denken, daß Frankreich seine Souveränität an einen Europäischen Bundesstaat abtreten könnte, der in Westeuropa nach 1945 nur als Demokratie gedacht werden konnte, also als Souverän ein europäisches Staatsvolk voraussetzte.

> **Charles De Gaulle über Frankreich** [aus dem ersten Absatz des ersten Bandes seiner Memoiren][21]
>
> *„Zeit meines Lebens begleitet mich eine bestimmte Vorstellung vom Wesen Frankreichs. Das Gefühl hat sie mir ebenso eingegeben wie der Verstand... Mein Instinkt sagt mir, die Vorsehung habe Frankreich zu vollkommenen Erfolgen oder zu vorbildlichen Leiden erschaffen... Auch sagt mir mein Verstand, daß Frankreich nicht Frankreich ist, wenn es nicht an erster Stelle steht ... und daß unser Land – so wie es einmal ist – unter anderen Ländern – so wie sie nun einmal sind – wenn es nicht*

in Gefahr geraten soll, sich ein hohes Ziel setzen und erhobenen Hauptes seinen Weg gehen muß. Kurz, ich glaube, ohne Größe kann Frankreich nicht Frankreich sein.“

Föderalismus als Leitidee für den europäischen Zusammenschluß blieb eine Illusion. Seine drei prominentesten Befürworter – Robert Schuman, Konrad Adenauer und in Italien Alcide De Gasperi (1890-1970)[22] – waren überdies noch katholisch. Böse Zungen redeten von einem „vatikanischen“ Europa, das sie angeblich planten, andere von einem „karolingischen“ – also mittelalterlich-verstaubten – oder gar einem „teutonischen“, stammten sie doch alle drei aus Regionen des alten *Sacrum Romanum Imperium*, die in ihrer Jugend von deutschen Kaisern aus Wien oder Berlin regiert wurden.

Alle drei Verdächtigungen hatten keinen Rückhalt in irgendeiner politischen Realität. Dennoch trat an die Stelle des Föderalismus in der Europapolitik sofort nach Errichtung der Montanunion ein anderes theoretisches Konstrukt, *Funktionalismus* genannt. Die sechs zur Mitwirkung bereiten Staaten sollten zunächst die „Integration“ bestimmter technisch-sachlich definierter Bereiche betreiben (nach dem Vorbild von Kohle und Stahl) und den Aufbau politisch-staatlicher Institutionen hintanstellen. In einer unbestimmten Zukunft würden solche sich quasi von selbst ergeben, wenn erst einmal das Puzzle der „Funktionen“ ein genügend klares Bild ergebe. Am Gedanken der Integration selbst hielten die Konstrukteure dieses Europa für jeden Einzelbereich jedoch zunächst fest; mit einem anderen Wort: Jedes Einzelstück des Puzzle sollte wie die EGKS supranational organisiert, von einer Behörde geleitet werden, die unabhängig von den entsprechenden Instanzen der Einzelstaaten im Interesse des Ganzen – der jeweiligen Funktions-*Gemeinschaft* – handeln würde.

Totgeburt Verteidigungsgemeinschaft

Als falsche Weichenstellung erwies sich, daß die sechs Regierungen unter den schwarzen Wolken des Kalten Krieges, angestachelt von einem Amerika, das im Trauma des Koreakrieges auf schnellstmögliche Rekrutierung neuer deutscher Soldaten drängte, als erstes Integrations-Vorhaben nach der Montanunion eine *Europäische Verteidigungsgemeinschaft* (EVG) in Angriff nahmen. Sie sollte der soeben installierten NATO die deutschen Soldaten stellen, ohne dem (west)deutschen Staat eine Armee zu gewähren; im Geiste der Gleichberechtigung würde Frankreich (und würden die anderen Vier) einen Teil ihrer Streitkräfte dem nationalen Oberkommando entziehen.

Hier versagte die Vision eines Robert Schuman. Der EVG-Vertrag wurde zwar wiederum im Eiltempo entworfen und am 27. Mai 1952 auch von Frankreich unterzeichnet. Aber eine Mehrheit, in der die Gaullisten und die Kommunisten das patriotische Wort führten, zog in der Pariser Nationalversammlung (noch entschied das Parlament in der IV. Republik die Richtlinien der Politik!) am 30. August 1954 die Notbremse und lehnte die Ratifizierung ab, ohne in eine inhaltliche Debatte über die EVG einzutreten.

EWG – EG – EU: immer noch kein Bundesstaat

Es galt nun, Europa vom toten Gleis schleunigst herunterzuholen, und das gelang den Sechs über eine mehrere Jahre lange Verhandlungsstrecke durch Rückgriff auf das bewährte Arsenal wirtschaftlicher „Funktions“-Elemente, die – so schien es – politisch weniger sensibel und eher so genannten Sachzwängen unterworfen waren als das Militär. Die Verträge für eine *Europäische Wirtschaftsgemeinschaft* (EWG) und eine parallele Gemeinschaft zwecks friedlicher Nutzung der Atomenergie (EURATOM) wurden am 25. März 1957 in Rom unterzeichnet, zügig ratifiziert und konnten am 1. Januar 1958 in Kraft treten. Die EWG zielte auf einen *Gemeinsamen Markt*, der mehr sein würde als eine bloße Freihandelszone, wie sie damals und noch für längere Zeit vor allem den Briten vorschwebte. Nicht nur Waren und Kapital (das sich ohnehin nicht um nationalstaatliche Grenzen schert!) sollten in der EWG frei zirkulieren, auch die Arbeit suchenden Menschen würden Freizügigkeit genießen. Die EWG würde eine einheitliche Außenwirtschaftspolitik gegenüber allen anderen Staaten der Welt betreiben.

Man war sich darüber im Klaren, daß dieser Gemeinsame Markt Rückwirkungen auf viele Sektoren der einzelstaatlichen Politik haben müsse – Sozialsystem, Normen, nicht zuletzt Steuerwesen –, wenn er denn als ein Markt des freien Wettbewerbs funktionieren solle. Das war ja völlig in Sinne der funktionalistischen Theorie, auch wenn die Sechs zunächst nur wenige Bereiche gemeinschaftlich/supranational strukturieren wollten – allen voran die *Agrarpolitik* – und im Übrigen ihr Vertrauen auf freiwillige Harmonisierungen setzten. *Im Endeffekt bedeutete die EWG einen Interessenausgleich zwischen der französischen Landwirtschaft, die für ihren Erfolg auf dem Gemeinsamen Markt die gewohnte Stützung durch obrigkeitlich verfügte Ordnungen erhalten wissen wollte, und der westdeutschen Industrie, die sich stark genug fühlte, auch ohne solche Stützen im ganzen Europa der Sechs zu bestehen.*

Frankreich und die Bundesrepublik Deutschland verstanden es auch, in die Römischen Verträge nationale Sonderinteressen anderen Charakters einzubetten, die seinerzeit wohl vielen marginal erschienen, aber mit den Jahrzehnten an Bedeutung zunahmen. Frankreich setzte gegen vorwiegend deutschen Widerstand durch, daß seine Kolonien (vorwiegend in Afrika) und die anderer Mitgliedstaaten mit der EWG in einer Weise „assoziiert“ wurden, die französischen Handelsinteressen diente und den Kolonien, die sich gleich nach 1958 rasch in formal unabhängige Staaten verwandelten, Hilfsgelder auch aus der EWG-Kasse versprach, insoweit eine lästige Bürde des Pariser Finanzministers auf mehrere (unter anderem deutsche) Schultern verteilend. Alle Ex-Kolonien zeigten an dieser Verbindung zu Europa dauerhaftes Interesse, woraus sich nach dem britischen Beitritt 1973 die *Konvention von Lomé* entwickelte.[23] Deutschland erreichte seinerseits bei Gründung der EWG, daß die *Deutsche Demokratische Republik* (DDR) dank des aus der Konkursmasse des Deutschen Reiches geretteten zollfreien „Interzonenhandels" eine Art stiller Teilhaber des Gemeinsamen Marktes wurde – ungeachtet des Eisernen Vorhangs.

Die wichtigsten Organe der EU (vor der Erweiterung 2004)

Europäischer Rat: *die Regierungschefs der 15 Mitgliedstaaten + Präsident der Kommission.*
Rat: *Die 15 Außen- oder Fachminister. 87 Stimmen – Frankreich, Deutschland, Italien, Großbritannien je 10; Spanien 8; Griechenland, Belgien, Niederlande, Portugal je 5; Österreich, Schweden je 4; Dänemark, Finnland, Irland je 3; Luxemburg 2. „Qualifizierte Mehrheit" 62 Stimmen.*
Kommission: *20 Kommissare, auf 5 Jahre von den Regierungen der Mitgliedstaaten (ohne Weisungsrecht) entsandt; Präsident 1985-95 Jacques Delors aus Frankreich, 1995-99 Jacques Santer aus Luxemburg, 1999-2004 Romano Prodi aus Italien.*
Europäisches Parlament: *626 Abgeordnete, auf 5 Jahre (seit 1979 direkt) gewählt – darunter 99 aus Deutschland, je 87 aus Frankreich, Italien und Großbritannien.*

Entscheidungen sollte in der EWG der *Rat* treffen, also die Außenminister (oder die jeweils zuständigen Fachminister) der Sechs, natürlich in ihre Kabinettsdisziplin eingebunden und durch die Koalitionsmehrheit ihres nationalen Parlaments kontrolliert. Nach einer Eingewöhnungszeit, in der jeder ein Vetorecht besaß, sollte mit Mehrheit beschlossen werden können. Daraus wurde nichts. De Gaulle sorgte dafür, daß nach langem Streit 1967 im *Luxemburger Kompromiß* die Einstimmigkeit zementiert wurde – bei allen Fragen, die eine Regierung für wichtig genug halten würde; ansonsten können seit 1993 verbindliche Regeln mit „qualifizierter Mehrheit" beschlossen werden. Die *Kommission* der EWG in Brüssel sollte ursprünglich soviel supranationale Macht erhalten wie die Hohe Behörde der EGKS. Daraus wurde ebenfalls nichts. De Gaulle sorgte dafür, daß sie auf die Kompetenz beschränkt wurde, in Wahrnehmung gesamtgemeinschaftlicher Interessen „Initiativen" zu ergreifen, also Beschlußvorlagen für den Rat zu schreiben, und dann die beschlossene Gemeinschaftspolitik auszuführen. Bei dieser Abhalfterung der Kommission war der Umstand dienlich, daß als ihr erster Präsident 1958-67 der Deutsche Walter Hallstein (1901-1982)[24] amtierte und die Bundesrepublik Deutschland damals unwidersprochen wohl bereits als Wirtschaftsriese, aber als politischer Zwerg galt.

Für *Großbritannien* bestand kein Grund mehr, sich von dieser EWG fernzuhalten, um die Souveränität des eigenen Staates zu schützen. Wiederum war es De Gaulle, der den Beitritt Londons verhinderte. Denn er sah das ganze Unternehmen der Integration Westeuropas als eine Art vorgeschobener Linie zur Verteidigung der Großmachtstellung Frankreichs an, von der ihm sein Verstand – wenn schon sicher nicht sein Gefühl – sagen mußte, daß sie seit 1940 beschädigt war, mochten auch Amerikaner und Sowjets ihm 1945 die ständige Mitgliedschaft im Sicherheitsrat samt Vetorecht offeriert haben. Zwar war auch England seit dem Verlust des Kolonialreichs keine wirkliche Großmacht mehr, England und Frankreich gemeinsam waren 1956 in der Suezkrise durch die USA und die Sowjetunion zu einem demütigenden Rückzug gezwungen worden; innerhalb Europas würde London jedoch mindestens ebensoviel Gewicht (nicht nur wirtschaftlich, auch politisch) auf die Waage bringen wie Paris. Außerdem sah De Gaulle Westeuropa im Kalten Krieg keineswegs als verlängerten Arm der USA, sondern als Gegengewicht zu ihnen, weshalb er die französischen Streitkräfte der amerikanisch dominierten Kommandostruktur der NATO entzog; Großbritannien jedoch galt ihm dank der *„special relationship"* zwischen Washington und London, gefühlsmäßig verstärkt durch seine eigenen Erfahrungen während des Zweiten Weltkriegs, als Gefolgsmann der USA.

Erweiterung und Vertiefung

Mit De Gaulles Rücktritt 1969 änderte sich die Konstellation. Gemeinsam mit Dänemark und Irland trat Großbritannien 1973 der EWG bei. Es war der erste Schritt zur Erweiterung der Gemeinschaft, dem 1981 die erste „Süderweiterung" um Griechenland folgte, 1986 die zweite um Spanien und Portugal. Der *Türkei* wurde 1964 durch ein spezifisches Assoziierungs-Abkommen die spätere Mitgliedschaft in Aussicht gestellt, parallel zum Erzfeind Griechenland. Das prompt 1987 einlaufende türkische Beitrittsgesuch wurde jedoch auf die lange Bank geschoben; wenig aufrichtige Begründungen erzeugten in Ankara nachhaltige Verbitterung vor allem gegen den vermeintlichen großen Freund in Europa – Deutschland.[25] Nach dem Ende des Kalten Krieges und dem Ausbau der EWG zur EU traten Anfang 1995 Österreich, Schweden und Finnland der Union bei. Nur Norwegen lehnte am 28. November 1994 durch Volksentscheid den ausgehandelten Beitritt ab. Am 31. März 1998 begannen Beitrittsverhandlungen mit der ersten Welle osteuropäischer Kandidaten: Slowenien, Polen, der Tschechischen Republik, Ungarn und Estland. In den folgenden Jahren stießen die beiden anderen baltischen Staaten (Lettland, Litauen) sowie die Slowakei hinzu; gleichzeitig drängten im Mittelmeer Malta und Zypern[26] in die EU, so daß schließlich für den 1. Mai 2004 die Erweiterung von 15 auf 25 Mitgliedstaaten vereinbart wurde. Rumänien und Bulgarien wird der Beitritt für 2007 in Aussicht gestellt, die Türkei wieder einmal auf Beitrittsverhandlungen vertröstet, die nunmehr Ende 2004 tatsächlich beginnen sollen.

Was macht die Europäische Union so attraktiv für fast alle Staaten, die sich darauf berufen können, geographisch zu Europa zu gehören? Offensichtlich erwarten ihre Regierungen und Mehrheiten ihrer Völker, durch Einklinken in die Integration, wie sie konkret innerhalb der EWG/EG/EU seit 1958 verlaufen ist, kurz- oder wenigstens mittelfristig den Grad *wirtschaftlich-sozialen Wohlstands* zu erreichen, der innerhalb der Union als Norm gilt. Bei Licht besehen, sind die Erfahrungen solcher Länder oder bestimmter Regionen, die bei Gründung der EWG bzw. zum Beitrittstermin „unterentwickelt" waren, durchaus unterschiedlich. Irland dürfte tatsächlich rundum profitiert haben, Griechenland weniger; selbst im *Mezzogiorno* Italiens, das seit 1958 dabei ist, hält sich die massenhafte Armut hartnäckig; düstere Prognosen von 1990, den neuen deutschen Bundesländern drohe ein ähnliches Schicksal, treffen dort mindestens für die Dauer-Arbeitslosen ein.

Noch deutlicher als in allgemeinen Statistiken wirtschaftlichen Wachstums oder sozialer Stabilität konkretisiert sich das nationale Interesse so vieler Staaten an der EU-Mitgliedschaft in den Finanzzuflüssen – also in *Subventionen* –, die aus den Kassen der EU an die europäischen Bauern (dies ist von Anfang an und immer noch der Löwenanteil) und aus den „Struktur- und Kohäsionsfonds" an relativ arme Länder und Regionen fließen;[27] einige Brosamen fallen auch für Forschung, die Jugend oder Entwicklungshilfe (für letztere immer weniger!) ab. Der finanzielle Aufwand für die etwa 20.000 Beamten der EU (im Einzelfall beziehen sie allerdings großzügige Gehälter) spielt im Budget keine Hauptrolle; da zielt die schon zur Routine erstarrte Medienkritik an „Brüsseler Bürokratie" daneben. Der Großteil des Geldes muß natürlich von den Mitgliedstaaten an die EU überwiesen werden – als Anteil an der Mehrwertsteuer und als Abgabe auf der Basis des Bruttosozialprodukts –, aber eben nicht in demselben Verhältnis, wie die Subventionen dann zurückfließen.

Es ist ja auch ein löblicher Grundsatz jüdischer wie christlicher wie islamischer Sozialethik, daß die Reichen den Armen helfen sollen. Nur hat in der EU schon vor geraumer Zeit das reiche Großbritannien unter dem Schlachtruf seiner damaligen Premierministerin Margaret Thatcher (*1925, im Amt 1979-90) – *„I want my money back!"* – einen Beitragsrabatt durchgesetzt, und im ebenfalls reichen Deutschland klagen seit vielen

Jahren zwei Bundeskanzler verschiedener Parteien – Helmut Kohl (*1930, im Amt 1982-1998, CDU) und sein Nachfolger Gerhard Schröder (*1944, SPD) – einstimmig darüber, daß der Nettobeitrag ihres Landes (Zahlung in das EU-Budget minus Rückflüsse aus den diversen EU-Fonds) viel zu hoch sei. Die Iren, Griechen, Portugiesen, Zyprioten, Polen oder Esten hören solche Beschwerden und die dadurch ausgelösten Debatten in den EU-Gremien mit Gelassenheit an, zumindest solange, wie der Geist von Charles De Gaulle darüber wacht, daß jeder einzelne Mitgliedstaat im Notfall Mehrheitsbeschlüsse, die ihm nicht behagen, verhindern kann.

Der Haushalt der EU 2003 in Millionen €[28]			
Mittel für Verpflichtungen		*Einnahmen*	
Agrarpolitik	44.780 = 44,9%	Abgabe der Mitgliedstaaten	59.404 = 60,9%
Strukturfonds u.ä.	33.980 = 34,1%	Anteil an Mehrwertsteuer	24.121 = 24,7%
Forschung, Bildung u.ä.	6.796 = 6,8%	Zölle	10.238 = 10,5%
Entwicklungshilfe u.ä.	4.949 = 5,0%		
Vorbereitg. d. Erweiterung	3.386 = 3,4%		
Verwaltung	5.360 = 5,4%		
Insgesamt	99.686 = 100%	Insgesamt	97.503 = 100%

In einer EU mit 25 oder 27 Mitgliedern kann das alles – Beschlußfassung und Finanzen – nicht einfach so bleiben wie gehabt. Das wird seit geraumer Zeit allgemein zugegeben, und deswegen reden alle genau so lange wie über Erweiterung über *Vertiefung* der Union als zweites Kardinalthema Europas. Tatsächlich sind die Römischen Verträge seit 1958 mehrmals in zähen Verhandlungen aus- und umgebaut worden, um das Gebilde handlungsfähiger zu machen.

Ob damit der „Funktionalismus" vollendet oder durch zaghaften Einsatz des Wortes „föderal" doch wieder ein Bundesstaat angestrebt werden soll – diese Frage gilt in Europa als Tabu – selbst noch 2003, obwohl in diesem Jahr ein Konvent den Entwurf für eine Verfassung der Union vorlegte. Verfassungen haben doch nur Staaten – oder nicht?

Als wichtigste Etappen sind festzuhalten:

- Fusion der Organe von EGKS, EWG und EURATOM zu Rat, Kommission und Parlament der *Europäischen Gemeinschaft (EG)* 1967 (dies war zu Amtszeiten De Gaulles als einzige Reform möglich);
- Überhöhung des Rats der Minister durch einen *Europäischen Rat* der Regierungschefs 1975 – vorbereitet seit 1969 unter dem Stichwort Europäische Politische Zusammenarbeit (EPZ);

- Direktwahl des *Europäischen Parlaments* seit 1979 (dies ist bisher der einzige spürbare Fortschritt in Richtung auf *demokratische* Vertiefung);
- Das *Europäische Währungssystem (EWS)*, entworfen 1979 vom konservativen französischen Präsidenten Valéry Giscard d'Estaing (*1926, im Amt 1974-81) und dem deutschen SPD-Bundeskanzler Helmut Schmidt (*1918, im Amt 1974-82) zwecks Festigung der Wechselkurse mit „Ankerfunktion" der Deutschen Mark;
- Das *Schengen-Abkommen* 1985. Frankreich, Deutschland und die Benelux-Staaten schaffen Personenkontrollen an ihren gemeinsamen Grenzen ab; bis 2002 schließen sich alle EU-Mitglieder – außer Großbritannien und Irland – sowie Island und Norwegen an;
- Der *Vertrag von Maastricht* über die Errichtung der Europäischen Union, unterzeichnet am 7. Februar 1992, in Kraft seit November 1993.[29] Zur Ratifizierung führen Frankreich, Dänemark und Irland Volksabstimmungen durch. Er besiegelt die Vollendung des Binnenmarktes zum Jahresanfang 1993, baut *Schengen* in das Vertragswerk ein und errichtet EUROPOL zwecks Verbesserung der zwischenstaatlichen Polizeiarbeit.[30] Der Vertrag verspricht eine „Wirtschafts- und Währungsunion" sowie eine „Gemeinsame Außen- und Sicherheitspolitik" (GASP) und enthält eine Sozialcharta – die Großbritannien sofort für sich als nicht verbindlich erklärt;
- Einführung des *Euro* als gemeinsame Währung für zunächst zwölf EU-Staaten am 1. Januar 1999,[31] verwaltet durch die nicht allein supranationale, sondern auch von den EU-Instanzen unabhängige *Europäische Zentralbank (EZB)*[32] in Frankfurt am Main (ca. 1.000 Mitarbeiter). Ein *Stabilitätspakt*, im Juni 1997 in Amsterdam beschlossen, verpflichtet die Euroländer insbesondere, kein Budgetdefizit von mehr als 3% ihres Bruttoinlandsprodukts (BIP) zuzulassen – *woran Deutschland und Frankreich sich 2002 und 2003, Deutschland auch 2004 und voraussichtlich 2005 jedoch nicht halten...*
- Entwurf einer *Verfassung* der erweiterten EU, gebilligt durch den eigens dafür am 28. Februar 2002 einberufenen *Konvent*[33] am 13. Juni 2003.

Die beiden letzten Schritte bringen Europa in riskantes Fahrwasser. Der Euro bedeutet *für einen Teil* der EU eine *Währungsunion ohne Wirtschaftsunion*. Die Folgen zeigten sich bald: Eine Regierung nach der anderen – darunter mindestens die zweier großer Staaten – mißachtet den Stabilitätspakt. Die griechische meldete einfach falsche Zahlen nach Brüssel. Das Volk Schwedens lehnt am 14. September 2003 mit 56,1% die Einführung der Gemeinschaftswährung ab.

Budgetdefizite (-) bzw. –überschüsse (+) der Euro-Länder 2003 in Prozent ihres BIP					
Frankreich	-4,1	Deutschland	-3,9	Niederlande	-3,0
Portugal	-2,8	Italien	-2,4	Griechenland	-1,7
Österreich	-1,1	Luxemburg	-0,1	Belgien	+0,2
Irland	+0,2	Spanien	+0,3	Finnland	+2,3

Quelle: *Tagesspiegel* (Berlin) 12.05.2004

Der EU-Konvent will die Kommission ab 2009 auf 15 stimmberechtigte Mitglieder verkleinern, so daß nicht mehr jeder Staat wenigstens einen Kommissar stellen würde. Dagegen sträuben sich die Regierungen der kleineren Staaten – *obwohl doch kein Kommissar nationale Interessen vertreten soll, vielmehr alle dem Gemeinschaftsinteresse der EU verpflichtet sind!* Vorschläge des Konvents, den Vorsitz im Rat über die bisher üblichen sechs Monate auszuweiten und einen EU-Außenminister zu berufen, der sowohl dem Rat als auch der Kommission angehören soll, täuschen Effizienzsteigerung eher vor, als sie tatsächlich zu bewirken. Inzwischen ist das kühne Projekt der GASP, das irgendwann um das Jahr 2000 zur ESVP (= Europäische Sicherheits- und Verteidigungspolitik) verengt worden war, spätestens seit dem amerikanischen Krieg gegen den Irak 2003, als Briten, Spanier und Polen lauthals Ja, Franzosen, Deutsche (und Russen!) ebenso schrill Nein sagten, nur noch eine Karikatur seiner selbst.[34]

Der Verfassungsentwurf des Konvents scheiterte zunächst gleich im Dezember 2003 im Europäischen Rat an der vorgesehenen Stimmengewichtung im Rat der erweiterten Union; erst im Juni gelang ein Konpromiß. Polen und Spanien sträubten sich, auf die ihnen im Vertrag von Nizza 2001 zugesicherten großzügigen Stimmenanteile zu verzichten. *Niemand kritisierte grundsätzlich die dadurch ausgedrückte Überzeugung, daß nach wie vor die Regierungen der sich immer noch für „souverän" haltenden Einzelstaaten in der Europäischen Union das Sagen haben sollen.*

Kritiker behaupten mit guten Argumenten, die EU habe sich schon in Maastricht vom alten Ziel einer Integration, die diesen Namen verdiene, abgewandt und sei (unter Berufung auf das der katholischen Soziallehre entlehnte Prinzip der *Subsidiarität*, wonach im größeren Verbund nur geregelt werden solle, was kleinere Gemeinschaften nicht regeln können) auf bloße Organisation von Zusammenarbeit zwischen Einzelstaaten zurückgefallen.

Hans Arnold kritisiert die EU-Politik seit Maastricht.[36]

„Der heutige Konsens in der EU, wie er zu kurz- und mittelfristigen Beurteilungen und Entscheidungen herbeigeführt wird (oder auch nicht), kann für eine umfassende europäische Einigungspolitik auf Dauer nicht genügen… Mit dem Maas-

Stimmengewichte im Ministerrat einer EU der 27 (2009) gemäß dem Vertrag von Nizza (2001)[35]			
Stimmen	*Mitgliedstaat*	*Einwohner In Mio. (2003)*	*Anteil an Gesamt-Bevölkerung in %*
29	Deutschland	82,5	17,1
29	Großbritannien	59,9	12,3
29	Frankreich	59,2	12,2
29	Italien	57,7	12,0
27	Spanien	39,5	8,2
27	Polen	38,7	8,1
14	Rumänien	22,4	4,7
13	Niederlande	16,0	3,3
12	Griechenland	10,6	2,2
12	Belgien	10,3	2,1
12	Tschechien	10,3	2,1
12	Ungarn	10,2	2,1
12	Portugal	10,2	2,1
10	Schweden	8,9	1,8
10	Bulgarien	8,1	1,7
10	Österreich	8,1	1,7
7	Dänemark	5,4	1,1
7	Slowakei	5,4	1,1
7	Finnland	5,2	1,1
7	Irland	3,8	0,8
7	Litauen	3,5	0,8
4	Lettland	2,3	0,5
4	Slowenien	2,0	0,4
4	Estland	0,3	0,3
4	Zypern	0,8	0,1
4	Luxemburg	0,4	0,1
3	Malta	0,4	0,1
345	*EU insgesamt*	*483,2*	*100,0*

Nach dem Nizza-Vertrag wären für eine Mehrheit

- 255 Stimmen und
- 14 Länder und
- 62% der Bevölkerung erforderlich.

Nach dem ursprüngl. Verfassungsentwurf waren in der EU mit 25 Mitgliedern

- 14 Länder und
- 60% der Bevölkerung erforderlich.

Der Kompromiss vom Juni 2004 sieht

- 15 Länder und
- 65% der Bevölkerung (=297,05 Mio.) vor.

> *tricht-Vertrag ... läutete man das Ende der auf eine immer stärkere Integration und Vergemeinschaftung innerhalb der EU gerichtete Politik ein. Es war dies ... eine ... kaum zu überschätzende grundsätzliche politische Weichenstellung. ... Früher sollte so viel wie möglich vergemeinschaftet werden und nur so viel wie unbedingt nötig nationalstaatlich bleiben, seit Maastricht aber soll so viel wie möglich nationalstaatlich bleiben und nur so viel wie unbedingt nötig vergemeinschaftet werden."*

Im Bestreben, die anstehenden Aufgaben der Erweiterung und der Vertiefung der EU unter einen Hut zu bringen, hat die Kommission – wie es ihres Amtes ist – schon 1997 ein Reformpaket unter dem Titel *Agenda 2000* geschnürt und es den Regierungen der Mitgliedstaaten auf den Verhandlungstisch gelegt. Die faßten es jahrelang nur mit spitzen Fingern an und duckten sich unter dem Sturm der Proteste verschiedener Interessengruppen, allen voran der *Agrarlobby;* zwar arbeiten nur 5 Prozent aller Erwerbstätigen der EU in der Landwirtschaft,[37] aber speziell in Frankreich rührt jede Beschneidung der von den Deutschen mitgeschulterten Agrarsubvention an den historischen Grundkonsens von 1958, in die europäische Integration einzusteigen. Darauf aber lief die Agenda 2000 hinaus: Die Kommission stellte in Aussicht, man werde die Erweiterung finanzieren können, ohne den 1992 fixierten Rahmen von 1,27 Prozent des Bruttoinlandsprodukts der EU zu sprengen, wenn die Gemeinsame Agrarpolitik im Jahre 2003 von prognostizierten € 52,6 Mrd. auf 49 Mrd. zurückgefahren würde.

Als die Regierungschefs auf dem Berliner Gipfel im März 1999 (unter deutscher Ratspräsidentschaft) endlich den Kraftakt wagten, die Agenda 2000 wenigstens im Prinzip zu verabschieden, kürzten sie noch drastischer. Die Agrarausgaben sollten nach Berliner Beschlußlage im Jahre 2003 mit € 43,7 Mrd. ihr Zenit erreichen – *wie oben beziffert, wurde dieses Ziel um eine Milliarde verfehlt* – und danach sogar mäßig zurückfallen – auf 41,5 Mrd. im Jahre 2006, womit dann fast der Pegelstand von 1998 wieder erreicht wäre. Der Kohäsionsfonds wurde von Spanien erfolgreich verteidigt, auch die Strukturfonds sollen nur behutsam gekürzt werden.

Das Europa-Parlament muckt auf

Kurz vor dem Berliner Gipfel hatte sich der Ärger des Europäischen Parlaments über die weiter auf die lange Bank geschobenen Demokratie-Defizite der EU zu so finsteren Wolken verdichtet, daß endlich ein Gewitter losbrach. Der Blitz schlug bei der Kommission ein, die auch nach den Reformen von Maastricht und Amsterdam nur kollektiv durch ein parlamentarisches Mißtrauensvotum gestürzt werden kann. Dazu raffte sich eine Mehrheit des kurz vor Neuwahlen stehenden Parlaments nicht auf; nur 232

Abgeordnete stimmten im Januar 1999 für die Abwahl der Kommission, 293 dagegen (bei 27 Enthaltungen). Wohl aber hatte das Parlament 1998 einen unabhängigen Ausschuß eingesetzt, um hartnäckige Gerüchte über Mißwirtschaft in der Kommission zu untersuchen. Sein Bericht deckte zwar nur im Verantwortungsbereich weniger Kommissare nicht einmal enorme Peinlichkeiten auf, trotzdem sah sich die seit 1995 unter Vorsitz von Jacques Santer (*1937) amtierende Kommission am 16. März 1999, ein Jahr vor dem normalen Ablauf ihres Mandats, zum geschlossenen Rücktritt veranlaßt. *Das war eine Premiere in der Geschichte der europäischen Integration.* Als Präsidenten der neuen, bis 2004 amtierenden Kommission, der nun gemäß Amsterdam-Vertrag sogar bei der Auswahl der übrigen Kommissare ein Wort mitreden durfte, nominierten die Regierungschefs den Italiener Romano Prodi (*1939), der 1996-98 in Rom Ministerpräsident war. Beide, Santer und Prodi, sind Christdemokraten. Ihr Nachfolger seit 1. November 2004, José Manuel Barroso (*1956), der nunmehr 24 Kommissare unter seinen Hut bringen muß, hat sich in seiner Heimat Portugal seit der „Nelken-Revolution" 1974 vom maoistischen Studenten-Aktivisten zum konservativen Regierungschef (2002-2004) entfaltet.

Das am 13. Juni 2004 gewählte Parlament der erweiterten EU		
Fraktionen	Sitze	davon aus Deutschland
Vereinigte Linke/Nordische Grüne Linke	39	7 PDS
Sozialdemokratische Partei Europas	201	23 SPD
Grüne/Freie Europäische Allianz	42	13 Grüne
Europa der Demokratien und Unterschiede	15	–
Liberale und Demokratische Partei Europas	66	7 FDP
Europäische Volkspartei/europ. Demokraten	276	49 CDU/CSU
Union für Europa der Nationen	27	–
Fraktionslose	66	–
Insgesamt	732	99

Großmacht Europa? Kerneuropa?

Kann die bis an die Westgrenzen Rußlands erweiterte Europäische Union zu Beginn des 21. Jahrhunderts doch noch ein demokratischer Bundesstaat werden – die „Föderation", von der Robert Schuman einst sprach? Nur dann wären diese Vereinigten Staaten von Europa ein gleichgewichtiger Partner neben, notfalls ein Gegengewicht zu den Vereinigten Staaten von Amerika. Nur dann könnte sich weltweit so etwas wie eine neue Pentarchie ergeben – ein hoffentlich harmonisches Konzert oder wenigstens eine *balance of power* zwischen den USA, diesem Europa, Rußland, China/Japan und möglicherweise Indien/Pakistan *(falls diese so verschieden entwickelten bzw. verfeindeten Brüderpaare zueinanderfinden)*. Insofern sah 1973 der norwegische Friedensforscher Johan Galtung schon richtig in die Zukunft, wenn er die EG als eine *Supermacht im Werden* anprangerte.[38] *Andere (und ich schließe mich ihnen an) sehen darin eher eine Vision der Hoffnung.*

Das andere mögliche Szenario für Europa wäre ein Rückfall der erweiterten EU in ein „Europa mit mehreren Geschwindigkeiten", wie es verharmlosend oft heißt. Diesen Gedanken hat schon am 1. September 1994 die Fraktion der CDU/CSU im Deutschen Bundestag im sogenannten Lamers-Schäuble-Papier[39] unter dem Stichwort *Kerneuropa* aufgegriffen:

> „*Daher muß sich neben der Effizienzsteigerung des Entscheidungsverfahrens und der Demokratisierung der Willensbildung der Union der* feste Kern *von integrationsorientierten und kooperationswilligen Ländern, der sich bereits herausgebildet hat,* weiter festigen. *Zu ihm gehören zur Zeit fünf bis sechs Länder. Der Kern darf nicht abgeschlossen, muss hingegen für jedes Mitglied offen sein, das willens und in der Lage ist, seinen Anforderungen zu entsprechen.*
> *Der feste Kern hat die* Aufgabe, *den zentrifugalen Kräften in der immer größer werdenden Union ein* starkes Zentrum *entgegenzustellen...*
> *Die Kerneuropa-Gruppe muß prinzipiell allen EU-Mitgliedern – vor allem dem Gründungsmitglied Italien, aber auch Spanien und selbstverständlich Großbritannien – ihre uneingeschränkte Bereitschaft glaubhaft machen, sie einzubeziehen, sobald sie bestimmte derzeitige Probleme gelöst haben und soweit ihre Bereitschaft reicht, sich in dem beschriebenen Sinne zu engagieren. Die Bildung einer Kerngruppe ist kein Ziel an sich, sondern ein Mittel, an sich widerstreitende Ziele – Vertiefung und Erweiterung – miteinander zu vereinbaren.*
> *...Den* Kern des festen Kerns bilden Deutschland und Frankreich."

Ein solches Kerneuropa würde vermutlich weder den USA noch Rußland das Wasser reichen können. Die Ablehnung des Euro durch Großbritannien, Dänemark und Schweden hat uns gleichwohl diesem Szenario näher gebracht, während der Streit um den amerikanischen Irak-Krieg 2003 den „Kern" selbst zu spalten droht.

Ein Heiliges Römisches Reich in Neuauflage?

Das abschreckendste Szenario wäre eine Europäische Union, die mangels Reformfähigkeit den Weg des Heiligen Römischen Reiches durch das späte Mittelalter und die

Neuzeit wiederholen würde. Auch in diesem Reich lebte es sich noch im 18. Jahrhundert gar nicht so schlecht – für viele seiner Untertanen, nicht nur – wie es sprichwörtlich war – unterm Krummstab der geistlichen Fürstentümer zwischen fränkischen Weinbergen, nicht nur für die eifersüchtig ihre seit 1648 verbriefte Souveränität bewachenden Reichsstände, angefangen beim Habsburger Kaiser oder beim König von Preußen bis zum letzten reichsunmittelbaren Grafen oder zur kleinsten Freien Reichsstadt. *Dieses* Reich bestand länger als 1000 Jahre – wenn wir die Kaiserkrönung Karls des Großen zu Weihnachten 800 als sein Gründungsdatum ansetzen. Nur spielte es schon lange keine aktive Rolle mehr in der internationalen Politik, als 1806 seine Krone für immer in der Schatzkammer der Wiener Hofburg archiviert werden mußte.

Samuel Freiherr von Pufendorf über die Verfassung des Heiligen Römischen Reiches (1667)[40]

[6. Kapitel § 3]. „*Welche Staatsform man aber dem ganzen deutschen Reich zuschreiben soll, darüber sind sich die deutschen Schriftsteller nicht einig. Dies ist ein sicherer Beweis einmal für die irreguläre Staatsform, zum anderen für die Unwissenheit der Autoren, die sich ohne oder nur mit geringer Kenntnis von der Politik an die Auslegung des Staatsrechts machen.*
Ich kenne keinen, der das Reich für eine Demokratie ausgegeben hat. Doch wollen manche nur die als Bürger des deutschen Reiches bezeichnen, die auf den Reichstagen Stimmrecht haben... Unter dieser Annahme wäre das Reich sicher eine Demokratie, deren Bürger nur die Stände sind, da sie allein das Recht haben, auf dem Reichstag zu beraten und für das Reich Beschlüsse zu fassen; der Kaiser wäre dann princeps im eigentlichen Wortsinn, das heißt erster Bürger."
[§ 9.] „Nihil ergo aliud restat, quam ut dicamus, Germaniam esse irregulare aliquod corpus et monstro simile, siquidem ad regulas scientiae civilis exigatur...
= *Es bleibt uns also nichts anderes übrig, als das deutsche Reich, wenn man es nach den Regeln der Wissenschaft von der Politik klassifizieren will, einen irregulären und einem Monstrum ähnlichen Körper zu nennen, der sich im Laufe der Zeit durch die fahrlässige Gefälligkeit der Kaiser, durch den Ehrgeiz der Fürsten und durch die Machenschaften der Geistlichen aus einer regulären Monarchie zu einer so disharmonischen Staatsform entwickelt hat, daß es nicht mehr eine beschränkte Monarchie, wenngleich der äußere Schein dafür spricht, aber noch nicht eine Föderation mehrerer Staaten ist, vielmehr ein Mittelding zwischen beiden. Dieser Zustand ist die dauernde Quelle für die tödliche Krankheit und die inneren Umwälzungen des Reiches, da auf der einen Seite der Kaiser nach der Wiederherstellung der monarchischen Herrschaft, auf der anderen die Stände nach völliger Freiheit streben.*"

Anmerkungen

1 Vgl. Kapitel 7. Die *Charta von Paris für ein Neues Europa* mit den Leitlinien Demokratie, Rechtsstaatlichkeit, Menschenrechte, Frieden, Einheit wurde am 21.11.1990 von den 34 KSZE-Staaten unterzeichnet und sollte feierlich das Ende des Kalten Krieges dokumentieren. Am 01.01.1995 folgte die Umbenennung der KSZE in OSZE mit Sitz eines Ständigen Rats der Botschafter, eines Konfliktverhütungszentrums und Generalsekretariats in Wien, eines Schiedsgerichtshofs in Genf, eines Büros für Menschenrechte in Warschau und für Minderheitsfragen in Den Haag. Der OSZE gehören (2003) 55 Staaten in Europa, Mittelasien (ehemalige Sowjetrepubliken) und Nordamerika an. Sie soll nach dem Konsensprinzip arbeiten – mit einem anderen Wort: es gilt das Vetorecht jedes Mitgliedstaats.

2 Die Euphorie der Zeit um 1990 durchzieht z.B. den Sammelband von Cord Jakobeit & Alparslan Yenal (Hg.): Gesamteuropa. Analysen, Probleme und Entwicklungsperspektiven. Bonn 1993 (Bundeszentrale für politische Bildung, Schriftenreihe 317).

3 Ludwig „der Deutsche" (ca. 805-676) und Karl „der Kahle" (823-877), Söhne Kaiser Ludwigs des Frommen (778-840), übernahmen im Vertrag von Verdun 843 die Herrschaft im östlichen bzw. westlichen Teil des Fränkischen Reiches.

4 Das britische *Empire* wandelte sich genau um diese Zeit – durch das Westminster-Statut von 1931 – zum *Commonwealth* selbständiger Staaten (vorerst nur in den von Europäern besiedelten Kolonien).

5 Zitiert nach Auswärtiges Amt (Hg.): Europa. Dokumente zur Frage der europäischen Einigung. Bonn 1953, S. 34 f. – Die 27 europäischen Völkerbunds-Mitgliedstaaten hatten Briand im September 1929 (aufgrund seiner Anregung vor der Völkerbunds-Versammlung am 05.09.1929) beauftragt, ein solches Memorandum vorzulegen; als Resultat kam jedoch nur eine „Studienkommission" zustande, die nach einigen Sitzungen ihre Tätigkeit beendete.

6 Beide Zitate nach Walter Lipgens: Die Europäische Integration. Stuttgart 1983, S. 12 (Reihe Tempora – Quellen zur Geschichte und Politik); dort auch Stimmen aus den anderen im Text erwähnten Ländern. Vgl. Walter Lipgens (Hg.): Europa-Föderationspläne der Widerstandsbewegungen 1940-1945. München 1968.

7 Da Franzosen gewohnt sind, ihre Sprache präzise zu handhaben, dürfen wir in diesem Begriff die Vision eines tatsächlich bundesstaatlich zusammengefassten Europa erkennen; sie erwies sich nach 1945 als Utopie.

8 Man denke nur an das apokryphe Bonmot des konservativen französischen Romanciers François Mauriac: „Ihr werft mir vor, ich liebe Deutschland nicht? Falsch, ich liebe es so sehr, dass ich glücklich bin, weil es zwei davon gibt."

9 Deutsche Teilübersetzung in Auswärtiges Amt (Hg.) a.a.O. [Fußnote 5], S. 84 f.

10 Art. 4 des Brüsseler Vertrags: „Wenn eine der Hohen Vertragschließenden Parteien das Ziel eines bewaffneten Angriffs in Europa werden sollte, so werden die anderen Hohen Vertragschließenden Parteien der angegriffenen Partei in Übereinstimmung mit den Klauseln des Art. 51 der Charta der Vereinten Nationen alle in ihrer Macht liegende militärische und sonstige Hilfe und Unterstützung leisten." Deutschland ist also nicht ausdrücklich als potentieller Aggressor genannt, und der britische Außenminister Ernest Bevin äußerte am 22.01.1948 im Unterhaus auch Sorge vor Expansionsgelüsten der Sowjetunion. An den Verhandlungen, die zum Brüsseler Pakt führten, nahmen jedoch auch Jugoslawien, Polen und die Tschechoslowakei teil; nur konnten sie sich angesichts des aufziehenden Ost-West-Konflikts nicht mit den Westeuropäern einigen.

11 Belgien, Dänemark, Frankreich, Großbritannien, Irland, Italien, Luxemburg, Niederlande, Norwegen, Schweden.

12 Wortlaut mit Zusatzprotokollen aus den Jahren 1952-1994 in Menschenrechte 1995, S. 220 ff.

13 Wortlaut des Paktes und des Fakultativprotokolls (einschließlich der zitierten deutschen Bekanntmachung über dessen Inkrafttreten) a.a.O., S. 52 ff.

14 Rafaële Rivais: Europe – élargissement et droits de l'homme. *Le Monde* (Paris) 29.08.2003. – Von den 28.257 Eingaben des Jahres 2002 wurden allerdings 17.900 als unzulässig erklärt, oder es wurde

außergerichtliche Einigung erreicht; vgl. *Das Parlament* (Bonn) 03./10.02.2003. 2003 gingen beim EGMR 38.000 Beschwerden ein, von denen das Gericht 95% als unbegründet zurückwies; Quelle: *Das Parlament* 10.05.2004

15 Die Parlamentarische Versammlung besteht aus Delegierten der einzelstaatlichen Parlamente (2 bis 18 je nach Größe des Mitgliedstaates) und umfasst (2003) 313 Abgeordnete; sie hat im wesentlichen nur Beratungskompetenz.

16 Fischer Weltalmanach 2002, S. 980

17 Monnet war 1919-23 stellvertretender Generalsekretär des Völkerbundes; 1943 gehörte er der von De Gaulle in Algier geführten Provisorischen Regierung Frankreichs an; 1946-50 leitete Monnet in Paris das Amt für Wirtschaftsplanung, 1952-55 war er der erste Präsident der Hohen Behörde der EGKS.

18 Schuman, in Luxemburg geboren, wuchs im damals deutschen Lothringen auf; er gehörte 1944 zu den Gründern des *Mouvement Républicain Populaire* (MRP), der christlich-demokratischen Partei Frankreichs; 1948-52 war er Außenminister, 1958-60 erster Präsident des Europäischen Parlaments.

19 Zitiert nach Auswärtiges Amt (Hg.) a.a.O. [Fußnote 5], S. 302

20 De Gaulle rief nach Frankreichs Niederlage gegen das Deutsche Reich im Juni 1940 (damals frisch beförderter Brigadegeneral) von London aus zur Fortsetzung des Krieges auf; 1943 übernahm er in Algier die Führung der Provisorischen Regierung Frankreichs, trat dann nach dem Sieg der Alliierten im Januar 1946 vom Amt des Staatschefs zurück. Unter dem Druck des Algerienkriegs wurde er im Mai 1958 wieder an die Macht gerufen, gab Frankreich eine neue Verfassung (V. Republik) mit großer Machtfülle des direkt vom Volk zu wählenden Präsidenten und übte dieses Amt 1959-1969 aus.

21 Charles De Gaulle: Memoiren. Der Ruf 1940-1942. Berlin/Frankfurt a.M. 1955, S. 7

22 De Gasperi war 1911-18 Abgeordneter für seine Geburtsregion Tirol im österreichischen Parlament. 1945-53 war er als Führer der *Democrazia Cristiana* italienischer Ministerpräsident.

23 Die Konvention von Lomé (Hauptstadt Togos) zwischen der EG und den *AKP*-Staaten in Afrika, der Karibik und im Pazifik wurde erstmals 1975 abgeschlossen und stand alle fünf Jahre zur Erneuerung an. Im Juni 2000 wurde ein neues, jetzt 10 Jahre gültiges Abkommen in Cotonou (Benin) unterzeichnet. Die Zahl der AKP-Staaten wuchs bis 2003 auf 79, darunter alle 48 Länder Afrikas südlich der Sahara einschließlich Südafrika.

24 Der Jura-Professor Hallstein wurde von Adenauer 1950 als Staatssekretär ins Bundeskanzleramt berufen und baute 1951-58 als Staatssekretär das Bonner Auswärtige Amt auf, während der Kanzler als Außenminister amtierte.

25 Die Gegner eines türkischen Beitritts zur EU begründen ihre Verweigerung mit Demokratie- und Menschenrechts-Defiziten in der Türkei. In Wirklichkeit spielt offenkundig die Furcht vor der im Gemeinsamen Markt garantierten Freizügigkeit, also vor ungehinderter Migration Arbeit suchender Türken in die europäischen Kernländer die Hauptrolle. Zum europäischen Migrationsproblem allgemein vgl. Hubert Heinelt (Hg.): Zuwanderungspolitik in Europa. Nationale Politiken – Gemeinsamkeiten und Unterschiede. Opladen 1994; Jürgen Fijalkowski: Das Migrationsproblem in Europa, in Jakobeit & Yenal (Hg.) a.a.O. [Fußnote 2], S. 613-633. – Der EU ist es bis 2004 nicht gelungen, eine gemeinsame Einwanderungspolitik zu gestalten.

26 Die *Republik Zypern* ist der einzige weltweit anerkannte Staat auf der Insel, umfasst aber faktisch nur den von Griechen bewohnten Südteil. Die *Türkische Republik Nordzypern* hat sich am 15.11.1983 für unabhängig erklärt, wird aber nur von der Türkei anerkannt und ist von türkischem Militär besetzt. Die EU forderte ursprünglich, der Konflikt müßte vor einem Beitritt Zyperns gelöst werden; das scheiterte Ende April 2004 am massiven Nein der Zypern-Griechen bei der Volksabstimmung über einen Vereinigungs-Plan der Vereinten Nationen, der Verklammerung beider Inselteile durch einen locker verfaßten Bundesstaat vorsah.

27 Der 1999 neu gestaltete Strukturfonds, der für 2000-2006 über ? 195 Mrd. verfügt, dient der Regionalförderung in allen Mitgliedstaaten. Der 1994 eingerichtete Kohäsionsfond ist für den gleichen Zeitraum mit 18 Mrd. ausgestattet, von denen Spanien ca. 62%, Griechenland und Portugal je ca. 17% und Irland den Rest erhalten soll. – Den neuen Mitgliedstaaten in Osteuropa hat die EU

für die Jahre 2004-2006 Hilfen in Höhe von bis zu 4% ihres BIP zugesagt; Polen soll ? 12,81 Mrd. erhalten (=2% seines BIP), Ungarn ? 3,21 Mrd. (=1,3%), Tschechien ? 2,62 Mrd. (=1%), die Slowakei ? 1,76 Mrd. (=1,7%), Litauen ? 1,54 Mrd. (=2,9%), Lettland ? 1,16 Mrd. (=3,7%), Estland ? 690 Mio. (=2,7%); Quelle: *Le Monde* (Paris) 29.04.2004

28 Quelle: Fischer Weltalmanach 2004, S. 1111 f. – Deutschland zahlte 23% dieses Haushalts (=ca. ? 19,2 Mrd. – die Rückflüsse machten 2002 ca. 12, 4 Mrd. aus), Frankreich 17,4%, Großbritannien 13,8%, Italien 14,3%, Niederlande 6,1%, Spanien 8,2%, Belgien 3,9%, Schweden 2,7%, Österreich 2,3%, Dänemark 2,1%, Griechenland 1,7%, Finnland und Portugal je 1,5%, Irland 1,3%, Luxemburg 0,2%.

29 Der Maastricht-Vertrag wurde 1997 durch den Vertrag von Amsterdam nur unwesentlich ergänzt. Text des bis einschließlich *Amsterdam* revidierten EWG/EG/EU-Vertrags siehe Thomas Laufer (Hg.): Vertrag von Amsterdam. Bonn 1998. 2001 kam in Nizza ein weiterer Vertrag zustande, der vor allem die „Weiterentwicklung der Institutionen während des Erweiterungsprozesses" zu regeln versuchte, dessen Kompromisse aber von vielen Beteiligten als unzureichend empfunden wurden.

30 EUROPOL ist in Art. K.1 Abs. 9 des Vertrags von Maastricht vorgesehen und wurde am 26./27.06.1995 durch eine Konvention des Europäisches Rats errichtet; Sitz ist Den Haag. Die Kompetenz war ursprünglich begrenzt auf Datenverarbeitung und Informationsaustausch zwischen den nationalen Polizeibehörden.

31 Benelux, Deutschland, Finnland, Frankreich, Griechenland (seit 2001), Irland, Italien, Österreich, Portugal, Spanien.

32 Das Direktorium der EZB besteht aus dem Präsidenten, dem Vizepräsidenten und fünf weiteren Generaldirektoren; es wird vom Europäischen Rat benannt und vom Europäischen Parlament bestätigt. In dem 1998 installierten ersten Direktorium waren die Niederlande (Präsident), Frankreich (Vizepräsident), Spanien, Finnland, Deutschland und Italien vertreten. Am 01.11.2003 löste der bisherige Gouverneur der *Banque de France*, Jean-Claude Trichet (*1942), den Niederländer Wim Duisenberg (*1935), als Präsident ab. Die Amtszeit des Direktoriums beträgt acht Jahre.

33 Dem Konvent gehörten aus jedem der 15 Mitgliedstaaten ein Vertreter der Regierung und zwei Parlamentarier an, 16 Mitglieder des EU-Parlaments und 2 Vertreter der EU-Kommission. 12 Regierungs-Vertreter und 24 Parlamentarier aus den Beitrittsländern berieten mit, hatten aber kein Stimmrecht. Präsident des Konvents war Valéry Giscard d'Estaign. Vgl. Rupert Scholz: Eine Verfassung für Europa. *KAS-Auslandsinformationen (St. Augustin)* 19-2003-8, S. 4-18; Helmut Wagner: Das Kreuz mit der Verfassung der Europäischen Union. Wer sind die Konstituanten? *Zeitschrift für Politik* 50-2003-2, S. 205-218; Dossier „Die EU nach dem Konvent". *Dokumente* (Bonn) 59-2003-5, S. 10-45

34 Daran hatte schon die im Juni 1999 vom Europäischen Rat beschlossene Einführung des vormaligen NATO-Generalsekretärs Javier Solana (*1942) in das durch den Amsterdam-Vertrag geschaffene Amt eines „Hohen Beauftragten" für die GASP nichts geändert.

35 Quelle: SPIEGEL (Hamburg) 12.01.2004:89; für Juni 2004 *Le Monde* (Paris) 21.06.2004

36 Arnold 1999, S. 14, 74, 76. – Botschafter Hans Arnold (*1923) stand 1951-86 im Auswärtigen Dienst und vertrat die Bundesrepublik Deutschland unter anderem bei den Vereinten Nationen.

37 In Griechenland sind es 19,8%, Irland 11,2%, Spanien 8,6%, Italien 6,7%, Frankreich 4,8%, Deutschland 2,7, Großbritannien 1,9%. Quelle: *Tagesspiegel* (Berlin) 27.03.1999 (nach EU-Kommission/Deutscher Bauernverband).

38 Johan Galtung: Kapitalistische Großmacht Europa oder Die Gemeinschaft der Konzerne? „A superpower in the making". Reinbek 1973.

39 Zitiert nach originaler Pressemitteilung; darin auch die Unterstreichungen. Karl Lamers (*1935) war außenpolitischer Sprecher der von Wolfgang Schäuble (*1942) geführten Fraktion.

40 Deutsche Übersetzung aus dem Lateinischen zitiert nach Samuel von Pufendorf: Die Verfassung des Deutschen Reiches, hrsg. und übersetzt von Horst Denzer. Frankfurt a.M./Leipzig 1994. S. 183 ff. (Bibl. des deutschen Staatsdenkens 4) – Pufendorf (1632-1694) lehrte seit 1661 Völkerrecht in Heidelberg, seit 1670 im schwedischen Lund, wurde 1677 als Geschichtsschreiber an den Hof in Stockholm und 1686 in gleicher Funktion an den brandenburgischen Hof nach Berlin berufen.

14. Das Selbstbestimmungsrecht für Völker und das Erbe Titos

Dieses Kapitel und das folgende begann ich für die Erstauflage Mitte April 1999 zu schreiben, während die Luftstreitkräfte der NATO Nacht für Nacht und Tag für Tag Jugoslawien bombardierten und beschossen. Ich korrigiere beide Kapitel für die Neuauflage im Oktober 2004 so wenig wie irgend möglich,[1] weil auch jetzt noch gilt: Die Zeiten sind vorbei, als wir uns in Europa glücklich preisen durften, weil Kriege nur noch rings um unseren Kontinent tobten – in so exotischen Ländern wie Rwanda oder Eritrea, Kurdistan, Sinai, Korea, Vietnam oder Afghanistan, allenfalls unter Mitwirkung eines europäischen Staates auf den Falkland-Inseln.[2] Diese glückliche Zeit, als Europa eine Oase des Friedens – definiert negativ als *Nicht-Krieg* – war, umfaßte immerhin fast genau die ganze zweite Hälfte des 20. Jahrhunderts, in schärfstem Kontrast zur europäischen Geschichte vieler Jahrhunderte zuvor. War es die fortschreitende Integration Westeuropas, der wir dieses Geschenk verdanken? War es die Macht und Bündnistreue der USA? War es das Gleichgewicht des nuklearen Schreckens, das lehrbuchgemäß *Abschreckung* zwischen den Supermächten erzeugte, solange diese Supermächte noch zu zweit auf Erden waren? Alle drei Faktoren wirkten wohl zusammen, und wir dürfen auch momentane Eingriffe einzelner Politiker nicht vergessen, die in explosiven Situationen abwiegelten, in denen sie auch einen Konflikt hätten eskalieren können; ich denke an Willy *Brandt* (1913-1992),[3] der am 13. August 1961 eine Massendemonstration zorniger Berliner davon abhielt, zum Brandenburger Tor zu ziehen, wo die Soldaten des anderen deutschen Staaten soeben die Mauer bauten, die dann keine hundert Jahre stand, aber immerhin fast dreißig. – Egal, wie die Gewichte genau verteilt waren, die den Kriegsgott wenigstens in Europa gefesselt hielten. Diese Zeiten sind vorbei.

Jugoslawien bildet den finsteren Hintergrund zu diesem und dem folgenden Kapitel. Ich will zuerst nach Ursachen des Konflikts fragen, der diesen Staat seit 1991 in Stücke gerissen hat, und dann die Doktrin und das militärische Instrumentarium der *Humanitären Intervention* analysieren, welche die USA und die übrigen NATO-Staaten 1999 gegen Jugoslawien zum ersten Mal ohne Mandat der Vereinten Nationen praktizieren, mit der aber längst vorher bereits experimentiert worden war – und nicht nur von den Amerikanern.

Rückblick auf fast zweitausend Jahre

Die Wurzeln der Konflikte in Jugoslawien reichen nicht ganz so weit in die Vorzeit zurück wie diejenigen der israelisch-arabischen Konfrontation, aber fast zwei Jahrtausende müssen wir doch in der folgenden Zeittabelle überblicken:

- *395 n. Chr.* Teilung des Römischen Imperiums unter dem Druck der Invasion von Hunnen und Goten. Die Grenzlinie zwischen dem lateinisch bestimmten Weströmischen Reich und dem griechisch bestimmten Oströmischen/Byzantinischen Reich verläuft genau auf der heutigen Westgrenze Serbiens und Montenegros. Im weiteren Verlauf der *Völkerwanderung* besiedeln Slawen den größten Teil der Balkanhalbinsel.
- *867* Patriarch Photios von Konstantinopel löst die orthodoxe (=rechtgläubige) byzantinische Reichskirche vom Anspruch des römischen Papstes auf Vorrang (Primat). Die byzantinischen Priester Cyrillos († 869) und Methodios schaffen ein eigenes Alphabet für die slawische Kirchensprache im Bereich der Orthodoxie.
- *1091* Personalunion (=gemeinsames Königtum) zwischen dem seit 1001 römisch-christlichen Ungarn und Kroatien (einschließlich Dalmatien und Slawonien).
- *1331-1355* Serbisches Großreich auf vorher byzantinischem Gebiet unter Kaiser Stephan Dušan, mit Hauptstadt Skopje in Mazedonien.

- *1389 (15. Juni)* Schlacht auf dem Amselfeld (=Kosovo). Sieg einer islamischen Armee osmanischer Türken über orthodox-christliche Serben und Albaner.
- *1463* Zehn Jahre nach der Eroberung Konstantinopels (Ende des Byzantinischen Reiches) werden Serbien und Bosnien Provinzen des Osmanischen Reiches.
- *1683* Zum zweiten Mal (nach 1529) scheitert der Versuch der Osmanen, Wien zu erobern; es folgt eine Gegenoffensive römisch-christlicher Mächte in Richtung Balkan.
- *1717* Prinz Eugen von Savoyen (1663-1736) erobert Belgrad (bis 1739) für den – römisch-christlichen – Habsburger Kaiser; in der Folgezeit Ansiedlung orthodoxer Serben an der österreichischen Militärgrenze gegen das weiterhin osmanische Bosnien – der Krajina.
- *1867* Nationale Auseinandersetzungen im Habsburger Reich führen zu einem „Ausgleich" mit den Ungarn: sie erhalten Autonomie auf einem Gebiet, das Kroatien einschließt, während Dalmatien an die österreichische Reichshälfte fällt.
- *1878* Der Berliner Kongreß der Großmächte garantiert die staatliche Unabhängigkeit Serbiens vom Osmanischen Reich – bis 1903 unter österreichisch-ungarischer Vormundschaft. Österreich-Ungarn okkupiert Bosnien-Herzegowina und annektiert dieses Gebiet als gemeinsame Provinz beider Reichshälften 1908.
- *1914 (28. Juni)* Ermordung des Habsburger Thronfolgers Franz Ferdinand (*1863) in Sarajewo; Ende der Hoffnungen auf den von ihm angestrebten „Slawischen Ausgleich" (d.h. Autonomie für slawische Nationen innerhalb Österreich-Ungarns).
- *1918 (1. Dezember)* Proklamation des „Königreichs der Serben, Kroaten und Slowenen" unter der serbischen Dynastie; 1929 folgt ein zentralistischer Staatsstreich (seitdem Jugoslawien) König Alexanders I. (*1888), der daraufhin am 9. Oktober 1934 von der kroatischen Faschistenpartei Ustaša ermordet wird.
- *1939* Das faschistische Italien okkupiert und annektiert Albanien.
- *1941 (10. April)* Nach dem Angriffskrieg der deutschen Wehrmacht gegen Jugoslawien Proklamation eines Ustaša-Staats Kroatien unter deutscher Vorherrschaft; Bosnien-Herzegowina wird Kroatien zugeschlagen, Dalmatien und Kosovo fallen bis 1943 an Italien bzw. das italienische Albanien, Mazedonien wird Bulgarien überlassen.
- *1944 (20. Oktober)* Nach der Eroberung Belgrads durch die Sowjetarmee übernimmt Tito (1892-1980),[4] Führer der anti-deutschen kommunistischen Partisanen, die Macht in Jugoslawien; am 31. Januar 1946 erläßt Tito die Verfassung der Föderativen Volksrepublik Jugoslawien (Teilrepubliken: Slowenien, Kroatien, Bosnien-Herzegowina, Serbien, Montenegro, Mazedonien) mit Macht-Monopol des zentralistisch organisierten „Bundes der Kommunisten".

- *1948* Bruch zwischen Tito und Stalin.
- *1961* Jugoslawien übernimmt eine führende Rolle bei der Gründung der Organisation der Blockfreien Staaten.
- *1971* Tito unterdrückt den „Kroatischen Frühling" – Ausdruck des wieder auflebenden Nationalismus der Kroaten.
- *1980 (4. Mai)* Tito stirbt.
- *1986* Slobodan Miloševic (*1941) setzt sich als Parteichef in Serbien durch. Am 8. Mai 1989 wird er Präsident der Teilrepublik Serbien, im Juli 1990 wird der Bund der Kommunisten in „Sozialistische Partei Serbiens" umbenannt.
- *1990 (28. September)* Beseitigung der von Tito eingeräumten Autonomie innerhalb der jugoslawischen Teilrepublik Serbien für die (zwischen Belgrad und der ungarischen Grenze gelegene) Vojvodina und für Kosovo; der Schriftsteller Ibrahim Rugova (*1944), 1989 Gründer der „Demokratischen Liga Kosovo" (LDK), ruft die Unabhängigkeit des Kosovo aus, organisiert gewaltfreien Widerstand und erzielt bei einem inoffiziellen Referendum der Kosovo-Albaner 90% Zustimmung für seine Politik.
- *1991 (25. Juni)* Die jugoslawischen Teilrepubliken Slowenien und Kroatien erklären sich zu unabhängigen Staaten. Beginn der Bürgerkriege durch Intervention der jugoslawischen Bundesarmee in Slowenien.
- *1991 (30. Sept.)* Beginn des Bürgerkriegs in Kroatien durch Angriffe der jugoslawischen Bundesarmee und irreguläre Verbände der serbischen Minderheit; 18. November Einnahme der Stadt Vukovar im kroatischen Ostslawonien durch Serben.
- *1991 (23. Dezember)* Völkerrechtliche Anerkennung Sloweniens und Kroatiens durch Deutschland, 15. Januar 1992 durch die anderen Staaten der Europäischen Gemeinschaft (EG).
- *1992 (21. Februar)* Der VN-Sicherheitsrat errichtet durch Resolution 743 UNPROFOR als Blauhelm-Truppe für Kroatien und Bosnien-Herzegowina (bis zu 39.000 Mann). Der Bürgerkrieg in Kroatien geht im Juni in einen Waffenstillstand über – bei faktischer Selbständigkeit der mehrheitlich von Serben bewohnten Krajina.
- *1992 (1. März)* Mit einer von den bosnischen Kroaten und Muslimen durchgesetzten Volksabstimmung über die Unabhängigkeit von Bosnien-Herzegowina (99,43% Ja-Stimmen bei 63% Beteiligung) beginnt der Bürgerkrieg der bosnischen Serben gegen die beiden anderen Volksgruppen; 7. April Proklamation der „Serbischen Republik Bosnien-Herzegowina"; ebenfalls 7. April völkerrechtliche Anerkennung des ungeteilten Bosnien-Herzegowina durch die Staaten der Europäischen Gemeinschaft.

- *1992 (29. April)* Ausrufung der (neuen) Bundesrepublik Jugoslawien, die nur noch aus den autonomen Teilrepubliken Serbien und Montenegro besteht.
- *1993 (25. Mai)* Der VN-Sicherheitsrat errichtet durch Res. 827 den Internationalen Strafgerichtshof für das frühere Jugoslawien (Sitz Den Haag), der Kriegsverbrechen aller Bürgerkriegs- bzw. Kriegsparteien aburteilen soll; das erste Urteil (10 Jahre Haft) ergeht am 29. November 1996 gegen einen bosnischen Kroaten wegen Teilnahme am Massaker der bosnischen Serben in Srbrenica am 12. Juli 1995.
- *1994 (28. Februar)* Erster Kampfeinsatz der NATO über Bosnien, gedeckt durch Res. 818 des VN-Sicherheitsrats vom 31. März 1993: amerikanische Kampfflugzeuge schießen 4 serbische Kampfflugzeuge ab.
- *1995 (12. Juli)* Truppen der bosnischen Serben erobern die am 6. Mai 1993 zur VN-Schutzzone erklärte muslimische Enklave Srbrenica ohne Widerstand der dort stationierten UNPROFOR-Soldaten und massakrieren einen Teil der Zivilbevölkerung.
- *1995 (4.-6. August)* Die kroatische Armee erobert die seit 1992 von Serben gehaltene Krajina und vertreibt mehr als 300.000 Serben nach Jugoslawien oder Bosnien.
- *1995 (14. Dezember)* Das am 21. November in Dayton (Ohio/USA) ausgehandelte Friedensabkommen für Bosnien-Herzegowina wird von den Präsidenten Serbiens (Miloševic), Kroatiens (Franjo Tudjman)[5] und Bosnien-Herzegowinas (Alija Izetbegovic)[6] unterzeichnet.
- *1995 (20. Dezember)* UNPROFOR wird durch die von der NATO befehligte, 60.000 Mann (darunter 20.000 US-Amerikaner) starke IFOR (seit 1997 SFOR) abgelöst, an der sich auch Rußland beteiligt.
- *1997 (23. Juli)* Slobodan Miloševic wird Präsident der Bundesrepublik Jugoslawien.
- *1997 (30. November)* Die albanische „Befreiungsarmee des Kosovo“ (UÇK)[7] ruft den bewaffneten Kampf gegen die serbische Herrschaft aus. Ab Juli 1998 Gegenoffensive serbischer Polizei- und jugoslawischer Armee-Streitkräfte.
- *1998 (Oktober)* Die OSZE stationiert unbewaffnete Beobachter im Kosovo.
- *1999 (6. Februar)* Beginn der von der NATO dominierten, erfolglosen Friedenskonferenz für Kosovo in Rambouillet (Frankreich).
- *1999 (24. März)* Nach dem Abzug der OSZE-Beobachter aus Kosovo beginnt die NATO mit Angriffen ihrer Luftwaffe auf Jugoslawien. Massenhafte Vertreibung von Albanern aus dem Kosovo.
- *1999 (27. Mai)* Präsident Miloševic wird vor dem Haager „Internationalen Strafgerichtshof für das ehemalige Jugoslawien“ wegen Kriegsverbrechen angeklagt.

- *1999 (9. Juni)* Die NATO und Jugoslawien vereinbaren die sofortige Ablösung der jugoslawisch/serbischen Streitkräfte in Kosovo durch eine internationale Truppe (KFOR), neben die im Juli als Leiter der Zivilverwaltung (UNMIK) ein Hoher Repräsentant des VN-Generalsekretärs tritt. Der Sicherheitsrat billigt diese Regelung am 10. Juni durch seine Resolution 1244.
- *2000 (7. Oktober)* Nach umstrittenen Wahlen zur Präsidentschaft Jugoslawiens löst Oppositionsführer Vojislav Koštunica (*1944) Miloševic in diesem Amt ab.
- *2000 (28. Oktober)* Bei Kommunalwahlen in Kosovo gewinnt Rugovas LDK 58% der Stimmen.
- *2001 (28. Juni)* Der neue serbische Ministerpräsident Zoran Djindjic (1952-[ermordet 12.03.] 2003) veranlaßt die Auslieferung Miloševics an das Haager VN-Tribunal, wo am 12. Februar 2002 der Prozeß gegen ihn beginnt.
- *2001 (17. November)* Parlamentswahlen in Kosovo ergeben 46,3% für die LDK, 25,5% für die Demokratische Partei des ex-UÇK-Kommandeurs Hashim Thaçi, 11% für serbische Gruppen.
- *2004 (März)* Pogrome albanischer Extremisten gegen Serben in Kosovo.

Drei Dimensionen nationalen Bewußtseins

Die erste Frage, die an die Geschichte der Völker des ehemaligen Jugoslawien zu stellen ist, betrifft die Herausbildung ihres modernen Nationalbewußtseins. Wie auch bei anderen Völkern Europas, wird es hauptsächlich durch drei Faktoren geformt:

- *Zusammenwachsen* oder -streben kleinerer Gruppen von Menschen zu einer größeren Einheit, häufig auf der Basis der Entwicklung einer gemeinsamen Standardsprache, aber auch gemeinsamen religiösen Bekenntnisses und/oder gemeinsamer historischer Erfahrungen;
- *Abgrenzung* dieser größeren Einheit von anderen, in der Regel benachbarten Völkern, häufig aufgrund historischer Konflikte, die in unterschiedlichen Sprachen und/oder religiösen Bekenntnissen wurzeln können, aber keineswegs müssen;
- Bestreben des Volkes (*de facto* seiner kulturell-politischen Führung), aus einer historisch gegebenen größeren politischen Einheit auszuscheiden (= B*efreiung von Fremdherrschaft*), um einen unabhängigen eigenen Staat zu gründen.

Moderner europäischer Nationalismus infizierte die Menschen im späteren Jugoslawien zu Anfang des 19. Jahrhunderts durch die deutsche Romantik im Sinne Herders (vgl. Kapitel 3), aber auch durch eine oft vergessene kurze historisch-politische Erfahrung: die unmittelbare Einbeziehung Istriens, Dalmatiens und von Teilen Sloweniens sowie

Kroatiens als *Illyrische Provinzen* in den Staatsverband des napoleonischen Kaisertums Frankreich 1809-14. Um 1835 machte die Bestrebung, für Serben und Kroaten (sogar unter Einbeziehung der Slowenen) eine gemeinsame Schriftsprache zu schaffen,[8] unter der Bezeichnung „Illyrismus" von sich reden – und sie galt Metternich als so gefährlich, dass er sie 1843 schlicht verbot; danach erst legte dieselbe Bestrebung sich die Bezeichnung *jugoslawisch* (= südslawisch) zu.

Für das Nationalbewußtsein der *Serben*, die sich durch ihr Bekenntnis zum orthodoxen Christentum und die Erinnerung an ihr Kaiserreich im 14. Jahrhundert definieren, spielt zweifellos die Befreiung aus dem Osmanischen Reichsverband die Hauptrolle; sie begann 1815, Realität zu werden – aber nur auf einem kleinen und ursprünglich abgelegenen Teil des historischen Serbien bzw. der von Serben besiedelten Gebiete, südlich von Belgrad. Die Parallele zur Geschichte des Freiheitskampfes der Griechen ist offensichtlich. 1844 konzipierte der Bauernführer Ilja Garašanin, Berater des Fürsten dieses kleinen Serbien, die Idee von einer politischen Mission aller Serben oder Südslawen, im Bunde mit Frankreich und England ein Großreich zu schaffen, um die Osmanen als Vormacht auf dem Balkan abzulösen. Der erste Faktor (*Zusammenwachsen*) unseres Ansatzes zum Verständnis des Nationalismus wird eingeführt. Wen genau Garašanin und alle, die sich in der Folge von ihm inspirieren ließen, zu den „Südslawen" zählte, steht nicht fest; klar ist nur, daß er die Bulgaren nicht dabei haben wollte.[9] Historische Tatsache ist ferner, daß Serbien während der europäischen Revolution 1848/49 (jetzt schon mehr oder weniger *de facto* vom Osmanischen Reich unabhängig) die Kroaten unterstützte, die gegen die Ungarn kämpften – folglich für die Habsburger Partei ergriff, die mit russischer Hilfe das aufmüpfige Ungarn (vorläufig...) in den österreichischen Reichsverband zurückzwangen.[10]

In den beiden Balkankriegen 1912 und 1913, die das Osmanische Reich fast völlig aus Europa verdrängten, gehörten Serbien und das stammverwandte *Montenegro* (als einziges christliches Fürstentum der Region hatte es die Türkenzeit dank seiner „Schwarzen Berge" unabhängig überstanden) zu den Siegern. Rivalität um die Teilung der Beute, vor allem um *Mazedonien* (Ursache des zweiten Krieges), trieb einen Keil zwischen Serbien auf der einen, und die sich übervorteilt fühlenden Nachbarn Bulgarien und Albanien auf der anderen Seite. So schob sich der zweite oben postulierte Faktor des Nationalismus (*Abgrenzung*) neben den ersten und ersetzte weitgehend den dritten, der durch die Zurückdrängung der Osmanen gegenstandslos geworden war. Je deutlicher wurde, daß die meisten Kroaten und später auch Mazedonier (obwohl orthodoxer Konfession) – von den wiederum katholischen Slowenen gar nicht zu reden – mit der Idee einer um die Serben gruppierten jugoslawischen Nation wenig anzufangen wußten, umso mehr mußte sich das serbische Ressentiment auf diese indolenten, in den Islam „verirrten" oder gar „verräterischen" Sprachverwandten konzentrieren; Österreich-Ungarn, in dem die Slowenen und Kroaten (mehr oder weniger) zu Hause waren und das mit der Annexion des vorher nominell immer noch osmanischen Bosnien auch die dortigen (südslawisch sprechenden) Muslime eingemeindete, wurde für Serbien zum übergeordneten Feind, wie am 28. Juni 1914 (nach dem orthodoxen Kalender der Jahrestag der Kosovo-Schlacht von 1389) mit dem Mord an Erzherzog Franz Ferdinand drastisch zum Ausdruck kam. Im Ersten Weltkrieg und im Zweiten schien sich dann das Konzept einer mit Frankreich, England und sogar gleichzeitig mit Rußland verbündeten jugoslawischen Regionalmacht in Südosteuropa zu verwirklichen. *Es fiel nach 1990 schwer, davon Abschied zu nehmen.*

Auch das Nationalbewußtsein der *Kroaten* speist sich historisch aus Erinnerungen an mittelalterliche Eigenständigkeit. 1848/49 stand, wie erwähnt, die *Befreiung* (Faktor 3) von ungarischer Vorherrschaft durchaus auf der Tagesordnung – praktiziert jedoch in Loyalität zum Kaiser in Wien. Fremdbestimmung im Verband des Habsburger Reiches wurde von den Kroaten weniger schmerzlich empfunden als von den Serben die osmanische Herrschaft, da die Habsburger sich zwar vorwiegend auf die Deutsch-Österreicher stützten, diese aber der gleichen römisch-katholischen Kirche angehörten. So richtete sich die Konfrontation der Kroaten zunehmend gegen die Doktrin der Serben, alle „Südslawen" für eine jugoslawische Nation zu beanspruchen (Faktor 2). Die Katholiken in Dalmatien und der Herzegowina wurden selbstverständlich der kroatischen Nation zugerechnet, aber auch die bosnischen Muslime nahm man gern als „verirrte" Kroaten in Anspruch (Faktor 1) – schon um die Serben zu ärgern, die in ihnen „verirrte" Serben sahen. Als Speerspitze des kroatischen Nationalismus formierte sich nach 1929 aus dem Exil im faschistischen Italien die *Ustaša* (=Aufständische) unter ihrem *Führer (hier ist das ominöse Wort am Platz!)* Ante Pavelic (1889-1959),[11] der ab 1941 für fast vier blutige Jahre als Hitlers Statthalter die Macht in Kroatien und Bosnien ausüben sollte.

Die *Albaner* konnten für ihr Nationalbewusstsein auf eine eigene Sprache zurückgreifen, die nicht zur slawischen Sprachfamilie gehört (Faktor 2) und von der manche Linguisten vermuten, die antiken Illyrer hätten so ähnlich geredet. Zum Glück verstieg sich albanischer Nationalismus nie dazu, den ganzen geographischen Raum, der für vorgeschichtliche Zeiten den Illyrern zugewiesen wird, als „Kulturboden" zu beanspruchen *(unter diesem Begriff reklamierten die Nazis das ganze Baltikum und einiges mehr als „deutsch")* – sonst würde Groß-Albanien bis in die sächsisch-brandenburgische Lausitz reichen.

Jedoch ist Faktor 1 unseres Schemas, der Anspruch auf die Zusammenfassung aller Albaner, möglichst in einem gemeinsamen Staat, für den modernen albanischen Nationalismus maßgeblich. Von den meisten Nachbarn unterscheiden sich die Albaner außer durch die Sprache insofern, als ihre Mehrheit dem Islam anhängt; deshalb spielte die Befreiung (Faktor 3) vom Osmanischen Reich für sie keine Rolle, vielmehr dienten noch zu Beginn des 19. Jahrhunderts Albaner dem türkischen Sultan in hervorragender Position: Mohammed Ali (1769-1849), seit 1805 Vizekönig von Ägypten und Gründer der bis 1952 dort regierenden Dynastie, war Albaner; er wurde vermutlich in einer heute griechischen Stadt in Mazedonien geboren.

Ein spezifisch albanisches Nationalbewußtsein war vor 1878[12] unbekannt, und erst im November 1912, als die Zerstörung des Osmanischen Reiches auf der Balkanhalbinsel feststand, proklamierte Ismail Kemal Bei die Unabhängigkeit eines Albanien, dessen Grenzen dann von den Großmächten so fixiert wurden, wie sie heute noch im Atlas stehen und laut VN-, OSZE-, EU- und NATO-Doktrin angeblich unveränderlich sind. Italien strebte schon gleich nach 1918 eine Art Protektorat über Albanien an, welches Mussolini schließlich 1939 in direkte Annexion umwandelte; er wollte wenigstens die Adria als Teil des in Wahrheit von den Briten beherrschten *mare nostro* – des Mittelmeeres – strategisch kontrollieren. Der Anschluß des *Kosovo* an Albanien 1941-43[13] vollzog sich unter italienischem Besatzungsregime, und von einer politisch oder gar militärisch aktiven kosovo-albanischen Nationalbewegung war bis 1989 nicht die Rede.[14]

In *Mazedonien* kam es während der Balkankriege 1912-13 nicht einmal zu einer partiellen Staatsgründung wie unter den Albanern. Zwar war 1893 eine „Innere Mazedonische Revolutionäre Organisation" (IMRO) gegen die Osmanische Herrschaft gegründet worden – sind doch die Einwohner dieses historischen Landes überwiegend orthodoxe Christen. Aber da einige der südslawisch sprechenden Mazedonier sich eher auf Bulgarien, andere auf Serbien hin orientierten, während Griechenland von Süden her nach möglichst viel neuem Territorium griff und dessen christliche Bewohner ungefragt für die eigene Nation reklamierte (ebenso wie die über ganz Griechenland seit dem Mittelalter verstreut lebenden Albaner!), trat Mazedonien vorerst nur in Gestalt der „mazedonischen Frage" ins Scheinwerferlicht der europäischen Politik, stritten sich 1912-13 nur die Nachbarn um dieses Stück der osmanischen Beute. Mazedonien in seinen heutigen Grenzen fiel am Ende der Balkankriege an Serbien; in den Augen der serbischen Nationalisten waren slawisch sprechende Mazedonier ohnehin „Südserben". Die IMRO allerdings war noch lange nicht tot, sondern kämpfte weiter um ein unabhängiges Mazedonien – nach 1918 wie zu erwarten von Sofia aus.

Titos zentral abgesicherter Föderalismus

Vor dem Hintergrund dieser Geschichte sah sich vermutlich Marschall Tito als würdiger Nachfahre des mazedonischen Heroen Alexander der Große, als er 1946 den Gordischen Knoten mit dem Schwert seiner kommunistischen Einheitspartei durchhieb und nicht nur Serbien, Kroatien und Slowenien (in Anlehnung an 1919), sondern auch Bosnien-Herzegowina, Mazedonien und Montenegro als „autonome" Republiken etablierte, innerhalb Serbiens zusätzlich Kosovo und Vojvodina als „autonome" Provinzen. Die ganze Struktur erinnert nicht von Ungefähr an die Stalinsche Verfassung der Sowjetunion aus dem Jahre 1936, entstand sie doch vor dem Bruch Titos mit Stalin: Die abgestufte regionale „Autonomie" sollte in beiden Fällen keineswegs politische Selbständigkeit bedeuten und schon gar keine Vorstufe zur internationalen Unabhängigkeit. *Sie diente vielmehr dem Zweck, unter Kontrolle des „Demokratischen Zentralismus" der gesamtstaatlichen Kommunistischen Partei partikulare Nationalismen ruhigzustellen, indem man ihren kulturellen Anspruch befriedigte, insbesondere durch Pflege der eigenen Sprache.* Die Religion als „Opium des Volkes" (Karl Marx) war dabei für Stalin (mindestens bis 1941) und für Tito grundsätzlich tabu. Aber ähnlich wie Stalin die

Nationale Zusammensetzung der Bevölkerung Jugoslawiens 1981[18]

	Kroatien	Bosnien-Herzeg.	Mazedonien	Slowenien	Montenegro	Serbien ges.	Vojvodina	Kosovo	Jugoslawien ges.
Serben	531	1321	45	43	19	6182	1108	209	*8141*
Kroaten	3455	758	3	56	7	149	109	9	*4428*
Muslime	24	1630	40	13	78	215	5	58	*2000*
Slowenen	25	3	1	1712	1	12	4	0	*1754*
Mazedonier	5	2	1281	3	1	49	19	1	*1342*
Montenegriner	10	14	4	3	401	147	43	27	*579*
Albaner	6	4	378	2	38	1303	4	1227	*1731*
Ungarn	25	1	0	10	0	391	386	0	*427*
sonstige Minderh.	60	21	141	10	4	373	182	56	*608*
Jugoslawen	*379*	*826*	*14*	*26*	*31*	*442*	*167*	*3*	*1219*
Unbekannt	82	44	7	14	4	51	6	1	*200*
Insgesamt	*4602*	*4124*	*1912*	*1892*	*584*	*9314*	*2035*	*1584*	*22428*

Juden als eine Art Volk anerkannte (um sie vom Zionismus fernzuhalten), erlaubte Tito den bosnischen Muslimen erstmals 1961, sich bei einer Volkszählung als „Muslim im ethnischen Sinne" einzutragen[15] – was den studierten Juristen Alija Izetbegovic prompt 1970 veranlaßte, in seine *Islamische Deklaration* zu schreiben:[16]

> *„Eine islamische Gesellschaft ohne islamische Staatsmacht ist unvollkommen und hilflos... Indem der Islam beansprucht, selbst seine Welt zu gestalten, schließt er damit deutlich das Recht und die Möglichkeit aus, daß irgendwelche fremden Ideo-*

logien auf seinem Boden wirken. Es gibt also im Islam kein laizistisches Prinzip, und der Staat muß Ausdruck der Religion sein und ihre moralische Konzeption untermauern."

Mit der letzten unter Tito verabschiedeten jugoslawischen Verfassung wurden 1974 die „Autonomie"-Regelungen festgeklopft. Der Kitt hielt allerdings keine zehn Jahre über den Tod des Partisanenführers hinaus, der es immerhin fertiggebracht hatte, daß sich 1981 ganze 5,4 Prozent der jugoslawischen Bevölkerung selbst ethnisch-national als „Jugoslawen" einstuften.[17]

Ex-Jugoslawien seit 1991 – ein zweites Auschwitz?

Allerdings waren es nicht die bosnischen Muslime, sondern es war die von Serben befehligte Jugoslawische Volksarmee, die den Funken ins Pulverfaß warf, indem sie am 27. Juni 1991 antrat, die zuerst aufbegehrenden *Slowenen* gewaltsam bei der Stange zu halten. Sie handelte im Geiste eines Memorandums der Serbischen Akademie der Wissenschaften und Künste vom September 1986, in dem die „kulturelle und geistige Einheit des serbischen Volkes" beschworen und aus ihr das „Recht" abgeleitet wurde, die „volle nationale und kulturelle Integrität des serbischen Volkes, unabhängig in welcher Republik oder Region sie leben," herzustellen.[19] Das bedeutete die Kampfansage vor allem gegen *Kroatien*, wo die kroatische Bevölkerungsmehrheit am 22. April und 7. Mai 1990 in halbwegs freien Wahlen nicht nur das Monopol der Kommunisten gesprengt, sondern faktisch auch die Unabhängigkeit gewählt hatte – ebenso wie in ihrer ethnisch homogenen Teilrepublik die Slowenen bereits am 8. und 22. April des gleichen Jahres.[20]

Mazedonien (am 15. September 1991) und zuletzt *Bosnien-Herzegowina* (am 1. März 1992) folgten den Slowenen und Kroaten eher widerwillig[21] auf dem Weg in die Auflösung des alten Jugoslawien, in beiden Republiken legitimiert durch je eine Volksabstimmung, die allerdings von den bosnischen Serben boykottiert wurde. *Montenegro* blieb mit Serbien, das die Autonomie des Kosovo und der Vojvodina beseitigte, in einer Föderation zu zweit als „Neues Jugoslawien" verbunden. Das weitere ist 2004 immer noch nicht Geschichte, sondern böse Gegenwart: der Absturz in Massaker, Offensiven und Gegenoffensiven mehr oder weniger regulärer Streitkräfte, Bombardierung aus der Luft und als *ethnische Säuberung* bemäntelte Massenvertreibungen. Juristen mögen darüber befinden, was an dieser Katastrophe Bürgerkrieg, was zwischenstaatlicher Krieg war und ist. *Der Historiker darf vermerken: Ein zweites Auschwitz ist es nicht, auch kein „Genozid" im Sinne der Konvention von 1948 (vgl. Kapitel 5); Ziel war ja in keinem*

Fall, die gegnerische Volksgruppe zu „zerstören" – sie sollte nur aus der eigenen Nachbarschaft verschwinden. Was in Ex-Jugoslawien geschah, war eher eine Wiederholung anderer Übeltaten aus dem Zweiten Weltkrieg, damals als „Umsiedlungen" bemäntelt, die vom Deutschen Reich 1939 in Polen begonnen wurden, wofür 1944/45 Polen, Tschechen und andere an Deutschen Rache übten.

Die Frage drängt sich auf, ob die fixe Idee des Nationalismus allein die Katastrophe verursacht hat, oder ob sie als Ideologie im Sinne von Marx – als „falsches Bewußtsein" also – anderen, konkreteren Interessen als Tarnung diente. Wir haben es hier mit einer kaum auflösbaren Gemengelage zu tun. Einerseits ist deutlich und war seit langem bekannt, daß die Menschen in Slowenien und Kroatien sich von den anderen Jugoslawen in den weiter südlich gelegenen – seit und vielleicht infolge der Türkenzeit *wirtschaftlich* rückständigen Republiken – ausgebeutet, um den Ertrag ihrer Arbeit betrogen fühlten. Um das Jahr 1990 wurde das Bruttosozialprodukt pro Kopf, wobei man das zentrale Serbien auf 100 ansetzte, für Slowenien auf 204 beziffert, für Kroatien auf 127, Bosnien auf 69 (trotz der strategisch bedingten Konzentration der Rüstungsindustrie in diesem für potentielle sowjetische Invasoren schwierigen Landesteil), Mazedonien auf 67. Das außerhalb Jugoslawiens vielbestaunte Projekt Titos, wirtschaftlichen Aufschwung durch einen *Sozialismus mit Arbeiter-Selbstverwaltung* zu erzeugen, galt diesseits der Grenzen schon lange vor seinem Tode als gescheitert. Aber hätte die ökonomisch motivierte Unzufriedenheit des Nordens *(in Italien, sogar in Frankreich gibt es dazu durchaus Parallelen, in Deutschland seit 1990 ebenfalls)* nicht gerade zum Schulterschluß z.B. zwischen Kroaten und den in Kroatien lebenden Serben führen müssen? Die nach 1980 immer schlimmer wachsende Verschuldung Jugoslawiens im westlichen Ausland, die daraus folgende Inflation und die wirkungslosen Gegenmaßnahmen der kommunistischen Bürokratie (Preisstop, Zollmauer gegen die Zuwendungen jugoslawischer Gastarbeiter in Westeuropa) bedrückten schließlich das ganze Land und alle seine Menschen, wenn auch die relativ besser gestellten den Schmerz deutlicher spürten.

Zweiter Komplex möglicher Hintergründe der kollidierenden Nationalismen: *internationale Interessenpolitik*. In Jugoslawien wirkte 1990-92 noch der *Erste* Weltkrieg nach. Serben verließen sich auf die Bündnistreue Rußlands, anfangs auch Frankreichs und Englands (bevor das wiedervereinigte Deutschland als erste Tat seiner souveränen Außenpolitik bei den anderen EU-Staaten die Anerkennung Kroatiens und Sloweniens durchsetzte). Nicht nur in Österreich erinnerte man sich noch an die Kampfbereitschaft kroatischer und besonders „bosniakischer" (d.h. überwiegend muslimischer) Truppen der Habsburger Monarchie in den Alpenschlachten gegen Italien. Es ist auch gar nicht zu leugnen, daß bei vielen Kroaten aus dem *Zweiten* Weltkrieg die Schutzmachtfunktion des dritten Deutschen Reiches über Ustaša-Kroatien positiv nachwirkte. *Diese unselige Tradition zu wenig berücksichtigt zu haben, ist der eigentliche Vorwurf an die Bonner Außenpolitik unter Hans-Dietrich Genscher* (*1927, Außenminister1974-1992).

Aber gab es wirklich auf der anderen Seite der Medaille – aus dem internationalen Staatensystem heraus – Impulse in Richtung Jugoslawien, die den Zerfall beförderten und dadurch an der Katastrophe mitschuldig wurden? Deutschland hat sicher ein großes wirtschaftliches Interesse an einer Südosterweiterung der EU über das 2004 aufgenommene Slowenien hinaus. Aber wünscht sich dabei irgendwer möglichst kleine einzelstaatliche Klienten anstatt größerer Partner – oder gar kriegerische Verwüstungen anstatt politischen und sozialen inneren Friedens? Das ist nicht glaubhaft. Den Außenpolitikern aller betroffenen Staaten, und das schließt die USA und Rußland ebenso ein wie EU-Europa, ist eher anzukreiden, daß sie allzu lange die Köpfe in den Sand gesteckt haben, daß sie sich an billige Formeln klammerten wie die Erhaltung der altjugoslawischen Einheit, als die in Jugoslawien bereits jeden Kredit verloren hatten.

Die USA zögerten unter dem Vietnam-Trauma, sich militärisch zu engagieren; als sie es dann doch taten, fielen sie in *Dayton* 1995 von der Formel der Rettung Jugoslawiens nur auf die identische Formel der Erhaltung eines gemeinsamen Staates namens Bosnien-Herzegowina zurück – mochte der noch so fiktiv bleiben. Daß die Vereinten Nationen mit UNPROFOR versagten, wurde in Kapitel 9 dargestellt; UNMIK – seit August 2004 unter Leitung des Dänen Søren *Jessen-Petersen* (*1945) – steht in Kosovo nach dem Verschleiß seiner vier Vorgänger auch nicht besonders erfolgreich da.

Krise des Selbstbestimmungsrechts der Völker

Grundsätzlicher ist zu fragen, ob bestimmte theoretische Konzepte aus der Tradition des Westens, denen inzwischen fast weltweit gehuldigt wird – in Lippenbekenntnissen... –, geeignet gewesen wären, bei besserer Praktizierung die jugoslawische Katastrophe zu verhindern, oder ob im Gegenteil gerade der Versuch, sie in die Tat umzusetzen, diese Katastrophe ausgelöst hat. In erster Linie ist diese Frage an das Selbstbestimmungsrecht der Völker zu richten. Wir haben es in Kapitel 5 nur gestreift. Hier ist nun nachzutragen, daß dieses Recht gerade im Hinblick auf die Region, in der 1918 Jugoslawien gebildet wurde, und in enger zeitlicher Nähe vor und während des Ersten Weltkriegs in dreifacher Gestalt postuliert wurde:

1. Österreichische Marxisten zerbrachen sich vor dem Ersten Weltkrieg den Kopf, wie sie ihre demokratischen Prinzipien, die sie in der Habsburger Monarchie

natürlich in eine radikale Opposition verwiesen, mit dem Wunsch nach einer Erhaltung des Reiches verbinden könnten, die ihnen – und da bewiesen sie einen sicheren politischen Spürsinn – für alle beteiligten Völker die bessere Lösung schien gegenüber dem drohenden Zerfall in einander feindliche Kleinstaaten. Die Völker jedoch – mit Ausnahme der tonangebenden Deutschen und der Ungarn, deren Nationalismus durch den Ausgleich von 1867 zufriedengestellt war – forderten Selbstbestimmung als wesentliches Element ihrer demokratischen Rechte. Theoretiker der Sozialdemokratie, insbesondere Otto Bauer (1881-1938)[22] und Karl Renner (1870-1950),[23] entwickelten nun das Konzept, den Tschechen, Kroaten, Italienern, Rumänen, Polen, Ukrainern und was sonst noch an Völkern unter der Krone Habsburgs versammelt war, nationale Autonomie nicht nach dem Territorial-, sondern nach dem „Personalitätsprinzip" anzubieten, also z.B. Schulunterricht in ihrer eigenen Sprache, wo immer genügend Familien dieser Sprachgruppe beisammen waren, um eine solche Schule auszustatten. Dieses gerade für Regionen, in denen nicht nur ganze Landstriche und größere Städte, sondern auch Dörfer zuhauf ethnisch/religiös gemischt waren, plausible Konzept ging mit der Habsburger Monarchie 1918 zugrunde. Es lohnt sich dennoch, in Karl Renners erst aus dem Nachlaß veröffentlichter Studie zur Nation[24] nachzulesen:

„Das territoriale Abgrenzungsgebiet [sic, muß wohl heißen: Abgrenzungsgebot, F.A.] führt mindestens nicht immer zum Ziele, ob es nun historisch oder ethnisch vorgeht. Hat doch – zumal in Osteuropa – die ursprüngliche Besiedlung nur zu oft in einer Weise stattgefunden, die jeder räumlichen Abgrenzung spottet... Warum nicht die Nation auch rechtlich als eine Art Personenverband, somit als Personalkörperschaft erfassen, wie man dies ja auch für die Religionsgemeinschaften längst getan hat? Die Idee der personalen Autonomie gewann Boden. Sie hat sich kurz vor dem Krieg in den beiden am meisten gemischten Ländern Altösterreichs, in Mähren und in der Bukowina, staatsrechtlich auch völlig durchgesetzt, sie hat auch in das nicht mehr verwirklichte Projekt einer Verfassung Bosniens und der Herzegowina Eingang gefunden... Die personale Abgrenzung setzt voraus, daß die Zugehörigkeit zur Nation, die Nationalität, nicht mehr bloß rein tatsächliche Qualifikation des Individuums nach seiner Sprachbeherrschung ist, sondern dass sie rechtlich durch eine ‚Nationserklärung' des Individuums festgestellt und in einem ‚Nationalkataster' – einer gesonderten ‚Bürgerliste' für jede Nation – festgehalten wird, daß der so abgegrenzte Bestand der Nationszugehörigen zu einer Körperschaft öffentlichen Rechts wird, daß sich diese in verfassungsmäßiger Weise zunächst durch Wahlen selbst konstituiert und damit die Nation als Träger von öf-

fentlichen und privaten Rechten erst herstellt, und das Nationsganze sodann an Gesetzgebung und Verwaltung teilnimmt... Die öffentliche Gewalt erscheint, soweit nationale Sonderinteressen in Betracht kommen, nicht räumlich, sondern funktionell geteilt, und sie wird in allen Fällen, wo die gemeinsamen, übernationalen, staatlichen Interessen zu wahren sind, wieder zu einer föderativ gegliederten Einheit zusammengefaßt.“

2. Ebenfalls noch vor Beginn des Ersten Weltkriegs, Ende 1912 bis Anfang 1913, schrieb ebenfalls in Wien ein anderer Marxist, der aber aus der Provinz Georgien des russischen Zarenreiches stammte – Josef *Dschugaschwili*, später als Stalin bekannt – eine Studie unter dem Titel *Marxismus und Nationale Frage.*[25] Er kam aber zu anderen Schlußfolgerungen als Bauer oder Renner, er dachte praktischer – und damals schon deutlich brutaler:

„Die Nation hat das Recht, über ihr Schicksal frei zu bestimmen. Sie hat das Recht, sich einzurichten, wie es ihr beliebt, wobei sie natürlich nicht den Rechten anderer Nationen Abbruch tun darf. Das ist unbestreitbar. Aber wie *soll sie sich nun einrichten,* welche Formen *soll ihre künftige Verfassung annehmen, wenn die Interessen der Mehrheit der Nation und vor allem die des Proletariats maßgebend sein sollen? Die Nation hat das Recht, sich autonom einzurichten. Sie hat sogar das Recht, sich loszutrennen. Aber das heißt noch nicht, daß sie das unter allen Umständen tun muß... Die transkaukasischen Tataren als Nation könnten sich, sagen wir, auf ihrem Landtag versammeln und unter dem Einfluß ihrer Begs und Mullahs die alten Zustände wiederherstellen, den Beschluß fassen, sich vom Reich loszutrennen... Läge das aber im Interesse der werktätigen Schichten der tatarischen Nation? Kann denn die Sozialdemokratie gleichgültig zuschauen, wie bei der Lösung der nationalen Frage die Begs und Mullahs die Massen hinter sich herführen? Soll die Sozialdemokratie hier nicht eingreifen und in bestimmter Weise den Willen der Nation beeinflussen? ... Alles das sind Fragen, deren Beantwortung von den konkreten historischen Verhältnissen abhängt, in denen die gegebene Nation lebt. Mehr noch. Wie überhaupt alles, ändern sich auch die Verhältnisse.“*

... nur die Partei, die bald nicht mehr „Sozialdemokratie“, sondern *Bolschewiki* heißen wird, die hat immer recht. Nach diesem Prinzip hat Stalin später gehandelt, und Tito in seinem Kielwasser. Wir sollten uns aber 2004 nicht mit Spott begnügen. *Beansprucht nicht auch heute jemand, der sich Internationale Gemeinschaft nennt und in Wirklichkeit anders heißt, den Völkern vorzuschreiben, wie sie sich „einzurichten“ haben?*

3. Gegen Ende des Ersten Weltkriegs schließlich nahm der amerikanische Präsident Wilson das Selbstbestimmungsrecht der Völker in seine *14 Punkte* vom 8. Januar 1918 auf.[26] Aber ganz gradlinig argumentieren die betreffenden Punkte nicht:

> *„8. ... Das Frankreich von Preußen im Jahre 1871 hinsichtlich Elsaß-Lothringens angetane Unrecht, das den Weltfrieden während eines Zeitraums von nahezu fünfzig Jahren in Frage gestellt hat, sollte wieder gutgemacht werden, damit erneut Friede im Interesse aller gemacht werde.*
> *9. Es sollte eine Berichtigung der Grenzen Italiens nach den klar erkennbaren Linien der Nationalität durchgeführt werden.*
> *10. Den Völkern Österreich-Ungarns, deren Platz unter den Völkern wir sichergestellt und zugesichert zu sehen wünschen, sollte die freieste Gelegenheit zu autonomer Entwicklung gewährt werden.*
> *11. ...Serbien sollte freier und sicherer Zugang zum Meere gewährt werden; und die Beziehungen der verschiedenen Balkanstaaten zueinander sollten durch freundschaftliche Verständigung gemäß den geschichtlich feststehenden Grundlinien von Zugehörigkeit und Nationalität bestimmt werden."*

Was, wenn nun die Leute, die zwischen Serbien und dem Meer wohnen (sei die Adria gemeint oder die Ägäis), nicht zu Serbien gehören wollen? Warum die einigermaßen richtige Betonung, daß in Tirol „die Linie der Nationalität klar erkennbar" sei, während ein solcher Verweis bei Elsaß-Lothringen fehlt? Traute man den deutschsprachigen Elsässern etwa keine *political correctness* (wenn dieser anachronistische Begriff erlaubt ist) nach 50 Jahren Zugehörigkeit zum Deutschen Reich mehr zu? Der letzte zitierte Satz, wonach es „geschichtlich feststehende Grundlinien von Zugehörigkeit und Nationalität" auf dem Balkan gebe, war schon 1918 blanker Unsinn. Im Gegenteil: Geschichtliche Zugehörigkeit und Nationalität überschnitten und widersprachen sich regelmäßig – und warum redet Wilson hier plötzlich nicht mehr von freier Entscheidung der Betroffenen, sondern von „freundschaftlicher Verständigung" doch offenbar der Regierungen?

Es ist zu fürchten, daß diese Ungereimtheiten bei der konkreten Anwendung des Selbstbestimmungsprinzips gerade auf den Balkan – aber nicht nur dort! – in den USA seit 1918 nicht etwa ausgeräumt, sondern fortgeschrieben wurden und heute wieder die Richtlinien – besser: das Fehlen klarer Richtlinien – der Politik der letzten Supermacht bestimmen.

Historische Kritik ändert nichts daran, daß die Selbstbestimmung der Völker, 1945 in der Charta der Vereinten Nationen noch vergleichsweise zaghaft als Postulat unter den „Grundsätzen" aufgeführt,[27] heute bindendes internationales Recht ist – spätestens, seit 1976 die Internationalen Pakte über bürgerliche und politische sowie wirtschaftliche, soziale und kulturelle Rechte in Kraft getreten sind (vgl. Kapitel 5). Beide Pakte formulieren unmittelbar nach der Präambel als Artikel 1, Absatz 1:

> *„Alle Völker haben das Recht auf Selbstbestimmung. Kraft dieses Rechts entscheiden sie frei über ihren politischen Status und gestalten in Freiheit ihre wirtschaftliche, soziale und kulturelle Entwicklung."*

Ebenso offensichtlich ist, daß in der Praxis der internationalen Politik zwischen den Jahren 1945 und 1976 dieses Selbstbestimmungsrecht für die Regelung der Dinge, speziell die Erhaltung des Friedens in Europa – wo man ursprünglich angefangen hatte, darüber nachzudenken – keine große Rolle spielte. Weder wurden die Deutschen gefragt, ob sie in zwei Staaten leben wollten, noch die deutschsprachigen Südtiroler, ob sie weiter bei Italien bleiben wollten, oder die Slowenen, ob ihnen Titos Jugoslawien recht war. Vielmehr sorgte der Prozeß der *Entkolonisierung* in Asien und Afrika dafür, daß aus dem Postulat der Selbstbestimmung eindeutiges Recht wurde. Die VN-Charta hatte ja bereits 1945 in ihren Kapiteln XI und XII/XIII[28] die Kolonialreiche als einen Sondertatbestand des internationalen Rechts und damit auch der internationalen Politik behandelt, so daß der offenkundige Widerspruch zwischen den beiden Grundsätzen der „territorialen Unversehrtheit" der Staaten (Art. 2.4 VN-Charta) und der Selbstbestimmung der Völker hier nicht zum Tragen kam.

Auch dabei versäumten die Staatsmänner und -frauen es (manche mögen sagen: wohlweislich) festzulegen, was eigentlich der Begriff *Volk* bedeuten sollte. *Hier muß die künftige Entwicklung des internationalen Rechts ansetzen, wenn das Selbstbestimmungsrecht eines Tages zu einem wirklich brauchbaren, dem Frieden und den Menschenrechten dienenden Instrument der internationalen Politik werden soll.*

Im Vollzug der Entkolonisierung wurde grundsätzlich von allen Beteiligten als Volk die Bevölkerung eines bestimmten Verwaltungsgebiets verstanden – so, wie dieses Gebiet durch die Kolonialregierung oder durch Vertrag zwischen mehreren Kolonialmächten abgegrenzt worden war: Angola, Senegal, Burma, Vietnam und so weiter. Die große und tragische Ausnahme bildete *Britisch-Indien*, wo exakt im Moment der staatlichen Unabhängigkeit, gegen den Willen nicht nur des großen Vorkämpfers dieser Unabhängigkeit, Mahatma *Gandhi* (1869-1948), ein Großteil der islamischen Religionsgemeinschaft sich als Staatsvolk eines neu zu gründenden Pakistan abtrennte und seine separate territoriale Unabhängigkeit erzwang. Das geschah mit mindestens ebenso brutaler Gewalt wie der Zerfall Jugoslawiens nach 1991. Es floß viel Blut, etwa 6 Millionen Hindu und Sikhs wurden aus ihrer pakistanischen Heimat vertrieben, während etwa 8 Millionen Muslime mehr oder weniger freiwillig aus Indien wegzogen. Kriege zwischen Indien und Pakistan folgten, erzeugten 1971 ein drittes Staatsvolk in

Bangla Desh und gipfelten vorläufig in der fast gleichzeitigen Demonstration indischer und pakistanischer Nuklearwaffen im Mai 1998, *die nur ein Zyniker begrüßen kann, weil dadurch vielleicht ein ähnlich stabiles Gleichgewicht des Schreckens zustande kommt wie zwischen USA und Sowjetunion zu Zeiten des Kalten Krieges.*

Bei der prekären Friedensregelung für *Bosnien-Herzegowina* im amerikanischen Dayton 1995 (sie wurde nicht in erster Linie durch Luftangriffe der NATO auf serbische Stellungen erzwungen, sondern durch partielle Siege kroatischer und muslimischer Bodentruppen) ließ man sich auf die waghalsige Konstruktion einer doppelstöckigen Föderation ein, um die drei gegensätzlichen Prinzipien der territorialen Unversehrtheit einmal anerkannter Staaten, des Selbstbestimmungsrechts der Völker und der althergebrachten europäischen Tradition eines Friedensschlusses ohne Vernichtung der unterlegenen Kriegspartei wenigstens formal zu vereinen. Die (engere) Föderation zwischen bosnischen Kroaten und Muslimen (sie hatten zeitweilig während des Krieges gegeneinander gekämpft) als Teilstaat, neben der „Serbischen Republik", innerhalb eines (weiteren) Gebildes mit Namen Bosnien-Herzegowina – das ist keine Lösung, die Dauer verspricht.

Der bosnisch-herzegowinische „Gesamtstaat" steht so offensichtlich nur auf dem Papier, welches in Dayton unterschrieben wurde, dass man nicht einmal erkennen kann, ob er eher als Staatenbund oder als Bundesstaat gedacht ist. Immerhin: Ende September 2003 überraschten die serbischen, kroatischen und muslimischen Politiker dieses weitgehend fiktiven Staates die Welt mit der Meldung, sie hätten sich auf ein gemeinsames Oberkommando, Hauptquartier, sogar auf einheitliche Uniformen und eine Flagge für ihre Streitkräfte geeinigt. Wie real das werden mag: *Das Beispiel Bosnien läßt erkennen, daß auch Föderalismus kein Wundermittel bereitstellt, um die Selbstbestimmung der Völker allgemein praktikabel zu machen*

Es ist aussichtslos, objektive Kriterien dafür festlegen zu wollen, wie eine Gruppe von Menschen in Quantität und Qualität beschaffen sein müßte, um als „Volk" das Selbstbestimmungsrecht in Anspruch nehmen zu dürfen. Reichen die fast 22 Millionen Chinesen auf Taiwan, nachdem die über 6 Millionen Chinesen in Hongkong keine Chance hatten? Was sind die Basken in Spanien und Frankreich, was die Berber in Algerien und in Marokko? Sind die Nordiren ein Volk, oder nur die katholischen Nordiren, oder alle Katholiken Irlands, oder alle Einwohner der Grünen Insel?[29] *Es wird nichts anderes übrig bleiben, als sich auf Otto Bauer und Karl Renner zu besinnen und den einzelnen Menschen zu fragen, ja ihn von Zeit zu Zeit erneut zu fragen, ob er/sie Wert darauf legt, in ein bestimmtes Nationalkataster eingetragen zu werden, aus dem ihm bestimmte Rechte erwachsen – aber sicher auch Pflichten, z.B. so etwas wie Steuern zu zahlen, denn die Katasterverwalter und die Lehrer an den betreffenden Schulen und die Vertreter der betreffenden Nation in diversen Gremien wollen vermutlich Gehälter oder Diäten beziehen.*

Dann würde die Selbstbestimmung als Volk daheim in der Familie beginnen – durchaus im Sinne des gut katholischen Prinzips der *Subsidiarität (das ich absichtlich wegen seiner Schwammigkeit im Europa-Kapitel nur flüchtig erwähnt habe).* Dann kann der Oberschlesier, dessen Großeltern in der Kirche polnisch gebetet und auf den Ämtern deutsch gesprochen haben (und der es heute vielleicht umgekehrt hält), endlich selbst bestimmen, ob er Deutscher oder Pole sein will – bis auf weiteres. Dann kann der Araber in Nazareth entscheiden, ob er Israeli oder Palästinenser ist, oder ob es ihm vielleicht wichtiger erscheint, sich als Muslim oder als Christ zu bestimmen. *Für jene – und es wird sie geben! –, die kühn genug sind, Palästinenser und Israeli zugleich sein zu wollen, oder Pole und Deutscher, oder Baske und Spanier, oder einfach Ire, wird man mit gutem Willen auch eine Lösung finden. Und wenn dann im Verlauf des 21. Jahrhunderts die Südafrikaner über unsere komischen Rituale den Kopf schütteln und die alten Fernsehfilme bestätigt finden sollten, deren Titel lautete „Die Götter müssen verrückt sein"*[30] *– dann haben wenigstens sie es geschafft, Selbstbestimmung und Frieden zu verbinden.*

Bis es soweit kommt, muß auch darüber nachgedacht werden – denn auch das haben die Politiker und Völkerrechtler des 20. Jahrhunderts (wohlweislich?) unterlassen –, wie das Selbstbestimmungsrecht auf Raum und Zeit anzuwenden ist. Nicht von ungefähr ist seine praktische Durchsetzung allzu oft mit Massenvertreibungen verbunden, die man jetzt *ethnische Säuberung* nennt[31] – vom griechisch-türkischen Krieg 1920-22 über die Vertreibung der Deutschen östlich der Oder 1944/45, die Vertreibung/Flucht von Arabern aus Israel, die eben erwähnte Trennung Pakistans von Indien, die Katastrophen im Gebiet der Großen Seen Ostafrikas seit 1959, bis nach Jugoslawien seit 1991. Daß die IV. Genfer Rotkreuz-Konvention von 1949 „zum Schutze von Zivilpersonen in Kriegszeiten" in Artikel 49 *Einzel- oder Massenzwangsverschickungen sowie Verschleppungen...* verbietet (vgl. Kapitel 5), hat daran nichts verändert, zumal sie sich nur auf zwischenstaatliche Kriege bezieht. Soll man nun das Selbstbestimmungsrecht der Völker durch ein *Recht auf die Heimat* ergänzen, das zwar immer wieder postuliert wird – nicht allein von Sudetendeutschen und Palästinensern –, das aber „im geltenden Völkerrecht nicht nachzuweisen ist"[32] – und wenn ja, auf wie viele Generationen befristet? *Falls wir aus der Katastrophe Jugoslawiens etwas lernen wollen, werden wir in absehbarer Zeit auch diese Frage beantworten müssen.*

Balkankonflikte eingefroren

Im Mai 1999 einigte sich die „Internationale Gemeinschaft" in Gestalt der G8 (also: einigten sich die USA mit Rußland unter Zuhilfenahme vornehmlich des deutschen Außenministers...) auf folgendes Programm für Kosovo:[33]

- Unverzügliches und nachprüfbares Ende der Gewalt und Unterdrückung;
- Rückzug militärischer, polizeilicher und paramilitärischer Kräfte [Serbiens, F.A.] aus dem Kosovo;
- Stationierung von wirksamen internationalen zivilen Sicherheitspräsenzen im Kosovo, die von den VN gebilligt und beschlossen und in der Lage sind, die Erreichung der gemeinsamen Ziele zu garantieren;
- Einrichtung einer vom Sicherheitsrat der VN zu beschließenden Übergangsverwaltung für den Kosovo, um die Bedingungen für ein friedliches und normales Leben für alle Einwohner im Kosovo sicherzustellen;
- Die sichere und freie Rückkehr aller Flüchtlinge und Vertriebenen und ungehinderter Zugang zum Kosovo für humanitäre Hilfsorganisationen;
- Ein politischer Prozeß zur Schaffung einer politischen Übergangsvereinbarung, die eine substanzielle Selbstverwaltung für den Kosovo unter voller Berücksichtigung des Rambouillet-Abkommens[34] und der Prinzipien der Souveränität und territorialen Unversehrtheit der Bundesrepublik Jugoslawien und der anderen Länder der Region sowie die Demilitarisierung der UÇK vorsieht;
- Umfassendes Vorgehen zur wirtschaftlichen Entwicklung und Stabilisierung der Krisenregion.

Am 10. Juni 1999 formulierten die Mitgliedstaaten der EU, die EU-Kommission sowie Albanien, Bosnien-Herzegowina, Bulgarien, Kroatien, Rumänien, Rußland, Slowenien, Mazedonien, die Türkei, Ungarn, die USA, OSZE und Europarat gemeinsam einen *Stabilitätspakt für Südosteuropa*, den dann am 30. Juli die Regierungschefs in Sarajewo unterzeichneten. Er ist voll schöner Worte:

> *3. Wir streben dauerhaften Frieden, Wohlstand und Stabilität für Südosteuropa an...*
> *7. Wir bekräftigen, daß wir gegenüber unseren Bürgern rechenschaftspflichtig und untereinander dafür verantwortlich sind, daß die OSZE-Normen und -Prinzipien eingehalten und unsere Verpflichtungen umgesetzt werden. Wir bekräftigen ferner, daß durch unsere Mitgliedschaft in der OSZE übernommene Verpflichtungen im Hinblick auf die menschliche Dimension Angelegenheiten von unmittelbarem und berechtigtem Interesse für alle an dem Stabilitätspakt teilnehmenden Staaten sind und nicht ausschließlich zu den inneren Angelegenheiten des betreffenden Staates gehören. Die Achtung dieser Verpflichtungen stellt eine der Grundlagen der internationalen Ordnung dar...*

Neben vielem anderen verpflichten sich die Unterzeichner, „die nationale und ethnische Vielfalt der Staaten in der Region zu erhalten und Minderheiten zu schützen". Ein Wort allerdings sucht man in dem Text vergeblich: das Wort Selbstbestimmung.[35]

Auf den Stuhl des „Sonderkoordinators" dieses Paktes, der laut Art. 13 von der EU zu ernennen und von der OSZE zu bestätigen ist, durfte sich zunächst bis 2002 der Deutsche Bodo Hombach (*1952) setzen, der soeben aus den Niederungen nordrhein-westfälischer SPD-Politik und des Bundeskanzleramtes nicht gerade ruhmvoll verabschiedet worden war. Sein Nachfolger ist Erhard *Busek* (*1941) aus Österreich. Das Schicksal des Kosovo liegt jedenfalls in Wirklichkeit bis auf weiteres – im Herbst 2004 immer noch unabsehbar weit – in den Händen der KFOR-Soldaten aus 23 NATO- und 12 anderen Staaten; im Mai 2002 beschloß die NATO, die Gesamtstärke der KFOR von 38.000 auf 33.200 Männer und Frauen zu verringern. Das Kommando übernahm im Oktober 2003 der deutsche Generalleutnant Holger *Kammerhoff* (*1945) und übergab es im September 2004 an Generalleutnat Yves de *Kermabon* (*1948) aus Frankreich.

Kommandostruktur der KFOR (Herbst 2004)
- Zentrales Hauptquartier in Pristina
- Spezialeinheit (Militärpolizei) in Pristina: Führung Italien
- Brigade Zentrum in Pristina: Führung Finnland
- Brigade Nordost in Mitrovica: Führung Frankreich
- Brigade Südwest in Prizren: Führung Italien (mit deutschem Kontingent)
- Brigade Ost in Urosevac: Führung USA

Als im März 2004 albanische Extremisten mit Pogromen gegen die im Kosovo verbliebene serbische Minderheit KFOR auf die Probe stellten, standen nur ca. 20.500 internationale Soldaten (darunter ca. 3.800 Deutsche)[36] zur Aktion bereit; sie beschränkten sich darauf, Menschenleben zu retten, und ließen zu, daß serbisch-orthodoxe Kirchen in Flammen aufgingen.

Auch in *Bosnien* wird SFOR erheblich ausgedünnt – von 19.000 auf etwa 12.000 Soldaten; in *Mazedonien* sicherte bis Mitte Dezember 2003 ebenfalls eine internationale Truppe unter Befehl der NATO, ab Ende März 2003 der EU (400 Mann aus 27 Ländern, darunter ca. 40 Deutsche)[37] einen im August 2001 besiegelten brüchigen Frieden zwischen der vorher den Staat dominierenden slawischen Mehrheit und den Albanern, die etwa 23% der Bevölkerung stellen.

Militärisch wurde auf dem Balkan so etwas wie Frieden erzwungen. Innenpolitisch haben Kroatien und Serbien – Kampfhähne erster Ordnung seit 1991 – durch den Tod Tudjmans und den Sturz Miloševics zu Regimen gefunden, die einem Optimisten Aussicht auf Demokratie eröffnen. Angeblich sind Demokratien ja friedlicher als Diktaturen... Außenpolitisch freilich ist auch im Herbst 2004 vieles ungeklärt. Trennen sich Serbien und Montenegro wirklich? Wird Bosnien ein echter Staat? Soll Kosovo „ewig" ein Protektorat der VN+NATO mit russischer Flankendeckung bleiben?

Anmerkungen

1 Aus der Literatur in deutscher Sprache zur Zerstörung Jugoslawiens nannte ich 1999 (nur deutschsprachige Titel) Mischa Glenny: Jugoslawien – der Krieg, der nach Europa kam. München 1993; Viktor Meier: Wie Jugoslawien verspielt wurde. München 1995; Laura Silber & Allan Little: Bruderkrieg – der Kampf um Titos Erbe. Graz 1995; Marie-Janine Calic: Krieg und Frieden in Bosnien-Hercegovina. Frankfurt a.M. 2. Aufl. 1996; Carsten Giersch: Der Jugoslawien-Konflikt als Testfall europäischer Sicherheit. *Aus Politik und Zeitgeschichte* (Bonn) 11.07.1997, S. 26-38. – Jetzt ergänze ich aktuell Tim Judah: Kosovo, war and revenge. New Haven/London 2000; Ivo H. Daalder & Michael E. O'Hanlon: Winning ugly, NATO's war to save Kosovo. Washington 2000; Wolfgang Petritsch: Bosnien und Herzegowina – fünf Jahre nach Dayton. Klagenfurt 2001; Nicholas J. Wheeler: Humanitarian intervention after Kosovo [Review article], *International Affairs* (London) 77-2001-1, S. 113-128.

2 Die seit 1833 britische, stets von Argentinien beanspruchte Inselgruppe im Südatlantik wurde am 02.04.1982 von argentinischen Soldaten erobert. Im Mai 1982 schlug eine aus Europa entsandte britische Streitmacht zurück und zwang die Argentinier zur Kapitulation am 14.06.1982. Auch in diesem Krieg versuchten die VN nur, diplomatisch zu vermitteln, ohne daß der Sicherheitsrat nach Kap. VII der Charta Beschlüsse gefasst hätte.

3 Brandt (SPD) war 1957-66 Regierender Bürgermeister von Berlin (West), 1969-74 Bundeskanzler.

4 Tito (eigentlicher Name Josip Broz) wurde als Sohn eines kroatischen Vaters und einer slowenischen Mutter geboren und diente als Soldat in der österreichisch-ungarischen Armee. 1917 wurde er Kommunist und arbeitete bis 1941 illegal für die Komintern in Jugoslawien. Bald nach dem deutschen Einmarsch nahmen unter seiner Führung kommunistische Partisanen in Rivalität zu serbischen Nationalisten den bewaffneten Kampf gegen die Besatzungsmächte auf.

5 Tudjman (1922-1999) kämpfte seit 1941 als Partisan unter Tito, wurde 1961 als General aus der Armee verabschiedet. 1967 wurde er wegen kroatischen Nationalismus aus dem Bund der Kommunisten Jugoslawiens ausgeschlossen und 1972 zu 2 Jahren, 1981 zu 3 Jahren Haft verurteilt. 1989 gründete er die „Kroatische Demokratische Gemeinschaft" (HDZ), die bei Wahlen (29.10.1995) 75 Parlamentsmandate von 120 erhielt.

6 Izetbegovic (1925-2003), Jurist, wurde 1946 zu 3 Jahren Haft verurteilt. 1970 verfaßte er eine „Islamische Deklaration" als politisch-kulturelles Programm für die bosnischen Muslime; wegen islamischen Nationalismus wurde er 1983 zu 14 Jahren Haft verurteilt. 1988 entlassen, gründete er 1990 die „Demokratische Aktionspartei" (SDA), die mehrheitlich von den bosnischen Muslimen unterstützt wird (19 Sitze von 42 in dem am 14.09.1996 gewählten gesamt-bosnischen Abgeordnetenhaus). Bis Oktober 2000 amtierte er als Ko-Präsident von Bosnien-Herzegowina.

7 Die UÇK (Akronym für albanisch *Ushtria Clirimtare e Kosovës*) entstand 1992 aus einer Gruppe militanter Maoisten, die nach Titos Tod in der europäischen Diaspora der Kosovo-Albaner (Schweiz, Deutschland, Belgien) aktiv geworden war. Vgl. Christophe Chiclet: Aux origines de l'armée de libération du Kosovo. *Monde Diplomatique* (Paris) no. 542-Mai 1999, S. 6-7

8 Zu der politisch belasteten sprachwissenschaftlichen Debatte, ob das Serbokroatische bzw. Kroatoserbische eine diesen beiden Völkern gemeinsame Sprache ist, vgl. Calic 1996 a.a.O. [Fußn. 1]. S. 24 ff.

9 Vgl. Viktor Meier a.a.O. [Fußnote 1], S. 85. – Garašins Schrift *NaCertanje* wurde in Serbien bis 1906 geheimgehalten, Auszüge wurden jedoch aus Österreich bekannt.

10 Bis 1903 kämpften die Dynastien der Obrenovic (sie galt als pro-russisch) und der Karadjordjevic (sie

galt ursprünglich als pro-österreichisch) um den serbischen Thron, dann setzte sich die letztere durch, aus der nach 1918 auch die Könige Jugoslawiens stammten.

11 Pavelic stammte aus der Herzegowina, emigrierte 1929 nach Italien. 1945 verurteilte Jugoslawien ihn in Abwesenheit als Kriegsverbrecher zum Tode; er flüchtete jedoch nach Argentinien, wo er eine Ustaša-Exilregierung für Kroatien bildete, und starb in Spanien.

12 Für dieses Jahr verzeichnet der Große Brockhaus (1928) die Gründung eines „albanischen Bundes" (ohne weitere Details).

13 Im September 1943 wechselte Italien nach dem Sturz des Faschismus die Front; die deutsche Wehrmacht nahm daraufhin das italienische Militär gefangen (soweit ihre Macht reichte) und stand in der Folge bis 1945 auf dem Balkan allein gegen die (jetzt überwiegend kommunistischen) Partisanen.

14 Vgl. Klemens Ludwig: Ethnische Minderheiten in Europa. Ein Lexikon. München 1995, S. 112-117.

15 Vgl. Calic a.a.O. [Fußnote 1], S. 29

16 Zitiert nach der deutschen Übersetzung von Auszügen im *Informationsdienst* 1993-2, S. 5-8 des Ständigen Arbeitsausschusses für Frieden, Nationale und Internationale Verständigung (Berlin).

17 In Südafrika bezeichneten sich 1994 immerhin 13,6% *„first and foremost"* als Südafrikaner, als ein repräsentativer Querschnitt der Wahlberechtigten nach seiner rassischen oder ethnischen Identität gefragt wurde. Vgl. Robert Mattes: The Election Book. Judgement and choice in South Africa's 1994 election. Kapstadt 1995, S. 41. Die Umfrage wurde von IDASA veranstaltet (*Institute for Democracy in South Africa*).

18 Tabelle nach Calic a.a.O. [Fußnote 1], S. 18

19 Zitiert nach Meier a.a.O. [Fußnote 1], S. 95. Das Memorandum war 1989 in einer Zeitschrift veröffentlicht worden.

20 In Kroatien errang die HDZ Tudjmans 67,5% der Mandate, in Slowenien das Parteienbündnis Demos 55% der Stimmen, die Kommunisten 17,2%; zum Staatspräsidenten allerdings wählten die Slowenen mit 58,6% den bisherigen Kommunisten Milan *Kucan* (*1941). Vgl. Meier a.a.O., S. 256 f., 260.

21 Vgl. die Abschnitts-Überschrift *Unabhängigkeit wider Willen* bei Meier a.a.O., S. 318

22 Bauer galt als einer der bedeutendsten sogenannten Austromarxisten, die theoretisch striktes Festhalten an den Lehren von Marx und Engels mit demokratischer Flexibilität in der politischen Praxis verbanden. 1918/19 trat Bauer für den Anschluß Deutsch-Österreichs an die Weimarer Republik ein, 1934 mußte er vor dem autoritären Wiener Regime in die Tschechoslowakei und 1938 nach Frankreich fliehen. Vgl. vor allem seine Schrift „Die Nationalitätenfrage und die Sozialdemokratie" (1907, neu bearbeitet 1924), in: Werkausgabe Bd. 1, Wien 1975, S. 49-622; dort das Kapitel „Die nationale Autonomie", S. 373 ff.

23 Renner war von Oktober 1918 bis Juni 1920, dann wieder von April bis Dezember 1945 österreichischer Regierungschef; danach amtierte er bis zu seinem Tode als Bundespräsident der Republik Österreich.

24 Karl Renner: Die Nation, Mythos und Wirklichkeit. Wien usw. 1964, S. 97 ff. – Die Bukowina gehörte nach 1918 zu Rumänien; fiel 1940 teilweise an die Sowjetunion (jetzt: Ukraine).

25 Zitiert in deutscher Übersetzung nach J. Stalin: Werke, Bd. 2. Berlin/DDR 1953, S. 266-333 (Zitat S. 285 f.) – Mit den „Tataren" meint Stalin die Aserbaidschaner.

26 Zitiert nach Herbert Michaelis & Ernst Schraepler (Hg.): Ursachen und Folgen, Bd.2, S. 374 ff.

27 Art. 1.2 der VN-Charta nennt unter den allgemeinen „Zielen" der Organisation, „freundschaftliche, auf der Achtung vor dem Grundsatz der Gleichberechtigung und Selbstbestimmung der Völker beruhende Beziehungen zwischen den Nationen zu entwickeln." – Art. 55 verwendet bei der Definition der „wirtschaftlichen und sozialen Ziele" dieselbe Formel.

28 Kap. XI über „Hoheitsgebiete ohne Selbstregierung" spricht bereits von „Völkern", die „noch nicht die volle Selbstregierung erreicht haben", enthält jedoch erst eine Selbstverpflichtung der Kolonialmächte auf den „Grundsatz, daß die Interessen der Einwohner dieser Hoheitsgebiete Vorrang haben".

Einen Durchbruch zum Anspruch dieser Einwohner bzw. Völker auf staatliche Unabhängigkeit brachte erst die am 14.12.1960 durch die Generalversammlung verabschiedete „Erklärung über die Gewährung der Unabhängigkeit an koloniale Länder und Völker" (Res. 1514-xv)(vgl. Kapitel 5). – Die Kap. XII/XIII der VN-Charta behandeln das Treuhandsystem für bestimmte Kolonialgebiete, die früher Feindstaaten gehört hatten.

29 Vgl. Ludwig a.a.O. [Fußnote 13], der allein in Europa – vor 21 „ethnischen Minderheiten" – 19 „Völker ohne Staaten" aufführt, darunter Basken, Bretonen, Friesen, Korsen, Samen, Schotten, Sorben und Waliser.

30 In diesen Filmen denken das die San (= Buschleute) über ihre Mitmenschen mit weißer und schwarzer Hautfarbe.

31 Vgl. Hans Lemberg: „Ethnische Säuberung" – ein Mittel zur Lösung von Nationalitätenproblemen? *Aus Politik und Zeitgeschichte* (Bonn) 06.11.1992, S. 27-38

32 Otto Kimminich: Heimat, in Seidl-Hohenveldern (Hg.) 1985, S. 118

33 Zitiert nach *Das Parlament* (Bonn) 14.05.1999. – Zur G8 vgl. Kapitel 12.

34 Vgl. Zeittafel zu Beginn dieses Kapitels unter *1999 (6. Februar)*; da Serbien sich damals weigerte, die von der NATO mit der UÇK ausgehandelte Abmachung zu unterschreiben, kam in Wirklichkeit kein Abkommen zustande.

35 Vgl. Marie-Janine Calic: Welche Zukunft für den Balkan-Stabilitätspakt? Berlin 2003 (SWP-Studie Nr. S 11)

36 Laut SPIEGEL (Hamburg) 22.03.2004, S. 122

37 *www.einsatz.bundeswehr.de*

15. NATO und anderes Militär

Von Voltaire (1694-1778) wird der ironische Spruch überliefert, andere Staaten besäßen eine Armee, in Preußen dagegen – wo er 1750-52 bei seinem Freund König Friedrich dem Großen zu Gast war – besäße die Armee den Staat. Stalin soll auf einer der Gipfelkonferenzen während des Zweiten Weltkriegs die Sorge eines seiner westlichen Verbündeten, was wohl der Papst zu dieser oder jener Maßnahme sagen möge, mit der ebenso ironischen Frage vom Tisch gefegt haben: „Wie viele Divisionen hat der Papst?"

Der britische Historiker Arnold J. Toynbee (1889-1975) zum Thema Krieg[1]

„Unter den Säugetieren sind wir Menschen insofern einzigartig, als wir Bruderkriege bis zum tödlichen Ende ausfechten. Die Mutterbrust, der die Gattung von Lebewesen, zu der der Mensch gehört, ihren Namen verdankt, ist ein Symbol der Liebe. Krieg besteht in der vorsätzlichen Zurückweisung dieser Liebe. Der Krieg, vom Menschen erfunden, stempelt ihn im Rahmen des Ordnungssystems, in dem er auf die erste Stelle Anspruch erhebt, zum Verbrecher."

Kein Zweifel ist erlaubt: Internationale Politik hat etwas mit Militär und militärischer Rüstung zu tun, ebenso das Wirtschaftsleben. Es war der nicht durch einen übermäßig kritischen Geist ausgezeichnete amerikanische Präsident Dwight D. Eisenhower, der den Begriff „*military-industrial complex*“ prägte. Nicht anders steht es um die Innenpolitik. Der Historiker Eckart Kehr machte sich (wie in Kapitel 6 erwähnt) 1930 mit seiner Dissertation über „Schlachtflottenbau und Parteipolitik 1894 bis 1901 “bei der eigenen Zunft in Deutschland unbeliebt. Im außenpolitischen Bereich gehörte (wie in Kapitel 5 ausgeführt) das Recht zum Kriegführen und folglich die Verfügungsmacht über das Militär seit dem europäischen Mittelalter zu den vornehmsten Kompetenzen des Souveräns. Problematisch wird diese Verbindung erst, wenn Rüstung und Militär, wenn die *Sicherheitspolitik*, wie man heute gern sagt, sich so stark in den Vordergrund der Außenpolitik (oder der Innen-, oder der Wirtschaftspolitik) drängt, daß alle anderen Aspekte daneben verkümmern, die anderen Instrumente politischen Handelns kaum noch – oder falsch – genutzt werden.

Es führt nicht viel weiter, ermitteln zu wollen, welche Staaten zu welcher Zeit am meisten für Rüstung und Militär ausgaben, um so eine Verdachtsliste aufzustellen, wer wohl die „Sicherheit“ übertreiben, wer wohl dem *Militarismus* verfallen könnte. Denn Regierungen pflegen sich der Militärausgaben nur selten zu rühmen, häufig verstecken sie wenigstens einen Teil in anderen Kapiteln ihrer Budgets. Dennoch übernehme ich die folgende Tabelle aus dem SIPRI-Jahrbuch 2003:[2]

Rüstungsausgaben nach Weltregionen 1993-2002
(in Mrd. US-$ zu konstanten Preisen und Wechselkursen von 2000)

Region[3]	*1993*	*1994*	*1995*	*1996*	*1997*	*1998*	*1999*	*2000*	*2001*	*2002*	*Änderg. 1993 -2002 in %*
Afrika	*7,4*	*7,7*	*7,2*	*6,9*	*7,1*	*7,6*	*8,4*	*8,8*	*8,9*	*9,6*	*+30*
Nordafrika	*2,5*	*2,9*	*2,7*	*2,8*	*3,0*	*3,1*	*3,3*	*3,6*	*?*	*?*	*+44*
Übriges Afrika	*5,0*	*4,8*	*4,5*	*4,1*	*4,1*	*4,4*	*5,1*	*5,2*	*?*	*?*	*+ 4*
Amerika	*385*	*365*	*347*	*328*	*328*	*321*	*322*	*333*	*338*	*368*	*- 4*
Nordamerika	*365*	*344*	*324*	*306*	*304*	*298*	*299*	*310*	*313*	*344*	*- 6*
Mittelamerika	*2,8*	*3,4*	*3,0*	*3,1*	*3,2*	*3,2*	*3,4*	*3,4*	*3,5*	*3,3*	*+18*
Südamerika	*17,6*	*17,4*	*20,0*	*18,3*	*20,9*	*20,1*	*19,6*	*19,5*	*21,5*	*21,1*	*+20*
Asien & Ozeanien	*120*	*121*	*123*	*128*	*128*	*127*	*129*	*134*	*140*	*147*	*+23*
Mittelasien	*?*	*0,4*	*0,4*	*0,4*	*0,5*	*?*	*0,5*	*?*	*?*	*?*	*?*
Ostasien	*99,8*	*101*	*103*	*107*	*107*	*105*	*106*	*111*	*116*	*122*	*+22*
Südasien	*12,0*	*12,0*	*12,6*	*12,8*	*13,4*	*13,5*	*14,6*	*15,2*	*16,2*	*17,3*	*+44*
Ozeanien	*7,7*	*7,7*	*7,4*	*7,4*	*7,4*	*7,7*	*7,5*	*7,3*	*7,4*	*7,4*	*- 4*
Europa	*196*	*192*	*178*	*177*	*177*	*175*	*177*	*180*	*181*	*181*	*- 8*
Ost- & Mitteleur.	*25,6*	*25,9*	*20,1*	*18,8*	*19,6*	*16,9*	*17,8*	*18,9*	*20,1*	*21,4*	*- 16*
Westeuropa	*171*	*166*	*158*	*157*	*158*	*159*	*159*	*161*	*161*	*160*	*-6*
Nah- & Mittelost	*53,5*	*54,1*	*50,9*	*51,7*	*56,5*	*60,7*	*60,0*	*67,3*	*73,8*	*?*	*+38*
Welt	**762**	**740**	**707**	**691**	**696**	**690**	**6966**	**723**	**741**	**784**	*+ 3*
Änderung in %	?	-2,9	-4,4	-2,3	+0,7	-0,9	+0,9	+3,9	+2,5	+5,8	

Im internationalen Waffenhandel wurden zwischen 1998 und 2002 (ebenfalls laut SIPRI, und unter Ausschluß chemischer, biologischer oder nuklearer Massenvernichtungswaffen!) weltweit [zu konstanten Preisen von 1990] $ 92,544 Mrd. umgesetzt, im Jahresdurchschnitt also $ 18,5 Mrd. Hauptlieferanten waren die USA mit 40,8% der Gesamtsumme, gefolgt von Rußland mit 22,4%, Frankreich (9%), Deutschland (5,4%) und Großbritannien (5,2%); über $ 1 Mrd. Geschäftsvolumen liegen dann noch die Ukraine, Italien, China, die Niederlande, Belarus und Schweden. Hauptbezieher konventioneller Waffen waren China (9,5%), Taiwan (7,4%), Indien (5,2%), die Türkei (5,1%), Saudi-Arabien (4,7%).

Niemand bestreitet, daß die Einführung der *Nuklearwaffen*[4] im Jahre 1945 die Faktoren Krieg, Militär, Rüstung der internationalen Politik in eine neue Dimension gerückt hat. Die Fähigkeit, Menschen und Material zu vernichten, hat sich um viele tausend Mal gegenüber allen Kriegen, die zuvor geführt wurden, gesteigert. Ich bezweifle, ob die Erfindung der ersten „Fernlenkwaffe" (Pfeil und Bogen) durch paläolithische Jäger oder die Einführung des Schießpulvers in die Kriegführung durch die Europäer des späten Mittelalters ähnlich einschneidende Sprünge in der Geschichte bedeuten. Denn die Nuklearwaffen ermöglichen es der Menschheit zum ersten Mal – besonders in Kombination mit Interkontinental-Raketen (ICBM = *Intercontinental Ballistic Missiles*) als Trägern, mit chemischen Kampfstoffen und bakteriologischen „Waffen" –, sich selbst auszurotten. Allerdings ist für den Kalten Krieg zwischen USA und Sowjetunion eine doppelte Paradoxie festzuhalten:

- Beide Supermächte, beide nach kurzer Übergangsfrist im Besitz von Nuklearwaffen und nach einer etwas längeren im Besitz von ICBM, hielten an der altrömischen Devise fest „*Si vis pacem para bellum*" (Wenn du Frieden willst, bereite dich auf den Krieg vor) – mit anderen Worten: Sie traten in einen *Rüstungswettlauf* ein, demgegenüber das britisch-deutsche Flotten-Wettrüsten vor 1914 oder die gleichzeitige deutsch-französische Aufrüstung zu Lande verblassen. Ein Patt, ein Gleichgewicht des Schreckens war bald erreicht. Es erwies sich schließlich als finanziell ruinös – aber zum entscheidenden Zeitpunkt 1990/91 nur für die Sowjetunion!
- Anders als 1914, erwiesen sich die Sicherungen gegen einen politischen Kurzschluß des Rüstungswettlaufs als haltbar bis zur Auflösung der Sowjetunion und ihrem Bankrott, der Rußland und sämtliche übrigen Nachfolgestaaten – soweit wir das wissen – der technischen Möglichkeit beraubte, die Streitkräfte (ob nuklear oder konventionell bewaffnet) gegen irgendeine andere größere Militärmacht einzusetzen – geschweige denn gegen die USA. Mit einem Wort: Die *Abschreckung*, entscheidendes militärpolitisches Element der amerikanischen „*Containment*"-Strategie, bewährte sich.

Unmittelbar nach dem Ende des Kalten Krieges zeigte sich jedoch, daß die internationale Politik sich unter den neuen Gegebenheiten *nicht* darauf verlassen kann, Abschrekkung werde Krieg verhüten. Gerade weil die USA kein Gleichgewicht des Schreckens, keine Vergeltungsschläge vom Irak oder von Jugoslawien befürchten mußten, setzten sie gegen beide Feindstaaten 1991, 1999, 2003 ihr Militär und das ihrer Verbündeten ein, freilich keine Nuklearwaffen.[5] Von diesen drei Kriegen verlief nur der erste, als Saddam Hussein den Nachbarstaat Kuwait überfallen hatte, völkerrechtlich korrekt gemäß Kap. VII der VN-Charta.

Wir wissen jetzt, daß die Supermacht das klassische *ius ad bellum* wieder in Anspruch nimmt, daß sie militärische Gewalt nicht mehr nur zur Verteidigung ihres Bündnissystems, nicht mehr nur mit einem Mandat des Sicherheitsrates anwenden wird, sondern nach freiem eigenen Ermessen. Die Frage ist nur, wann eine andere Großmacht dasselbe tut.

Befürworter der Kriege von 1999 und 2003 können darauf verweisen, daß diese Praxis am unteren Ende der globalen Machtskala längst gang und gäbe ist. Dem 1948 begonnenen, 1956, 1967 und 1973 wieder aufflammenden Krieg der arabischen Nachbarstaaten gegen Israel habe ich ein Kapitel gewidmet. 1965 und 1971 führten Pakistan und Indien Krieg gegeneinander. Vietnam ist im Dezember 1978 in Kambodscha einmarschiert, Tanzania fast gleichzeitig in Uganda. Das weiße Südafrika führte von 1975 bis 1990 regelmäßig Militärschläge gegen wirkliche oder angebliche Stützpunkte der Befreiungsbewegungen, die bewaffneten Kampf proklamiert hatten, in allen Nachbarstaaten. Genug der Beispiele... Zyniker könnten trotzdem versucht sein, ein weiteres lateinisches Sprichwort zu zitieren, allerdings verdreht: „*Quod licet bovi, non licet Jovi*";[6] *denn militärische Abenteuer des mit dem Nuklearblitz bewehrten Donnergottes wirken sich nun einmal auf die Menschheit stärker, das heißt schlimmer aus als solche kleiner Potentaten.*

Lehren aus den Kriegen in Serbien 1999 und im Irak 2003

Die nächste Frage, die wir stellen sollten, lautet: Was mag einen Saddam Hussein, einen Slobodan Miloševic bewogen haben, die Supermacht USA militärisch herauszufordern? Vermutlich das Kalkül, in Amerika bestimme immer noch das Vietnam-Syndrom die Richtlinien der Militärpolitik. Arnold J. Toynbee wies 1969 darauf hin, daß die USA in ihrer ganzen Geschichte noch nie einen Krieg verloren hätten (Korea ging unentschieden aus) und deshalb dem Militarismus zu verfallen drohten.[7] Damals hatte der Vietnamkrieg seinen Höhepunkt erreicht, 1975 mußten die USA militärisch besiegt aus diesem kleinen Land abziehen. In der Tat erzeugte das einen schweren Schock in der öffentlichen Meinung Amerikas und im politischen System. Er wirkte aber 1991 beim Zweiten Golfkrieg und 1999 beim Angriff auf Serbien nur noch in der absurden

Behauptung nach, man könnte einen Krieg allein aus der Luft gewinnen – und damit ohne nennenswerte eigene Blutopfer. Zwar darf sich dieser Aberglaube auf Autoritäten wie den italienischen Offizier Giulio Douhet berufen, der 1912-15 die ersten Kriegsflugzeuge seines Landes befehligte und 1921 den Gedanken des strategischen Flächenbombardements feindlicher Städte aufbrachte, oder auch auf einen gewissen Hermann *Göring* (1893-1946), der 1940 England in der Luft besiegen wollte. *Diese Zeugen sollten jedoch für einen vernunftbegabten Menschen nicht ausreichen,*[8] *und meine Erinnerung an die Stimmung der Berliner Bevölkerung 1943-1945 spricht dagegen.*

Im Irak verzichteten die USA 2003 auf die Schonung ihrer Landstreitkräfte, die sie 1991 um den Preis der Auslieferung aufstandsbereiter Kurden und Schiiten an Saddam Husseins Rache praktiziert hatten. Der eigenen Vorkriegs-Propaganda über angebliche irakische Massenvernichtungswaffen ungeachtet, vertrauten die USA ihrer im Jahrzehnt der VN-Inspektionen noch erheblich verstärkten militärischen Überlegenheit, und tatsächlich rollte der Angriff ohne nennenswerte Verluste zügig bis in die Straßen von Bagdad. Dort allerdings erwies sich der am 1. Mai 2003 verkündete Sieg als Chimäre. Stadtguerilla, Selbstmord-Attentate gegen die Besatzungsmacht und sogar gegen die VN-Vertretung, Eskalation bis hin zu Gefechten gegen aufständische Milizen (verstärkt im Herbst 2004!) hatte das Pentagon nicht eingeplant. *Was hätte eine auf zwischenstaatliche Kriege ausgerichtete Militärführung dagegen auch planen können? Nicht einmal Ariel Sharon in Israel, das seit jeher dieser Art Bedrohung ausgesetzt ist, weiß eine überzeugende Antwort. Gefangene zu foltern, ist weder hier noch dort die richtige Antwort.*

Die Schwachen greifen nach ABC-Waffen

Da die Supermacht USA wieder auf eigene Rechnung Krieg führt, war zu erwarten, daß nun schwächere Staaten das Bedürfnis verspüren, sich durch Abschreckung vor solchem Zugriff zu schützen. Das kann niemand mit konventioneller Rüstung erreichen, deshalb greifen einige tatsächlich zu Massenvernichtungswaffen, ohne Rücksicht auf besiegelte Verträge, und die Eroberung des Irak 2003 hat diesen Trend noch beschleunigt. Seit langem gelten Giftgas, wie Saddam Hussein es gegen Iran sowie gegen die eigenen Kurden eingesetzt hat, und andere *Chemie*waffen, leicht und billig herzustellen, als die Atombomben des „kleinen Mannes". Der Umgang mit mutierten Bakterien (=*biologischen* Waffen) ist wohl technisch komplizierter, diese Bedrohung erscheint bisher weniger konkret. Anders der Griff zur *Atombombe*! Israel besitzt so gut wie sicher seit den 1970er Jahren Nuklearwaffen und inzwischen angeblich etwa 200 Sprengköpfe; abgeschreckt werden sollen dadurch allerdings kaum die USA. Indien und Pakistan haben sich im Mai 1998 gleichzeitig als Nuklearwaffenmächte „geoutet", wobei auch ihre jeweils auf 50 bis 150 Stück geschätzten Raketensprengköpfe gegeneinander und nicht auf die USA zielen dürften. Anders sieht es bei den seit 2003 aktuellen Rüstungen des stalinistischen Nordkorea und des islamistischen Iran aus. Beide Regime siedelt Präsident Bush II. auf seiner „Achse des Bösen" an. Beide müssen folglich fürchten, das Schicksal des Irak zu erleiden. Nordkorea droht offen mit militärischer Nutzung seiner Kernindustrie und hat angeblich bereits zwei Bomben fertig. Iran spielt Katz und Maus mit der Internationalen Atomenergie-Organisation (IAEA) um seinen Beitritt zu einem ursprünglich im Jahre 1991 vereinbarten, 1997 konkretisierten Zusatzprotokoll zum Atomwaffen-Sperrvertrag[9] vom 12. Juni 1968; dieses Protokoll erlaubt den IAEA-Inspektoren, unangemeldet Anlagen aufzusuchen, um ihre ausschließlich zivile Nutzung zu überprüfen. Irans angeblich rein zivil orientierte Kernindustrie ist (vor allem dank sowjetischer und später russischer Lieferungen) mindestens so weit gediehen wie die nordkoreanische, und Mittelstrecken-Raketen stehen beiden Staaten zur Verfügung.

Die Reaktion der Supermacht USA auf diese beiden Herausforderungen ist 2003/04 deutlich behutsamer, multilateraler, diplomatischer, als sie es gegenüber dem Irak Saddam Husseins oder 2001 gegenüber dem Afghanistan der Taliban war.

Strukturen der NATO

Da die USA im Krieg gegen Jugoslawien 1999 Wert darauf legten, im Verbund der NATO zu operieren (anders als im Golfkrieg 1991 oder gar bei der Eroberung des Irak 2003), verdient Geschichte und Struktur der *North Atlantic Treaty Organization* immer noch Aufmerksamkeit. Am 4. April 1949 durch den Nordatlantikpakt ins Leben gerufen, besiegelte die NATO die außenpolitische Grundsatzentscheidung der USA, das sowjetische Expansionsstreben zu stoppen, durch die amerikanische Garantie, westeuropäischen Staaten, die dies wünschten, gegen einen sowjetischen Angriff militärisch beizustehen. Da Generäle meistens den letzten, vergangenen Krieg vorbereiten, erwartete man die sowjetische Aggression im Stil der Massenoffensiven und Panzerschlachten des Zweiten Weltkriegs – jetzt allerdings überschattet durch den Einsatz von Nuklearwaffen.

Klassischen Militärbündnissen gegenüber zeichnete sich die NATO von vornherein dadurch aus, daß sie schon in Friedenszeiten eine *integrierte militärische Kommandostruktur* besitzt, während im Zweiten Weltkrieg eine solche zwischen den britischen und amerikanischen Streitkräften in Europa erst 1942 (unter dem Oberbefehl des amerikanischen Generals Eisenhower) zustandekam, zwischen westlichen und sowjetischen Streitkräften überhaupt nicht. Einen Artikel, der die integrierte Kommandostruktur festschreiben würde, sucht man allerdings unter den 14 Artikeln des Nordatlantikpakts vergebens. Deshalb konnte Charles De Gaulle 1966 die französischen Truppen der NATO-Integration entziehen und überdies das NATO-Hauptquartier Europa zum Umzug von Paris nach Brüssel zwingen, ohne aus dem Bündnis selbst auszutreten. Der Grund für dieses Manöver war offensichtlich. De Gaulle rechnete damit, dass SACEUR – der *Supreme Allied Commander Europe* – immer ein Amerikaner sein werde, und er wollte Frankreichs Unabhängigkeit von den USA demonstrieren.

An diesem Zustand hat sich bis 2004 nichts geändert, obwohl Frankreich seine Rückkehr in die NATO-Struktur vor Jahren angekündigt und im übrigen den Krieg gegen Jugoslawien mitgemacht hat, obwohl auch 1999 der amerikanische General Wesley K. *Clark* (*1944)[10] SACEUR und in Personalunion Oberkommandierender aller US-Streitkräfte in Europa war (d.h. auch solcher, die nicht in die NATO integriert sind). 2000 übernahm der Luftwaffengeneral Joseph W. Ralston, 2003 der Marineinfanterie-General James L. Jones den Posten. Nur im Militärausschuß *(Military Committee)*, der zwischen die politischen Instanzen[11] und die Oberbefehlshaber als „höchstes militärisches Beratungsgremium"[12] geschaltet ist, darf ein Nicht-Amerikaner den Vorsitz führen; 1996-99 war das der deutsche General Klaus Dieter Naumann (*1939); seit 2002 ist es wieder ein Deutscher, der frühere Generalinspekteur der Bundeswehr Harald Kujat (*1942).

> **Artikel 9 des Nordatlantikpakts** (abgeänderte Fassung v. 15. Oktober 1951):[13]
>
> *„Zur Behandlung der die Ausführung des Vertrages betreffenden Fragen errichten die vertragschließenden Staaten hiermit einen Rat* [North Atlantic Council], *in dem jeder von ihnen vertreten sein wird. Dieser Rat soll so organisiert sein, daß er schnell und jederzeit zusammentreten kann. Soweit notwendig, wird der Rat Hilfsorgane einsetzen, insbesondere wird er sofort einen Verteidigungsausschuß zur Empfehlung von Maßnahmen in Anwendung von Art. 3 und 5 errichten."*

Besonders interessant ist meines Erachtens, was nicht in diesem Artikel steht – der Abstimmungsmodus nämlich, mit dem der *North Atlantic Council,*[14] unstreitig die höchste Autorität der NATO, seine Beschlüsse faßt. Auch kein anderer Artikel des Nordatlantikpakts gibt darüber Auskunft; nur Art. 10 legt fest, daß die NATO-Mitgliedstaaten „durch einstimmigen Beschluß" andere europäische Staaten zum Beitritt einladen können. Hier gilt also ein Vetorecht jedes einzelnen der inzwischen 26 NATO-Staaten. *Wie kommen die sehr viel schwerer wiegenden Beschlüsse über den Einsatz militärischer Gewalt zustande?* Hinweise der Literatur auf ein „Konsensverfahren"[15] können nicht völlig befriedigen.

NATO-Konzepte im Kalten Krieg

Jedenfalls beschloß die NATO – wie auch immer – während des Kalten Krieges *Strategische Konzepte*, und mindestens einmal gab es dabei eine grundlegende Änderung. Ursprünglich drohte das Bündnis dem einzigen Aggressor, mit dem es jemals rechnete – der Sowjetunion – *massive Vergeltung* an, worunter vor allem Nuklearschläge auch bei einem konventionellen Angriff zu verstehen waren. Als um 1960 klar wurde, daß die sowjetische Atomrüstung Parität mit der amerikanischen erreicht hatte (die britischen Nuklearwaffen und die französische *Force de Frappe* dürfen wir bei ernsthaftem Kräftevergleich getrost vergessen), bürgerte sich für dieses Strategische Konzept die vor allem im Akronym völlig korrekte Bezeichnung MAD = *Massive Assured Destruction* ein – sichere Massenvernichtung auf beiden Seiten.

1967 zog die NATO offiziell ihre Konsequenz daraus und bekannte sich fortan zur *Flexible Response*, gestützt auf die „Triade" ihrer (1) konventionellen, (2) taktisch-nuklearen und (3) strategisch-nuklearen Waffen. Mit anderen Worten: Das Bündnis ließ die Sowjetunion absichtlich im Unklaren, wie es etwa auf einen Handstreich der DDR gegen Berlin (West) oder auf Zwischenfälle zur See oder in der Luft reagieren würde. Selbstredend hing auch das Damoklesschwert eines nuklearen Erstschlags weiter in der Luft. Da der sowjetische Angriff niemals erfolgte, lief dieses Konzept auf ein penibles Gleichziehen im Wettrüsten hinaus. Das führte in der Bundesrepublik Deutschland zu einer beträchtlichen politischen Krise, als 1979 die NATO auf Anregung des deutschen Bundeskanzlers Helmut Schmidt ihren *Doppelbeschluß* faßte, die Aufstellung neuer sowjetischer Mittelstrecken-Raketen (NATO-Bezeichnung SS 20) gegen Westeuropa mit der Stationierung neuer amerikanischer Raketen vom Typ Pershing II und von Marschflugkörpern (*Cruise Missiles*) zu beantworten, falls Moskau die SS 20 nicht wieder zurückziehe. Die westdeutsche Friedensbewegung, die gegen dieses Drehen an der Nuklearschraube mobil machte und natürlich de facto nur an die NATO-Adresse und nicht an die sowjetische protestieren konnte (teilweise auch wollte), trug wesentlich dazu bei, für 16 Jahre eine konservativ-liberale Koalition unter Bundeskanzler Helmut Kohl (*1930) an die Regierung zu bringen.

Der feine Unterschied zwischen Abrüstung und Rüstungskontrolle

Wie bereits in Kapitel 7 erwähnt, gab es während des Kalten Krieges eine Gegenströmung zum Rüstungswettlauf. Die Aussicht auf nachhaltige Abrüstung freilich, die schon seit dem Ende der napoleonischen Kriege durch die Welt geistert, erwies sich ein weiteres Mal als Bluff, abgesehen (wenn man unterstellen will, daß sie befolgt wird) von der 1971 abgeschlossenen, 1974 durch die USA ratifizierten und 1975 in Kraft getretenen *Konvention über das Verbot biologischer Waffen*, welche die Vereinten Nationen nach zähen Verhandlungen[17] erreichten. Erst 1993 folgte eine analoge, seit 1968 verhandelte Konvention über *chemische Waffen*, die am 29. April 1997 in Kraft trat und möglicherweise im Jahre 2005 die Welt chemiewaffenfrei machen wird.

Das Surrogat für Abrüstung, das die internationale Politik schon während des Kalten Krieges zu bieten hatte, heißt „Rüstungskontrolle". 1969 begannen Verhandlungen zwischen den USA und der Sowjetunion, die 1972 zum *ABM-Vertrag*[18] führten; darin verpflichteten die beiden Supermächte sich paradoxerweise, relativ verwundbar für Nuklearschläge der jeweils anderen Seite zu bleiben, nämlich zur frühzeitigen Zerstörung angreifender ICBM geeignete Raketenbatterien nur zum Schutze ihrer Hauptstädte Washington und Moskau sowie je einer festen Abschußbasis für die erwähnten ICBM aufzustellen. Der ebenfalls 1972 zwischen den Supermächten abgeschlossene, auf 5 Jahre befristete SALT-I-Vertrag[19] beschränkte die Zahl der land- und seegestützten ICBM-Träger für die Sowjetunion auf etwa 2.350, für die USA auf etwa 1.700 – weitaus genug für globale MAD!

Verhandlungen für einen etwas weitergehenden *SALT-II*-Vertrag wurden noch 1972 eingeleitet und führten 1979 zur Unterzeichnung. Dieser Vertrag wurde jedoch nie ratifiziert. Amerikaner und Sowjets konnten sich nicht über die „Verifizierung", das heißt über die gegenseitige Beobachtung einigen, ob die andere Seite auch die vereinbarten Beschränkungen einhalte. Erschwert wurde das durch den technischen Fortschritt, der inzwischen erlaubte, mehrere nukleare Sprengköpfe auf ein und dieselbe Rakete zu montieren.

Unter ihrem 1981-89 amtierenden Präsidenten Ronald Reagan, der die Sowjetunion mit dem „Reich des Bösen" identifizierte, gingen die USA einerseits daran, den ABM-Vertrag auszuhebeln, indem sie sich anschickten, unter dem Namen „Strategische Verteidigungs-Initiative" (SDI) ein Waffensystem zum Abschuß feindlicher ICBM im Weltraum zu installieren, das ihr gesamtes Territorium hätte schützen sollen, wenn es je verwirklicht worden wäre.[20] Andererseits bot derselbe Präsident Reagan dem „Reich des Bösen" an, von der Rüstungskontrolle zur Abrüstung überzugehen – *nach Art des Liebeslebens unter Stachelschweinen („ganz, ganz vorsichtig")*. Der entsprechende START-I-Vertrag[21] wurde noch am 31. Juli 1991 von Reagan und Gorbatschow unterzeichnet, unmittelbar vor dem Ende der Sowjetunion, und trat 1994 in Kraft. Er sieht eine Reduzierung der strategischen Nuklearwaffen um etwa die Hälfte vor. Am 3. Januar 1993 unterzeichneten die USA und Rußland START II; der Vertrag wurde aber vom russischen Parlament nicht ratifiziert. Als Präsident George W. Bush im Juni 2002 den ABM-Vertrag kündigte und in Alaska sechs unterirdische Anti-ICBM-Raktensilos bauen ließ, zog sich sein russischer Amtskollege Wladimir Putin (*1952, im Amt seit 2000) vom START-II-Projekt zurück. Beide nunmehr befreundete Staatschefs vereinbarten jedoch gleichzeitig, die Zahl ihrer nuklearen Sprengköpfe binnen zehn Jahren um zwei Drittel zu reduzieren. Das würde bedeuten, jeder behält etwa 2.000 Stück – genau das hatte START II angepeilt! *Es reicht immer noch bequem, die Erde zu zerstören.*

Das Ziel, auch ihre konventionellen Streitkräfte in Europa zu begrenzen und wechselseitig zu kontrollieren, schrieben die Kontrahenten des Kalten Krieges wohl auf ihre Fahnen, sobald die Rede von Entspannung oder Tauwetter einsetzte; sie schoben es aber auf eine äußerst lange Bank. Die Wiener Verhandlungen zwischen der NATO und den Staaten des Warschauer Paktes über MBFR (*Mutual Balanced Force Reduction*) traten von 1973 bis 1989 auf der Stelle. Dann aber ging alles plötzlich sehr schnell. Am 19.11.1990 wurde der KSE-Vertrag[22] abgeschlossen, in dem beide Seiten ankündigten, sich zwischen Atlantik und Ural unter anderem mit je 20.000 Kampfpanzern und 6.800 Kampfflugzeugen begnügen zu wollen. Der Vertrag wurde 1996 zugunsten der Ukraine und vor allem Rußlands modifiziert. Schließlich liegt der Kaukasus mit Tschetschenien, wo Moskau trotz des russischen Afghanistan-Syndroms, seiner Parallele zum amerikanischen Vietnam-Syndrom, seit Ende 1994 Krieg führt,[23] westlich des Ural. Zu diesem Zeitpunkt war durch die Auflösung des Warschauer Paktes im Juli 1991 das Konzept des KSE-Vertrages eigentlich bereits hinfällig; es erledigte sich mit dem Beitritt Polens, Ungarns und der Tschechischen Republik zur NATO am 12. März 1999.

Out of Area

Seit 1991 interessierte sich die NATO, speziell ihre Führungsmacht USA, in Wahrheit kaum noch für den Zweck, zu dem der Nordatlantikpakt einst abgeschlossen worden war: die Verteidigung der westeuropäischen Länder gegen einen im Stil des Zweiten Weltkriegs erwarteten, allenfalls nuklear überhöhten massiven Angriff von Landstreitkräften aus dem Osten. Stattdessen wurden die unscheinbaren Worte *out of area* zum Angelpunkt der Debatte über das Strategische Konzept der NATO, das bereits 1991 eine Neuauflage erlebte. Sie meinen den Einsatz von NATO-Truppen außerhalb des Gebiets der Mitgliedstaaten, also nicht mehr zu deren Verteidigung gegen eine direkte Aggression, sondern zur Verfolgung weitergehender nationaler Interessen.

Artikel 6 des Nordatlantikpakts (in der Fassung von 1951)

„Im Sinne des Art. 5 gilt als bewaffneter Angriff auf einen oder mehrere der vertragschließenden Staaten ein bewaffneter Angriff
1. auf das Gebiet irgendeines dieser Staaten in Europa oder Nordamerika, auf die

algerischen Departements Frankreichs, auf das Gebiet der Türkei oder auf die der Gebietshoheit eines Vertragsstaates unterliegenden Inseln im nordatlantischen Gebiet nördlich des Wendekreises des Krebses;
2. auf die Streitkräfte, Schiffe oder Flugzeuge irgendeines Vertragsstaates, wenn sie sich in oder über diesen Gebieten oder irgendeinem anderen europäischen Gebiet, in dem irgendeiner der Vertragsstaaten bei Inkrafttreten des Paktes eine Besatzung unterhält, oder im Mittelmeer oder im nordatlantischen Raum nördlich des Wendekreises des Krebses befinden."

Das mag nach internationalem Recht in Ordnung sein, wenn die legale Regierung eines anerkannten Staates die NATO um Entsendung von Truppen ersucht. Sie wird es vermutlich nur dann tun, wenn sie sich durch Aggression oder Bürgerkrieg bedroht fühlt. Jedenfalls war Bosnien-Herzegowina 1995 ein international anerkannter Staat mitten in einem Bürgerkrieg, hinter dem man militärische Interventionen der Nachbarstaaten Serbien/Jugoslawien und sehr wohl auch Kroatiens mit großer Wahrscheinlichkeit vermuten durfte. Luftangriffe der NATO auf bosnisch-serbische Truppen und die Aufstellung der IFOR/SFOR[24] unter NATO-Befehl zur Sicherung des Friedensvertrags von Dayton erfolgten im Einvernehmen mit der bosnischen Regierung. *Von den NATO-Luftangriffen auf Jugoslawien 1999 kann niemand behaupten, daß die Regierung in Belgrad darum ersucht hätte.*

Der deutsche Bundespräsident Roman Herzog (*1934, im Amt 1994-99) rechtfertigte diese Luftangriffe als „Nothilfe" für die von den jugoslawischen Behörden, insbesondere von der Armee und der serbischen Polizei massiv angegriffene albanische Mehrheits-Bevölkerung des Kosovo. Zwischenstaatliche militärische Nothilfe ist in der Tat im Völkerrecht vorgesehen, insbesondere in Art. 51 der VN-Charta – wenn das Opfer des Angriffs ein Staat, Mitglied der Vereinten Nationen ist. Ohne Aufforderung der legalen Regierung in einen Bürgerkrieg einzugreifen – und schon gar auf der Seite der Rebellen –, verbietet dagegen das klassische Völkerrecht (vgl. Kapitel 5). Dieser Grundsatz wird freilich seit 1970 gerade durch VN-Resolutionen (der Generalversammlung, nicht des Sicherheitsrates!) unterhöhlt, wonach Aufständische in *antikolonialen und antirassistischen Befreiungskriegen* sich auf das Selbstbestimmungsrecht der Völker berufen dürfen und folglich im Rahmen internationaler Legitimität handeln.

„Humanitäre Intervention"

Ein Recht auf „humanitäre" Intervention, auch mit militärischer Gewalt, auf dem Gebiet eines fremden Staates nehmen schon seit dem 19. Jahrhundert „zum Teil gewichtige Stimmen aus dem anglo-amerikanischen Rechtskreis" in Anspruch und meinen damit in der Tat den „Schutz fremder Bürger vor Angriffen ihres eigenen Staates".[25] Man sollte diesen Typ einer Intervention deutlich unterscheiden von „eine[r] Maßnahme oder ein[em] Block von Maßnahmen, die auf fremdem Staatsgebiet mit Mitteln der Gewalt gesetzt werden, um einem vor allem das Recht auf Leben und persönliche Freiheit von Staatsbürgern [des eigenen Staates! F.A.] gefährdenden Zustand ein Ende zu setzen",[26] wie es zum Beispiel Israel in Entebbe (Uganda) 1978 tat, um israelische Flugpassagiere aus der Gewalt von Terroristen zu befreien.

Die Tradition der USA, jenseits der eigenen Grenzen in Zentral- oder Südamerika mittels des von Präsident Theodore Roosevelt beschworenen *Big Stick* für „Ordnung" zu sorgen (vgl. Kapitel 4 und 17), ließ sich vielleicht moralisch in einer Zeit rechtfertigen, als Kriege ohnehin völkerrechtlich legitim waren und es noch keine Vereinten Nationen gab. Um diese Zeit eroberten europäische Mächte fast ganz Afrika, wenn man den Argumenten ihrer Kolonial-Enthusiasten glauben will, hauptsächlich zu dem Zweck, die „Eingeborenen" vor der Tyrannei ihrer eigenen Herrscher und vor dem Sklavenhandel der Araber zu beschützen. Sicher war der Sklavenhandel – auch der über den Atlantik, den die Europäer selbst betrieben und erst ab 1807 unterbanden – eine Jahrhunderte andauernde humanitäre Katastrophe. *Ich wage dennoch zu bezweifeln, ob die USA oder gar die gesamte NATO gut daran täten, im 21. Jahrhundert auf diese Tradition einzuschwenken – schon gar nicht ohne ein entsprechendes Mandat des allein für Gewaltanwendung zuständigen Organs der Vereinten Nationen.*

Als Basis für den Versuch, die humanitäre Intervention zum Ende des 20. Jahrhunderts erneut in der Praxis der Militärpolitik zu verankern, gilt deshalb die „Kurden-Resolution" des *Sicherheitsrates* vom 5. April 1991 (Res. 688), auf die bereits in Kapitel 9 eingegangen wurde. Das Schicksal der irakischen Kurden, die seit längerer Zeit gegen ihre Einbeziehung in diesen arabischen Staat ähnlich revoltiert hatten wie die anderen Teile des kurdischen Volkes gegen die Türkei und den Iran, und die von Saddam Husseins Regime während des ersten (irakisch-iranischen) Golfkriegs besonders exemplarisch dafür bestraft worden waren – und anderem durch Einsatz von Giftgas –, hing allenfalls indirekt mit der Aggression des Irak gegen Kuwait zusammen. Es sei daran erinnert, daß der Sicherheitsrat seinerzeit der Diskrepanz zwischen dem internationalen Angriff auf Kuwait und dem innerstaatlichen irakischen Kurdenproblem durchaus Rechnung trug.

Der erste operative Absatz der Res. 688 lautet:

> *[Der Sicherheitsrat] „verurteilt die in vielen Teilen Iraks, insbesondere auch in allerjüngster Zeit in den kurdischen Siedlungsgebieten stattfindende Unterdrükkung der irakischen Zivilbevölkerung, deren Folgen den Weltfrieden und die internationale Sicherheit in der Region bedrohen."*

Dennoch stellte der Rat diese Resolution ausdrücklich nicht unter Kapitel VII der VN-Charta, verwies vielmehr in der Präambel auf Artikel 2.7 – also auf das Gebot, die VN dürften sich nicht in innere Angelegenheiten eines Mitgliedstaates einmischen. Genau das tat die Res. 688 dann doch, indem sie (im 3. operativen Absatz) erklärte:

> *[Der Sicherheitsrat] „besteht darauf, daß Irak den internationalen humanitären Organisationen sofortigen Zugang zu allen hilfsbedürftigen Personen in allen Teilen Iraks gewährt."*

Das daran unter Absatz 6 angeschlossene Mandat –

> *[Der Sicherheitsrat] „appelliert an alle Mitgliedstaaten und alle humanitären Organisationen, zu diesen humanitären Soforthilfebemühungen beizutragen."* –

interpretierten die USA sofort am 20. April 1991 als grünes Licht für die Entsendung mehrerer Tausend Marineinfanteristen in den Nord-Irak, die drei Monate dort stationiert blieben. Das ließ sich als Schutzmaßnahme für das Personal der humanitären Organisationen rechtfertigen, das zu großen Teilen aus Bürgern der westlichen Staaten bestanden haben dürfte – also als eine Intervention vom Entebbe-Typ. Aber gilt das noch für die zweite im Zusammenhang mit der Kurden-Resolution verhängte Maßnahme? Um Übergriffe Saddam Husseins gegen die Kurden und im gleichen Zug auch gegen die im Süd-Irak ansässigen Schiiten zu erschweren, dekretierten die Golfkrieg-Alliierten 1991 zwei *Flugverbotszonen* für das irakische Militär über dem Norden (bis zum 36. Breitengrad) und Süden (bis zum 33. Breitengrad) des Irak. Hierfür existierte kein auch nur indirektes Mandat des Sicherheitsrates. Trotzdem hielten die USA und Großbritannien bis 2003 daran fest, daß ihre Kampfflugzeuge die beiden Flugverbotszonen kontrollierten und jede Geste des Irak, sie daran eventuell hindern zu wollen (speziell Erfassungen durch irakisches Radar) mit Raketenfeuer erwiderten.

Das Strategische Konzept der NATO 1999

Am 23./24. April 1999, genau einen Monat nach dem Beginn des Krieges gegen Jugoslawien am 24. März, gab sich die NATO ein neues Strategisches Konzept – „gebilligt von den Staats- und Regierungschefs, die an dem Treffen des Nordatlantik-Rats in Washington D.C. teilnahmen"; so ist die Presse-Mitteilung NAC-S (99) 65 überschrieben, und wir wissen, dass der Nordatlantikpakt nicht vorsieht, dabei etwas über den Abstimmungsmodus auszusagen. Der Begriff „humanitäre Intervention" kommt in diesem Papier nicht vor, nur *von „human suffering"* ist die Rede, obwohl die NATO seit dem 24. März 199 nicht nachließ zu betonen, daß die „humanitäre Katastrophe" im Kosovo den Krieg unvermeidbar gemacht habe. Das strategische Konzept bevorzugt den präziseren, gleichwohl negativen Ausdruck *„non-Article 5 crisis response operations"*,[27] zum Beispiel in § 31:

> *„Die NATO wird versuchen, in Zusammenarbeit mit anderen Organisationen Konflikte zu verhindern oder, sollte eine Krise eintreten, zum effektiven Umgang* (management) *mit ihr beizutragen, gemäß internationalem Recht, einschließlich durch die Möglichkeit, nicht-Artikel-5-Krisenreaktions-Operationen durchzuführen."*

Unter der Überschrift *„Security challenges and risks"* deutet das strategische Konzept in den §§ 20 und 24 an, was unter „Krisen" zu verstehen ist, die künftig eine militärische Antwort der NATO jenseits der kollektiven Verteidigung ihrer Mitgliedstaaten auslösen könnten:

> *„§ 20 - Trotz positiver Entwicklungen im strategischen Umfeld [gemeint ist das Ende des Kalten Krieges, F.A.] und der Tatsache, daß konventionelle Aggression in großem Stil gegen das Bündnis sehr unwahrscheinlich ist, existiert die Möglichkeit, daß auf lange Sicht eine solche Bedrohung entsteht. Die Sicherheit des Bündnisses bleibt einer weiten Vielfalt militärischer und nicht-militärischer Risiken ausgesetzt, die aus verschiedenen Richtungen kommen und oft schwer vorauszusagen sind. Zu diesen Risiken zählen Ungewißheit und Instabilität innerhalb und rings um das Euro-Atlantische Gebiet* (area) *und die Möglichkeit regionaler Krisen an der Peripherie des Bündnisses, die sich rasch entwickeln könnten. Einige Länder innerhalb und rings um das Euro-Atlantische Gebiet stehen ernsthaften wirtschaftlichen, sozialen und politischen Schwierigkeiten gegenüber. Ethnische und religiöse Rivalitäten, Gebietsstreitigkeiten, unangemessene oder gescheiterte Reformbemühungen, die Verletzung von Menschenrechten und der Zerfall von Staaten können zu lokaler und sogar regionaler Instabilität führen. Die daraus entstehenden Spannungen könnten zu Krisen führen, welche die Euro-Atlantische Stabilität gefährden, zu menschlichem Leid* (human suffering) *und zu bewaffneten Konflikten. Solche Konflikte könnten die Sicherheit des Bündnisses berühren* (affect), *indem sie auf Nachbarländer einschließlich NATO-Länder übergreifen, oder auf andere Weise, und könnten ebenfalls die Sicherheit anderer Staaten berühren.*
> *§ 24 - ... Die Sicherheit des Bündnisses muß auch den globalen Zusammenhang in Rechnung stellen. Sicherheitsinteressen des Bündnisses können berührt werden durch andere Risiken [als einen bewaffneten Angriff, F.A.] einer weiter gespannten Natur, einschließlich Akte des Terrorismus, Sabotage und organisiertes Verbrechen, und durch Störung des Flusses lebenswichtiger Ressourcen. Die unkontrollierte Be-*

wegung großer Menschenmassen, insbesondere als Folge bewaffneter Konflikte, kann ebenfalls Probleme für Sicherheit und Stabilität aufwerfen, die das Bündnis berühren."

Es ist bemerkenswert, wie hier eine direkte Verbindungslinie zwischen innenpolitischen Problemen, ja sogar Wirtschaftskrisen (die doch nach herrschender neoliberaler Lehre gar nicht der Politik, sondern dem Markt unterliegen!), „privater" Kriminalität, Migration und der internationalen Sicherheit der NATO-Staaten gezogen wird. Gewiß hat die Politikwissenschaft seit langem hervorgehoben, daß Innen- und Außenpolitik sich nicht gegeneinander abschotten lassen. Gewiß hat die Mehrheit in der Generalversammlung der Vereinten Nationen seit 1960 eifrig daran gearbeitet, sich in die Innenpolitik von Kolonialmächten und anderen „Pariah-Staaten" einzumischen, im Falle des weißen Südafrika bis 1990 unter der Gedankenkonstruktion, daß die Politik der Apartheid sich als Bedrohung des zwischenstaatlichen Friedens auf die Nachbarländer auswirke. Hier gab es jedoch tatsächlich gewalttätige Übergriffe des südafrikanischen Militärs auf diese Nachbarn, einschließlich einer großangelegten und lange andauernden Invasion Angolas. Auch der Bosnienkrieg wurde 1992 maßgeblich durch die unter serbischem Befehl operierende Jugoslawische Volksarmee (des alten Jugoslawien) ausgelöst.

Das Strategische Konzept der NATO von 1999 begnügt sich also nicht damit, im Rahmen der allgemeinen Ziele und Grundsätze der Vereinten Nationen den Sicherheitsrat beiseite zu schieben, um ihn als „Weltpolizisten" durch die euro-atlantische Militärallianz zu ersetzen. Es nimmt auch nicht einfach das *ius ad bellum* des klassischen Völkerrechts in Anspruch, wie es vor 1945 galt. *Viel eher erinnert dieses Papier, wenn man es ernst nimmt, an den Anspruch der von Metternich 1815 gestifteten Heiligen Allianz, universal eine bestimmte Doktrin der innenpolitischen, jetzt sogar der wirtschaftspolitischen Legitimität durchzusetzen – notfalls durch bewaffnete Intervention.*

Da ist es ein wenigstens schwacher Trost, daß die NATO 1999 ausdrücklich (in § 57) versichert, keine chemischen oder biologischen Waffen bereitzuhalten, sondern sich auf Abwehrmaßnahmen gegen diese vertraglich gebannten Instrumente der Kriegführung zu beschränken. Klar ausgesprochen ist dagegen in einem eigenen – dem vorletzten – Abschnitt des Strategischen Konzepts (den §§ 62-64), daß die NATO daran festhält, auch nach dem Ende des Kalten Krieges nukleare Streitkräfte zu unterhalten, Nuklearwaffen auch in Europa aufzustellen. Mit keinem Wort wird in Frage gestellt, ob die einst im Zeichen der *flexible response* ausgesprochene Drohung, möglicherweise auf einen konventionellen Angriff mit einem nuklearen Erstschlag zu antworten, für die vorhersehbare Zukunft als obsolet gilt. Das hat der deutsche Außenminister Joschka

Fischer (*1948) zu Beginn seiner Amtszeit 1998/99 angeregt, ist damit anscheinend aber bei den Nuklearmächten der NATO auf keine Gegenliebe gestoßen.

SPIEGEL-Gespräch mit Joschka Fischer 21. Juni 1999 (Auszug)

„SPIEGEL: *Eine Grundfrage lautet: Darf denn die NATO anderen Völkern westliche Werte mit Gewalt aufzwingen?*
Fischer: *Menschenrechte, sind das denn nun westliche Werte?*
SPIEGEL: *So wird das von manchen Staaten empfunden.*
Fischer: *Was unterschreiben eigentlich die Länder, wenn sie der UNO beitreten? Die UNO-Charta ist für mich kein westlicher Wert. Wenn ein Massenmord am eigenen Volk verhindert werden soll, wie in Kambodscha, wenn das Mittel der Vertreibung eines ganzen Volkes zur Korrektur politischer Landkarten führt, dann geht es um elementare Werte. Wie sollen denn sechs Milliarden Menschen friedlich miteinander leben ohne ein allseits akzeptiertes Wertefundament?...*
SPIEGEL: *Gehört also der Krieg wieder zum Repertoire in der deutschen Außenpolitik?*
Fischer: *Im Gegenteil, aber jeder, der auf eine Politik der ethnischen Kriegführung setzt, wird sich das in Zukunft doppelt und dreifach überlegen. Wir haben den Krieg mit einer Mischung von Militärschlägen aus der Luft, politischer und moralischer Entschlossenheit und letztlich auch der Klugheit und Intelligenz der Diplomatie gewonnen. Aber solche Konstellationen lassen sich nicht beliebig wiederholen. Prävention muß die Zukunft bestimmen.*“

Seit geraumer Zeit befaßt sich die NATO mit dem offenkundigen Ungleichgewicht zwischen der Supermacht USA und den europäischen Mitgliedstaaten. Jeder Versuch, auf dem alten Kontinent eine Art gleichwertigen Pfeiler für die gemeinsame Sicherheitspolitik aufzurichten, führt jedoch in ein Dilemma. Wenn die Europäer sich wirklich von der amerikanischen Vormundschaft emanzipieren wollen, müssen sie waffentechnisch – und das bedeutet im 21. Jahrhundert vor allem auch in der Aufklärung durch Satelliten sowie in sonstiger Elektronik – mit den Amerikanern gleichziehen. Dann kann nicht ausbleiben, daß es zunächst wirtschaftlich auf dem Feld der Rüstungsindustrie und eines Tages auch politisch in der Einschätzung von Risiken und Krisen zu Zerwürfnissen mit dem transatlantischen Bündnispartner kommt. Verlassen sich die Europäer aber weiterhin auf die Rückendeckung der USA in entscheidenden Bereichen der militärischen Technik, zwingen sie geradezu jede Regierung in Washington, auch weiterhin die Vormundschaft auszuüben, welche die ersten 50 Jahre der NATO kennzeichnete. Frankreich hat mit dem Ausstieg De Gaulles aus der NATO-Integration nur erreicht und vermutlich militärpolitisch gar nicht mehr bezweckt, als einen gewissen Spielraum für kurzfristige Expeditionen seiner konventionellen Streitkräfte vor allem im traditionellen afrikanischen Einflußgebiet zu gewinnen; die nukleare Streitmacht Frankreichs war trotz ihres volltönenden Namens *Force de Frappe* immer blind ohne amerikanische Technik, sie war von Anfang an nicht mehr als ein Bluff oder – freundlicher ausgedrückt – ein politisches Symbol.

Um dem Dilemma zu entgehen und die freundschaftliche Zusammenarbeit zwischen den USA und Europa auf Dauer zu festigen, mit der beide Regionen in der zweiten Hälfte des 20. Jahrhunderts ausgezeichnete Erfahrungen gemacht haben, bietet sich als direkter Weg an, die „Sicherheitspolitik" samt „*military-industrial complex*" und natürlich samt NATO auf das Maß zurückzuführen, das den Soldaten in den meisten stabilen politischen Systemen zu aller Zeit und an den verschiedensten Orten zugewiesen wurde. Es geht nicht nur darum, das Militär der zivilen Politik unterzuordnen. *Militarismus* bedeutet nicht nur, daß Soldaten in einer Gesellschaft und in einem politischen System an die Spitzenplätze drängen; es bedeutet auch, daß die ganze Gesellschaft und ihre Staatsorgane Geschmack daran finden, ständig mit dem Säbel zu rasseln und ihn fallweise zu ziehen. *Ja, Sicherheit zu erlangen, ist ein wichtiges Ziel jeder Politik, im Inneren des Staates und zwischen Staaten. Es ist aber nicht das einzige Ziel. Und es ist ein Ziel, von dem jeder vernünftige Mensch wissen sollte, daß es total und absolut nicht zu erreichen ist.* Georges Clemenceau sagte mitten im Ersten Weltkrieg, der Krieg sei eine zu ernste Sache, um ihn den Generälen zu überlassen. Sein Wort gilt abgewandelt auch für zivile Politiker, die sich dazu verleiten lassen, den Krieg wieder, der Charta der Vereinten Nationen zum Trotz, als *ultima ratio regum* auszugeben, wie es im 17. oder 18. Jahrhundert auf die Kanonen Europas graviert wurde, *als Staatsraison also in angeblichen Extremfällen, die dann sehr leicht zum Normalfall werden.*

Anmerkungen

1 Arnold J. Toynbee: Erlebnisse und Erfahrungen. München 1970, S. 158 [original Experiences. London 1969]

2 SIPRI = Stockholm International Peace Research Institute. Basisdaten zur Rüstungspolitik liefert auch regelmäßig das International Institute for Strategic Studies (IISS) in London.

3 Mangels gesicherter Daten fehlen (auch in der Zusammenfassung) aus Afrika: Angola, Benin, Kongo-Brazzaville, Kongo-Kinshasa, Eritrea, Liberia, Libyen, Somalia; aus Mittelamerika: Honduras; aus Asien: Afghanistan; aus Europa: Jugoslawien (=Serbien und Montenegro); aus Nah- und Mittelost: Irak.

4 Laut IISS verfügten 1995 die USA über 595 landgestützte und 384 seegestützte Abschußeinrichtungen für strategische Nuklearwaffen, Großbritannien und Frankreich zusammen über 18/128, Rußland über 928/664.

5 Aus der seit 2001 lawinenartig anschwellenden Literatur vgl. Bruce Berkowitz: The new Face of War. How war will be fought in the 21st century. New York 2003; Wesley K. Clark [NATO-Befehlshaber

1999]: Waging modern War. Bosnia, Kosovo and the future of combat. New York 2002; ders.: Winning modern Wars. Iraq, terrorism, and the American empire. New York 2003; Herfried Münkler: Der neue Golfkrieg. Reinbek 2003; Dana Priest: The Mission. Waging war and keeping peace with America's military. New York 2003.

6 Eigentlich heißt es: „*Quod licet Jovi non licet bovi*" = Was Jupiter sich erlauben kann, das kann sich ein Rindvieh noch lange nicht erlauben.

7 Toynbee a.a.O. [Fußnote 1], S. 24: „Wenn es zutrifft, daß fortgesetzte Siege eine Nation zur Gefahr für die übrige Welt wie für sich selbst werden lassen, so müssen die Vereinigten Staaten und Israel heute die gefährlichsten unter den 125 Einzelstaaten sein, die sich gegenwärtig in die Landoberfläche dieses Planeten teilen."

8 Vgl. General a.D. Werner von Scheven: Ohne Landstreitkräfte nur begrenzt wirksam. *Tagesspiegel* (Berlin) 19.04.1999

9 Der Vertrag (*Treaty on the Non-Proliferation of Nuclear Weapons* -NPT; vgl. Kapitel 7) unterscheidet zwischen Staaten, die Atomwaffen besitzen, und allen anderen. Erstere verpflichten sich, keine Atomwaffen an letztere zu liefern, und letztere, keine herzustellen. Der Vertrag trat 1970 in Kraft, bis 2000 traten ihm 187 Staaten bei, darunter Irak, Nordkorea und Iran, nicht jedoch Israel, Indien, Pakistan und Brasilien. Im Mai 2002 drängte US-Präsident *Bush* den Senat, das Zusatzprotokoll von 1991/97 zu ratifizieren, da es „...die nukleare Sicherheit verstärken und die Nichtweiterverbreitung von Kernwaffen fördern werde, welche ein Eckstein der Außen- und Sicherheitspolitik der USA ist"; bis 2003 haben etwa 30 Staaten das Zusatzprotokoll ratifiziert, darunter alle EU-Mitglieder und Rußland. – Vgl. Wyn Q. Bowen & Joan-na Kidd: The Iranian nuclear challenge. *International Affairs* (London) 80-2004-2, S. 257-276

10 Als Autor erwähnt oben [Fußnote 5]

11 Außer dem Rat sind das insbesondere die „Nordatlantische Versammlung", deren Mitglieder von den Parlamenten der Mitgliedstaaten delegiert werden, und das Generalsekretariat (seit 2004 unter dem Niederländer Jaap de Hoop Scheffer (*1948, vorher Außenminister) mit ca. 1400 Mitarbeitern, ferner der „Ausschuß für Verteidigungsplanung" und die seit 1993 mit ihm gemeinsam tagende „Nukleare Planungsgruppe".

12 Laut Fischer Weltalmanach 2004:1020

13 Zitiert nach Helmuth K.G. Rönnefarth & Heinrich Euler (Hg.): Konferenzen und Verträge (Vertrags-Ploetz) II/4 (1914-1959). Würzburg 2. Aufl. 1959, S. 358. – Art. 3 formuliert die Verpflichtung der NATO-Staaten, ihre „individuelle und kollektive Widerstandskraft gegen einen bewaffneten Angriff fortgesetzt aufrecht[zu]erhalten und [zu] vergrößern". – Art. 5 enthält die gegenseitige Beistandspflicht im Falle eines bewaffneten Angriffs und beruft sich dafür auf das Recht zur individuellen oder kollektiven Selbstverteidigung von Staaten gemäß Art. 51 VN-Charta (vgl. unten zu „non-article 5 crisis response operations" gemäß Strategischem Konzept von 1999).

14 Im Rat treten entweder die Staats- und Regierungschefs der NATO-Mitgliedstaaten oder ihre Außen- bzw. Verteidigungsminister zusammen; der Rat tagt in der Regel zweimal jährlich. Die in Brüssel akkreditierten Botschafter amtieren als „Ständiger Rat".

15 Wichard Woyke: NATO. In Andreas Boeckh (Hg.): Internationale Beziehungen (Pipers Wörterbuch zur Politik Bd. 5). München/Zürich 1984, S. 338

16 1816 gründeten Quäker (diese christliche Gemeinde hält als einzige die urkirchliche Tradition hoch, Kriegsdienst kategorisch zu verweigern) in London eine „Peace Society"; damit begann der moderne Pazifismus in Europa und den USA. – 1889 tagte in Paris der erste Weltfriedenskongreß, im gleichen Jahr erschien Bertha von Suttners (1843-1914) Roman *Die Waffen nieder*. Diese Bewegung hatte keinen Einfluß auf das Wettrüsten vor 1914. 2002 prägte Österreich Bertha von Suttner auf seine 2-€-Münzen.

17 Die Abrüstungs-Kommission der VN existiert seit 1952, erreichte aber wenig mehr als 1957 die Gründung der Internationalen Atomenergie-Organisation (IAEA) und 1959 die Entmilitarisierung der

Antarktis. Die Konvention über das Verbot der B-Waffen wurde im 1979 eingerichteten „Abrüstungs-Ausschuss" der VN (1984 in Abrüstungs-Konferenz umbenannt) ausgehandelt. Dort wurde 1995 auch das Verbot von C-Waffen bis 2005 vereinbart.

18 ABM = *Anti-Ballistic Missiles* (Boden-Luft-Raketen zur Bekämpfung gegnerischer ICBM). Die USA installierten keines der beiden ihnen zugesprochenen ABM-Systeme, während die Sowjetunion ein bereits um Moskau errichtetes System bestehen ließ.

19 SALT = *Strategic Arms Limitation Talks* bzw. *Treaty*

20 SDI (*Strategic Defense Initiative*) hätte etwa $ 1.000 Mrd. gekostet. Das Projekt wurde nach 1991 unter Präsident George Bush I. aufgegeben.

21 START = *Strategic Arms Reduction Talks* bzw. *Treaty*.

22 KSE = Konventionelle Streitkräfte in Europa.

23 Der massive Bürgerkriegs-Einsatz sowjetischer Truppen in Afghanistan (Ende 1979 bis Februar 1989) endete mit einer Niederlage und trug wesentlich zur Diskreditierung des Sowjetsystems bei. – Am 01.11.1991 hatte die innerhalb der Russischen Föderation autonome Republik Tschetschenien einseitig ihre volle Unabhängigkeit verkündet. Nach dem Scheitern politischer Einigungsversuche griff Rußland am 11.12.1994 Tschetschenien mit militärischer Gewalt an, konnte den Widerstand jedoch nicht brechen. Ein Ende August 1996 unter Präsident Boris Jelzin (*1931, im Amt 1991-2000) erzielter Waffenstillstand mit dem tschetschenischen Stabschef Aslan Maschadow (*1951), der 1997 zum Staatspräsidenten gewählt wurde, hielt nur bis September 1999.

24 IFOR = *Implementation Force*; SFOR = *Stabilization Force* (vgl. Kapitel 14).

25 Ulrich Beyerlin: Gewaltverbot. In Seidl-Hohenveldern (Hg.) 1985, S. 102

26 Felix Ermacora: Selbsthilfe. A.a.O.:244

27 Er bezieht sich auf Art. 5 des Nordatlantikpakts [vgl. Fußnote 13].

16. Von Amnesty bis al-Qa'ida – die Welt der NGOs

Für die Neuauflage dieses Buches läßt es sich nun – im Herbst 2004 – nicht mehr vermeiden, ein eigenes Kapitel jener Welt zu widmen, in der nicht mehr Staaten und ihre Regenten internationale Politik betreiben, sondern *Nichtregierungsorganisationen*, wie das einschlägige Wortungetüm lautet – meist bezeichnet mit dem englischen Kürzel NGO für „*Non-Governmental Organization*". Darunter fällt natürlich, wenn man es genau nimmt, jeder örtliche Kleingartenverein. Interessant für dieses Buch sind nur „INGOs", will sagen auf *internationalem* Feld politisch aktive NGOs mit Mitgliedern in mehreren Staaten.[1] Außerhalb der Betrachtung bleiben im folgenden Kapitel die so genannten BINGOs (B für *business*) – sprich: die Transnationalen Konzerne – und generell Verbände, die (zumeist wirtschaftliche) Interessen einer bestimmten Klientel vertreten. Solche *pressure groups,* wie wir sie unter Sozialwissenschaftlern nennen, spielen gewiss eine legitime und wichtige Rolle in demokratischen politischen Systemen. Wir richten den Blick aber jetzt auf jene Organisationen, die einerseits (wie in der innerstaatlichen Politik die Regierungen und politischen Parteien) dem *allgemeinen* Interesse der Gesellschaft verpflichtet sind (für INGOs ist das grundsätzlich die *Weltgesellschaft*), ohne andererseits (wie im Staat die Parteien, nationale Befreiungs- oder Revolutionsbewegungen) direkt nach politischer Macht zu streben. Das ist meine Definition für INGOs. Dabei sind alle Beteiligten sich bewußt, daß auch so genannte QUANGOS existieren (Qua für Quasi-), die in Wirklichkeit von einer Regierung gesteuert werden.

Auf dem Weg zur Weltgesellschaft?

„Subjekte in der internationalen Politik sind nicht mehr, wie in der Staatenwelt, nur die Regierungen, sondern auch schon die Gesellschaften. Das ist die differentia specifica, die die moderne von der vormodernen Welt unterscheidet. Bedeutung und Einwirkung der Gesellschaften sind in den Weltregionen höchst unterschiedlich verteilt. Nirgendwo aber sind sie, wie früher, irrelevant. Diese Entwicklung läßt sich mit der politischen Metapher der ‚Gesellschaftswelt' wiedergeben. Der Begriff soll ausdrücken, daß die Welt noch keine Weltgesellschaft, aber auch keine Staatenwelt mehr ist."
E.O. Czempiel: Weltpolitik im Umbruch. München 3. Aufl. 1993, S. 106 f.

INGOs gibt es zuhauf. Da sie in Scharen in das System der Vereinten Nationen hineindrängen und mitreden wollen, wo doch die Vertreter der Staaten gern unter sich blieben, legte der Wirtschafts- und Sozialrat (ECOSOC) 1996 ein Register an, in das er NGOs aufnimmt, wenn sie „offiziell bei den zuständigen Regierungsbehörden als *non-profit-NGO* registriert sind, seit mindestens zwei Jahren existieren, ein etabliertes Hauptquartier, eine demokratisch beschlossene Satzung... haben" usw.[2] – und dabei teilt er sie gleich in drei Kategorien ein: die vornehmste (mit „allgemeinem Konsultativstatus") darf an allen Tagungen des ECOSOC und seiner Untergliederungen teilnehmen, schriftlich (bis zu 2000 Worte!) und mündlich Stellung beziehen, Vorschläge zur Tagesordnung machen; die zweite (mit „speziellem Konsultativstatus") ist auf ihr engeres Arbeitsfeld beschränkt, ihre Schriftsätze dürfen nur 500 Worte umfassen, und die Tagesordnung geht sie nichts an; dann gibt es drittens noch ein so genanntes *Roster* – wer darin steht, darf seine 500 Worte nur nach Aufforderung einreichen.

Beim ECOSOC registrierte NGOs				
Jahr	„Allgemeine"	„Spezielle"	Roster	Insgesamt
1996	76	468	497	1041
1998	100	742	663	1505
2000	122	1048	880	2050
2002	131	1197	906	2234
2003	131	1316	903	2350

2002 hatten 47% dieser registrierten NGOs ihren Sitz in Europa, 32% in Nordamerika, 9% in Asien, 7% in Mittel- und Südamerika – und nur 4% in Afrika, 1% in Ozeanien.

Traditionelle und moderne NGOs

Unter den in der heutigen Weltpolitik aktiven NGOs hat das ehrwürdigste Alter zweifellos die *Katholische Kirche*, die zwar in Rom ihr Hauptquartier als souveränen Staat organisiert hat, aber natürlich sind die „Divisionen des Papstes", nach denen Stalin einst so spöttisch gefragt hatte, nicht dort stationiert, sondern werden weltweit in Marsch gesetzt, wenn es angezeigt erscheint – allerdings unter einer Satzung, die kaum als demokratisch bezeichnet werden kann (deshalb ist die Kirche wahrscheinlich auch nicht beim ECOSOC registriert). Die seit 1945 regierenden Päpste haben regelmäßig zu Kernfragen der Weltpolitik ihre Stimme erhoben; hier sei nur an die Friedens-Enzyklika *Pacem in Terris* (1963) von Johannes XXIII. (1881-1963, Papst seit 1958) erinnert und an die entwicklungspolitische Enzyklika seines Nachfolgers Paul VI. (1897-1978) *Populorum Progressio* von 1967. Auch Johannes Paul II. (*1920) griff in seiner Sozialenzyklika *Centesimus Annus* 1991 nicht nur die alten Fragen innergesellschaftlicher Ordnung zwischen Kapitalismus und Sozialismus wieder auf, sondern ebenso die brennenden Themen internationaler Politik:[3]

> *„Gewiß, seit 1945 schweigen die Waffen auf dem europäischen Kontinent. Der wahre Friede aber – daran sei erinnert – ist niemals das Ergebnis eines errungenen militärischen Sieges, sondern besteht in der Überwindung der Kriegsursachen und in der echten Aussöhnung unter den Völkern...*
> *Ein irrsinniger Rüstungswettlauf verschlingt die Mittel, die nötig wären, um eine Entwicklung der eigenen Wirtschaft zu sichern und den am meisten benachteiligten Nationen zu helfen... Man gebraucht Wissenschaft und Technik, um immer vollkommenere Waffen zur Massenvernichtung zu produzieren, während eine Ideologie, die eine Perversion echter Philosophie darstellt, die theoretische Rechtfertigung für den neuen Krieg liefern soll... Die Logik der Blöcke und Machtbereiche ... verfährt in der Weise, daß die in den Ländern der Dritten Welt entstandenen Streitigkeiten und Unstimmigkeiten systematisch gefördert und ausgenützt werden, um dem Gegner Schwierigkeiten zu machen.*
> *Extremistische Gruppen, die diese Konflikte mit Waffengewalt lösen wollen, finden politische und militärische Unterstützung. Sie werden mit Waffen versehen und für den Krieg ausgebildet, während jene, die sich unter Respektierung der legitimen*

Interessen aller Beteiligten um friedliche und menschliche Lösungen bemühen, isoliert bleiben.“

Solche Schelte könnte, sollte einem George W. Bush ebenso in den Ohren klingen wie einem Osama bin Laden (* 1955 oder 1957), einem Ariel Sharon ebenso wie einem Yasser Arafat. Nur wird sie in der real existierenden Welt so nicht verstanden werden, höchstens wird man dieses Zitat oder andere dem jeweiligen Feind um die Ohren schlagen. Immerhin lassen sich solche päpstlichen Verlautbarungen, auch wenn sie Roß und Reiter nie nennen, als historischen Fortschritt deuten im Vergleich zu dem Schweigen Pius' XII. (1876-1958, Papst seit 1939) während des Kardinalverbrechens des 20. Jahrhunderts, der vom Großdeutschen Reich industriell betriebenen Ausrottung der europäischen Juden.

Andere Religionsgemeinschaften sind noch älter als die Römische Kirche – Juden, Buddhisten –, aber weniger straff organisiert. Sie lassen sich nicht so einfach als traditionelle NGO darstellen. Die anderen christlichen Kirchen, zum Teil ebenso alt wie die Katholische, haben sich 1948 im Genfer Ökumenischen Rat der Kirchen (oder *Weltkirchenrat)* eine gemeinsame Plattform geschaffen, von der einige politisch äußerst wirksame Initiativen ausgegangen sind; das 1969 beschlossene „Programm zur Bekämpfung des Rassismus“[4] hat gerade, weil es in Westdeutschland und einigen anderen Ländern des Nordens wegen seiner Parteinahme für Befreiungsbewegungen, die ihren Gegnern als Terroristen galten, heftig umstritten war, erheblichen Einfluß auf die Überwindung der südafrikanischen *Apartheid* und allgemein auf den letzten Akt der Entkolonisierung ausgeübt.

Als eine traditionelle NGO kann auch das *Internationale Komitee vom Roten Kreuz* (IKRK) betrachtet werden, das ich im 5. Kapitel vorgestellt habe, obgleich es erst durch die von 16 Staaten abgeschlossene Konvention des Jahres 1864 aktiviert wurde.

Die modernen INGOs blühten in der Ära des Kalten Krieges auf, als die Regierungen auch des Westblocks, der sich zu Recht als „die Freie Welt“ verstand, in gewissem Ausmaß in einen Starrkrampf des Freund-Feind-Denkens fielen. Um die in jeder freien Gesellschaft lebensnotwendige Selbstkritik in Schwung zu halten, bedurfte es wohl neuer Formen politischer Organisation. Es waren und sind höchst unterschiedliche Formen. Das läßt sich am Beispiel von vier Organisationen verdeutlichen, die weltweit zu den bekanntesten zählen: Amnesty International, Greenpeace, Transparency International, Attac.

- *Amnesty International* (AI)[5] entstand 1961, ausgelöst durch einen Artikel des Anwalts Peter Benenson, der politische Gefangene in Ungarn, Südafrika und Spanien verteidigt hatte, in der Londoner Wochenzeitung *Observer* unter dem Titel

„Die vergessenen Gefangenen“. Gemeint waren speziell zwei portugiesische Studenten, die von der Salazar-Diktatur inhaftiert worden waren, weil sie ihre Weingläser zu einem Toast auf die Freiheit erhoben hatten. Noch im gleichen Jahr entstanden in mehreren westeuropäischen Ländern Gruppen, um Gefangene zu „adoptieren“, die AI als *„prisoners of conscience“* definiert: sie müssen ihrem Gewissen gehorcht haben, um gewaltfrei etwas zur Betonung von Menschenrechten zu tun. Die weitgehend selbständig arbeitenden Gruppen bemühen sich, die Freilassung der von ihnen betreuten Häftlinge vor allem dadurch zu erreichen, daß sie deren Fälle und allgemein die Situation in dem betreffenden Staat international publik machen, aber sie wenden sich auch mit Eingaben direkt an die für die Haft verantwortlichen Behörden. Die Jahresberichte von AI (sie erscheinen auch auf Deutsch) werden in Wissenschaft und Politik als Resultat seriöser Forschung und Ermittlung mindestens so ernstgenommen wie z.B. die ebenfalls jährlich vom US-Außenministerium zusammengestellte Dokumentation zur Lage der Menschenrechte in aller Welt. Bis 1975 stand Seán MacBride (1904-1988) aus Irland dem Exekutivbüro von AI in London vor, der 1974 den Friedens-Nobelpreis erhielt und 1973-77 die Bemühungen der Vereinten Nationen um die Entkolonisierung Namibias koordinierte.

AI beschreibt seine Struktur als „variables Netzwerk von Mitgliedern und Unterstützern rund um die Welt“ und als „eine demokratische, sich selbst regierende Bewegung. Wichtige Entscheidungen über die politische Orientierung fallen in einem Internationalen Rat, der aus Vertretern aller nationalen Sektionen besteht“. Solche Sektionen gebe es in mehr als 150 Ländern. Die Zahl der „Mitglieder, Unterstützer und Beitragszahler“ wird mit 1,5 Millionen angegeben.

- *Greenpeace*[6] wiederum erinnert weniger an ein basis-demokratisches Netzwerk als an eine zentral geführte transnationale Firma. Die Zentrale ist in Amsterdam. „Weil diese zerbrechliche Erde eine Stimme verdient“, führt Greenpeace Kampagnen, „um den Klimawandel zu stoppen, alte Wälder zu schützen, die Ozeane zu retten, den Walfang zu unterbinden, zur Gentechnik Nein zu sagen, die nukleare Bedrohung zu stoppen, giftige Chemikalien zu beseitigen, zu nachhaltigem Welthandel zu ermutigen“. Die erste Aktion fand 1971 statt, als ein Boot mit Freiwilligen in das Eismeer nördlich von Alaska fuhr, wo die USA unterirdische Atomwaffentests vornahmen. Besonders spektakulär war der Zwischenfall am 10. Juli 1985, als französische Geheimdienst-Agenten in einem neuseeländischen Hafen das Greenpeace-Flaggschiff *Rainbow Warrior* (benannt nach einer Legende nordamerikanischer Indianer) sprengten, das gegen wiederum einen (diesmal französischen und in der Atmosphäre stattfindenden) Atomwaffentest auf dem polynesischen Moruroa-Atoll demonstrieren sollte. Erfolgreich war z.B. die Kampagne gegen den britischen Erdölkonzern Shell im Juni 1995, der seine ausgediente Verladestation *Brent Spar* preiswert entsorgen wollte, indem er sie im Ozean versenkt hätte. Greenpeace gibt an, für 2,8 Millionen Unterstützer weltweit zu sprechen, und unterhält Büros in 41 Ländern.

- *Transparency International* (TI)[7] hat seinen Hauptsitz in Berlin (ein weiteres Büro in London) und ist in starkem Maße das Werk seines Vorsitzenden Peter Eigen, eines Juristen, der 1988-91 Regionaldirektor der Weltbank in Ostafrika war. Im Management sitzen neben ihm sechs Direktoren aus Deutschland, Großbritannien, Kongo-Kinshasa, Schweden und Ungarn. Die Organisation „widmet sich dem Kampf gegen Korruption und bringt dafür Bürgergesellschaft (*civil society*), Unternehmen (*business*) und Regierungen in einer mächtigen weltweiten Koalition zusammen". Sie ist in mehr als 90 Ländern vertreten. Veröffentlicht werden Indizes und Berichte über Bestechungen und die Wahrnehmung von Korruption in allen Staaten, wobei TI deutlich sagt, dass zur Korruption immer zwei gehören – einer, der die Hand aufhält, und einer, der etwas hineinlegt. Einzelfälle greift TI nicht auf, das überläßt sie den Journalisten.

Aus der Erklärung von Peter Eigen zur Bekanntgabe des Korruptions-Wahrnehmungs-Index (Corruption Perceptions Index –CPI) 2002 (28. August 2002)

„Im Kampf gegen Korruption legen Politiker zunehmend Lippenbekenntnisse ab, doch sie versagen, wenn es darum geht, konsequent zu handeln. Die Botschaft des CPI ist, daß sie strikter gegen Korruption vorgehen müssen, um den Teufelskreis aus Armut und Korruption zu durchbrechen. Sieben von zehn Ländern liegen im CPI 2002 unter 5 bei einem Höchstwert von 10 Punkten, wobei 10 Punkte für die geringste Wahrnehmung von Korruption steht – viele dieser Länder gehören zu den ärmsten der Welt. Diese Werte spiegeln die Einschätzung des Ausmaßes an Korruption unter Politikern und im öffentlichen Dienst wider.
Im letzten Jahr haben wir bezüglich der Glaubwürdigkeit der demokratischen Prinzipien einen Rückschlag erlitten. In Teilen Südamerikas haben Bestechung und Mißwirtschaft das Vertrauen der Bevölkerung in die demokratischen Strukturen schwinden lassen... Aber in einigen Teilen der Welt zeigen sich erste positive Entwicklungen. Einige Länder Mitteleuropas werden zunehmend als weniger korrupt wahrgenommen, beispielsweise Slowenien. In Rußland bietet die Einführung von Steuerreformen und von neuen Gesetzen gegen Geldwäsche erste Aussichten auf eine Verringerung der wahrgenommenen Korruption."

- *Attac*[8] (französisches Akronym für „Vereinigung zur Besteuerung von Finanztransaktionen im Interesse der BürgerInnen") ist die jüngste der hier vorgestellten INGOs – und offenbar mit Abstand die chaotischste – im Selbstverständnis „ein Netzwerk ohne hierarchische Strukturen" –, so daß es schwer fällt, hier überhaupt von Organisation zu reden.[9] Wie bei Amnesty beginnt die Geschichte mit einem Zeitungsartikel. Im Dezember 1997 gab Ignacio Ramonet, Herausgeber der Pariser Monatszeitung *Le Monde Diplomatique*,[10] einem Leitartikel die phantasievolle Überschrift *„Désarmer les marchés"* (=Die Märkte entwaffnen) – sie erinnert nicht von ungefähr an den Slogan des Pariser Mai 1968 *„L'Imagination au Pouvoir"* (=Die Phantasie an die Macht). Seitdem wird massiv, massenhaft und leidenschaftlich gegen alles protestiert, was nach Globalisierung, Weltmarkt, Kapitalismus, Neoliberalismus, Ausbeutung der Dritten Welt riecht. Die „Achse des Bösen" dieser Bewegung verläuft nicht wie die des US-Präsidenten vom Irak über Iran nach Nordkorea, sondern von Weltbank und IMF über USA und NATO zur WTO. Am 3. Juni 1998 wurde Attac in Frankreich als *association* nach dem Vereinsgesetz von 1901 gegründet, und diese an sich banale Bezeichnung erinnert eben auch an das Ideal „freier Assoziation der Produzenten" der Frühsozialisten und Anarchisten.
  Den Vorsitz übernahm Bernard Cassen, Professor für englische Literatur. 2004 ist er Ehrenpräsident von Attac, den Vorsitz nimmt Jacques Nikonoff (*1952) wahr, ein Bankmanager. Attac nimmt auf seiner deutschen Internet-Seite 90.000 Mitglieder in 50 Ländern für sich in Anspruch (die französische erwähnt nur 35 Länder); in Deutschland gibt es nach dieser Quelle 160 Attac-Gruppen und „ein breites gesellschaftliches Bündnis, das von ver.di und der GEW über den BUND und Pax Christi bis zu kapitalismuskritischen Gruppen" reicht. In einem Interview mit der Pariser Zeitung *Figaro* spricht Bernard Cassen am 8. Oktober 2003 von 250 Gruppen und 30.000 Mitgliedern in Frankreich.
  Verschwommen bleibt, wie das edle Ziel – „Demokratische Kontrolle und Regulierung der internationalen Märkte" – verwirklicht werden soll. Ohne eine planetarische Regierung wird es vermutlich nie auch nur die so genannte *Tobin-Steuer*[11] auf internationale Finanzgeschäfte geben, deren Einführung einer von wenigen konkreten Punkten unter den Forderungen von Attac ist.

Die Gegenwelt des Terrors

Während man von den bisher anvisierten Akteuren der *Gesellschaftswelt* (im Sinne Czempiels) mit einigem Optimismus behaupten darf, daß ihre Einwirkungen Positives bewirken, müssen wir uns nun der Kehrseite der Medaille zuwenden, der Welt des Negativen, wo der Terror zu Hause ist – anders ausgedrückt: jene Welt, über die nicht nur Politiker, sondern die große Mehrheit der Menschheit erschrecken, weil hier tödliche Gewalt zur Erreichung politischer Ziele nicht von Regierungen ausgeübt wird (wie wir es seit einigen Tausend Jahren gewohnt sind) und auch nicht von Revolutionären oder Befreiungsbewegungen, die gern Regierungen werden wollen,[12] sondern von Privatleuten, deren konkrete Ziele auf kurze und mittlere Sicht im Nebel ihrer Ideologie verschwimmen.[13]

Zwei historische Wurzeln des aktuell grassierenden Terrorismus lassen sich aufspüren:

- Der *Anarchismus*[14] des 19. Jahrhunderts, der einerseits in Rußland, andererseits in Spanien und Frankreich lange aktiv und attraktiv blieb. Michail Alexandrowitsch Bakunin (1814-1876), nach seiner Teilnahme an der Revolution des Jahres 1848 in Dresden von 1849 bis 1861 in sächsischer und russischer Haft, zerstritt sich in der Ersten Internationale, der er 1868 beitrat, alsbald mit Karl Marx, weil er jegliche politische Kontrolle, zentrale Steuerung und Unterordnung in der Bewegung kategorisch ablehnte. Auch Fürst Peter Alexejewitsch Kropotkin (1842-1921), der intellektuell bedeutendste Theoretiker des Anarchismus, predigte und betrieb in seiner Jugend die gewalttätige „Direkte Aktion". Er war allerdings 1872 bei einem Besuch der Schweiz durch den Augenschein der – durchaus friedlichen – genossenschaftlichen Organisation von Uhrmachern im Jura zu der Überzeugung gelangt, daß die menschliche Gesellschaft keinerlei Staatsgewalt bedürfe, und so setzte er in seinen Schriften Hoffnung mehr auf eine Erziehung der Jugend als auf blutigen Umsturz. Lenins Staatsstreich 1917 enttäuschte ihn tief.

  Die Direkte Aktion in Gestalt von Attentaten kostete zwischen 1881 und 1901 den russischen Zaren Alexander II., König Umberto I. von Italien, Kaiserin Elisabeth von Österreich, die Präsidenten Carnot in Frankreich und McKinley in den USA das Leben – und die Liste ist kaum vollständig. Noch im Spanischen Bürgerkrieg 1936-39 spielten im Lager der Republik anarchistische Gewerkschaften vor allem in Katalonien eine erhebliche Rolle – und befehdeten sich heftig mit den stalintreuen Kommunisten.
- Die *nationalen Befreiungsbewegungen* in Asien und Afrika, die nach 1945 in einigen Ländern durch Starrheit der Kolonialregime sich zu „Bewaffnetem Kampf" genötigt sahen, wurden von ihren Widersachern durchweg als Terroristen gebrandmarkt[15] – und nicht immer zu Unrecht. In Algerien, in Südafrika und in Israel kam/kommt es häufig zu blinden Anschlägen auf „weiche Ziele", das heißt auf zivile Einrichtungen, obgleich die Organisationen, die den Kampf führten,

sich formell zu den Regeln des Kriegsvölkerrechts bekannten. Dem widersetzten sich die Kolonialmächte und Israel, verweigerten festgenommenen Kämpfern den Kriegsgefangenen-Status und schlugen selbst blind gegen die Bevölkerung zurück – in Akten von „Staatsterrorismus", wie die Befreiungsbewegungen es nannten. Die Vereinten Nationen werteten den südafrikanischen ANC, die palästinensische PLO und die anderen Organisationen dieses Typs politisch auf, indem sie, wie berichtet, ihnen das *ius ad bellum* zusprachen und Beobachter-Status verliehen. *Sie tragen Mitverantwortung, wenn die Grenze zwischen Krieg und Terrorismus heute verwischt ist.*

Es fällt schwer, genau und mit Aussicht auf praktische Verwertbarkeit (sei es vor Gericht oder in den Medien) zu definieren, was Terrorismus ist. Man kann – wie oben angedeutet

- einerseits vom „privaten" Charakter des Akteurs ausgehen und ihm mit Thomas von Aquin die *auctoritas* zur Kriegführung absprechen,
- andererseits von den Zielen der Gewaltanwendung und würde dann eine systematische Auswahl „weicher", ziviler Ziele (das hieße von „Nicht-Kombattanten" gemäß klassischem Völkerrecht) postulieren. Natürlich sterben bei fast allen Kriegshandlungen auch Zivilisten, die NATO sprach diesbezüglich 1999 von „Kollateralschäden"; es käme also auf die Systematik der Zielauswahl an.
- Aus einer dritten Ecke sollte man sich einer Definition von der beabsichtigten Wirkung her nähern: das wäre dann – dem ursprünglichen Sinn des Begriffs entsprechend – Erzeugung von *Schrecken* in möglichst starkem Ausmaß und in möglichst weiten Kreisen der gegnerischen Gesellschaft. Natürlich war das auch die Absicht bei den Flächenbombardements von Städten im Zweiten Weltkrieg, die nicht nur Propagandaminister Goebbels „Terrorangriffe" nannte.
- Schließlich kann man die Einstellung des Akteurs zur Gegenseite ins Auge fassen und fragen, ob er sich einem „Gegner" konfrontiert sieht, den er zu bestimmten Handlungen oder Unterlassungen zwingen – oder einem „Feind", den er vernichten will. Hitler wäre unter diesem Aspekt nicht England und Frankreich, wohl aber den Juden gegenüber als Terrorist aufgetreten; bei der Einordnung seiner Kriegführung gegen die Sowjetunion geriete man in eine Grauzone, was Definitionen nicht gut tut.[16]

Unstatthaft ist es auf jeden Fall, jedweden Gegner als Terroristen anzuklagen und für sich selbst und die Bundesgenossen diesen Vorwurf empört zurückzuweisen.

Vielleicht ist es kein Zufall, dass al-Qa'ida (arabisch „Fundament"), seit dem 11. September 2001 die Terrorgruppe *par excellence*,[17] dem „Westen" im Mantel des Islam entgegentritt, der an Alter und Würde auf gleicher Stufe steht wie die Papstkirche, mit der ich dieses Kapitel eingeleitet habe. Gewiss existiert keine allgemeine Tendenz der Offenbarungsreligion Islam zum Terror. Der weltweite Islam ist auch alles andere als eine zentral gesteuerte Organisation. Nur seine schi'itische Variante kennt so etwas wie einen Klerus, eine vom Gottesvolk abgehobene Geistlichkeit. Dennoch (*und absichtlich wähle ich für die folgende Überlegung Beispiele nicht aus dem Islam, sondern aus den beiden älteren Schwesterreligionen*): Glaube an den Einen Gott, Vertrauen zu dem Einen Gott – der nicht nur Gott der Menschenliebe, der Versöhnung, der Befreiung ist, sondern schon in der hebräischen Bibel seine Schrecken erregende „Nachtseite" zeigt – im Ringen mit dem Erzvater Jakob an der Furt des Jabbok-Flusses (Genesis 32, 23-30), besonders fürchterlich beim Erschlagen „aller Erstgeburt in Ägypten..., von dem Erstgeborenen des Pharao ... bis zum Erstgeborenen des Gefangenen im Kerker" (Exodus 12, 29). Diese transzendentale Überzeugung legt dem Gläubigen nahe, „...hinzugehen und alle Völker zu Jüngern zu machen ... und sie zu lehren..." (Matthäus 28, 19-20), und von da mag für manchen nur ein Schritt sein zum *„compelle intrare"* (=zwinge sie einzutreten), über das die lateinischen Kirchenväter in frühen Zeiten stritten, und zur Versuchung, das Böse auf dieser Welt jetzt schon zu vertilgen, obwohl der Eine Gott das doch sich selbst für den Tag des Gerichts vorbehalten hat.

Al-Qa'ida wuchs aus dem Mutterboden der rigorosen Interpretation des sunnitischen Islam, die den Staat Saudi-Arabien konstituiert; sie wurde einst von Muhammad ibn 'Abd-al-Wahhab (1703-1792) verkündet, und die Dynastie des Staatsgründers Ibn Sa'ud (ca.1880-1953) spendet reichlich aus den ihr zufließenden Petrodollars, um „Wahhabismus" über neu gebaute Moscheen in der ganzen islamischen Welt zu verbreiten. Glaubenskämpfer, die nach 1979 in Afghanistan den sowjetischen Invasoren Widerstand leisteten, konnten sich natürlich ebenfalls auf saudische Unterstützung verlassen, ebenso die besonders frommen *Taliban* (persisch: Schüler [des Koran, F.A.]), die ab 1994 vor allem von Pakistan an die Macht in Kabul gesteuert wurden, um strategische Tiefe beim Streit mit dem „weltlichen" Indien um Kaschmir zu gewinnen. Zu diesem Bild gehört,

- daß sowohl Saudi-Arabien als auch Pakistan enge Verbündete der USA waren und sind, nicht nur auf dem Schachbrett des Kalten Krieges;
- daß alle sunnitischen Verbindungen im Islam *a priori* in Rivalität zu dem „häretischen" Anspruch des schi'itischen Ajatollah-Regimes im Iran stehen, „islamische Revolution" zu verkörpern und zu exportieren.

Die 1928 in Ägypten durch den Lehrer Hasan al-Banna (1906-1949) gegründete, seit 1938 bis heute[18] politisch aktive Organisation der Muslimbrüder (*al-Ikhwan al-Muslimun*), so heftig sie auch gegen den Westen, gegen Verweltlichung und Moderne zu Felde zieht, und obwohl sie eindeutig sunnitisch ist, fand nie Gefallen bei den Wahhabiten – vielleicht gerade deshalb, weil beide Bewegungen mit identischer Ideologie bei den gleichen Schichten Anhänger rekrutieren, oder auch aus taktischer Überlegung, weil die Muslimbrüder von Ägyptens Präsidenten Nasser und Sadat, mächtigen Nachbarn des Saudi-Staats, unterdrückt wurden. Es ist deshalb unwahrscheinlich, dass Querverbindungen zwischen al-Qa'ida und den Muslimbrüdern bestehen – sowenig wie bis 2003 zu dem modernistischen Baath-Regime Saddam Husseins.

Osama bin Laden, Sprössling einer saudischen Familien, die als Bauunternehmer angeblich etwa 42 Mrd. ($ oder €, der Wechselkurs spielt in diesen Dimensionen keine Rolle) angesammelt hat,[19] kämpfte selbst in den Reihen arabischer Freiwilliger, die er um sich gesammelt hatte, in Afghanistan gegen die Sowjetarmee. Um 1988 gründete er al-Qa'ida, 1991-95 wechselte er in den Sudan, wo Islamisten zeitweilig die Militärdiktatur stark beeinflußten, um danach wieder im Afghanistan der Taliban zu wirken. Um diese Zeit hat sich sein Zorn auf die USA konzentriert, die ihre Militärpräsenz in seiner Heimat Saudi-Arabien ausbauten, um von dort aus 1991 den Irak anzugreifen. Vom 23. Februar 1998 stammt eine *Fatwa*, die zum *Djihad*[20] gegen Amerika aufruft, von Osama bin Laden zusammen mit Islamisten aus Ägypten, Pakistan und Bangla Desh unterzeichnet.[21]

Aus der Fatwa Osama bin Ladens von 1998

„Die Arabische Halbinsel wurde noch niemals – da Gott sie flach gemacht, ihre Wüste geschaffen und sie mit Meeren umgeben hat – von irgendwelchen Streitkräften erstürmt wie den Kreuzfahrer-Armeen, die sich jetzt auf ihr wie Heuschrecken ausbreiten...
Erstens: Die USA besetzen jetzt seit mehr als sieben Jahren die Lande des Islam an ihren Heiligsten Stätten, die Arabische Halbinsel, plündern ihre Schätze, diktieren ihren Herrschern, erniedrigen ihre Menschen, terrorisieren ihre Nachbarn und verwandeln die Stützpunkte in eine Speerspitze, um die benachbarten muslimischen Völker zu bekämpfen...
Zweitens: Trotz der schweren Verwüstung, welche die Kreuzfahrer-Zionisten-Allianz dem irakischen Volk zugefügt hat..., versuchen die Amerikaner erneut, die schrecklichen Massaker zu wiederholen...
Drittens: Wenn die Ziele der Amerikaner hinter diesen Kriegen religiöse und wirtschaftliche sind, so gehört auch das Ziel dazu, dem Kleinstaat der Juden zu dienen und Aufmerksamkeit von seiner Okkupation Jerusalems und dem dortigen Mord an Muslimen abzulenken...
Auf dieser Grundlage und in Befolgung des Gebotes Gottes verkünden wir die folgende Fatwah an alle Muslime:

Der Befehl, die Amerikaner und ihre Bundesgenossen zu töten – Zivilisten und Soldaten –, ist eine individuelle Pflicht für jeden Muslim, der das tun kann, in jedem Land, wo das möglich ist, mit dem Ziel, die al-Aqsa-Moschee und die Heilige Moschee [den Felsendom, beide auf dem Jerusalemer Tempelberg, F.A.] aus ihrem Griff zu befreien, und den Abzug ihrer Armeen aus allen Landen des Islam zu erreichen, besiegt und außerstande, irgendeinen Muslim zu bedrohen.“

Taten ließen nicht lange auf sich warten. Schon 1993 erfolgte ein erster schwächlicher Anschlag auf das World Trade Center in New York. Am 7. August 1998 detonierten Bomben vor den US-Botschaften in Kenia und Tanzania, töteten 253 Menschen in Nairobi und 10 in Dar Es Salam. Amerika – damals regiert von Bill Clinton, wohlgemerkt – antwortete mit Marschflugkörpern, abgefeuert auf Trainingslager in Afghanistan und auf eine pharmazeutische Fabrik im Sudan, die angeblich (später nie bestätigt) Nervengas auf Osamas Rechnung herstellte. Im Oktober 2000 starben 17 amerikanische Soldaten bei einem Angriff auf das Kriegsschiff *USS Cole* im Hafen von Aden/Jemen. Regelmäßig beschuldigte Washington al-Qa'ida und kennzeichnete die Attacken als Terrorismus.

Am 11. September 2001 folgte dann der große Schlag mit gekaperten amerikanischen Passagierflugzeugen als Waffen. Die Türme des World Trade Centers brachen zusammen, das Pentagon wurde beschädigt. Am 7. Oktober 2001 begannen die USA und Großbritannien den Vergeltungskrieg gegen die Taliban, und schon am 13. November rückten ihre afghanischen Hilfstruppen in Kabul ein.

Am 11. April 2002 explodierte ein Auto vor der Synagoge auf Djerba/Tunesien: 19 Tote, davon 14 deutsche Touristen. Am 12. Oktober 2002 waren Nachtklubs auf Bali/Indonesien, Ferienziel vornehmlich für Australier und Europäer, Ziel eines Anschlags: etwa 180 Tote. Am 28. November 2002 brannte ein von Israeli betriebenes Hotel in Mombasa/Kenia: 15 Tote; Boden-Luft-Raketen, abgeschossen auf ein israelisches Passagierflugzeug, versagten. Am 11. März 2004 starben fast 200 Menschen in Madrider Pendlerzügen. Al-Qa'ida und kein Ende...

Seit dem Frühjahr 2001 schießen sich Terroristen mit wachsender Energie auch auf Rußland ein. Am 23. Oktober 2002 nehmen 41 Tschetschenen in einem Moskauer Musical-Theater ca. 800 Besucher als Geiseln, von denen 129 bei einem Giftgas-Angriff der Staatsmacht sterben. Ende August 2004 lassen Selbstmord-Attentäter gleichzeitig zwei Verkehrsflugzeuge explodieren. Am 1. September 2004 folgt der Überfall auf eine Schule in Beslan (Nord-Ossetien), bei dem von über 1000 Geiseln mindestens 355 umkommen. Hier verkommt „bewaffneter Kampf“ für „nationale Befreiung“ ebenso zu gezieltem Terror wie seit 2000 in Israel/Palästina, seit Mai 2003 im Irak.

Bis jetzt (Herbst 2004) ist Osama bin Laden auf freiem Fuß und meldet sich regelmäßig über Tonband oder Videoaufnahmen zu Wort. In Afghanistan wird weiter gekämpft. Auf der Internet-Seite der Vereinten Nationen informiert eine eigene Rubrik über „*UN actions against terrorism*".

Auch das hilft bisher nicht wirklich gegen den Terror.

Anmerkungen

1 Vgl. insbesondere Peter M. Schulze: Nicht-Regierungsorganisationen und die Demokratisierung der Vereinten Nationen. In: Hüfner (Hg.) 1994, S. 119-140; Stichwort „NGO", Dossier in: *Peripherie* (Münster) 18-1998 Nr. 71; Wolfgang H. Reinicke: Global Public Policy. Governing without government? Washington 1998; Franz Nuscheler: Nach der Romantisierung die Entzauberung? In: *der überblick* (Hamburg) 37-2001-3, S. 6-11 [und andere Aufsätze im Dossier „NGOs – Protest in wessen Namen?"]; mehrere Aufsätze in *Aus Politik und Zeitgeschichte* (Bonn) 08.02.2002

2 *www.un.org/esa/coordination/ngo/about.htm*. Vgl. Peter M. Schulze: Nichtstaatliche Organisationen (NGOs). In: Volger 2000, S. 397-405

3 Vor neuen Herausforderungen der Menschheit. Freiburg/Basel/Wien 1991, S. 44 ff. – Vor 100 Jahren (1891) schrieb Papst Leo XIII. die erste moderne Sozialenzyklika *Rerum Novarum.*

4 Vgl. Elisabeth Adler: A small Beginning. An assessment of the first five years of the Programme to Combat Racism. Genf 1974; zur Auswirkung auf Südafrika Charles Villa-Vicencio: Trapped in Apartheid. A socio-theological history of the English-speaking churches. Maryknoll (NY/USA)/Kapstadt 1988, speziell S. 109-117

5 Angaben überwiegend nach *www.amnesty.org* und Encyclopedia Britannica CD-Rom 2003

6 Angaben überwiegend nach *www.greenpeace.org* und Encyclopedia Britannica CD-Rom 2003; vgl. (Ex-Greenpeace-Chef) Thilo Bode: Die Demokratie verrät ihre Kinder. Stuttgart/München 2003.

7 Angaben überwiegend nach *www.transparency.org*

8 Angaben überwiegend nach *www.attac.org*, einer hervorragend übersichtlich angelegten Internet-Seite. Vgl. Danielle Mitterrand (Witwe des französischen Präsidenten): Le Printemps des Insoumis. Paris 1998; Ruth Jung (Hg.): Attac – Sand im Getriebe (mit Beiträgen von José Saramago, Ignacio Ramonet, Bernard Cassen). Hamburg 2002; Inégalités, Crises, Guerre. Sortir de l'impasse – Attac. Paris 2003.

9 Auf der deutschen Internet-Seite findet sich (neben mehreren anderen Diskussionspapieren zum gleichen Thema) ein „Konsensvorschlag für eine neue Attac-Struktur" (8 S.) vom 18.05.2002; dort steht: „Entscheidungen bei Attac werden grundsätzlich im Konsens herbeigeführt. Das Konsensverfahren ist für uns so wichtig, weil Attac ein breites Bündnis ist, in dem sehr unterschiedliche Personen und Organisationen gleichberechtigt zusammenarbeiten." Das soll auch für die zweimal jährlich vorgesehenen Vollversammlungen, „Ratschlag" genannt, gelten.

10 2003 erscheint *Le Monde Diplomatique* im 50. Jahr. Beide Begriffe im Titel haben mit dem Inhalt wenig zu tun: Das Blatt steht viel weiter „links" als die Tageszeitung *Le Monde* und wendet sich längst nicht mehr vornehmlich an Diplomaten. Eine deutsche Ausgabe wird von der Berliner *Tageszeitung* (taz) vertrieben

11 1978 schlug der amerikanische Wirtschaftsprofessor James Tobin (1918-2002) vor, alle grenzüberschreitenden Finanztransaktionen mit einer Steuer in Höhe von 0,1-0,25% zu belegen, um Wechselkurse zu stabilisieren und die Macht der Finanzmärkte über nationale Haushalts- und Währungspolitik einzudämmen. Befürworter versprechen sich ein Aufkommen von $ 100-300 Mrd. pro Jahr und argumentieren, damit könnten die schlimmsten Formen von Armut und Umweltzerstörung weltweit behoben werden. Tobin erhielt 1981 den Nobelpreis für Wirtschaftswissenschaften. Vgl. *www.ceedweb.org/iirp* (Internet-Seite einer kalifornischen *Tobin Tax Initiative*).

12 Das klammert unerfreuliche, im Zweifelsfall terroristische Organisationen aus wie die irische IRA, die baskische ETA, die kurdische PKK – auch die PLO, soweit die in ihr vertretenen Gruppen einen Staat Palästina regieren und nicht die Weltherrschaft des Islam verwirklichen wollen.

13 Vgl. insbesondere: Terrorismus. Schwerpunkte in *Internationale Politik* (Berlin/DGAP) 56-2001-12 und 59-2004-2; Hans Frank & Kai Hirschmann (Hg.): Die weltweite Gefahr. Terrorismus als internationale Herausforderung. Berlin 2002; Sebastian Scheerer: Die Zukunft des Terrorismus. Drei Szenarien. Lüneburg 2002; Berndt Georg Thamm: Terrorismus. Ein Handbuch über Täter und Opfer. Hilden 2002; Walter Laqueur: Krieg dem Westen. Terrorismus im 21. Jahrhundert. München 2003; Jean Ziegler: Die neuen Herrscher der Welt und ihre globalen Widersacher. München 2003; Herbert Kitchelt: Origins of international terrorism in the Middle East. *Internationale Politik und Gesellschaft* (Bonn/FES) 2004-1, S. 159-188; Jacques Derrida & Jürgen Habermas: Qu'est-ce que le terrorieme? *Monde Diplomatique* (Paris) 51-Febr. 2004-no.599, S. 16-17

14 Vgl. James Joll: The Anarchists. London 2. Aufl. 1979.

15 Die Republik Südafrika erließ 1967 rückwirkend bis 1962 den *Terrorism Act*. Er wurde später in den *Internal Security Act no. 74/1982* integriert, der in Sektion 54 festlegt: „Jede Person mit der Absicht (a) die staatliche Autorität in der Republik zu stürzen oder zu gefährden, (b) konstitutionelle, politische, industrielle, gesellschaftliche oder wirtschaftliche Ziele und Veränderungen in der Republik in Gang zu setzen und durchzuführen… [folgen Absätze c+d, F.A.] in der Republik oder sonstwo – (1) Gewaltakte zu begehen, anzudrohen oder zu versuchen… [folgen Abs. 2-4, F.A.] ist des Terrorismusvergehens schuldig…" und konnte mit dem Tode bestraft werden. Zitiert nach Christoph Sodemann: Die Gesetze der Apartheid. Bonn 1986, S. 109

16 Das *International Policy Institute for Counter-Terrorism* in Herzliya/Israel (Vorsitzender seines Direktoriums ist Shabtai Shavit, ein ehemaliger Direktor des Mossad) schlägt folgende Definition vor: „Terrorismus ist der absichtliche Einsatz von Gewalt, oder die Drohung mit Einsatz von Gewalt gegen Zivilisten oder gegen zivile Ziele, um politische Ziele zu erreichen". *www.ict.org.il/articles/define.htm*

17 Eine klare Abgrenzung zwischen al-Qâ'ida und unterschiedlichen islamistischen Gruppen von den Philippinen über Indonesien bis Algerien, die sich auf Zusammenarbeit mit al-Qâ'ida berufen oder solcher verdächtigt werden, ist unmöglich. Vgl. Oliver Schröm: Al Qaida. Akteure, Strukturen, Attentate. Berlin 2003.

18 Im Februar 1982 schlug Syriens Diktator Hafiz al-Assad in der Stadt Hama einen Aufstand der Muslimbrüder mit Tausenden Toten nieder. Am 27.11.2002 wählten die Muslimbrüder in Ägypten (obgleich seit 1954 verboten) einen neuen Führer, den 83jährigen Maamûn al-Hodeibi; vgl. Xavier Ternisien: Tensions dans la mouvance des Frères musulmans. *Le Monde* (Paris) 20.09.2003

19 Tobias Schütte: Amerikas Staatsfeind Nummer 1. *www.yaez.de/menschen*; vgl. Françoise Chipaux: La longue traque de Ben Laden. *Le Monde* (Paris) 13.03.2004

20 Eine *Fatwa* legt im islamischen Recht eine juristische Meinung schriftlich fest. *Djihad* bedeutet im Arabischen wörtlich „Anstrengung" oder „Kampf" (religiös: …für die Sache Gottes). Dabei kämpft der Muslim den „Großen *Djihad*" gegen seine eigenen inneren Neigungen zum Bösen. Krieg gegen Ungläubige – „Kleiner *Djihad*" – gehört nicht zu den fünf „Grundpfeilern" des Islam (Glaubensbekenntnis, Gebet, Armensteuer, Fasten, Pilgerfahrt). Erst nach 1970 begannen Islamisten, ihn als „verlorengegangene Glaubenspflicht" aufzuwerten. Vgl. Michael Pohly u. Khalid Durán: Osama bin Laden und der internationale Terrorismus. München 2001, S. 18-23

21 *www.ict.org.il/articles/fatwah.htm*

17. Der Hegemon auf dem Kriegspfad

Es ist 2004 ebenfalls nicht länger möglich, zu unterlassen, was ich 1999 bewußt vermieden habe: einen „kritischen Leitfaden" zur Weltpolitik ohne ein eigenes Kapitel zur aktuellen Außenpolitik der Vereinigten Staaten von Amerika zu schreiben. Die USA dominieren als einzige verbliebene, als die im Kalten Krieg siegreiche Supermacht so eindeutig die Szene, daß wir alle uns eigentlich nur noch darüber unterhalten können – und das tut die seit 2003 gewaltig aufschäumende Woge einschlägiger Literatur ausgiebig[1] –, ob wir es mit einer globalen *Hegemonie*[2] oder, begrifflich sorgsam unterschieden, mit einem neuen *Imperium* zu tun haben, und wenn letzteres, ob Amerika eher den Weg des *Imperium Romanum* der Antike (samt dem wohltätigen Ergebnis der Pax Romana) oder des *British Empire* (samt Pax Britannica) im 19. Jahrhundert einschlägt.[3]

Es ist schon spannend zu erleben, wie eine Nation, die ihr Gründervater George *Washington* 1796 aufgerufen hat, sich ja nicht in fremder Leute Händel einzumischen (siehe Kap. 4) mit der fürchterlichen (ich meine das Adjektiv ernst) Aufgabe fertig wird, die ihr das 20. Jahrhundert vor die Füße geworfen hat, der turmhoch Erste unter gar nicht mehr Gleichen zu sein. Da Joseph S. Nye in seiner besonnenen Analyse die Position der USA in der heutigen Welt mehrfach zu der Position des Deutschen Reiches in Europa vor 1914 in Parallele setzt, sei mir meine private vorläufige Schlußfolgerung gleich hier gestattet:

Amerika wird mit dieser Aufgabe und den Versuchungen, die sie enthält, besser, weil selbstkritischer und vielfältiger fertig als das Deutschland Kaiser Wilhelms II.

Grundpfeiler amerikanischer Außenpolitik

Dieses Kapitel soll die Außenpolitik der USA seit dem 11. September 2001 diskutieren, aber schon wenn wir diese Aussage fast automatisch gleichsetzen mit der Außenpolitik der Regierung George W. Bush, müssen wir uns auf weit zurückliegende Hintergründe besinnen. Die Amerikaner sagen nicht „Regierung Bush", sie sagen „*Bush administration*", also „Verwaltung", weil sie sich nicht gern regieren lassen, und zentral von Washington aus schon gar nicht. Dieses Mißtrauen gegen Regenten kommt nicht nur im ersten Satz ihrer Unabhängigkeitserklärung zum Ausdruck, wo zur „offensichtlichen Wahrheit" erklärt wird, alle Menschen seien „gleich geschaffen worden"; es durchzieht, politisch konkretisiert, die *Verfassung* der Vereinigten Staaten, obwohl manche in ihr bereits einen gefährlichen Sieg der Zentralgewalt (amerikanisch heißt das „*federalism*") über die Selbständigkeit der Einzelstaaten sehen. Diese Verfassung stammt vom 17. September 1787. Bedenken wir, daß zu diesem Zeitpunkt König Friedrich der Große gerade ein Jahr tot war, daß in Paris scheinbar unerschütterlich die Bastille Ludwigs XVI. stand, dann wird die Scheu vor europäischen Zuständen gut verständlich. Einem Rückfall in den Absolutismus vorzubeugen, dazu sollte in erster Linie die strikte Trennung der Gewalten dienen. Außenpolitik, in Europa damals eindeutig Sache der Exekutive, überließ man nicht dem *Präsidenten* allein. Das vornehmste Recht europäischer Herrscher, Krieg zu erklären, blieb dem *Kongreß* vorbehalten – dazu die Kompetenz, „Armeen aufzustellen", „Münzen zu prägen" und „den Handel mit fremden Völkern ... zu regeln" (Art. 1.8). Auf der anderen Seite ist der Präsident „Oberbefehlshaber der Armee" (Art. 2.2).

Während des Kalten Krieges sah es lange so aus, als ordne sich der Kongreß einem außenpolitischen Führungsanspruch der Präsidentschaft unter. Ernst-Otto Czempiel schrieb 1979 (und die Reagan-Jahre 1981-89 hätten ihn kaum veranlaßt, anders zu formulieren):[4]

„Der Kongreß hat die ‚imperiale Präsidentschaft' bis zum Höhepunkt des Vietnam-Krieges fast bedingungslos unterstützt. Er hat die wachsenden Anforderungen

> *des Militärs ... nicht nur regelmäßig erfüllt, gelegentlich sogar übererfüllt. Für ihn galt es als unpatriotisch, das Verteidigungsbudget kritisch zu analysieren... Erst seit 1969 regte sich zum ersten Mal Kritik.*

Immerhin: Als nicht nur der Sieg an der Front ausblieb, sondern auch erhebliche Kräfte im Volk gegen den Vietnam-Krieg zu protestieren begannen, erinnerte sich der Kongreß seiner Zuständigkeiten unter der Verfassung. Das wird er im gegebenen Fall wieder tun. Mögen dort unter der Kuppel des Capitols die gleichen wohlhabenden und deshalb eher konservativen Gesellschaftsschichten vertreten sein, die auch bestimmen, wer im Weißen Haus wohnt: Die Verfassung von 1787, an der Amerika nie herumgedoktert hat (*wie wir Deutsche es mit unserem jugendfrischen Grundgesetz von 1949 dauernd tun, sobald das opportun erscheint*), sorgt dafür, daß „imperiale" oder auch hegemoniale Bäume in Amerika nicht in den Himmel wachsen.

Im Lauf der Geschichte haben einige Herausforderungen das außenpolitische Verhalten der USA so stark geprägt, daß sie in der Praxis immer wieder durchschlagen, sei es auch nur punktuell und manchmal als eher leiser Widerspruch zu einem vorherrschenden Trend. Sie sollen hier nur mit Stichworten benannt werden.

- Das 1787 und von Präsident Washington 1796 artikulierte Mißtrauen gegen Europa prägte sich als *Isolationismus* aus, der es nicht nur den Präsidenten Wilson und Roosevelt erschwerte, in die beiden Weltkriege einzugreifen, nicht nur den Völkerbund lähmte, sondern noch 1992-95 die USA zögern ließ, der serbischen Aggression in Bosnien entgegenzutreten. 2003 ist der Widerwille deutlich, mehr als eine *Road Map* zur israelisch-palästinensischen Konfliktlösung beizusteuern.
- Im 19. Jahrhundert waren die USA auf dem gesamten amerikanischen Kontinent fast genau so militärisch übermächtig wie heute auf dem Globus. Die Schwäche der Indianervölker verführte die USA leicht, ihnen keinerlei politische Rechte zuzuerkennen, im Namen einer *„Manifest Destiny"* ihr Land wegzunehmen und dabei gleich Frankreich (Louisiana) und Spanien (Florida) vom Festland Nordamerika weg zu drücken, Mexikos Nordhälfte zu amputieren. Diese Tradition beschwor John F. Kennedy in friedlicherer Gestalt, wenn er Amerika aufrief, einer *„new frontier"* (nicht nur auf dem Mond) entgegenzustreben.
- Angesichts der Konflikte und schwachen Leistungen, in die sich die jungen Republiken Lateinamerikas nach ihrer Befreiung aus spanisch-portugiesischer Kolonialherrschaft verstrickten, lag es nahe – wie Präsident Theodore Roosevelt es zur Zeit des Hochimperialismus ausdrückte –, nicht nur gütlich auf sie einzureden, sondern den *Big Stick* (nicht nur am Panama-Kanal) bereitzuhalten. Schließlich war „Imperialismus" kein Schimpfwort, man rühmte sich dieses Geistes in Lon-

don, Berlin und Paris. Ein nuklearer Knüppel, womöglich sicher im Weltraum aufgehängt, ist erst recht nicht zu verachten.

- Am Pazifischen Ozean angekommen, sahen sich die USA veranlaßt, 1853 gegenüber Japan und 1898 gegenüber China energisch für Geschäfte nach dem Prinzip der *Open Door* einzutreten. Von Freihandel redeten ja auch die britischen Vettern und handelten manchmal sogar danach. Er ist so lange besonders attraktiv, wie man auf dem eigenen Markt die Konkurrenz des Partners kaum zu fürchten braucht. So wird auf dem Mühlebrett der WTO heute noch gespielt (vgl. Kapitel 10 u. 12).
- Als Präsident Wilson die USA in den Ersten Weltkrieg zog, predigte er nicht nur, sondern glaubte wohl ehrlich, *„to make the world safe for democracy"*, und das werde den Frieden zwischen den Staaten sichern.[5] Deutschland gegenüber bedurfte diese Politik bekanntlich 1941-45 eines zweiten Anlaufs, aber dann – und gleichzeitig in Japan – brachte erzwungener *„Regime Change"* tatsächlich wesentlich weniger gewalttätige Staaten zustande. Warum nicht diese Therapie in Serbien verordnen, im Irak – wo noch? Freilich, ob das post-sowjetische Rußland wirklich friedlich geworden ist, darüber denken Tschetschenen (oder auch Litauer) sicher anders als Deutsche.

Die ersten drei dieser Herausforderungen, die sich in der Neuen Welt stellten, beantworteten die USA im Alleingang. Bei der Konfrontation in Ostasien um 1900 und natürlich in beiden Weltkriegen waren sie Teil einer Allianz, im Wesentlichen mit europäischen Staaten. Aus dem Zweiten Weltkrieg erwuchs auf amerikanische Initiative das System der Vereinten Nationen. Für welchen Weg wird sich die amerikanische Außenpolitik jetzt, im „Krieg gegen den Terror", letztlich entscheiden?

Bündnis oder Alleingang?

Im 21. Jahrhundert ist die Welt (jedenfalls bisher) nicht sicherer geworden, obwohl so viele Regierungen bis in das tiefschwarze Afrika hinein sich zur Demokratie bekennen, obwohl sogar Saudi-Arabien so etwas wie Kommunalwahlen veranstaltet und in China wenn schon keine Menschenrechte, so doch privates Gewinnstreben angesagt ist. Dem Feind der Sicherheit jedenfalls, ob man ihn nun im fundamentalistischen Islam dingfest machen will oder als Terrorismus weltanschaulich neutral definiert, ihm ist mit Demokratie nicht beizukommen – ebenso wenig wie dem Raubtier-Kapitalismus –, weil er kein Staat, kein politisches System im herkömmlichen Sinne ist.

Es ist logischer Unfug, von einer „unipolaren Welt" zu reden und von einer „multipolaren" zu träumen. Es kann nur zwei Pole geben, bei der Elektrizität und in der Geographie. Die bipolare Welt ist seit 1991 Vergangenheit. Die Frage an die USA bleibt davon unberührt: Sucht ihr im Anti-Terror-Kampf auf den Spuren der „Vier-Polizisten"-Idee Franklin D. Roosevelts ein Bündnis, das immer eine gewisse Bindung der eigenen Entscheidungsfreiheit bedeutet, oder haltet ihr es mit Schillers Wilhelm Tell – „Der Starke ist am mächtigsten allein"?

Europäer spekulieren gern (besonders Journalisten, die Alternativen am liebsten an Personen festmachen), ob das amerikanische Außenministerium (State Department) unter dem Allianz-erfahrenen ex-General Colin Powell (*1937) für Bündnisse plädiert – VN im Großen, NATO im Kleineren –, während das Pentagon unter Donald Rumsfeld (*1932) und Paul Wolfowitz (*1943) „unilateral" vorstoßen möchte. Angesichts der grundsätzlich neuen Situation, nicht vornehmlich einem oder mehreren „Schurkenstaaten" konfrontiert zu sein, sondern einem „privaten" Terrornetz, kommt der traditionellen Rivalität klassischer Ämter vermutlich nur eingeschränkte Bedeutung zu. Noch weniger Sinn macht es, nach europäischem Muster in der Programmatik der beiden politischen Parteien Amerikas nach außenpolitischen Divergenzen zu suchen. Republikanische Präsidenten und/oder Kongreß-Mehrheiten sind nicht tendenziell kriegslüsterner als demokratische. Wenn die beiden Parteien sich überhaupt unterscheiden, dann in der Innenpolitik, wo die *Grand Old Party* der Republikaner besonders treu am althergebrachten Mißtrauen gegen Regierung und Steuern festhält, während der energische Staatseingriff in die Wirtschaft unter F.D. Roosevelt nach 1933 – der *New Deal* – den Demokraten immer noch anhängt.

Nach dem Terrorangriff auf New York und Washington am 11. September 2001, für den die amerikanische Regierung sofort – und so gut wie sicher zu Recht – al-Qa'ida verantwortlich machte, schlugen die USA unverzüglich gegen Afghanistan los. Dort stellten die seit 1996 regierenden *Taliban* Osama bin Laden und seinem Führungskreis Stützpunkte zur Verfügung, auf die schon Präsident Clinton 1998 seine Marschflugkörper gezielt hatte. Völkerrechtlich abgesichert durch eine Serie einstimmiger Beschlüsse des VN-Sicherheitsrates unter Kap. VII der Charta,[6] militärisch gestützt auf die Anti-Taliban-Streitmacht der afghanischen Nordallianz, erreichten die USA rasch den Sturz des Regimes (am 13. November 2001 fiel Kabul) und am 5. Dezember 2001 das internationale Petersberg-Abkommen, das einen neuen vorläufigen Präsidenten Afghanistans – Hamid Karzai (*1957) – legitimierte, mochte auch seine tatsächliche Staatsgewalt kaum über das von der internationalen (seit August 2003 unter NATO-Befehl gestellten) ISAF-Truppe[7] geschützte Kabul hinaus reichen.

Für die Zukunft der Welt problematisch blieb an dieser Operation weniger, daß Osama bin Laden sich dem amerikanischen Zugriff zu entziehen verstand; schwerer wiegt das ungeklärte Schicksal der etwa 700 (oder 640? oder 680? So zwei Meldungen derselben Zeitung aus dem Juli 2003) gefangengenommenen Taliban- und wohl auch al-Qa'ida-Kämpfer, die Amerika weder als Kriegsgefangene unter den Schutz der Genfer Konventionen stellte, noch als zivile Verbrecher vor ordentliche Gerichte bringen wollte. Man bezeichnet sie mit dem neuen Begriff „feindliche (auch: unrechtmäßige) Kämpfer" *(enemy* bzw. *illegitimate combatants)* und sperrte sie auf dem von Cuba 1903 gepachteten Militärstützpunkt *Guantanamo* weg, wohin der Arm der regulären amerikanischen Strafjustiz angeblich nicht reicht, weil die Anlage formal nicht US-Territorium ist. Am 28. Juni 2004 allerdings fuhr der *Supreme Court* in Washington dem Präsidenten in die Parade: Mit 6:3 Stimmen widersprachen die höchsten Richter der USA niedrigeren Instanzen und urteilten, ein Ende 2001 in Afghanistan gefangengenommener US-Bürger habe das Recht auf Anhörung vor einem amerikanischen Zivilgericht.[8] *Wie auch immer dieser Fall und die Fälle der anderen etwa 595 im Sommer 2004 noch einsitzenden Guantanamo-Häftlinge ausgehen mögen: hier spielt die Supermacht auf gefährliche Weise mit fundamentalen Menschenrechten.*

Währenddessen richtete die Kompaßnadel amerikanischer Kriegsbereitschaft sich schon deutlich auf den Irak Saddam Husseins aus. Lange bevor es diesbezüglich im Sicherheitsrat oder auch in der amerikanischen Öffentlichkeit zum Schwur kam, schlugen am 12. Februar 2002 in einem 21seitigen Memorandum unter der Überschrift „*What We're Fighting For*" 58 zum Teil weltbekannte amerikanische Intellektuelle theoretisch den in der außenpolitischen Praxis ihres Landes dominanten harschen Ton an, unter ihnen die Soziologen Amitai Etzioni, der Politologe Francis Fukuyama, der Historiker Samuel Huntington.[9] Der Text wurde als Neuformulierung der alten These vom Gerechten Krieg verstanden, die ich in den Kapiteln 1 und 4 behandle, und ihr wurde nicht nur in Deutschland, sondern auch in den USA energisch widersprochen.[10] Die Verfasser gehen von der universalen Geltung der politischen Werte aus – Freiheit, Gleichheit, Menschenrechte –, auf denen die USA errichtet wurden:

> *„Als Amerikaner in einer Zeit von Krieg und globaler Krise behaupten wir, daß das Beste von dem, was wir allzu leichthin ‚amerikanische Werte' nennen, nicht Amerika allein gehören, sondern tatsächlich das gemeinsame Erbe der Menschheit ist und deshalb ein mögliches Fundament für Hoffnung auf eine Weltgemeinschaft, die auf Frieden und Gerechtigkeit beruht."*

Dann stellen sie offen die Frage *A Just War?* und führen dazu aus:

> *„Wir anerkennen, daß jeder Krieg schrecklich ist und letzten Endes das politische Scheitern von Menschen bedeutet. Wir wissen auch, daß die Grenzlinie zwischen Gut und Böse nicht zwischen einer Gesellschaft und einer anderen verläuft, noch viel weniger zwischen einer Religion und einer anderen...*

Jedoch lehren uns Vernunft und sorgfältige moralische Überlegung, daß es Zeiten gibt, wenn die erste und wichtigste Antwort auf Böses lautet, es zu stoppen. Es gibt Zeiten, wenn Krieg zu führen nicht nur moralisch erlaubt ist, sondern moralisch notwendig, als Antwort auf fürchterliche Taten der Gewalt, des Hasses und der Ungerechtigkeit. Jetzt sind solche Zeiten".

Es wird dann in der historisch-philosophischen Begründung direkt auf den *Gottesstaat* des Bischofs Augustinus aus dem 5. Jahrhundert verwiesen. Für die praktische Nutzanwendung am wichtigsten erscheint mir eine Passage, die nicht im Text, sondern in den Endnoten steht als Kommentar zu der Einschränkung, Krieg sei nicht legitim „gegen Gefahren, die vermutlich allein durch Verhandeln, Appelle an die Vernunft, Überzeugung von dritter Seite oder andere gewaltfreie Mittel gebannt werden können". Dazu in der Endnote:

„Manche Leute behaupten, das ultima-ratio-*Erfordernis der Theorie des Gerechten Krieges ... sei nicht erfüllt, solange nicht der Griff zu den Waffen durch eine anerkannte internationale Körperschaft wie die Vereinten Nationen gebilligt worden sei. Diese These ist problematisch. Erstens ist sie neu; in der Geschichte haben Theoretiker des Gerechten Krieges die Billigung durch eine internationale Körperschaft nicht als Erfordernis für* causa iusta *betrachtet. Zweitens steht durchaus zur Diskussion, ob eine internationale Körperschaft wie die VN in der Lage ist, in letzter Instanz am besten darüber zu richten, wann und unter welchen Bedingungen, ein spezieller Waffengang gerechtfertigt ist... Ein Beobachter meint – ein früherer Unter-Generalsekretär der VN*[11] *–, die VN in ‚eine blasse Nachahmung eines Staates zu verwandeln', um ‚das Management der Gewaltanwendung' international zu betreiben, ‚könnte durchaus eine selbstmörderische Umarmung bedeuten'."*

Damit ist die Behandlung des Sicherheitsrats durch die US-Regierung im Frühjahr 2003 als *quantité négligable* vorweg gerechtfertigt.

Im September 2002 folgte dann aus amtlicher Feder das Grundsatzdokument, an dem sich die USA seitdem messen lassen wollen und müssen: *The National Security Strategy of the United States of America* (31 S.).[12]

Es ist in neun Kapitel gegliedert:

1. Überblick über Amerikas internationale Strategie.
2. Nach dem ersten Platz für Menschenwürde streben.
3. Bündnisse stärken, um den globalen Terrorismus zu besiegen, und arbeiten, um Angriffe gegen uns und unsere Freunde zu verhüten.
4. Mit anderen zusammen arbeiten, um regionale Konflikte zu entschärfen.

5. Unsere Gegner daran hindern, uns, unsere Verbündeten und unsere Freunde mit Massenvernichtungswaffen zu bedrohen.
6. Eine neue Ära globalen Wirtschaftswachstums durch freie Märkte und freien Handel eröffnen.
7. Den Kreis der Entwicklung erweitern durch Öffnung von Gesellschaften und Aufbau der Infrastruktur für Demokratie.
8. Programme für gemeinsames Handeln mit den anderen Hauptzentren globaler Macht entwickeln.
9. Amerikas nationale Sicherheits-Institutionen umgestalten, um den Herausforderungen und Chancen des 21. Jahrhunderts zu begegnen.

Den Kammerton schlägt gleich das von Präsident Bush unterzeichnete Vorwort an:

> *„Wir werden den Frieden verteidigen, indem wir Terroristen und Tyrannen bekämpfen… Amerika wird Nationen zur Rechenschaft ziehen, die durch Terror kompromittiert sind, einschließlich jener, die Terroristen beherbergen… Wir werden Verteidigungsanlagen gegen ballistische Raketen errichten".*

Die entscheidende neue Weichenstellung amerikanischer Außenpolitik steht dann im 3. Kapitel in aller wünschenswerten Deutlichkeit:

> *„Der Gegner ist der Terrorismus – vorsätzliche, politisch motivierte Gewaltanwendung gegen Unschuldige… Heute haben unsere Gegner die Resultate dessen gesehen, was zivilisierte Nationen tun können und tun werden gegen Regime, die Terrorismus beherbergen, unterstützen und benutzen, um ihre politischen Ziele zu erreichen…*
> *Wir werden terroristische Organisationen zerbrechen und zerstören, … indem wir die Vereinigten Staaten, das amerikanische Volk und unsere Interessen im Inland und im Ausland verteidigen durch Identifizierung und Zerstörung der Bedrohung, bevor die unsere Grenzen erreicht. Während die Vereinigten Staaten beständig danach streben werden, die Unterstützung der internationalen Gemeinschaft zu gewinnen, werden wir nicht zögern allein zu handeln, wenn notwendig, um unser Recht auf Selbstverteidigung auszuüben, indem wir im Vorgriff* (preemptively) *gegen solche Terroristen handeln, um sie daran zu hindern, unserem Volk und unserem Land Schaden zuzufügen".*

Ein *preemptive war* – ein „Krieg im Vorgriff" – muß präzise von einem Präventivkrieg unterschieden werden, wie ihn die Geschichte seit jeher kennt. Präventivkrieg ist ein Angriffskrieg gegen einen Feind, der seinerseits zum Angriff gerüstet bereit steht. Der klassische Fall ist das Losschlagen Israels gegen Ägypten im Juni 1967, nachdem Nasser den Seeweg nach Eilat gesperrt und die Blauhelmtruppe der VN aus dem Sinai verwiesen hatte. *Preemptively*, ganz wie angekündigt, griff die von den USA geführte Koalition dagegen 2003 den Irak an; denn selbst wenn es die bis dato imaginären Massenvernichtungswaffen Saddam Husseins wirklich gab, hätten sie die Grenzen Amerikas auf keinen Fall erreichen können.

Wie steht es um das Vorrecht des Sicherheitsrats der Vereinten Nationen, Gewalt gegen einen Aggressorstaat anzuordnen? Manchmal ist ja für politische Dokumente ebenso bezeichnend, was nicht in ihnen steht, wie ihr Inhalt. In diesem Fall haben wir es am Ende des 3. Kapitels mit einer Zwischenform zu tun:

> *„Während wir die Terroristen in Afghanistan verfolgen, werden wir fortfahren, mit internationalen Organisationen wie den Vereinten Nationen zu arbeiten, ebenso mit Nichtregierungsorganisationen und mit anderen Ländern, um die humanitäre, politische, wirtschaftliche und Sicherheits-Hilfe zur Verfügung zu stellen, die für den Wiederaufbau Afghanistans erforderlich ist".*

Also beziehen sich die Vereinigten Staaten in ihrer gegenwärtigen Außenpolitik auf die Vereinten Nationen nur insofern, als die zwischenstaatliche Zusammenarbeit gefragt ist, die man das Spielbein der VN charakterisieren darf, nicht aber auf das Standbein der Kriegsverhütung. Diese Strategie hat zwar Außenminister Powell nicht gehindert, im Sicherheitsrat energisch für ein Mandat zum Krieg gegen den Irak zu werben. Als jedoch der Widerspruch der beiden Veto-Mächte Rußland und Frankreich (flankiert durch das nichtständige Mitglied Deutschland) sich nicht überwinden ließ und Amerika nicht einmal eine Mehrheit des Rates überzeugen konnte, schlugen die USA und Großbritannien am 20. März 2003 trotzdem los.

Vorbereitung und Verlauf des Irak-Krieges 2003

Am 8. November 2002 beschließt der VN-Sicherheitsrat einstimmig Resolution 1441 (2002), die – wie Generalsekretär Kofi Annan erklärt – „in klaren Begriffen Iraks Verpflichtung feststellt, mit den Vereinten Nationen zusammenzuarbeiten, um die volle und endgültige Abrüstung seiner Massenvernichtungswaffen zu sichern". Am 24. Februar 2003 legen die USA, Großbritannien und Spanien dem Rat einen Resolutionsentwurf vor, der festgestellt hätte, daß Irak die durch 1441 eröffnete „letzte Chance" versäumt habe. Rußland und Frankreich blockieren im Einvernehmen mit Deutschland die Abstimmung.[13] Die Türkei verweigert der US-Armee Durchmarsch größerer Verbände. Am 20. März beginnen gleichzeitig Luftangriffe und der Einmarsch der Bodentruppen von Süden her in den Irak. Am 28. März besetzen amerikanische Fallschirmjäger einen Flugplatz im kurdischen Nord-

Irak. Am 5. April stoßen erste US-Truppen in die Hauptstadt Bagdad vor. Am 1. Mai erklärt Präsident Bush die Hauptkämpfe für beendet; 138 Amerikaner und 33 Briten werden als gefallen gemeldet, etwa 15.000 Präzisionsbomben, 8.000 ungesteuerte Bomben und 700 Marschflugkörper wurden eingesetzt, die vorläufigen Kriegskosten mit US-$ 62,6 Mrd. und £ 3 Mrd. angegeben. Am 2. Mai setzt Präsident Bush den Diplomaten Paul Bremer als Chef der Besatzungsverwaltung (Coalition Provisional Authority) *ein. Am 15. Oktober erkennt der Sicherheitsrat mit Resolution 1511 einstimmig die Besatzung „zeitweilig" an. Anfang November bewilligt der US-Kongreß $ 87,5 Mrd. für Militäreinsatz und Wiederaufbau im Irak.*

Die Guerilla gegen die Besatzungstruppen, gegen deren irakische Helfer, gegen das Personal der Vereinten Nationen (am 19. August sterben Kofi Annans Repräsentant, Sergio Vieira de Mello, und 22 andere Menschen in den Trümmern des VN-Hauptquartiers) und gegen Ausländer im allgemeinen kommt danach erst richtig in Schwung. Die Verhaftung Saddam Husseins am 13. Dezember 2003 ändert daran nichts. Am 7. September 2004 fällt der Tausendste US-Soldat im Irak.

Hätte die Supermacht ihre Entscheidung gerade in der seit alters her schwerstwiegenden Frage von Krieg oder Frieden abhängig machen sollen von der Stimme Guineas, Kameruns, Deutschlands oder auch Frankreichs im Sicherheitsrat? *Die Frage so stellen, heißt sie verneinen: Das wäre der Verantwortung des mächtigsten Staates der Welt nicht gerecht geworden. Diese Antwort geben, heißt freilich auch, die Vereinten Nationen zur Disposition stellen, deren Gründung mit allen ihren Schwächen und Mängeln immer noch als der hellste Lichtblick in der Weltgeschichte des 20. Jahrhunderts gelten darf.*

Hegemonie oder Imperium?

Sollen wir uns nun für den Anfang des 21. Jahrhunderts auf die amerikanische *Hegemonie* oder auf ein *Amerikanisches Imperium* einstellen? Über Hegemonie müssen wir nicht spekulieren; sie ist eine nüchterne Tatsache. Allerdings macht dieser Begriff Sinn nur in einem System von Staaten. Dort stellt er den Gegenpol zu dem Begriff *Gleichgewicht* dar. Kein Staat der Welt bringt heute, keiner auf absehbare Zeit auch nur annähernd das gleiche Gewicht wie die USA auf die Waagschale, wo die üblichen Gewichte der Macht gelten: Militär, Sozialprodukt, Wachstumsdynamik, Raum, Bevölkerungszahl... Die USA gaben 2001 für ihr Militär $ 329,1 Mrd. aus – Deutschland $ 27,5 Mrd. ... Joseph P. Nye[14] lässt 2002 alle denkbaren „Herausforderer" Revue passieren:

- *China* ist auf längere Sicht der wahrscheinlichste ernsthafte Konkurrent der USA, zumal das „Reich der Mitte" über lange Epochen der Geschichte Hegemon und/oder Imperialmacht in Ost- und Zentralasien war; aber gegenwärtig „hat China einen weiten Weg vor sich und blickt auf viele Hindernisse" und kann bestenfalls irgendwann zwischen 2065 und 2095 die USA im Pro-Kopf-Einkommen einholen.
- *Japan* hat soeben einen schmerzlichen wirtschaftlichen Rückschlag erlitten und ist einfach zu klein – „grob gesagt, vom Ausmaß Kaliforniens" – für eine globale Führungsrolle. Ein Zusammengehen mit China ist historisch unwahrscheinlich.
- *Rußland* sucht wohl Rückendeckung bei China, aber in Sibirien bleiben beide Großstaaten Rivalen (mit extrem schwacher demographischer Position der Russen), und sowohl wirtschaftlich wie militärisch wird Moskau lange brauchen, die Ruinen aufzuräumen, welche die Sowjetmacht hinterließ. Allerdings: „Je schwerfälliger wir [Amerikaner, F.A.] uns benehmen, desto mehr helfen wir Rußland und China, ihre Gegensätze zu überwinden".
- *Indien* hat in jüngster Zeit seine Wachstumsraten gesteigert, gehört in der Informationsindustrie zur Weltspitze und ist eine stabile Demokratie. Aber es bleibt ein unterentwickeltes Land mit massenhaftem Analphabetismus und voll bitterer Armut.
- *Europa* schließlich: Ja, meint Nye, „das einem Gleichen ähnlichste Ding, das den Vereinigten Staaten gegenübersteht, ist zu Beginn des 21. Jahrhunderts die Europäische Union". Aber sie ist eben ein Ding und kein Staat, wie wir ausführlich erörtert haben, und wird sich auf immer weniger Politik einigen können – steht zu befürchten –, je mehr es sich aufbläht. Nye sagt es höflicher: *„Europe faces significant limits on its degree of unity"*. In der Tat…

Fazit: in der *Staatenwelt* sind die USA spätestens seit 1991 Hegemon. In dieser Welt wäre es lächerlich, Vietnam auf die Liste potentieller „Herausforderer" zu setzen, obwohl dies das einzige Land ist, gegen das die USA je einen Krieg verloren haben, oder den Irak, wo sie sich 2004 als Besatzungsmacht schwer tun, oder gar Osama bin Laden. Nur leben wir eben nicht mehr allein in dieser Welt der Staaten, sondern gleichzeitig in der Welt der mehr oder weniger (hier: der besonders wenig) sympathischen NGOs.

Gegen die Piraten im Mittelmeer der Antike half nur das Imperium Romanum – und tat sich schwer genug mit ihnen; erst 67 v.Chr. zwang Gnaeus Pompeius Magnus (106-48 v.Chr.) sie nachhaltig von ihren Schiffen herunter in feste Siedlungen an Land, und dabei hatte er (um Brechts „lesenden Arbeiter" zu zitieren) nicht nur einen Koch bei sich, sondern 120.000 Soldaten und 500 Kriegsschiffe. Es bedurfte der überragenden Seemacht des *British Empire*, um nach 1807 allmählich den atlantischen Sklavenhandel auszurotten – allerdings während der „imperialen Pause" bis etwa 1880, als London es vorzog, wo immer möglich ein sparsames „*informal empire*" zu betreiben. Dadurch kam es an der Westküste Afrikas zu keiner Rivalität mit anderen Mächten, und konnte so bei der Unterdrückung des Sklavenhandels das Konzert aller Unterzeichner der Wiener Kongreßakte von 1815 spielen.

Um den von Präsident Bush ausgerufenen Krieg gegen den Terror zu gewinnen, wird amerikanische Hegemonie, wird „*informal empire*" nach meiner Einschätzung nicht ausreichen, zumal der Versuch, gegen den Irak eine willige Koalition hinter die Fahne des Hegemon zu scharen, in Europa mehr Verwirrung und Störung gebracht hat als „konzertierten" Erfolg unter geordneter Führung. Es wird, es kann vor allem nicht gelingen, die Vereinten Nationen in eine amerikanische Hegemonie einzuordnen. Darauf sind sie nicht eingerichtet, vielmehr konzipiert als Konzert einer kleinen Zahl relativ großer, in etwa auf gleicher Augenhöhe miteinander verkehrender Mächte im Wechselspiel mit einem dekorativen Chor aller anderen Staaten – eben nur von Staaten –, der aber auch stumm geschaltet werden kann, wenn er mit den Noten nicht zurecht kommt, ohne das Konzert kaputt zu machen. *Es ist deshalb kaum etwas Gedankenloseres denkbar als das ständige Rufen der deutschen Medien, im Irak „die UNO" gegen die USA als Gleichgewicht aufzubieten. Ohne die USA sind die Vereinten Nationen nichts. Ohne die VN wären die USA vielleicht eine ziemlich unheimliche, aber durchaus existierende Weltmacht.*

Der Krieg gegen den Terror kann wohl nur nachhaltig gewonnen werden (ja, nachhaltig im Sinne des alten Cato: „*Ceterum censeo Carthaginem esse delendam*"), wenn die USA sich für mindestens einige Jahrzehnte als Imperium akzeptieren. Das heißt konkret, wenn sie bereit sind, Länder zu besetzen und besetzt zu halten und zu regieren und hoffentlich vernünftig, gerecht unter Wahrung der fundamentalen Menschenrechte zu regieren, die den Terroristen nicht als Tummelplatz, Rückzugsgebiet, Anlehnungsmacht und/oder Waffenlieferant überlassen werden dürfen (das müssen keine Massenvernichtungswaffen sein, für den 11. September reichten Tapetenmesser). Zur Sicherung solcher Besatzungsgebiete – wenn man schon zögert, von Kolonien, Mandats- oder Treuhandgebieten zu reden, was der historischen Wirklichkeit näher käme – müssen möglicherweise noch mehr Länder am Rande besetzt und regiert werden, sollte sich der eine oder andere der von Nye aufgezählten Staaten wirklich zu einem Rivalen der USA entwickeln, ähnlich wie Großbritannien zur Flankendeckung seines indischen Kronjuwels gegen französische oder deutsche Ambitionen Ostafrika kolonisierte.

Das beste, das hoffnungsvollste Beispiel für das, was uns bevorsteht, suche ich allerdings nicht in der Antike und nicht im rivalisierenden Imperialismus vor 1914, sondern in der oben erwähnten Unterbindung des Atlantischen Sklavenhandels im frühen 19. Jahrhun-

dert: Kombination eines amerikanischen Imperiums (gestützt wieder auf See- aber jetzt auch auf Land- und natürlich Luft- sowie Weltraum-Macht) mit einem Konzert, in dem die zunächst leisen Mitspieler allmählich, je besser sie ihre Kunst entwickeln, wichtigere Partien übernehmen können. Mit der Zeit – viel Zeit! – ließe sich das Imperium auf eine Hegemonie zurückführen und müsste dann eine dritte Welle globaler Entkolonisierung (nach der ersten ab 1776, der zweiten ab 1945) nicht mehr fürchten.[15]

US-Senator Richard Lugar (Rep.) im SPIEGEL-Gespräch 25. August 2003

„SPIEGEL: *Nach Ihrer Rückkehr aus dem Irak haben Sie gesagt, die USA müßten sich mindestens fünf Jahre dort engagieren…*
Lugar*: …hoffentlich nicht mit 146.000 Soldaten. Ich wollte damit unterstreichen, daß unsere Regierung einen Fünf-Jahres-Etat für unseren Irak-Einsatz vorlegen muß. Der irakische Staat braucht derzeit für seine laufenden Kosten etwa 30 Milliarden Dollar pro Jahr. 14 Milliarden sollen in absehbarer Zeit aus den Ölquellen in die Kassen fließen. Wer kommt für die restlichen 16 auf? …*
SPIEGEL: *Wird eine fünfjährige Präsenz der Alliierten nicht den schon jetzt weitverbreiteten Eindruck verstärken, sie seien als Besatzer gekommen, nicht als Befreier?*
Lugar*: Kann sein, aber in fünf Jahren können wir viel zur Stabilität des Landes beitragen. Außerdem denken Sie mal an Deutschland. Da sind wir ein halbes Jahrhundert nach dem Zweiten Weltkrieg noch immer präsent, und niemand sieht uns als Besatzer…*
SPIEGEL: *Stecken die Amerikaner bei ihren Demokratisierungsplänen die Ziele nicht einfach viel zu hoch? In Wahrheit geht es doch um eine Stabilisierung der Region, nicht mehr.*
Lugar*: Es wäre traurig, wenn wir uns darauf beschränken würden. Stabil war die Lage auch unter Saddam. Der brachte zwar hier und da mal ein paar Hunderttausend Menschen um, überfiel vielleicht auch mal einen Nachbarn. Aber ansonsten herrschte doch Sicherheit. Wir müssen für ein besseres Leben der Iraker kämpfen.*"

Anmerkungen

1 Vgl. Peter Bender: Weltmacht Amerika – Das Neue Rom. Stuttgart 2003; Stephan Bierling: Geschichte der amerikanischen Außenpolitik von 1917 bis zur Gegenwart. München 2003; Bill Emmott: Vision 20/21. Die Weltordnung des 21. Jahrhunderts. Frankfurt/M. 2003 (orig. englisch); Detlef Junker: Power and Mission. Was Amerika antreibt. Freiburg i.Br. 2003; Charles Kupchan: Die europäische Herausforderung. Vom Ende der Vorherrschaft Amerikas. Berlin 2003 (orig. amerikanisch); Michael Mann: Die ohnmächtige Supermacht. Warum die USA die Welt nicht regieren

können. Frankfurt a.M./New York 2003 (orig. amerikanisch); Bernhard May u. Michaela Hönicke Moore (Hg.): The uncertain Superpower. Domestic dimensions of U.S. foreign policy after the Cold War. Opladen 2003; Harald Müller: Amerika schlägt zurück. Die Weltordnung nach dem 11. September. Frankfurt a.M. 2003; Joseph S. Nye: Das Paradox der amerikanischen Macht. Hamburg 2003, 293 S. (orig. The Paradox of American Power, 2002); Peter Pilz: Mit Gott gegen alle. Amerikas Kampf um die Weltherrschaft. Stuttgart/München 2003; Dana Priest: The Mission. Waging war and keeping peace with America's military. New York 2003; Emmanuel Todd: Weltmacht USA. Ein Nachruf. München 2003 (orig. französisch); Gore Vidal: Bocksgesang. Antworten und Fragen vor und nach dem 11. September. Hamburg 2003, (orig. amerikanisch); Bob Woodward: Bush at War. Amerika im Krieg. Stuttgart/München 2003, (orig. amerikanisch); Ernst-Otto Czempiel: Die Pax Americana nach dem Irak-Krieg. In: Erich Reiter (Hg.), Jahrbuch für internationale Sicherheitspolitik 2003, S. 119-134; Niall Ferguson: Das verleugnete Imperium. Chancen und Risiken amerikanischer Macht. Berlin 2004 (orig.: Empire. The rise and demise of the British world order and the lessons for global power); Michael Ignatieff: The Lesser Evil. Political ethics in an age of terror. Princeton 2004; Robert Kagan: Macht und Ohnmacht. Amerika und Europa in der neuen Weltordnung. München [2]2004 (orig.: Of Paradise and Power); The 9/11 Commission Report including Executive Summary. Final report of the national commission on terrorist attacks upon the United States. Baton Rouge 2004 (mit Einführung in deutscher Sprache: Potsdam 2004) – Ich gestehe, daß ich diese Titel mit Ausnahme der Origi-nalausgabe von Joseph S. Nye und des Czempiel-Aufsatzes vorerst nur aus Rezensionen der Wochenzeitung *Das Parlament* und des Berliner *Tagesspiegel* kenne.

2 Vgl. als eine der ersten Helga Haftendorn: Der gütige Hegemon und die unsichere Mittelmacht. Deutsch-amerikanische Beziehungen im Wandel. *Aus Politik und Zeitgeschichte* (Bonn) 16.07.1999, S. 3-11

3 Vgl. folgende Aufsätze aus ein und derselben Zeitschrift: Sebastian Mallaby: The reluctant Imperialist. Terrorism, failed states, and the case for American Empire. *Foreign Affairs* (New York) 81-2002-2; Niall Ferguson: Hegemony or Empire? [Rezension des 2002 erschienenen Buches von Patrick Karl O'Brian & Armand Clesse: Two Hegemonies – Britain 1846-1914 and the United States 1941-2001]. *Foreign Affairs* 82-2003-5; Dimitri K. Simes: America's imperial dilemma. *Foreign Affairs* 82-2003-6; Niall Ferguson: Empire. The rise and demise of the British world order and the lessons for global power. New York 2004.

4 Ernst-Otto Czempiel: Amerikanische Außenpolitik. Stuttgart 1979, S. 90.

5 Vgl. Robert McNamara [ehemals US-Verteidigungsminister und Präsident der Weltbank] & James G. Blight: Wilson's Ghost. Reducing the risk of conflict, killing, and catastrophe in the 21st century. 2003.

6 Resolution 1378 (2001) vom 14.11.2001 „verurteilt die Taliban dafür, daß sie die Nutzung Afghanistans als Basis für den Export des Terrorismus durch das Al-Qâ'ida-Netzwerk … zulassen", und „ermutigt die Mitgliedstaaten, die Anstrengungen zu unterstützen, die unternommen werden, um die Sicherheit in den Gebieten Afghanistans, die sich nicht mehr unter der Kontrolle der Taliban befinden, zu gewährleisten". – Resolution 1383 vom 06.12.2001 macht sich das Petersberg-Abkommen zu eigen. – Resolution 1386 vom 20.12.2001 „genehmigt" die Aufstellung der ISAF-Truppe.

7 ISAF = *International Security Assistance Force.* Die Truppe bestand im Mai 2004 aus 5.500 Männern und Frauen aus 33 Nationen. Von August 2003 bis Februar 2004 stand sie unter dem Kommando des deutschen Generalleutnants Götz Gliemeroth, seit August 2004 führt Generalleutnant Jean-Louis Py aus Frankreich das Kommando.

8 Über frühere Bemühungen eines amerikanischen Anwalts, Kontakt zu einem auf Guantanamo einsitzenden Mandanten aufzunehmen, vgl. Lars von Törne: Spezialist fürs Aussichtslose. *Tagesspiegel* (Berlin) 05.09.2003 – Am 25.03.2004 forderte der Deutsche Bundestag (gegen die Stimmen der CDU/CSU) die Bundesregierung auf, sie möge die USA auffordern, ihren völkerrechtlichen Verpflichtungen nachzukommen; vgl. *Das Parlament* 29.03.2004.

9 *www.americanvalues.org/html/wwff.html.* – Huntington erregte 1993 Aufsehen mit seinem Aufsatz *Clash of Civilizations?* in *Foreign Affairs* (New York), den er 1996 zu dem gleichnamigen Buch ausbaute; darin argumentiert er (S. 349 f. der deutschen TB-Ausgabe 1998): „Das tiefere Problem für den Westen ist nicht der islamische Fundamentalismus. Das tiefere Problem ist der Islam, eine andere Kultur, deren Menschen von der Überlegenheit ihrer Kultur überzeugt und von der Unterlegenheit ihrer Macht besessen sind". – Fukuyama wurde vor allem 1993 durch seine optimistische Annahme bekannt, mit dem Ende des Kalten Krieges sei „*The End of History*" erreicht. – Etzioni veröffentlichte u.a. 1995 *Rights and the Common Good – the communitarian perspective* und 1997 *The Road to the Good Society.*

10 Vgl. z.B. Herfried Münkler: Selbstgerechter Krieg. *Tagesspiegel* (Berlin) 23.03.2002; im Juni 2002 unterzeichneten mehr als 2.000 Amerikaner ein Manifest mit dem Titel *Not in our Name*; *www.nion.us/NION.htm*

11 Gemeint ist Giandomenico Picco, auf dessen Aufsatz „The UN and the use of force" in *Foreign Affairs* (1994) in der Folge verwiesen wird.

12 *www.whitehouse.gov/nsc/nss.html*

13 Vgl. Sebastian Graf von Einsiedel & Simon Chesterman: Doppelte Eindämmung im Sicherheitsrat. *Vereinte Nationen* (Bonn) 51-2003-2, S. 47-58

14 Nye a.a.O. [Fußnote 1], S. 17-35 der amerikanischen Originalausgabe.

15 Zur Weiterführung der deutschen Debatte vgl. alle Beiträge in *Aus Politik und Zeitgeschichte* (Bonn) 28.07.2003

18. Eine Außenpolitik für Deutschland

Das letzte Kapitel gilt auch in der Neuauflage dem eigenen Land.[1] Einzelstaatliche Außenpolitik bleibt ja 2004 und danach – mindestens auf mittlere Sicht – selbst für einen EU-Mitgliedstaat unerläßlich. Die Regierung sollte nur – nach wie vor – das Bonmot des in vielerlei Krisen erprobten Franzosen Talleyrand (1754-1838)[2] beherzigen, wonach manche Irrtümer schlimmere Auswirkungen haben als manche Verbrechen. Dürfen wir der Stimme des Volkes trauen? Es vergibt bei jeder Umfrage an den seit 1998 amtierenden Außenminister Joschka Fischer[3] die mit Abstand beste Note unter allen Politikern. Zumindest gedämpfter Optimismus, daß er tatsächlich Irrtümer vermieden hat, sei erlaubt.

Deutschland, seit 1990 wiedervereinigt und souverän (in der jetzt allgemein erkennbaren Begrenzung dieses Anspruchs), hat seine Gestalt im Verlauf des 19. und des 20. Jahrhunderts stärker verändert als fast alle anderen Großmächte der heutigen Welt. Das ist nicht vorrangig eine Frage des (innen-)politischen Systems. *Frankreich* hat im gleichen Zeitraum ebenfalls mehrere krasse, darunter revolutionäre Systemwechsel vollzogen und doch seine nationale Gestalt kaum verändert (dank vor allem seines von Napoleon I. festgefügten Erziehungswesens und der daraus hervorgehenden Bürokratie) – ebenso wenig wie die *USA* oder *Großbritannien* mit ihren seit dem 18. Jahrhundert im Kern stabilen (schriftlich fixierten bzw. schriftlosen) Verfassungen. *Polen* hat trotz Teilungen und Fremdherrschaft während des ganzen 19. Jahrhunderts, trotz seiner brutalen geographischen Verschiebung nach Westen 1945 seine Gestalt bewahrt, in diesem Fall vor allem dank der Katholischen Kirche. Von den europäischen Großmächten der Vergangenheit hat nur *Rußland* seine Gestalt mindestens so radikal verändert wie Deutschland, als es 1991 auf seine Grenzen aus der Zeit Peters des Großen (1672-1725, Zar seit 1682) zurückfiel, und südöstlich von Wien hat der Zerfall zweier Reiche keiner neuen Gestalt, sondern eher dem Chaos Platz gemacht.

Was ist hier mit dem Wort „Gestalt" gemeint – wenn nicht in erster Linie das politische System? Ich meine die kollektive Persönlichkeit, die sich ein nationales Selbstbewusstsein bildet, das wiederum von den Nachbarn (das heißt von vergleichbaren kollektiven Persönlichkeiten mit nationalem Selbstbewußtsein) reflektiert wird. Diese Reflexion kann zeitweilig stärkere Auswirkungen haben als der selbständige Impuls – nicht nur im Falle der deutschen Vergangenheit und des Zweiten Weltkriegs. *Es macht keinen Sinn zu fragen, ob die Henne früher da war oder das Ei, nationale Gestalt im internationalen System entwickelt sich in Kreisläufen.*

Deutsche Außenpolitik wird von den Gestalten der Deutschland umgebenden *Staatenwelt* besonders stark beeinflußt, denn eins hat sich seit dem späten Mittelalter für Deutschland nicht verändert: seine Mittellage in Europa[4] mit angrenzenden Nachbarn in allen vier Himmelsrichtungen; ja, diese Situation hat sich noch intensiviert durch die Ankopplung der beiden Rand-Großmächte (beide zeitweilig Supermächte) Rußland/Sowjetunion und USA an das europäische Staatensystem. Andererseits reagierte die Außenpolitik all dieser Staaten unterschiedlich, auch im Zeitablauf veränderlich, auf die Existenz und die außenpolitische Gestalt Deutschlands. Wie stellt sich die außenpolitische Grundorientierung der wichtigsten Nachbarn und Partner des wiedervereinigten Deutschland seit 1990 dar?

Die Interessen der westlichen Nachbarn

Frankreich und Großbritannien bleiben nicht nur von dem nostalgischen Wunsch, sondern von festem Willen beseelt, ihren Status als Großmacht zu behaupten, wie er symbolisch 1945 durch ihre ständige Mitgliedschaft im Sicherheitsrat – formal gleichrangig mit drei deutlich mächtigeren Imperien – festgeschrieben wurde. Dabei suchen beide nach einem Ausgleich für die bald nach dem Zweiten Weltkrieg verlorene Machtbasis des überseeischen Kolonialreichs, wobei das *Commonwealth* immer noch für britische Weltpolitik (zum Beispiel diskrete diplomatische Einflußnahme im südlichen Afrika) mehr Handlungsspielraum eröffnet als für Frankreich sein militärisch abgesichertes *Précarré* in West- und Zentralafrika. Frankreich setzt zur Sicherung seines Status vor allem auf die Europäische Union, und zwar kontinuierlich seit 1950. Sie soll Frankreich mit kräftigenden Ringen sicherer Bundesgenossen umgeben; dieses Konzept wird aber immer mehr zu einer riskanten Politik voll innerer Widersprüche, je mehr Eigengewicht die Union auch bei Anhäufung funktionalistischer Kompetenzen bekommt, je fiktiver dadurch die Souveränität aller Mitgliedstaaten – also auch Frankreichs – wird. So betrachtet, ist die Status-Sicherungs-Politik Londons gradliniger; sie hat als Standbein die feste bilaterale Bindung an die USA gewählt (die über das ganze 20. Jahrhundert bewährte *„special relationship"*) und benützt die Zugehörigkeit zur EU nur als Spielbein. Exemplarisch haben beide Mächte diese Politik bei ihrer Reaktion auf die deutsche Wiedervereinigung und die damit korrespondierende Einführung des Euro vorgeführt.

Aus dem Geheimprotokoll eines von Thatcher einberufenen Deutschland-Seminars (24. März 1990)[5]

„Welche Konsequenzen ergeben sich aus der Wiedervereinigung? *Selbst die Optimisten unter uns konnten gewisse Befürchtungen hinsichtlich der Auswirkungen der Vereinigung auf das Verhältnis der Deutschen in Europa nicht unterdrücken. Wir könnten nicht erwarten, daß ein vereintes Deutschland genauso denken und handeln würde wie die Bundesrepublik, die wir seit 45 Jahren kennen. ... Schon jetzt sei eine Art von Siegestaumel im deutschen Denken spürbar, die für alle andern ungemütlich sei."*

Weder von Frankreich noch von Großbritannien war Begeisterung über das Verschwinden der DDR zu erwarten. Es war nur unabwendbar angesichts der überraschend rapiden und katastrophalen Implosion des gesamten sowjetischen Machtsystems. London sah sich, da Washington keinen Grund hatte, vor der Machterweiterung der Bundesrepublik Deutschland zu erschrecken, nicht zu einer operativen Reaktion veranlaßt – ungeachtet der anfänglichen Aufgeregtheit im Umkreis der Premierministerin Margaret Thatcher. Paris dagegen handelte sofort und zielsicher: Genau in die Fußstapfen Jean Monnets tretend, forderte Präsident François Mitterrand (1916-1996, in diesem Amt 1981-1995)[6] die Europäisierung des derzeit stärksten wirtschaftlichen Trumpfs der deutschen Nachbarn. 1952 war das die Montanindustrie, 1990 die

Deutsche Mark. Der Euro löst freilich auch den Franc ab und beendet Frankreichs Währungshoheit. Mitterrand setzte dennoch darauf, daß Frankreich in Euroland seine Interessen würde wahren können, zumal dieses Gebilde ja gegenüber der Sechs-Staaten-EGKS/EWG von einst nicht ganz so ausgeweitet wäre wie die EU. Die britische Entscheidung wiederum, zum Euro vorerst auf Distanz zu gehen, erklärt sich aus dem Primat der *special relationship* zu den USA.

Die Außenpolitik der östlichen Nachbarn Deutschlands orientierte sich nach 1990 nach einem einfacheren Verständnis ihrer nationalen Interessen – was nicht bedeutet, daß sie nicht gerade dadurch wieder komplizierte und unterschiedlich akzentuierte Probleme aufgeworfen hätte, gerade im Verhältnis zu dem wiedervereinigten Deutschland. Polen und die Tschechische Republik waren jedoch beide grundsätzlich begeistert über den plötzlichen Wegfall sowjetischer Vorherrschaft; allerdings haben die Ressentiments gegen Rußland in Polen, das während des 19. Jahrhunderts zum größeren Teil bereits unter der Gewalt der Zaren litt und sich mehrmals vergeblich dagegen aufgebäumt hatte, tiefere historische Wurzeln als bei den Tschechen, wo man seinerzeit panslawistischen Utopien ein offenes Ohr lieh und von sowjetischem Zugriff erst 1948 und 1968 schockiert wurde. Dessenungeachtet setzten sowohl Warschau wie auch Prag nach 1990 als oberste außenpolitische Priorität den Beitritt zur NATO und zur EU. Beide westliche Gemeinschaften galten dabei in allererster Linie als Bollwerke gegen eine Rückkehr russischer Hegemonie, die EU erst sekundär als langfristiger Garant wirtschaftlicher Erholung. Dabei mußten Polen wie Tschechen nun zur Kenntnis nehmen, daß in der EU grundsätzlich allgemeine *Niederlassungsfreiheit* gilt – also auch für Deutsche in jenen Gebieten östlich des Böhmerwaldes, der Oder und Neiße, wo früher deutsch gesprochen wurde. Das und damit zusammenhängende Fragen nach Eigentum stellte ein Problem dar, und wie ein Elektroschock wirkt in Warschau und besonders in Prag noch 2003 das Ansinnen deutscher Vertriebenen-Politiker, ein „Zentrum gegen Vertreibung" in Berlin zu errichten. Mag man auch versichern, dort „europäisch" arbeiten und Armenier wie Griechen, Serben wie Kosovo-Albaner in die Forschung einbeziehen zu wollen – die polnisch-deutschen und tschechisch-deutschen Wunden aus der bösen Zeit schmerzen immer noch. Mit anderen Worten: Das gleich darzustellende erste Axiom im deutschen außenpolitischen Konsens, die *Saturiertheit* nach Eingliederung der DDR, traf in Prag und Warschau offenbar nicht auf rückhaltloses Vertrauen.

Die Interessen Rußlands

Die Sowjetunion in der letzten Phase ihrer Geschichte unter Präsident Gorbatschow, sowie das ihr nachfolgende Rußland erwiesen sich im ersten Jahrzehnt nach der

Implosion des Kommunismus als so schwach, daß sie in ihrer Außenpolitik nicht nur die weltweite Hegemonie der Supermacht USA hinnehmen mußten, sondern auch die Wiedervereinigung Deutschlands zu den Bedingungen eben dieser USA. Das bedeutete kontinuierliche Mitgliedschaft Deutschlands in der NATO als ersten Schritt zur Osterweiterung des Militärbündnisses. Es bedeutete sogar, als die DDR noch vor ihrem Absterben als Staat die westdeutsche D-Mark einführte, daß Rußland sich selbst (und die anderen osteuropäischen Länder) von den Ressourcen abschnitt, die vorher aus Deutschland in die Ökonomie des *Rats für gegenseitige Wirtschaftshilfe* geflossen waren. Alle Beschwörungen der Moskauer Politik, unter der Chiffre vom „Nahen Ausland“ eine Option auf Vorherrschaft in den alten Grenzen der Sowjetunion anzumelden, wenigstens auf ein Patronat über die russischen Bevölkerungsteile etwa in Lettland oder Kasachstan, ändern für erste nichts an der Realität.

Nur wenig konkreter wirkt sich die Konstruktion einer *Gemeinschaft Unabhängiger Staaten* (GUS)[7] aus, die Stücke des alten sowjetischen Wirtschaftsverbunds in Funktion zu halten versucht. Selbst die Kette russischer Militärbasen von Kaliningrad (Königsberg) an der Ostsee über Transnistrien[8] und Armenien bis Tadschikistan, die tatsächlich genau die alten Grenzen der Sowjetunion markiert, stellt bis auf weiteres eher eine Belastung als einen außenpolitischen Machtfaktor dar, sind doch die russischen Soldaten an den genannten Orten (außer Ostpreußen) in Aufgaben prekärer Friedenserhaltung zwischen kriegslustigen politisch-ideologischen Rivalen verstrickt. Dass Rußland schließlich am Prestige seiner Nuklearwaffen festhält und sogar gelegentlich mit drohendem Unterton von ihrer Modernisierung spricht, während selbst die Ukraine auf solches Erbe verzichtet hat, schreckt den Westen vor allem durch die Gefahr, aus dem maroden *militärisch-industriellen Komplex* Rußlands könnte Nuklearsprengstoff und/oder die Technologie seiner Herstellung in anderer, bedenkenloser Herren Länder oder gar zu „privaten“ Terroristen heraussickern.

Der seit 2000 Rußland als (nach eigener Aussage) „gelenkte Demokratie“ regierende Präsident Wladimir Putin versucht energischer als sein Vorgänger Boris Jelzin, so etwas wie eine funktionsfähige Moskauer Zentralgewalt über das Riesenland wiederherzustellen; in der Außenpolitik tritt er ähnlich behutsam auf. Mag er um Deutschland mit seinen guten Deutschkenntnissen werben, sich mit der französischen Diplomatie gegen Ame-rikas Krieg im Irak verbünden – Putins Hauptziel scheint zu sein, von den USA lang-fristig auf gleicher Augenhöhe akzeptiert zu werden, vorerst als Alliierter im „Krieg gegen den Terror“ freie Hand bei der Unterdrückung der Sezessionsbewegung *Tschetscheniens*[9] zu erhalten. Von einer Einwirkung der Supermacht, gar von „humanitärer Intervention“ in diese „innere Angelegenheit“ der Russischen Föderation ist denn auch keine Rede.

Alle diese nicht nur für Russen traurigen Tatbestände ändern natürlich nichts daran, daß dieses riesige Land zwischen Europa und Asien in späterer Zeit wieder auf die Füße kommen wird, um dann seinen Platz im ersten Rang der internationalen Politik erneut einzunehmen – voller Groll seiner Eliten auf wen? Das wird sich zeigen. Deutschland wird es mit als erster auszubaden haben, auch wenn es gegenwärtig nirgends mehr an Rußland grenzt. *Der Historiker erinnert sich, daß in Deutschland während der letzten hundert Jahre schon zweimal die Meinung aufkam, Rußland bräuchte man wenigstens militärisch nicht mehr ernst zu nehmen. Das war nach der russischen Niederlage gegen Japan 1905, und nach der russischen Blamage im Winterkrieg gegen Finnland 1939/40. Die Folgen sind bekannt.*

Deutschlandpolitik der USA

Mit der Weltpolitik der USA haben wir uns im vorstehenden Kapitel befaßt. Hier bleibt nachzutragen, wie die Supermacht sich speziell auf Deutschland einstellt. Das muß ihr schwerfallen, solange der deutsche Kanzler in fast schon wilhelminischer Sprunghaftigkeit[10] zwischen „bedingungsloser Solidarität" nach dem 11. September 2001 und „Ohne uns" beim Irak-Krieg 2003 changiert.

1990 waren die USA die einzige Besatzungsmacht in Deutschland, die von vornherein und rückhaltlos die Wiedervereinigung unterstützte. Sie konnten das leichten Herzens tun, denn keine Kräfteverschiebung in Europa würde ihre globale Hegemonie erschüttern. Darüber hinaus glaubten sie sich der Bündnistreue jeder denkbaren Regierung Deutschlands sicher zu sein.[11] Der Eifer, mit dem schon vor dem 11. September 2001 Amerikaner nach dem Fall der Sowjetunion einen neuen globalen Gegner suchten, eine neue vom Islamismus angetriebene „Achse des Bösen", schien Deutschland allenfalls tangential zu berühren. Da täuschten wir uns (*ich auch, siehe Erstauflage S. 302...*).

An der amerikanischen *Europapolitik* konnte Europäer allenfalls stören, daß sie (nicht erst seit 1990!) zweigleisig zu fahren scheint. Auf der einen Seite fördern die USA seit den Tagen des Marshall-Plans die europäische Integration und fechten mit der EU höchstens über Brathähnchen oder Bananen. Auf der anderen Seite halten sie daran fest, Staaten wie Frankreich und jetzt eben auch Deutschland als eigenständige Partner anzusehen. Das ist nur realistisch, solange die „Gemeinsame Außen- und Sicherheitspolitik" (GASP) der EU nur auf dem Papier von Maastricht steht. In der Irak-Krise 2003 stellte dann Verteidigungsminister Rumsfeld eine neue Weiche und ließ den Zug ein drittes Gleis befahren: Er teilte Europa jetzt in „alt" = US-feindlich und „neu" = US-freundlich auf. *Oder besorgten die Europäer das selbst?*

Ein kurzer Händedruck zwischen US-Präsident und deutschem Kanzler am Rande irgendeiner Konferenz reicht sicher nicht aus, um sich beruhigt zurücklehnen und sich wieder auf eine stabile amerikanisch-deutsche Freundschaft einstellen zu können. Eher dürfen wir – müssen wir wohl – auf die Bindungskraft der über ein halbes Jahrhundert in die Tiefe gewachsenen wirtschaftlichen und intellektuellen, kulturellen und wissenschaftlichen Austauschbeziehungen zwischen den beiden ungleichen Partnern vertrauen.

Axiome für die Außenpolitik der Berliner Republik

Deutschland steht oder steckt nun in dem soeben grob skizzierten Geflecht außenpolitischer Interessen – das heißt vor allem Interessen-Wahrnehmungen – seiner engeren und ferneren Nachbarn. Seit der Deutsche Bundestag mit knapper Mehrheit beschlossen hat, seinen Sitz und den der Bundesregierung nach Berlin zu verlegen, plaudert man in Deutschland viel, in der restlichen Welt weniger darüber, ob nun eine *Berliner* die *Bonner Republik* ablösen wird.[12] Wie dem auch sei, niemand kann bestreiten, daß das wiedervereinigte Deutschland von der alten westdeutschen Bundesrepublik ein gerüttelt Maß *Primat der Innenpolitik* übernimmt. Er ist schon seit 1969 nicht mehr ganz so massiv wie zu Zeiten der Hallstein-Doktrin, als Bonn das vornehmste Ziel seiner Außenpolitik darin sah, der DDR den Zugang zu internationaler Anerkennung diesseits des sowjetischen Machtbereichs zu verbauen.

Aber wir werden auf Schritt und Tritt daran erinnert, daß Außenpolitik in allen Lagern der deutschen Öffentlichkeit vom Blick auf den eigenen Bauchnabel beeinflußt wird – oft, um deutlicher zu sprechen, von Befürchtungen, der Wohlstand der Mehrheit im Lande könne geschmälert oder gar die Demokratie brüchig werden. Daß der Parteitag der *Grünen* im Mai 1999 den Jugoslawien-Krieg vornehmlich unter dem Gesichtspunkt diskutierte, die Regierungsbeteiligung an der Seite der SPD zu retten und ein Absacken der Partei unter die Fünf-Prozent-Hürde zu bannen, sei nur am Rande verzeichnet. Lebhafter sollte unsere Erinnerung daran sein, wie Bundeskanzler *Schröder* 2002 unbekümmert nicht nur das Einvernehmen mit den USA, sondern auch die Mitwirkung Deutschlands an der Ausführung von Beschlüssen des Sicherheitsrates zur Disposition stellte, um die Bundestagswahlen zu gewinnen. Freilich: Primat der Innenpolitik ist keine Sünde und kein deutscher *Sonderweg*. Er gilt auch andernorts – besonders deutlich in den USA.

Drei Axiome sind in der deutschen Außenpolitik jedenfalls unbestritten:

- daß die Bundesrepublik Deutschland mit der Einverleibung der DDR territorial

saturiert ist und keine ihrer Außengrenzen in Frage stellt – speziell nicht die 1945 unter Schock und Schmerz für Millionen Deutsche (und Polen!) von den Siegermächten gezogene *Oder-Neiße-Linie*;[13]
- daß die Bundesrepublik Deutschland zum Westen gehört, zur NATO, zu den Verbündeten der USA, und jeder Schaukelpolitik zwischen West und Ost, jedem Rapallo, jedem nationalistisch-hegemonialen *Sonderweg* abschwört;
- daß die Bundesrepublik Deutschland der Integration Europas verpflichtet bleibt, die Vertiefung der EU ebenso wie ihre Erweiterung aktiv fördert und gewillt ist, Europa Souveränitätsrechte abzutreten.

Das erste dieser Axiome ist gerade kein Erbe der alten Bundesrepublik, die den „Grundvertrag" mit der DDR vom 26. Mai 1972 ja erst schluckte, als das Bundesverfassungsgericht ihn mit der Konstruktion bemäntelt hatte, die Grenze zwischen den beiden deutschen Staaten sei so etwas ähnliches wie eine inner-westdeutsche Ländergrenze. Daß Deutschland saturiert sei, ist vielmehr ein Erbe *Bismarck*s. Er hat nach 1871 mit dieser Zusicherung die anderen Großmächte Europas dazu gebracht, seinem Deutschen Reich weiterhin den Platz des doch viel kleineren Preußen im Konzert einzuräumen. Unter Kaiser Wilhelm II. hat die Reichsleitung dieses Prinzip zuerst durch schwärmerische Reden vom Platz an der Sonne verschlissen, es dann durch Aufrüstung zu Wasser und zu Lande unglaubwürdig werden lassen, um es schließlich nach 1914 mit einer Kriegszielpolitik, die *Griff nach der Weltmacht* bedeutete, aufzugeben.

Fazit: Das Deutschland des 21. Jahrhunderts muß erheblich mehr tun, um seine Rückkehr zu diesem Prinzip der Saturiertheit zu bekräftigen, als nur davon reden.

Das zweite Axiom, die *Westbindung* Deutschlands, ist das Werk des ersten westdeutschen Bundeskanzlers Konrad Adenauer (1876-1967, in diesem Amt 1949-63). Bis 1960 wurde diese Politik von der sozialdemokratischen Opposition strikt abgelehnt: Kurt Schumacher (1895-1952), charismatischer Führer der SPD in den westlichen Besatzungszonen, fürchtete nicht ohne Grund, sie werde die Einheit Deutschlands auf unabsehbare Zeit verhindern. Erst als die Westbindung unumstößlich geworden war, trieb Herbert Wehner (1906-1990) die Sozialdemokraten an, sie als fundamental positive Leistung des 1960 immer noch regierenden Kanzlers anzuerkennen. Wir schmälern Adenauers Verdienst nicht, wenn wir daran denken, daß er zweimal als erwachsener Mann miterlebte, wie das Deutsche Reich von Koalitionen, an denen die USA maßgeblich teilhatten, niedergekämpft wurde. Jetzt – schon ab Ende 1946 – boten die Amerikaner den besiegten (West-)Deutschen die Chance, in Freiheit die Selbständigkeit zurückzubekommen.

Aus der Rede des amerikanischen Außenministers Byrnes in Stuttgart, 6. September 1946[14]

„Wir treten für die wirtschaftliche Vereinigung Deutschlands ein. Wenn eine völlige Vereinigung nicht erreicht werden kann, werden wir alles tun, was in unseren Kräften steht, um eine größtmögliche Vereinigung zu sichern. ...
Während wir darauf bestehen werden, daß Deutschland die Grundsätze des Friedens, der gutnachbarlichen Beziehungen und der Menschlichkeit befolgt, wollen wir nicht, daß es der Vasall irgendeiner Macht oder irgendwelcher Mächte wird oder unter einer in- oder ausländischen Diktatur lebt. Das amerikanische Volk hofft, ein friedliches und demokratisches Deutschland zu sehen, das seine Freiheit und Unabhängigkeit erlangt und behält. ...
Das amerikanische Volk, das für die Freiheit gekämpft hat, hat nicht den Wunsch, das deutsche Volk zu versklaven. Die Freiheit, an welche die Amerikaner glauben und für die sie kämpfen, ist eine Freiheit, an der alle teilhaben sollen, die gewillt sind, die Freiheit anderer zu achten".

Das befreiende Gefühl, jetzt endlich auf der Seite der Sieger zu stehen, auf der richtigen Seite, erleichterte Adenauer die Durchsetzung seiner Außenpolitik in der westdeutschen Bevölkerung.[15] Hinzu kam, daß seine Furcht vor einer Fortsetzung des Marsches der Sowjetarmee in Richtung Westen sich mit der fast aller Westdeutschen deckte. Sie verband sich mit der durchaus realen und vernünftigen (nicht nur emotionalen) Erfahrung, daß die von den Amerikanern in der Bundesrepublik eingepflanzte Freiheit in ihren beiden Varianten – Demokratie und Marktwirtschaft – besser war als der real existierende Sozialismus, den die Sowjetunion der DDR überstülpte.

Auch das dritte Axiom, die *europäische Integration*, ist der westdeutschen Außenpolitik von Konrad Adenauer eingepflanzt worden – und wurde ebenfalls von der oppositionellen SPD mißtrauisch beäugt. Alte Verdachtsmomente, wonach der Rheinländer Adenauer nach 1918 (damals schon Oberbürgermeister von Köln) mit jener kleinen Gruppe von Separatisten geliebäugelt hätte, welche die Rheinprovinz von Preußen oder gar vom Reich lostrennen und Frankreich zuschieben sollten, waren noch bekannt und wurden eifrig von den Medien der Sowjetzone/DDR kolportiert. Tatsächlich hatte in Adenauers Weltbild die französisch-deutsche Aussöhnung damals schon Vorrang, und nach 1945 trat sie mindestens gleichrangig neben die Bejahung der Bindung an die USA. Adenauer weigerte sich zeitlebens (und die von ihm geprägten Außenpolitiker nicht nur der CDU folgten ihm darin noch lange nach seinem Tod), zwischen diesen beiden Prinzipien einen realpolitischen Gegensatz anzuerkennen, mochte auch De Gaulle, mit dem er 1963 die schon unter der Vierten Französischen

Republik mit Robert Schuman und anderen auf festen Grund gelegte französisch-deutsche Freundschaft vertraglich besiegelte, noch so herausfordernd gegen die amerikanische Vorherrschaft in Westeuropa antreten.

Es fiel den Deutschen gewiß leichter als allen anderen Nationen der EWG/EG/EU, Kompetenzen an die Europa-Behörden abzutreten. Die Bundesrepublik stand ja noch unter Besatzungsrecht, als die Montanunion geschaffen wurde, und wurde erst mit der Wiedervereinigung 1990 wenigstens so „souverän“, wie europäische Staaten heutzutage sein können. Danach allerdings regten sich bald in der Bonner Außenpolitik Tendenzen, die im Ausland als Wiederanknüpfen an ältere Bestrebungen verstanden wurden, Deutschland eine nationale Einflußsphäre in *Mitteleuropa* zu verschaffen.

Deutschland wird noch lange daran erinnert werden, wenn auch mit leisen Tönen, wie sie unter Freunden guter Stil sind, daß die erste Tat des ersten gesamtdeutschen Außenministers, Hans-Dietrich Genscher, darin bestand, die EU-Partner zur Anerkennung der Unabhängigkeit Sloweniens und Kroatiens zu drängen. Damit hatte er die Taktik beiseitegelegt, die zuvor als *Genscherismus* sprichwörtlich war[16] und die darin bestand, es möglichst allen recht zu machen, mit denen Bonn außenpolitisch zu tun hatte; weniger höflich ausgedrückt, bedeutet das, sich zwischen gegensätzlichen Positionen hindurchzulavieren, wie man es ja im Umgang mit den beiden gegeneinander kickenden großen Freunden USA und Frankreich gelernt hatte. Das ließ sich auch im Dschungel der KSZE nutzbringend anwenden, wo West und Ost sich zwar nunmehr *entspannt*, aber immer noch als Reiche des Guten und des Bösen wechselseitig belauerten.

Die neue *Ostpolitik* der SPD-FDP-Koalition zwischen Willy Brandt und Walter Scheel (*1919)17 – 1969-1974 –, die beide deutschen Staaten getrennt, aber ebenbürtig (bei alphabetischer Sitzordnung auf den Konferenzbänken auch noch nebeneinander plaziert!) in diesen Dschungel der „Sicherheit und Zusammenarbeit in Europa“ hineinführte, der den Eisernen Vorhang nicht verschluckte, aber übergrünte, entsprang wohl auch bereits zu einem erheblichen Maß dem Wunsch, wieder das nationale Interesse in der Außenpolitik voranzutreiben; das gilt vielleicht weniger für den Bundeskanzler Brandt selbst oder seinen Außenminister, aber sicher für den *spiritus rector* der Ostpolitik, Egon Bahr (*1922).[18] Seine Strategie, in der DDR „Wandel durch Annäherung“ auszulösen, zielte auf die Vereinigung der beiden deutschen Staaten – sicher in einer zunächst unbestimmten Gestalt, die sich später aus der Weiterentwicklung des Kalten Krieges ergeben müßte. Unter den Händen von Brandts Amtsnachfolger Helmut Schmidt gewann die ostpolitische Vision eine nüchterne Realität, der sich die Erben Konrad Adenauers – Helmut Kohl und sogar Franz Josef Strauß (1915-1988) – ebenso wenig versagen konnten wie vorher Wehner dem Erfolg der Adenauerschen Westbindung und Europapolitik.

Das ist jetzt alles Geschichte. Die DDR ist verschwunden. Genscherismus zwischen Amerika und Rußland ist weder bei George W. Bush noch bei Wladimir Putin gefragt. Zwischen Amerika und Frankreich hat ihn Gerhard Schröder 2002/03 gegen die Wand gefahren, und sein Außenminister Joschka Fischer konnte das nicht verhindern. *Was also bleibt als Interesse der „normalen Nation" Deutschland, das sein Kanzler durchsetzen möchte, „wie die anderen das auch machen",*[19] *und das sich im Zusammenspiel mit den anderen ohne Zertrümmerung von allzu viel Porzellan durchsetzen lässt?*

Genschers Nachfolger im Auswärtigen Amt bis 1998, Klaus Kinkel (*1936), der sich die Sporen 1979-82 als Präsident des Bundesnachrichtendienstes (BND) verdient hatte, beanspruchte als Erster demonstrativ für Deutschland einen *Ständigen Sitz im Sicherheitsrat;* ob er auch bereit war, dabei die Bürde des *Veto* zu schultern (*ist es nicht lästig, volle Verantwortung dafür zu tragen, ob die Supermacht USA völkerrechtlich legal Krieg führt oder nicht?),* ließ Kinkel vorsichtshalber offen. Er brauchte auch seinen einstigen Spionage-Apparat nicht in Anspruch zu nehmen, um herauszufinden, daß aus der ganzen Sache nichts werden würde, weil jede derart einschneidende Veränderung in der Grundstruktur der Vereinten Nationen, wie es eine Ausweitung oder Abschaffung des Veto im Sicherheitsrat wäre, durch einen wahren Stacheldrahtverhau gegensätzlicher Interessen großer und kleiner Mitgliedstaaten verhindert wird.[20] *Genscherismus im luftleeren Raum schadet keinem, bringt aber auch nichts ein.*

Joseph „Joschka" Fischer bereitete sich auf das Amt des Bundesaußenministers, das ihm in einer SPD-GRÜNEN Koalition 1998 zufallen mußte, nach alter Bonner Tradition vornehmlich unter dem Gesichtspunkt der Innenpolitik vor. Es galt, seine grüne Hausmacht, einst als „Anti-Parteien-Partei" entstanden und bisher im Parlament wie auf den Straßen (zu Atommüll-Lagern, beispielsweise) als Opposition etabliert, in die Regierung zu integrieren. Was lag da näher, als im außenpolitischen Konzept[21] alles zu integrieren, was die anderen vorher gedacht und getan hatten, nicht allein in Bonn, sondern auch in Washington, angefangen von der deutschen Konstante der Selbstbeschränkung – „klare Absage an alle Machtstaatspolitik" – über die Westbindung, die Europäische Union, die NATO bis zur Verpflichtung auf die Menschenrechte im Sinne eines Jimmy Carter?

Als Fischer am 8. Juni 1998 im Berliner Rathaus vor der Deutschen Gesellschaft für Auswärtige Politik (DGAP) dieses Konzept entwickelte, konnten weder er noch seine Zuhörer ahnen, in welche Zerreißprobe ihn, den Außenminister neben dem außenpolitisch restlos unerfahrenen Kanzler Gerhard Schröder, nach wenigen Monaten der Angriffskrieg der NATO gegen Jugoslawien zwingen würde. Fischer hat diese Probe bestanden. Er hat nach dem 24. März 1999 einen Weg vom Schlachtfeld zurück an den Verhandlungstisch, aus der völkerrechtlichen Illegalität zurück in die Zuständigkeit der

Vereinten Nationen gewiesen. Das war noch keine deutsche Außenpolitik aus einem Guß. *Es war ein Zeugnis der Vernunft.* Allmählich schälte sich in den folgenden Jahren ein Konzept heraus, das Gunther Hellmann als „alternatives Leitbild einer selbstbewußten Zivilmacht" der Schröder'schen Idee von Deutschland als nunmehr „normaler Nation" gegenüberstellt und kennzeichnet als „Vorstellung, daß ein Konzert ziviler und demokratischer Großmächte, die sich internationalen Spielregeln unterwerfen und weitestgehend über internationale Institutionen agieren, an die Stelle des traditionellen Machtspiels der Großmächte treten sollte".[22]

Von diesem Geist getragen, hat sich Fischer mitten in das Minenfeld der Europäischen Integration gewagt und den stolzen Franzosen, Polen, ja sogar Briten etc. angetragen, über ihren eigenen Schatten nationaler Souveränität zu springen.

Aus der Europa-Rede Joschka Fischers in der Humboldt-Universität Berlin (12. Mai 2000)[23]

„Quo vadis Europa? fragt uns daher ein weiteres Mal die Geschichte unseres Kontinents. Und die Antwort der Europäer kann aus vielerlei Gründen, wenn sie es gut mit sich und ihren Kindern meinen, nur lauten: Vorwärts bis zur Vollendung der europäischen Integration. Für einen Rückschritt oder auch nur einen Stillstand und ein Verharren beim Erreichten würde Europa ... einen fatal hohen Preis zu entrichten haben...

Gestatten Sie mir..., daß ich jetzt ‚den Außenminister' definitiv weit hinter mir lasse, um einige Überlegungen sowohl über das Wesen der so genannten ‚Finalität Europas' anzustellen als auch darüber, auf welchem Weg wir uns diesem Ziel annähern und es schließlich erreichen können. ... Fragen über Fragen, auf die es allerdings eine ganz einfache Antwort gibt: den Übergang vom Staatenverbund der Union hin zur vollen Parlamentarisierung in einer Europäischen Föderation, die Robert Schuman bereits vor 50 Jahren gefordert hat. Und das heißt nichts Geringeres als ein europäisches Parlament und eine ebensolche Regierung, die tatsächlich die gesetzgebende und die exekutive Gewalt innerhalb der Föderation ausüben...

Es ist... für mich völlig klar, daß Europa seine ihm gemäße Rolle im wirtschaftlichen und politischen globalen Wettbewerb nur dann wird spielen können, wenn wir mutig vorangehen. Mit den Ängsten und Rezepten des 19. und 20. Jahrhunderts können die Probleme des 21. Jahrhunderts nicht gelöst werden.

... Nur wenn die europäische Integration die Nationalstaaten in eine solche Föderation mitnimmt, wenn deren Institutionen nicht entwertet oder gar verschwinden werden, wird ein solches Projekt... machbar sein. Anders gesagt: Die bisherige Vorstellung eines europäischen Bundesstaates, der als neuer Souverän die alten Natio-

> *nalstaaten und ihre Demokratien ablöst, erweist sich als ein synthetisches Konstrukt jenseits der gewachsenen europäischen Realitäten. Die Vollendung der europäischen Integration läßt sich erfolgreich nur denken, wenn dies auf der Grundlage einer Souveränitätsteilung von Europa und Nationalstaat geschieht".*

Zu einer Außenpolitik, die sich nicht selbst auf Säbelrasseln und Zuschlagen, auch nicht auf den Einsatz des Militärs zur Friedenssicherung reduziert, gehört der Nachweis von Vermittlungsfähigkeit. Das ist mehr als ein Maklergeschäft, mehr auch als Neutralität, sicher mehr als ein So-tun-als-ob, das vor den scheinbaren Unversöhnlichkeiten der Konflikte die Augen zudrückt. Es gehört zu einer solchen Anwendung „weicher Macht" (ein Zentralbegriff bei Joseph Nye) die präzise und gleichermaßen vernünftige Vorstellung davon, wie die Konfliktlösung aussehen soll. Fischers soeben zitierter Einsatz für die „Finalität" der EU war ein vorsichtiger Schritt in diese Richtung, der hoffentlich auch über ein mögliches Zerreden der vom Konvent vorgeschlagenen Verfassung hinaus wirken wird. Im festgefahrenen israelisch-palästinensischen Konflikt hat der deutsche Außenminister es wenigstens geschafft, von Israel nicht *a priori* der Parteinahme für die PLO verdächtigt zu werden, was VN und EU sich im Laufe der Jahrzehnte zugezogen haben. Diese Leistung verdankt Fischer teilweise dem Zufall, daß er vor Ort war, als am 1. Juni 2001 21 Teenager in der Diskothek Delphinarium am Strand von Tel Aviv ermordet und 120 verwundet wurden;[24] aber er hat es verstanden, die Emotion, die ihn damals überfiel, in Politik umzusetzen, auch wenn Resultate bis November 2003 auf sich warten lassen.

Ein ebenso langfristig konzipiertes Beispiel „ziviler" Außenpolitik lieferte Bundespräsident Johannes Rau (*1931, im Amt 1999-2004) am 13. September 2003 in der Volksrepublik China. Zu den gemeinsamen Werten westlicher Kultur, für die wir alle – gerade auch jene Amerikaner, die so genau wissen *„What they are fighting for"* – universale Geltung beanspruchen, während das leider nicht nur Islamisten, sondern auch die regierenden Konfuzio-Kommunisten in Beijing anders sehen, gehört die Achtung vor Menschenrechten. Rau hat in seiner Rede in der Universität Nanjing dazu gesagt:[25]

> *„Dabei weiß die chinesische Regierung, daß nach unserer Ansicht die Themen Rechtsstaat und Menschenrechte unmittelbar miteinander verbunden sind… Deshalb werden wir immer wieder unsere Stimme erheben, wenn wir der Meinung sind, dass einzelne Personen oder Minderheiten nicht so behandelt werden, wie es unserem Verständnis von Rechtsstaat und Menschenrechten entspricht. Wir wollen das im Gespräch miteinander tun…*
>
> *Man darf das Eintreten für Menschenrechte nicht dahingehend mißverstehen, daß*

> *es sich um ein spezifisch ‚westliches' Anliegen handele, mit dem ‚westliches' Gedankengut der übrigen Welt aufgedrängt werden soll…*
> *Die genuinen Rechte des Menschen als Person, die ihn als frei handelndes Subjekt anerkennen und seinen ‚aufrechten Gang' ermöglichen, sie machen für uns das Unbedingte an Menschenrechten aus, sind auch in gesellschaftlichen Ordnungen zu verwirklichen, die stärker von Gemeinschaftspflichten geprägt sind.*
> *Es gibt ja – über die Kulturkreise hinweg – eine gemeinsame Anschauung von dem, was einen Menschen ausmacht, und auch darüber, wie eine ‚gute Regierung' mit den Menschen umgehen sollte."*

Es ist leicht, solche Reden als „Wort zum Sonntag" zu verspotten. Erst die Zukunft kann erweisen, ob die eine oder andere nicht doch tiefer in das Denken und Fühlen eines anderen Volkes „einschlägt" und deshalb nachhaltiger wirkt (wenn ja, sicher segensreicher) als ein noch so präzise gezielter Marschflugkörper.

Solange es im 21. Jahrhundert noch eine deutsche Außenpolitik geben wird – und das heißt, solange die Europäische Union ihre GASP nicht endlich in die Tat umsetzt –, wird es nötig sein, über Kosovo, NATO und auch über Brüssel hinaus zu denken. *Deutschland wird sich erinnern müssen, daß die Welt am Wendekreis des Krebses, wo die Zuständigkeit der NATO (jedenfalls ursprünglich) endet(e), nicht aufhört.* Zwar ist die vom amerikanischen Präsidenten Truman 1949 erfundene *Entwicklungspolitik,*[26] jahrzehntelang in europäischen Kanzleien (nicht nur des Westens) als exotische Luxuspflanze beiseite geschoben, den vermeintlichen Realisten inzwischen über den Kopf gewachsen.

Denn die Implosion des Kommunismus hat in Eurasien – also auf der Nordhalbkugel der Erde – ein derartiges Trümmerfeld der Massenarmut, Mißwirtschaft und politischen Abenteurertums offengelegt, daß der Vergleich mit den Zuständen in Zentralafrika sich aufdrängt.[27] Im Umgang damit haben einige Spezialisten in Frankreich, in Großbritannien, in Skandinavien und den Niederlanden, Kanada, auch in Deutschland und natürlich in den USA durchaus Erfahrung. *Dennoch habe ich nicht den Eindruck, daß die Außenpolitiker der „großen Mächte" sich jetzt bevorzugt Rat bei diesen Entwicklungspolitikern oder gar bei den Experten der in der Dritten Welt engagierten NGOs holen.* In Deutschland hat man einfach dem Bundesministerium für wirtschaftliche Zusammenarbeit und Entwicklung (BMZ) den ganzen ehemaligen Ostblock zusätzlich zu Asien, Afrika und Lateinamerika als „Partner" aufgehalst – ohne seinen Etat nennenswert zu erhöhen. Er betrug für das Jahr 2004 € 3,744 Mrd. – das waren 1,5 % des Bundeshaushalts. Für 2005 ist eine Steigerung um 1 Prozent vorgesehen. – „Darum habe ich kämpfen müssen..." kommentierte Ministerin Wieczorek-Zeul im Bundestag.

Kein Ausweichen vor der globalen Migration möglich

Stattdessen müht man sich ab, die Wohlstandsinseln Westeuropas und Nordamerikas einzudeichen, „Wirtschaftsflüchtlinge" abzuwehren – nachdem Industrie und Regierung gemeinsam, gerade in Westdeutschland, vor einer Generation „Gastarbeiter" zu Hunderttausenden aus dem armen Süden eingeladen hatten. *Die Deiche werden eines Tages brechen* – unter welchen Bedingungen, diese Frage sollte eine vorausschauende Außenpolitik durchaus schon jetzt beschäftigen. Das Geschwätz, man werde demnächst darangehen, die Armut der Völker da zu bekämpfen, wo sie entsteht, sollte aufhören.

Keine genauen Zahlen über die weltweite Völkerwanderung der Gegenwart[28]

> *„Nach Angaben der Internationalen Organisation für Migration (IOM) in Genf halten sich rund 70 Millionen Menschen im Ausland auf, davon nur rund 25 Millionen als ‚legale' Arbeitsmigranten (‚Gastarbeiter') mit Arbeitserlaubnissen. Andere Schätzungen, z.B. einer Weltbank-Studie..., reichen bis zu 100 Millionen internationalen Migranten (die also die internen ‚Landflüchtlinge' nicht einschließen). Das BIVS (Berliner Institut für vergleichende Sozialforschung) wagte mit 200 Millionen die höchste Schätzung. Es gibt nur ungesicherte Schätzungen, weil selbst gut organisierte Staatswesen nicht genau wissen, wie viele Ausländer sich innerhalb ihrer Grenzen aufhalten, wenn sie Grund haben, in der Illegalität unterzutauchen. ... Die Dunkelziffer ist vor allem bei den illegalen... Arbeitsmigranten groß, die irgendwo in den Grenzregionen oder im Dschungel der Großstädte untertauchen und in der Illegalität vielen Formen der Unsicherheit und Ausbeutung ausgeliefert sind. Ihre Zahl wird allein in den USA auf rund 10 Millionen geschätzt. Auch die Erfahrung in Europa zeigt, daß bei wachsendem Migrationsdruck die Verengung der legalen Zugangstore und die Verschärfung der Asylbedingungen die irreguläre Zuwanderung vergrößern".*

Das Einwanderungsland Deutschland – endlich geben alle politischen Lager das zu – möchte schon gern das einzig Vernünftige erreichen und eine gemeinsame Aufnahmepolitik der ganzen EU zustandebringen helfen. Hier ist nicht der Außen-, sondern der Bundesinnenminister zuständig. Die Verhandlungen der Europäer untereinander – sie ziehen sich leider etwas hin. Manchmal hat es den Anschein, als stimme Deutschland nur dem zu, was es selbst seit Jahren bei der Eindeichung des Asylbewerber-Stroms praktiziert. Auf die Dauer wird das nicht genügen. Das *nationale Interesse* Deutschlands im 21. Jahrhundert, mit Augenmaß definiert, wird auch in dieser Frage (wie in allen) die Interessen anderer Nationen nicht nur zur Kenntnis, sondern in erheblichem Ausmaß in sich aufnehmen. Vorrang dabei haben die Mitstreiter (*doppeldeutig gemeint!*) in der EU, dann die einsame Supermacht USA, der wir Freiheit und Einheit Deutschlands verdanken. Dann folgen ziemlich dichtauf nicht nur das irgendwann wieder mächtige Rußland, nicht nur unser wichtiger Migrationspartner Türkei, nicht nur Israel und das mit Israel untrennbar verschwisterte Palästina, nicht nur Afghanistan oder wo sonst noch deutsche Soldaten stehen. Die Reihe hat kein natürliches Ende. *Die ganze, auch die Arme Welt steht sozusagen auf der Matte vor der Haustür unseres nationalen Interesses* – genau wie auf den anderen Matten vor den anderen Türen.

Die 12 wichtigsten Herkunftsländer der Asylbewerber in 30 Industriestaaten 2003[29]			
Rußland	34.925	Serbien & Montenegro	25.871
Irak	24.788	Türkei	24.149
VR China	22.209	Afghanistan	13.880
Indien	13.614	Somalia	13.528
Nigeria	13.261	Iran	12.402
Pakistan	11.498	Demokr. Rep. Kongo	11.150

Für die Außenpolitik heißt das: Ein Staat mit den bösen Erfahrungen, ein Staat mit dem Gewicht Deutschlands muß dazu beitragen, daß auf dieser Einen Welt mehr Frieden herrscht und weniger Krieg. Denn Krieg bedeutet Mißachtung der Menschenrechte (und mit Abstand in zweiter Linie Geldverschwendung) *par excellence*. Es gilt, das bekannte lateinische Sprichwort *Si vis pacem para bellum* umzustülpen: „Wenn du den Krieg vermeiden willst, kümmere dich um den Frieden". Deutschland wird hoffentlich seine Erfahrungen mit der Wirtschaft – daß diese nämlich auf Dauer keine „Wunder" kennt und daß die Bäume nicht in den Himmel wachsen, daß es sich aber trotzdem lohnt, alte Bäume zu pflegen und junge anzupflanzen – behutsam nach Osten und nach Süden weitergeben, ohne zu schulmeistern. Überhaupt wird Deutschland eine *Außenpolitik in alle Himmelsrichtungen* treiben müssen, und zwar ernsthafter, als seinerzeit De Gaulle die von ihm proklamierte Militärpolitik Frankreichs *„vers tous les azimouts"* betreiben konnte. Der beste Ort, an dem man solche Außenpolitik lernen und erproben kann, werden nach wie vor die Vereinten Nationen sein – auch wenn man keinen ständigen Sitz im Sicherheitsrat innehat –, vorausgesetzt, die VN werden nicht systematisch kaputtgemacht. Dennoch, eine solche Politik bedeutet keineswegs Konfrontation mit den USA. Die Westbindung über den Atlantik hinweg mit allem, was dazugehört – von Coca Cola über Microsoft bis zur Demokratie – hat uns seit 1945 gutgetan und wird auch die Berliner Republik daran hindern, Kaiser Wilhelm II. nachzueifern.

Anmerkungen

1 Vgl. als Dokumentation insbesondere Außenpolitik der Bundesrepublik Deutschland. Dokumente von 1949 bis 1994. Köln 1995; aus der umfangreichen Literatur insbesondere die 4 Bände der DGAP (=Deutsche Gesellschaft für Auswärtige Politik) Deutschlands neue Außenpolitik [im Literaturverzeichnis unter Kaiser (Hg.) und Eberwein (Hg.), sowie Schwarz 1994; Arnold 1995; Bahr 1998; Kaiser (Hg.) 1998; Markovits & Reich 1998; Gregor Schöllgen: Die Außenpolitik der Bundesrepublik Deutschland. München 1999; ergänzend seit der Erstauflage Haftendorn 2001; Neue deutsche Außenpolitik, Schwerpunktthema in *Internationale Politik* (Berlin/DGAP) 58-2003-9; Gunther Hellmann: Wider die machtpolitische Resozialisierung der deutschen Außenpolitik. *WeltTrends* (Potsdam/Poznán) 12-2004-Nr. 42:79-88

2 Charles Maurice de Talleyrand-Périgord wurde 1789 zum Bischof geweiht und während der Französischen Revolution von der Kirche exkommuniziert. 1799-1807 diente er Napoleon I. als Außenminister, 1814/15 vertrat er die restaurierte Bourbonen-Monarchie auf dem Wiener Kongreß, nach der Juli-Revolution 1830 war er 1832-34 Botschafter in London.

3 Fischer war um 1970 führend in der „Sponti-Szene" in Frankfurt a.M., 1983 wurde er für die Grünen in den Bundestag gewählt, 1985-86 und 1991-94 war er Umweltminister in Hessen, danach bis 1998 Fraktionsvorsitzender der Grünen im Bundestag. Vgl. Fischer 1994.

4 Vgl. Renata Fritsch-Bournazel: Europa und die deutsche Einheit. Stuttgart 2. Aufl. 1991.

5 Zitiert nach SPIEGEL (Hamburg) 16.07.1990

6 Vgl. François Mitterrand: Über Deutschland. Frankfurt a.M./Leipzig 1996, sowie allgemein zum französisch-deutschen Verhältnis Joseph Rovan: Zwei Völker – eine Zukunft. München 1986; Gilbert Ziebura: Die deutsch-französischen Beziehungen seit 1945. Stuttgart 2. Aufl. 1997; Alfred Grosser: Deutschland in Europa. Weinheim 1998; Ziebura 2003

7 Die GUS wurde am 08.12.1991 gegründet. Ihr gehören (1999) 12 Staaten an: Rußland, Ukraine, Belarus (das unter seinem Diktator Alexander Lukaschenko (*1954) einen Sonderbund mit Rußland anstrebt), Armenien, Aserbaidschan, Kasachstan, Kirgisistan, Moldawien, Tadschikistan, Turkmenistan, Uzbekistan und seit 1994 Georgien. Putin sitzt dem Rat der GUS-Staatsoberhäupter vor.

8 Die russische Bevölkerung am Dnjestr, die zwischen der Ukraine und Moldawien eingekeilt ist, strebte 1992 gewaltsam Selbstbestimmung an, wurde aber von der 14. Russischen Armee unter General Alexander Lebed (*1950) befriedet.

9 Es gehört zu den Paradoxa der internationalen Politik, daß die eindeutig in ihrem Ursprung nationale Befreiungsbewegung der Tschetschenen sich durch Rußlands Weigerung, seine Herrschaft aufzugeben, in vergleichbarer Weise auf Unterstützung durch den islamistischen „NGO-Terrorismus" festgelegt sieht, wie antikoloniale Befreiungsbewegungen in Afrika während des Kalten Krieges militärische Anlehnung beim sowjetischen Lager suchen mußten.

10 Kaiser Wilhelm II. belastete seine Beziehungen zu Großbritannien ab 1896 durch die Krüger-Depesche (scheinbare Solidarität mit den Buren gegen britischen Imperialismus), worauf um 1900 Bündnisangebote folgten, während die rivalisierende Flottenrüstung und der Bau der deutschen Bagdadbahn ins Glacis Britisch-Indiens weitergingen, Berlin sich aber noch am Vorabend des Ersten Weltkriegs mit London über eine Aufteilung der portugiesischen Afrika-Kolonien einigte.

11 Vgl. (aus der Sicht eines amerikanischen Deutschland-Historikers) Hanrieder 1995; Alexander von Platow: Die Vereinigung Deutschlands – ein weltpolitisches Machtspiel. Bush, Kohl, Gorbatschow und die geheimen Moskauer Protokolle. Berlin 2002.

12 Vgl. Kaiser (Hg.) 1998. Der Band enthält zwischen Juni 1997 und Juli 1998 gehaltene Reden von Wolfgang Schäuble (CDU), Rudolf Scharping (SPD), Hermann Otto Solms (FDP), Michael Glos (CSU), Joschka Fischer (Bündnis '90/Die Grünen) und Klaus Kinkel (FDP, Außenminister im Kabinett Kohl bis 1998).

13 Vgl. Adam Krzeminski: Die schwierige deutsch-polnische Vergangenheitspolitik. *Aus Politik und Zeitgeschichte* (Bonn) 29.09.2003, S. 3-5; Helga Hirsch: Flucht und Vertreibung. Ebd., S. 14-26

14 Zitiert nach Michaelis & Schraepler (Hg.) Bd. 25, S. 31-39. James F. Byrnes (1879-1972) war von Juni 1945 bis Januar 1947 Außenminister Präsident Trumans.
15 Vgl. Baring 1969
16 Vgl. Arnold 1995, S. 22: „Der Genscherismus war aus der ganz spezifischen außenpolitischen Lage entstanden, in der sich die Bundesrepublik in den zwei Jahrzehnten zwischen dem Beginn der neuen Ostpolitik und der Herstellung der deutschen Einheit befand. Er war für sie in dieser Zeit die optimale Form von Außenpolitik. Er erreichte seinen Höhepunkt in der Politik, die zur deutschen Einheit führte, und zu der der Namensgeber die intelligentesten Beiträge geleistet hat."
17 Scheel wurde 1974 als Außenminister durch Genscher abgelöst. Die Ostpolitik war in der FDP schon in den Adenauer-Jahren gedanklich vorbereitet worden, insbesondere durch Karl Georg Pfleiderer (1899-1957), der im September 1955 als erster westdeutscher Botschafter in das blockfreie Jugoslawien ging.
18 Vgl. Egon Bahr: Zu meiner Zeit. München 1996; ders. 1998
19 Schröder auf der Bundesdelegiertenkonferenz der SPD zur Europawahl, Saarbrücken 08.12.1998, zitiert nach Gunther Hellmann: Agenda 2020. *Internationale Politik* (Berlin/DGAP) 58-2003-9:42 [vgl. Fußnote 1]
20 Vgl. Lisette Andreae: Reform in der Warteschleife. Ein deutscher Sitz im UN-Sicherheitsrat? München 2001, (Schriften des Forschungsinstituts der DGAP, Reihe „Internationale Politik und Wirtschaft" 69) – *Der Tagesspiegel* (Berlin) meldete am 13.05.2004, die Regierung Schröder strebe immer noch nach dem Ständigen Sitz und habe sich dafür Frankreichs Zustimmung gesichert.
21 Folgende Zitate (Kursivsatz für Zwischenüberschriften) aus Joseph Fischer: Die Selbstbeschränkung der Macht muß fortbestehen. In: Kaiser (Hg.) 1998, S. 76-95.
22 Hellmann a.a.O.[Fußnote 18], S. 43
23 Zitiert nach *Internationale Politik* (Berlin/DGAP) 55-2000-8:100-108
24 Vgl. Greg Caplan: Ein transatlantischer Ansatz zur Lösung des Nahostkonflikts. *KAS-Auslandsinformationen* (St. Augustin) 19-2003-10, S. 4-52
25 *www.bundespraesident.de/dokumente/Rede/ix_92967.htm*
26 Am 20.01.1949 entwarf der (wider Erwarten der Meinungsforscher) wiedergewählte Präsident nach Ablegung des Amtseids in einer Rede ein Vier-Punkte-Programm: (1) Unterstützung der VN; (2) Wiederaufbau der im Zweiten Weltkrieg verwüsteten Länder; (3) Stärkung der militärischen Kraft der westlichen Demokratien; (4) „Über die Hälfte der Weltbevölkerung lebt unter ärmlichen, ja elenden Umständen... Zum erstenmal in der Geschichte besitzt heute die Menschheit das Wissen und Können, die Leiden dieser Millionen zu lindern... Wir laden alle Staaten ein, unsere und ihre technische Erfahrung für dieses große Unternehmen zusammenzulegen... Die große Familie der Völker kann nur dann ein menschenwürdiges Dasein für alle ihre Glieder sichern, wenn sie den unglücklichen unter ihnen hilft, sich selber zu helfen. Einzig die Demokratie vermag es, den Völkern den Elan und den Aufschwung zu vermitteln, nicht nur über Unterdrücker und Ausbeuter, sondern auch über die uralten Feinde Hunger, Not und Verzweiflung zu triumphieren"; zitiert nach Harry S. Truman: Memoiren Bd. 2. Bern 1956, S. 254 f.
27 Vgl. als eine frühe Stimme zu diesem Thema Dieter Senghaas: Die Neugestaltung Europas. *Aus Politik und Zeitgeschichte* (Bonn) 26.04.1991, S. 11-20.
28 Franz Nuscheler 1995(a), S. 29 f.
29 *Le Monde* (Paris) 03.09.2004 nach Statistik des UNHCR

Literaturverzeichnis

Es sind Titel – überwiegend in deutscher Sprache – aufgenommen, die mir besonders geeignet erscheinen, Einblick in Gesamtzusammenhänge oder besonders wichtige Einzelbereiche der internationalen Politik zu vermitteln. Wenn in den Fußnoten auf einen dieser Titel verwiesen wird, geschieht es als Kurzzitat: Verfasser/Herausgeber + Erscheinungsjahr.

AHLBRECHT, HEIKO: Geschichte der völkerrechtlichen Strafgerichtsbarkeit im 20. Jahrhundert. Unter besonderer Berücksichtigung der völkerrechtlichen Straftatbestände und der Bemühungen um einen Ständigen Internationalen Strafgerichtshof. Baden-Baden 1999, xxvi+502 S.

ALBRECHT, ULRICH U. HELMUT VOLGER (Hg.): Lexikon der Internationalen Politik. München/Wien 1997, xv+588 S.

ANDERSON, PERRY: Die Entstehung des absolutistischen Staates. Frankfurt a.M. 1979, 561 S. [original: Lineages of the Absolutist State. London 1974]

ARNOLD, HANS: Deutschlands Größe. Deutsche Außenpolitik zwischen Macht und Mangel. München 1995, 192 S. (Piper aktuell 2054)

ARNOLD, HANS: Europa neu denken. Warum und wie weiter Einigung? Bonn 1999, 252 S.

ARNOLD, HANS: Wie viel Einigung braucht Europa? Düsseldorf 2004, 208 S.

AUSSENPOLITIK (DIE) CHINAS. München/Wien 1975, 463 S. (Schriften des Forschungsinstituts der DGAP, Reihe Internationale Politik und Wirtschaft 36)

BAHR, EGON: Deutsche Interessen. Streitschrift zu Macht, Sicherheit und Außenpolitik. München 1998, 158 S.

BAHR, EGON: Der deutsche Weg. München 2003, 158 S.

BARING, ARNULF: Außenpolitik in Adenauers Kanzlerdemokratie. 2 Bd. München 1969, 281+313 S.

BECK, ULRICH: Was ist Globalisierung? Irrtümer des Globalismus – Antworten auf Globalisierung. Frankfurt a.M. 4. Aufl.1998, 270 S.

BERTRAND, MAURICE: Für eine Weltorganisation der Dritten Generation. Bonn 1988, 136 S. DGVN-Texte 38 [teilweise original: Refaire l'ONU, un programme pour la paix. Genf 1986]

BERTRAND, MAURICE: UNO. Geschichte und Bilanz. Frankfurt a.M.1995, 160 S. [original: L'ONU. Paris 1994]

BIELEFELD, ULRICH U. GISELA ENGEL (Hg.): Bilder der Nation. Kulturelle und politische Konstruktionen des Nationalen am Beginn der europäischen Moderne. Hamburg 1998, 300 S.

BOLDT, HANS: Die Europäische Union. Geschichte, Struktur, Politik. Mannheim usw. 1995, 128 S. B.I.-Taschenbuch Vl. (Meyers Forum 33)

BÖTTGER, GOTTFRIED U. SIEGFRIED FRECH (Hg.): Der Nord-Süd-Konflikt in der politischen Bildung. Schwalbach/Ts. 1996, 296 S.

BOUTROS-GHALI, BOUTROS: Wider die Tyrannei der Dringlichkeit. Die Agenden für Frieden, Entwicklung und Demokratisierung. Hamburg 2001, 236 S.

BRAUDEL, FERNAND: Sozialgeschichte des 15.-18.Jahrhunderts. Aufbruch zur Weltwirtschaft. München 1986, 764 S. [original: Civilisation Matérielle, Economie et Capitalisme, 15e-18e Siècle. Le temps du monde. Paris 1979]

BRZEZINSKI, ZBIGNIEW: Die einzige Weltmacht – Amerikas Strategie der Vorherrschaft. Weinheim 1997, 311 S. [original: The Grand Chessboard. American primacy and its geostrategic imperatives. New York 1997, 223 S.]

CLAUDE JR., INIS L.: Swords into Plowshares. The problems and progress of international organization. New York 4. Aufl. 1971 [*im Text zitiert aus der 3. Aufl. 1965, xiv+458 S.*]
CZEMPIEL, ERNST-OTTO: Die Reform der UNO. Möglichkeiten und Missverständnisse. München 1994, 200 S. (BsR 1078)
CZEMPIEL, ERNST-OTTO: Weltpolitik im Umbruch. Das internationale System nach dem Ende des Ost-West-Konflikts. München 2. Aufl. 1993, 171 S. (BsR 444)
EBERWEIN, WOLF-DIETER U. KARL KAISER (Hg.): Deutschlands neue Außenpolitik. Bd. 4: Institutionen und Ressourcen. München 1998, xx+300 S. (DGAP)
EGGENSPERGER, THOMAS U. ULRICH ENGEL: Bartolomé de las Casas. Mainz 1991, 154 S.
ELSENHANS, HARTMUT: Nord-Süd-Beziehungen. Geschichte, Politik, Wirtschaft. Stuttgart usw. 1984, 142 S. (Urban-TB 365)
FERDOWSI, MIR A. (Hg.): Internationale Politik im 21. Jahrhundert. München 2002, 422 S.
FISCHER, JOSCHKA: Risiko Deutschland: Krise und Zukunft der deutschen Politik. Köln 1994, 340 S.
FISCHER, FRITZ: Griff nach der Weltmacht. Die Kriegszielpolitik des kaiserlichen Deutschland 1914/18. Düsseldorf 2. Aufl. 1967, 575 S.
FREY, MARC: Geschichte des Vietnamkriegs. Die Tragödie in Asien und das Ende des amerikanischen Traums. München 1998, 253 S. (BsR 1278)
GADDIS, JOHN LEWIS: We Now Know. Rethinking Cold War History. Oxford 1997, 425 S.
GAREIS, SVEN-BERNHARDT U. JOHANNES VARWICK: Die Vereinten Nationen. Aufgaben, Instrumente und Reformen. Opladen 2002, 351 S.
GEISS, IMANUEL: Der lange Weg in die Katastrophe. Die Vorgeschichte des 1. Weltkriegs 1815-1914. München/Zürich 1990, 368 S. (Serie Piper 943)
GENFER (DIE) ROTKREUZ-ABKOMMEN vom 12. August 1949. Mainz/Heidelberg 5. Aufl. 1965, 321 S. (Schriften des Deutschen Roten Kreuzes)
GENSCHER, HANS-DIETRICH: Erinnerungen. Berlin 1995, 1088 S.
GOLDSTONE, RICHARD J.: For Humanity. Reflections of a war crimes investigator. New Haven/London 2000, xxi+152 S.
HAFTENDORN, HELGA: Deutsche Außenpolitik zwischen Selbstbeschränkung und Selbstbehauptung 1949-2000. Stuttgart/München 2001, 536 S.
HANRIEDER, WOLFRAM F.: Deutschland, Europa, Amerika. Die Außenpolitik der Bundesrepublik Deutschland 1949-1994. Paderborn 2. Aufl. 1995, xxii+600 S.
HARTMANN, JÜRGEN: Das Politische System der Europäischen Union. Eine Einführung. Frankfurt a.M./New York 2001, 204 S.
HOBE, STEPHAN U. OTTO KIMMINICH: Einführung in das Völkerrecht. Tübingen/Basel 8. Aufl. 2004, 640 S.
HOBSBAWM, ERIC: Nationen und Nationalismus. Mythos und Realität seit 1780. Frankfurt/New York 2. Aufl. 1992, 238 S. [original: Nations and Nationalism since 1780. Cambridge/New York/Melbourne 1990]
HOBSBAWM, ERIC: Das Zeitalter der Extreme. Weltgeschichte des 20. Jahrhunderts. München 1995, 784 S. [original: Age of Extremes. The short Twentieth Century, 1914-1991. London 1994, 627 S.]
HOROWITZ, DAVID: Kalter Krieg. Berlin 1969 [original: From Yalta to Vietnam. American foreign policy in the cold war. Harmondsworth (GB) 2. Aufl. 1967, 465 S.]
HÜFNER, KLAUS (Hg.): Die Reform der Vereinten Nationen. Die Weltorganisation zwischen Krise und Erneuerung. Opladen 1994, 365 S.
HÜFNER, KLAUS: Die Vereinten Nationen und ihre Sonderorganisationen. Teil 1: Die Haupt- und

Spezialorgane. 1991, 175 S. Teil 2: Die Sonderorganisationen. 1992, 243 S. Teil 3: Finanzierung des Systems der Vereinten Nationen 1971-1995. 3A: Vereinte Nationen – Friedensoperationen – Spezialorgane. 1997, 218 S. 3B: Sonderorganisationen – Gesamtdarstellungen – Alternative Finanzierungsmöglichkeiten. 1997, 314 S. Bonn (DGVN-Texte 40, 41, 45, 46)

HUNTINGTON, SAMUEL P.: Kampf der Kulturen. Die Neugestaltung der Weltpolitik im 21. Jahrhundert. München/Wien 1996, 581 S. [original: The Clash of Civilizations and the Remaking of World Order. New York 1996, 367 S.]

HUNTINGTON, SAMUEL P.: The lonely Superpower. *Foreign Affairs* (New York) 78-1999-2:35-49

KAISER, KARL U. HANNS W. MAULL (Hg.): Deutschlands neue Außenpolitik. Bd.1: Grundlagen. München 1994, xvii+208 S. - Bd. 2: Herausforderungen. München 1995, xx+270 S. (DGAP)

KAISER, KARL U. HANS-PETER SCHWARZ (Hg.): Die neue Weltpolitik. Baden-Baden 1995. (DGAP)

KAISER, KARL U. HANS-PETER SCHWARZ (Hg.): Weltpolitik. Strukturen – Akteure – Perspektiven. Bonn 2. Aufl. 1987, 743 S. (Schriftenreihe der Bundeszentrale für politische Bildung 217)

KAISER, KARL U. JOACHIM KRAUSE (Hg.): Deutschlands neue Außenpolitik. Bd. 3: Interessen und Strategien. München 1996, 282 S. (DGAP)

KAISER, KARL (Hg.): Zur Zukunft der Deutschen Außenpolitik. Reden zur Außenpolitik der Berliner Republik. Bonn 1998, 106 S.

KALDOR, MARY: Neue und alte Kriege. Organisierte Gewalt im Zeitalter der Globalisierung. Frankfurt a.M. 2000, 288 S.

KENNEDY, PAUL: In Vorbereitung auf das 21. Jahrhundert. Frankfurt a.M. 1993, 527 S. [original: Preparing for the Twentyfirst Century. New York 1993, xvi+428 S.]

KENNEDY, PAUL: Aufstieg und Fall der großen Mächte. Ökonomischer Wandel und militärischer Konflikt von 1500 bis 2000. Frankfurt a.M. 1989, 976 S. [original: The Rise and Fall of the Great Powers. Economic change and military conflict from 1500 to 2000. New York 1987, xxv+677 S.]

KIMMINICH, OTTO: Einführung in das Völkerrecht. Pullach 1975, 326 S.

KISSINGER, HENRY A.: Großmacht Diplomatie. Frankfurt a.M. 2. Aufl. 1972 [original: A World Restored. Metternich, Castlereagh and the problems of peace 1812-22. Boston/Cambridge 1957, xi+354 S.]

KÖHLER-KOCH, BEATE U. WICHARD WOYKE (Hg.): Die Europäische Union. Lexikon der Politik Bd. 5. München 1996, 324 S.

LINK, WERNER: Die Neuordnung der Weltpolitik. Grundprobleme globaler Politik an der Schwelle zum 21. Jahrhundert. München 1998, 186 S.

LOTH, WILFRIED: Die Teilung der Welt. Geschichte des Kalten Krieges 1941-1955. München 1980, 355 S. (dtv-Weltgeschichte des 20. Jahrhunderts)

MARKOVITS, ANDREI S. U. SIMON REICH: Das deutsche Dilemma. Die Berliner Republik zwischen Macht und Machtverzicht. Berlin 1998, 368 S. [original amerikanisch]

MENSCHENRECHTE. Dokumente und Deklarationen. Bonn 2. Aufl. 1995, 525 S. (Bundeszentrale für politische Bildung)

MICHAELIS, HERBERT U. ERNST SCHRAEPLER (Hg.): Ursachen und Folgen. Vom deutschen Zusammenbruch 1918 und 1945 bis zur staatlichen Neuordnung Deutschlands in der Gegenwart. Eine Urkunden- und Dokumentensammlung zur Zeitgeschichte. 26 Bde. Berlin 1958 ff.

MORRIS, BENNY: Righteous Victims. A history of the Zionist-Arab conflict, 1881-2001. New York 2. Aufl. 2001, xiv+784 S.

MÜNKLER, HERFRIED: Die neuen Kriege. Reinbek 2002, 285 S. [Schriftenreihe der Bundeszentrale für politische Bildung 387]

NAUMANN, FRIEDRICH: Mitteleuropa. Berlin 1915, 299 S.
NOLTE, ERNST: Der europäische Bürgerkrieg 1917-1945. Nationalsozialismus und Bolschewismus. Frankfurt a.M./Berlin 4. Aufl. 1989, vii+616 S.
NOLTE, ERNST: Der Faschismus in seiner Epoche. München/Zürich 5. Aufl. 1979, xiv+633 S.
NUSCHELER, FRANZ: Internationale Migration, Flucht und Asyl. Opladen 1995 (a), 285 S. (Grundwissen Politik 14)
NUSCHELER, FRANZ: Lern- und Arbeitsbuch Entwicklungspolitik. Bonn 4. Aufl. 1995 (b), 560 S.
OCKENFELS, WOLFGANG: Kolonialethik. Von der Kolonial- zur Entwicklungspolitik. Paderborn 1992.
OPITZ, PETER J. (Hg.): Grundprobleme der Entwicklungsländer. München 1991, 336 S. (BsR 451)
OPITZ, PETER J. (Hg.): Der globale Marsch. Flucht und Migration als Weltproblem. München 1997, 345 S.
PFETSCH, FRANK R.: Die Europäische Union. Eine Einführung. München 1997, 320 S.
ROSENSTOCK-HUESSY, EUGEN: Die europäischen Revolutionen und der Charakter der Nationen. Stuttgart/Köln 2. Aufl. 1951, ixx+584 S.
SCHORLEMER, SABINE VON (Hg.): Praxishandbuch UNO. Die Vereinten Nationen im Lichte globaler Herausforderungen. Heidelberg 2002, xxxiv+774 S.
SIMMA, BRUNO ET AL. (Hg.): The Charter of the United Nations. A commentary. 2 Bd. 2. Aufl. 2002, xcii+895 & lxiv+509 S.
SCHULZ, MANFRED (Hg.): Entwicklung. Die Perspektive der Entwicklungssoziologie. Opladen 1997, 441 S.
SCHULZE, HAGEN: Staat und Nation in der europäischen Geschichte. München 1994, 376 S.
SCHWARZ, HANS-PETER: Die Zentralmacht Europas. Deutschlands Rückkehr auf die Weltbühne. Berlin 1994, 310 S.
SEIDL-HOHENVELDERN, Ignaz (Hg.): Lexikon des Rechts. Völkerrecht. Neuwied/Darmstadt 1985, xxviii+369 S.
SENGHAAS, DIETER (Hg.): Imperialismus und strukturelle Gewalt. Analysen über abhängige Reproduktion. Frankfurt a.M. 1979, 405 S. (edition suhrkamp 563)
SENGHAAS, DIETER (Hg.): Kapitalistische Weltökonomie. Kontroversen über ihren Ursprung und ihre Entwicklungsdynamik. Frankfurt a.M. 1979, 413 S. (edition suhrkamp 980)
TETZLAFF, RAINER U. ANTONIE NORD: Weltbank und Weltwährungsfonds – Gestalter der Bretton-Woods-Ära. Opladen 1996, 270 S.
TOMUSCHAT, CHRISTIAN (Hg.): Menschenrechte. Eine Sammlung internationaler Dokumente zum Menschenrechtsschutz. Bonn 2. Aufl. 2002, 605 S. [DGVN-Texte 42]
UNITED NATIONS (THE) AND HUMAN RIGHTS 1945-1995. New York 1995, 536 S. (The UN Blue Books Series Bd. 7) Hr. Department of Public Information, United Nations.
UNITED NATIONS HANDBOOK. *Jahrbuch des neuseeländischen Ministry of Foreign Affairs and Trade.* Wellington *zuletzt* 2003, 400 S.
UNSER, GÜNTHER: Die UNO. Aufgaben und Strukturen der Vereinten Nationen. München 6. Aufl. 1997 [*im Text zitiert nach der 5. Aufl. 1992, xxv+384 S.*]
VOLGER, HELMUT (HG.): Lexikon der Vereinten Nationen. München/Wien 2000, xvi+775 S.
WALKER, MARTIN: The Cold War and the Making of the Modern World. London 1993,
WALLERSTEIN, IMMANUEL: The Modern World System. 3 Bd. New York/San Francisco/London 1974-1988
WEIDENFELD, WERNER U. WOLFGANG WESSELS (Hg.): Europa von A-Z. Taschenbuch der europäischen Integration. Bonn 7. Aufl. 2000, 464 S.

WOLLSTEIN, GÜNTHER: Das ‚Großdeutschland' der Paulskirche. Nationale Ziele in der bürgerlichen Revolution 1848/49. Düsseldorf 1977, 386 S.

WOYKE, WICHARD: Europäische Union. Erfolgreiche Krisengemeinschaft. München 1998, 388 S.

WOYKE, WICHARD (Hg.): Handwörterbuch Internationale Politik. Opladen 8. Aufl. 2000, xxiii+622 S. (UTB 702) [*9. Aufl. in Vorbereitung*]

ZIEBURA, GILBERT: Frankreich. Geschichte, Gesellschaft, Politik. Ausgewählte Aufsätze. Opladen 2003, 344 S.

ZUMACH, ANDREAS: Vereinte Nationen. Reinbek 1995, 126 S. (rororo spezial 6375)

Personenregister

Bildnachweis

Kapitel 1, S. 13:
Der „Gang nach Canossa", Symbol der Auseinandersetzung zwischen Kaisertum und Papsttum: König Heinrich IV. versucht in Canossa Papst Gregor VII. zu bewegen, den gegen ihn verhängten Bann zu lösen.
Das Bild zeigt Heinrich IV., knieend vor der Markgräfin Mathilde von Tuszien, der Besitzerin der Burg Canossa, links Abt Hugo von Cluny, Heinrichs Taufpate. Heinrich bittet Mathilde um Unterstützung bei seinem Vorhaben. Die Inschrift: „Der König bittet den Abt! Und fleht Mathilde an!" Nach einer Miniatur in der Pergamenthandschrift „Leben der Mathilde" des Mönches Donizo. (Biblioteca Apostolica Vaticana, Rom).

Kapitel 2, S. 25:
Europäer betreten erstmals die „Neue Welt": Landung des Kolumbus auf der Insel Guanahani (Bahamas) am 12. Oktober 1492. Darstellung aus dem Jahr 1596. (Historia Photo, Hamburg)

Kapitel 3, S. 33:
Die Erstürmung der Bastille am 14. Juli 1789: Fanal der Französischen Revolution. Die Inschrift des Bildes lautet: „Die Erstürmung der Bastille durch die Bürger und die tapferen Nationalgardisten der guten Stadt Paris". (Bildarchiv Preußischer Kulturbesitz)

Kapitel 4, S. 45:
Der Kongreß zu Berlin 1878 (Schlußsitzung des Berliner Kongresses, 13. Juli 1878), ehemals Wandbild im Festsaal des Berliner Rathauses.
Gemälde von Anton von Werner (1843-1915) aus dem Jahr 1881. (Archiv für Kunst und Geschichte, Berlin)

Kapitel 5, S. 58:
Karikatur von David Low vom 9. August 1945 zum Abwurf amerikanischer Atombomben auf Hiroshima und Nagasaki im August 1945. (Aus: Lows Kleine Weltgeschichte. Hamburg 1949, S. 207, Rowohlt Verlag)

Kapitel 6, S. 76:
Ein Ergebnis des Ersten Weltkriegs: Der Soldatenfriedhof „La Maison Blanche" in Neuville Saint Vaast, Ostfrankreich. (Ullstein Bilderdienst, Berlin)

Kapitel 7, S. 95:
Berlin-Blockade 1948: amerikanische Luftbrücke.
Als die Westmächte die Währungsreform und damit den Geltungsbereich der neuen DM auf Berlin ausdehnten, blockierte die Sowjetunion die Zufahrtswege dorthin zu Wasser und zu Lande. Daraufhin versorgten Amerikaner und Briten die Westberliner Bevölkerung mit Flugzeugen – im Volksmund „Rosinenbomber" genannt – vom 27. Juni 1948 bis zum 11. Mai 1949 aus den Westzonen. (Ullstein Bilderdienst, Berlin)

Kapitel 8, S. 115:
Gründungsversammlung der Vereinten Nationen in der Oper von San Francisco am 25. April 1945. (Archiv für Kunst und Geschichte, Berlin)

Kapitel 9, S. 140:
„Blauhelm-Missionen" der UNO zur Friedenssicherung: Ein UNO-Soldat – im Rahmen einer Blauhelm-Mission im Kongo eingesetzt – schreibt einen Brief nach Hause, Mai 1961. (Deutsche Presse-Agentur)

Kapitel 10, S. 162:
Ein deutscher Experte koordiniert in Niger (Sahelzone) den Kampf gegen die sich stetig ausbreitende Wüste, 1995.
Viele dieser Entwicklungsprojekte werden von der Weltbank und anderen Institutionen der UNO unterstützt. (ppl)

Kapitel 11, S. 176:
Frieden im Nahen Osten? Auf Drängen des US-Präsidenten Bill Clinton reichen sich nach der Unterzeichnung des „Oslo"-Abkommens am 13. September 1993 der israelische Ministerpräsident Yitzhak Rabin und PLO-Chef Yasser Arafat vor dem Weißen Haus in Washington die Hand. (epa/AFP/dur)

Kapitel 12, S. 208:
Der globale Markt wird immer dichter: Verladung einer Mercedes-Limousine auf dem Frankfurter Flughafen, 1999. (Flughafen Frankfurt/Main AG)

Kapitel 13, S. 224:
KSZE-Konferenz im Berliner Reichstag, Juni 1991: 35 Außenminister aus Europa und Nordamerika beraten über Sicherheit und Zusammenarbeit in Europa, insbesondere über die Erweiterung der Kooperation mit den osteuropäischen Staaten. (Associated Press)

Kapitel 14, S. 250:
Soldaten der Friedenstruppe im Kosovo (KFOR) müssen Serben und Albaner auseinanderhalten, Mitrovica 1999. (Deutsche Presse-Agentur)

Kapitel 15, S. 274:
Karikatur Stuttmann, „Tagesspiegel" vom 31. März 1999. Der Bombenkrieg der NATO gegen Serbien war in Deutschland umstritten. Die politische Kernfrage (unabhängig von der völkerrechtlichen Frage, ob dieser Einsatz militärischer Gewalt legal war), ob Krieg überhaupt positiven Frieden – Freiheiten, Rechtssicherheit, Zusammenarbeit… – fördern kann, oder ob Krieg in eine Sackgasse führt, ist auch fünf Jahre später offen.

Kapitel 16, S. 293:
Karikatur Stuttmann, „Tagesspiegel" vom 13. August 2004. Länger als ein Jahr nach dem Sturz Saddam Husseins sieht es so aus, als hätte die Supermacht USA den bösen Geist des islamistischen Terrorismus erst recht aus der irakischen Flasche entlassen. (Leider ließ sich kein prägnantes Bild für die rühmlichen Taten anderer Nichtregierungsorganisationen finden.)

Kapitel 17, S. 307:
Karikatur Stuttmann, „Tagesspiegel" vom 27. Februar 2004. Nach dem amerikanisch-deutschen Zerwürfnis anläßlich des Angriffskrieges gegen den Irak 2003 suchen Präsident Bush und Bundeskanzler Schröder zaghaft nach ersten Schritten zur Wiederversöhnung.

Kapitel 18, S. 322:
Schlüssel für die Wiederherstellung der deutschen Einheit: die Beziehungen zur Sowjetunion. Händedruck zwischen Außenminister Hans-Dietrich Genscher (links) und seinem sowjetischen Amtskollegen Eduard Shevardnadze im September 1989 in New York. (Associated Press)

Über den Autor

Dr. Franz Ansprenger, 1927 geboren, studierte 1946-53 in Berlin Geschichte. 1953 Redakteur bei der französisch-deutschen Zeitschrift DOKUMENTE. 1958 als Dozent an die Freie Universität Berlin zurückgekehrt, leitete er dort von1968 bis zu seiner Emeritierung 1992 die Arbeitsstelle Politik Afrikas. Seit 1976 ordentlicher Professor, lehrte er auch Internationale Politik mit dem Schwerpunkt Vereinte Nationen. 1991 bis 1997 unterrichtete er Internationale Politik in Sozialkunde-Fortbildungskursen für Lehrer aus Brandenburg und Berlin (Ost).